장면이 살아나는……

그림한자 ①

창원 지음

+ 제1권 급수한자 8~4급

창원언어문자연구소

장면이 살아나는 그림한자(1)

창원 지음
초판 1쇄 발행 2016년 3월 31일

펴낸곳 **보람社** ǀ 펴낸이 **김보민**
신고번호 445-2010-000001 호
주소 충청북도 진천군 진천읍 진광로 72
전화 070-8746-7612 ǀ 팩스 031-476-8012
chwlm2015@naver.com

ISBN   979-11-86902-01-1
　　　979-11-86902-00-4 (세트)

이 책의 출판권 및 저작권은 저자(著者) 창원이 가지고 있습니다.
저작권법에 의해 보호를 받는 저작물이므로 어떤 형태나 어떤 방법으로도
무단전재와 무단복제를 금합니다.

책값은 뒤표지에 있습니다. 잘못된 책은 바꾸어 드립니다.

머리말

1. 이 책은 한자상형 풀이 방법이 다르다.

   한자는 모두가 상형문자라고 하면서도 대부분의 한자는 상형한자로 풀지 못하고 있다. 일부 글자를 제외하고는 모두 육서(六書)의 원리로 풀고 있는데 이것이 오히려 한자 배우기를 매우 어렵게 만들고 있는 것이다.

   육서(六書) 라는 것은 한마디로 수 백 개의 "상형" 글자를 제외하면 나머지 수 만 개의 글자는 모두 상형 글자가 아니라는 말과도 같은 것이다.

   "지사(指事)" 원리라는 것은 화살표로 방향을 나타내는 것처럼 기호글자라는 뜻이고
   "회의(會意)" 원리라는 것은 서로 다른 뜻의 글자들을 합쳐서 새로운 글자를 만들었다는 뜻이고
   "형성(形聲)" 원리라는 것은 소리를 나타내기 위해서 그림과는 관계없는 글자를 빌려서 글자를 만들었다는 뜻이고
   "가차(假借)" 원리라는 것 역시 "코카콜라"와 같은 소리 말을 적기위해서 다른 뜻의 글자지만 그림과 관계없이 소리만 사용되어지는 글자라는 뜻이고
   그 외에 전문가도 잘 알지 못한다는 "전주(轉注)" 원리라는 것도 있고....

   이처럼 그림이 아니라 무슨 암호를 해독하는 것 같은 어려움 속에서 우리는 그동안 한자를 배우고 익혀 왔던 것이다. 그러니 그림이 아니라면 수천, 수 만 자의 글자를 이것은 무엇의 조합이고 이것은 무엇의 조합이며... 일일이 다 외워야 했던 것이다. 어떻게 다 외우겠는가? 더구나 한자는 한글처럼 몇 개의 자소가 돌아가면서 조합되는 글자도 아니고...

이제 이 책을 통해서 한자를 그림으로 익히는 법을 배우자.

휠체어 마크를 보면 "아아! 장애인 전용!"하고 금방 의미를 알 수 있는 것처럼 한자를 그림으로 배우면 그 뜻을 금방 알 수 있고 자획을 외우기도 쉬워진다. 비상구 표시를 글자로 쓰지 않고 그림으로 표시한 것은 그림이 글자보다 뜻을 전달하는데 더 빠르고 쉽기 때문인 것이다.

이와 같은 논리로 이 책은 모든 한자를 六書(육서)가 아닌 사물의 모양이나 장면의 그림으로 익히도록 세계최초로 시도하고 있다. 이는 일일이 외우지 않고도 척 보면 무슨 그림인지를 알 수 있고 그림을 통해서 무슨 뜻인지를 알 수 있게 했다는 얘기다.

2. 이 책의 그림은 한자의 획이 살아나는 그림이다.

대부분의 한자 학습서들이 한자를 그림으로 익힐 수 있도록 노력을 경주하고 있다. 그러나 대부분이 의미만 담은 그림일 뿐 한자의 획이 살아있는 그림은 아니다. 예를 들면 높은 선반위에 물건을 내리려고 발버둥치는 그림을 그려 놓고 높을 고(高) 자의 의미를 익히라고 하는 것과 같은 상황이었던 것이다. 이처럼 대부분의 그림들이 한자의 획과 일치하지 않는 것이었다. 그래서 이러한 학습법은 글자의 뜻을 익히는 데엔 도움이 될 수는 있지만 글자의 획이 어떻게 형성되었는지, 어떻게 하면 글자를 쉽게 기억하고 쉽게 쓸 수 있는지 이런 것은 설명하기가 어렵게 된다. 그래서 열 번이고 스무 번이고 외워질 때까지 쓰고 또 써야만 했던 것이다.

그러나 이 책의 그림은 한자의 획이 살아나는 그림을 제시해 주고 있다. 그 그림에서 한자의 획이 형성되는 과정을 단계별로 제시해 줌으로써 독자들이 한자를 쉽게 배우고 익힐 뿐만 아니라 한자의 그림을 통해서 옛날의 생활 풍습과 선인들의 해학과 지혜를 함께 느낄 수 있도록 하여 한자공부에 역사공부에 철학에 그야말로 일석이조(一石二鳥)나 일석삼조(一石三鳥)의 효과를 얻을 수 있게 하였다.

3. 부수에 대한 새로운 이해

부수에 대하여 기존의 관념은 부수마다 뜻이 있고 한자는 이러한 부수의 조합으로써 구성된 회의문자로 보는 것이었다. 그러나 이러한 한자 이해 방식은 한자의 뜻을 복잡하게 만들어 놓아 기억하고 이해하는데 더 어렵게 만드는 것이다. 예를 들어 쉴 휴(休) 자를 두고 "사람 亻(인) 변에 나무 木(목) 자 휴" 이렇게 외우는 것보다 "나무그늘에 앉아서 쉬고 있는 사람 휴" 이렇게 획이 살아나는 장면 그림으로 익히는 게 훨씬 쉽다. 그래서 이 책은 부수 개념을 버렸다. 이 책에서는 부수는 더 이상 어떤 하나의 특정된 사물만 뜻하는 것이 아니다.

예를 들자면 한자에서 입 구(口) 자의 그림은 입의 그림만이 아니라 동그란 쟁반을 그렸어도 (口)의 모양이고 네모난 벽돌을 그렸어도 (口)의 모양이고 울퉁불퉁한 돌의 모양을 그렸어도 (口)의 모양이지 않겠는가? 이렇게 하나의 부수가 하나의 그림만 있는 것이 아닌 것이다. 그래서 한자를 진정한 상형문자로 보려면 기존에 부수개념인 나무 목(木) 자는 무조건 '나무'와만 연관이 되어있고 물 수(氵) 자는 무조건 '물'과만 연관이 되어있고 활 궁(弓) 자는 무조건 '활'과만 연관이 있다고 생각하는 고정관념을 깨끗이 비워야만 한다.

물론 이상의 말을 통해 필자가 기존에 정통 문자학에서 여기는 육서(六書) 이론을 완전히 부정해 버리는 의미로도 보일 수 있으나 이는 실로 오해다. 필자는 오히려 육서(六書)를 부정하는 것이 아니라 그에 대한 새로운 발전적 해석이 있다. 이에 대하여 앞으로 다른 서적이나 문장을 통해서 밝히겠다.

마음을 비웠으면 이제 이 책을 통해서 옛날 사람들의 슬기와 지혜가 담긴 그림들을 마음껏 보면서 한자도 쉽고 빠르게 익히면서 역사도 알고 중국어 공부도 하는 일석삼사조의 보람을 느껴보기 바란다.
한자는 그림으로 한 장면씩 풀고 배우면 쉽게 이해할 수가 있게 된다. 지난 수많은 시간동안 필자는 '한자는 그림에서 왔다'는 확고한 신념하에 상용한자 3,500 자(8급~1급)와 5,978 여 자(특급한자 포함)를 그림으로 설명하여왔다. 그러나 이 책에서는 어디까지나 어떻게 하면 한자를 쉽고 빠르게 배울 수 있는가에 대한 설명을 한 것이 목적이므로 학술적으로 어떤 이론을 증명하기 위한 것이 아니게 되었다. 그러므로 부득이 한자를 쉽게 설명하다보니 풀이에 많은 무리가 있고 또한 잘못된 부분도 있을 수 있다는 것을 필자도 너무나 잘 알고 있다. 그러나 이것은 어디까지나 오로지 독자들이 하루빨리 한자를 쉽고 빠르게 습자(習字)하는 것에 목적이 있는 것이므로 좀 더 깊이에 대한 해석이나 설명은 앞으로 필요에 따라 생각해 볼 수밖에 없다.

　아무쪼록 이 책을 통해서 한자를 보다 쉽게 배울 수 있게 되었으면 한다. 그리고 이 책이 나오기까지 수고해준 태한 김용성 소장님의 노고가 특히 많았고 또한 이 책이 나올 수 있도록 지원을 많이 해준 이관표 님과 보람(출판)사 사장 김보민에 대해서도 감사의 뜻을 전하고자 한다. 그리고 또한 함께 노고해준 박인걸 선생님, 박종언 님, 김응주 님, 김구룡 님, 최광 님, 오대성 님, 그리고 우리식구인 황준위, 아내와 딸에게도 감사의 마음을 전한다. 이들의 많은 도움과 노력이 있었기에 이 책이 하루 빨리 나오게 되었다는 것을 말하고자 한다.

창　원
2016.03.05.

<제목 차례>

1. 8급한자·················11

2. 7급한자·················39

3. 6급한자·················81

4. 5급한자·················151

5. 4급한자·················247

-부록-

1. 중국어 발음표기에 대하여········487

2. 자음색인·······················495

3. 총획색인·······················500

◆ 이 책을 보기 전에 알아두어야 할 몇 가지

급수한자 · 한자병음자모 · 한글변화 발음 · 한자가 들어간 단어

【wàn(와/솨ˋ안)】 [총13획] 부수 : [艹 (초두머리)] 단어 萬金(만금) 萬物(만물) 萬壽(만수)
【일만 만】 일만, 성의 하나, 만무, 많다
艹 : 一 + + ++   日 : ㅣ 冂 日 日   内 : ㅣ 冂 内 内 内

그림 변화 과정

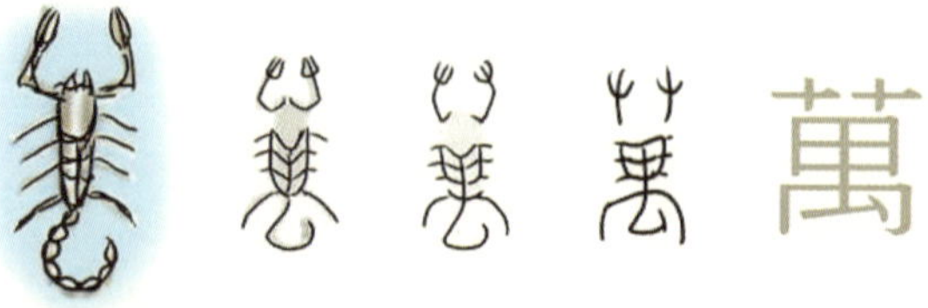

일만 만(萬, 万) 자는 전갈의 발 모양을 상형한 글자이다. 사람의 손가락과 발가락을 다 사용하여 십(十)과 백(百), 천(千)이라는 수를 셈 하였다. 그런데 천(千) 다음에는 더 이상 사용할 손발가락이 없기 때문에 손가락이 많은 벌레의 발을 빌려 만(萬) 자를 표현하였다. 벌레는 발이 많기 때문에 그래서 만(萬)을 뜻하게 되었다.

설명

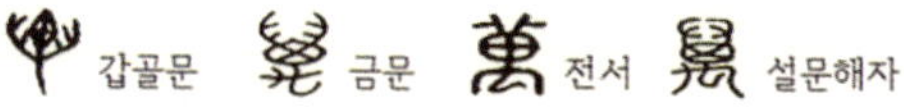

갑골문 금문 전서 설문해자 — 옛날글자

【wàn(와/솨ˋ안)】 [총3획] 부수 : [一 (한일)]
[萬(만)의 간체자(簡體字)]
万 : 一 丆 万

중국어 간체자

급수한자는
노란색 바탕에 검은색 한자

간체자나 속자는
하늘색 바탕에 검은색 한자

본장의 급수한자가 아닌 다른 급수한자는
하얀색 바탕에 기타 색상의 한자

급수한자가 아닌 한자는
하늘색 바탕에 빨간색 한자

읽기 전에

1. 이 책은 무조건 한자를 그림으로 보고 풀기 위해 설명하였다. 따라서 어떤 해석은 무리가 있을 수밖에 없다는 것을 다시 한 번 밝혀둔다.

2. 이 책은 급수 한자를 순서대로 배열하였다. 그러나 차례나 순서가 있는 일부 한자의 경우에는 같은 급수에 없는 기타 급수의 한자나 특별한 한자도 수록하여 독자 여러분이 공부하는데 도움이 되도록 하였다.

예를 들자면 8급 한자 중에서 숫자와 연관되는 한자가 있는데 이들의 순서를 보면 1~10까지의 숫자 한자와 일만 만(萬) 자가 있다. 그런데 일반적으로 당연히 일만 만(萬) 자보다 일백 백(百) 자와 일천 천(千) 자가 더 먼저 나와야 이해가 더 빠를 것이다. 그래서 7급 한자인 일백 백(百), 일천 천(千) 자를 8급 한자의 설명에 포함하였다.

3. 이 책은 정자(正字)와 함께 중국어 간체자도 수록하였으며 중국어 발음을 정확하게 익힐 수 있도록 한어병음과 함께 확장한글로 발음을 표기하여 원어의 발음에 가장 가깝도록 하였다.

4. 이 책은 한자의 쓰기 순서를 기존과 다르게 편집하였다.

우선 필획의 쓰기 순서에서 한자의 부수나 부수가 아니어도 독자적인 구조가 이루어 질 때에는 그 모양에 맞게 따로따로 정리하였다.

예를 들자면 치(齒) 자를 보면 이 글자의 위 부분은 지(止) 자이고 그 아래는 '𠚺' 자이다. 이 글자를 하나의 모양으로 취급해서 연이어 필획의 순서로 써보면 너무나 복잡해서 쉽게 알아볼 수 없게 되지만 우리가 정리하는 방법으로 하면 많이 쉬워진다는 것을 알 수 있다

물론 이런 방식으로 정리를 하면 일부 부수의 모양도 달라지게 될 수도 있다. 예를 들자면 승(乘) 자는 마치 화(禾) 자와 북(北) 자로 이루어진 것

같지만 그러나 이렇게 보게 되면 실제 글자를 쓰는 순서와 다르게 된다. 그래서 이때에는 우리가 이 글자를 천(千), 북(北), 팔(八) 자의 순서로 정리한 것은 이 글자의 쓰기 순서를 더 잘 알 수 있을 뿐만 아니라 또한 이 글자의 모양을 익히는 데에도 도움이 되도록 한 것이다.

물론 이러한 해석은 실제 승(乘) 자는 천(千), 북(北), 팔(八) 자와 연관이 되었다는 말은 아니고 단지 글자를 쓰는 순서와 글자를 익히는데 도움이 되도록 한 것뿐이다.

5. 이 책은 글자를 보다 깊이 있게 연구하려는 분들에게 도움이 되도록 옛날글자도 함께 수록하였다. 여기서 말한 옛날 글자라 함은 갑골문, 금문, 도문(匋文), 전서, 예서 등을 말한다. 이들 글자를 취급함에 있어서 글자의 모양이 비슷할 때에는 가능한 오래된 글자를 우선 취급하고 그러나 전서와 '설문해자'에서 나오는 글자가 비슷할 때에는 '설문해자'의 글씨체를 우선 수록하였다.

6. 이 책은 독자들이 그림이거나 간단한 설명을 보고서 스스로 한자공부를 할 수 있게끔 편집하였다. 따라서 이 책을 볼 때 아래와 같은 순서로 보면 보다 쉽게 익힐 수 있다.

ㄱ. 한자를 완전하게 체득하기 위해서는 먼저 그림을 보면서 그림이 변하여 글자가 되어가는 과정을 익히도록 한다.

ㄴ. 그런 다음에 그 아래의 설명을 읽으면서 한자의 훈과 음을 익히면 어느 정도 암기가 된다.

ㄷ. 마지막으로 글자 하나하나의 획을 보면서 그림을 살려내도록 한다. 글자를 보고 그림을 살려낼 수 있으면 한자를 완전히 체득한 것이다.

1. 8급 한자

學(学)	校	敎(教)	一	二
배울 학	학교 교	가르칠 교	한 일	두 이
三	四	五	六	七
석 삼	넉 사	다섯 오	여섯 육(륙)	일곱 칠
八	九	十	萬(万)	年
여덟 팔	아홉 구	열 십	일만 만	해 년(연)
月	日	東(东)	西	南
달 월	날 일	동녘 동	서녘 서	남녘 남
北	中	父	母	兄
북녘 북	가운데 중	아버지/아비 부	어머니 모	맏/형 형
弟	女	韓(韩)	國(国)	人(亻)
아우 제	여자 여(녀)	한국/나라 한	나라 국	사람 인
大	小	寸	長(长)	王
클/큰 대/클 태/다	작을 소	마디 촌	길/어른 장	임금 왕/옥 옥
軍(军)	民	木	火(灬)	土
군사 군	백성 민	나무 목	불 화	흙 토
金(钅)	水(氵)	先	外	靑(青)
쇠 금/성씨 김	물 수	먼저 선	바깥 외	푸를 청
白	生	山	門(门)	室
흰 백	날 생	뫼 산	문 문	집 실
기타 한자	7급	百	千	男
		일백 백	일천/그네 천	사내 남
後(后)	前	內(内)	6급	短
뒤/임금 후	앞/자를 전	안 내/들일 납		짧을 단

◆한자획이 살아나는 그림한자-8급◆

 【xué(쉬/에)】 [총16획] 부수 : [子 (아들자)]　　단어 學校(학교) 學生(학생) 學習(학습)
【배울 학】 공부하다, 모방하다, 가르침
F : ˊ ㄷ F F　　爻 : ノ メ ㄨ 爻　　彐 : ㄱ ㅋ 彐　　冖 : ˋ 丨 ㄇ　　子 : ㄱ 了 子

배울 학(學, 学) 자는 산가지를 들고 수(數)를 가르치는 선생님한테 아이가 수를 배우고 있는 모습이거나 윷놀이를 배우고 있는 모습을 상형한 글자이다.

 갑골문　　금문　　전서　　설문해자

 【xué(쉬/에)】 [총8획] 부수 : [子 (아들자)]
[學(학)의 간체자(簡體字)]
ツ : ˋ ˊ ˊ ツ　　冖 : ˋ 丨 ㄇ　　子 : ㄱ 了 子

 【xiào(쌰ˋ오/우)】 [총10획] 부수 : [木 (나무목)]　　단어 校歌(교가) 校長(교장) 校服(교복)
【학교 교】 학교, 교정하다, 가르치다
木 : 一 十 才 木　　六 : ˋ 一 ナ 六　　乂 : ノ 乂

학교 교(校) 자는 나무 아래서 공부하는 학생의 앞에 교차로 놓인 산가지의 모양을 상형한 글자이다.

𣐀 전서　　𣓤 설문해자

◆장면이 살아나는 그림한자◆

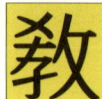
【jiāo(쨔ㅡ오/우)】 [총11획] 부수 : [攵 (등글월문)]   단어 敎室(교실) 敎授(교수) 敎師(교사)
【가르칠 교】 가르치다, 종교
爻 : ノㄨ爻   耂 : 一 ナ 耂   子 : 了 子   攵 : ノ 丿 ク 攵

가르칠 교(敎, 教) 자는 선생님이 산가지를 들고 아이에게 가르치는 모습이거나 교편을 들고 아이에게 윷을 던지게 하는 모습을 상형한 글자이다.

갑골문   금문   전서   설문해자

【jiāo(쨔ㅡ오/우)/jiào(쨔ㅣ오/우)】 [총11획] 부수 : [攵 (등글월문)]
[敎(교)의 속자(俗字)/간체자(簡體字)]
耂 : 一 十 土 耂   子 : 了 子   攵 : ノ 丿 ク 攵

【yī(ㅇㅡ이)】 [총1획] 부수 : [一 (한일)]   단어 一旦(일단) 一般(일반) 唯一(유일)
【한 일】 하나, 일, 첫째, 첫 번째, 하나의, 만일
一 : 一

한 일(一) 자는 산가지 하나를 상형한 글자이다.

갑골문   금문   설문해자

 【èr(ㄦˋ얼)】 [총2획] 부수 : [二 (두이)] 　단어　 二十(이십) 一石二鳥(일석이조)
【두 이】 두, 둘째, 두 번, 둘로 하다
二 : 一 二

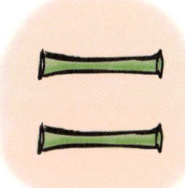

두 이(二) 자는 산가지 두 개를 상형한 글자이다.

갑골문　 금문　 설문해자

 【sān(싸ㅡ안)】 [총3획] 부수 : [一 (한일)] 　단어　 三寸(삼촌) 重三(중삼) 間三(간삼)
【석 삼】 석, 셋, 세 번
三 : 一 二 三

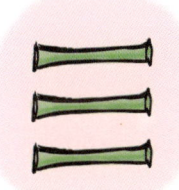

석 삼(三) 자는 산가지 세 개를 상형한 글자이다.

갑골문　 금문　 전서　 설문해자

 【sì(쓰ˋ으)】 [총5획] 부수 : [囗 (큰입구몸)] 　단어　 四寸(사촌) 四方(사방) 四書(사서)
【넉 사】 넉, 넷, 네 번, 사방
四 : 丨 冂 冂 四 四

  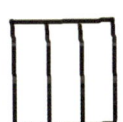 

넉 사(四) 자는 산가지 네 개를 나란히 놓은 모양을 상형한 글자이다.

 갑골문　 금문　 전서　 四 설문해자

◆장면이 살아나는 그림한자◆

【wǔ(우ˇ우)】 [총4획] 부수 : [二 (두이)]   단어 五臺山(오대산) 五福(오복)
【다섯 오】 다섯, 다섯 번
五 : 一 丅 五 五

다섯 오(五) 자는 산가지를 오(五) 자 모양으로 놓은 모양을 상형한 글자이다.

 갑골문 금문 전서 설문해자

【liù(뤼ˋ우)】 [총4획] 부수 : [八 (여덟팔)]   단어 五臟六腑(오장육부) 六角(육각)
【여섯 육(륙)】 여섯, 여섯 번
六 : 丶 亠 六 六

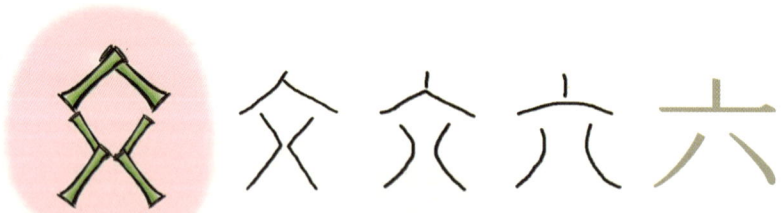

여섯 육(六) 자는 사람의 머리와 몸, 그리고 사지를 상형한 글자이다. 머리와 몸, 그리고 사지(四肢)의 수(數)는 6이다.

갑골문 금문 전서 설문해자

 【qī(취ー이)】 [총2획] 부수 : [一 (한일)]　　단어 七旬(칠순) 七夕(칠석) 七月(칠월)
【일곱 **칠**】 일곱, 일곱 번, 칠재
七 : 一 七

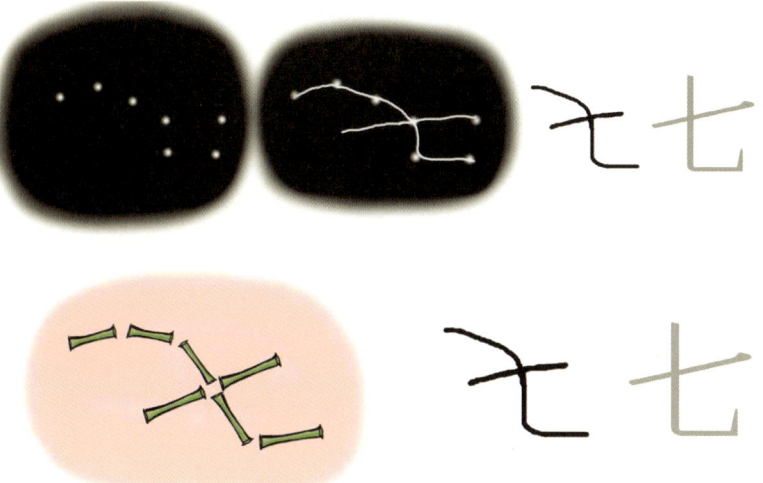

일곱 칠(七) 자는 북두칠성의 모양을 상형한 글자이다. 북두칠성의 별은 일곱 개이기 때문에 7을 뜻했다.

十 갑골문　十 금문　七 전서　七 설문해자

 【bā(빠ー아)】 [총2획] 부수 : [八 (여덟팔)]　　단어 八旬(팔순) 八十(팔십) 八日(팔일)
【여덟 **팔**】 여덟, 여덟 번, 팔자 형
八 : ノ 八

여덟 팔(八) 자는 두 사람의 사지(四肢)를 두 팔이나 두 다리의 모양을 간략화한 글자이다. 두 사람의 팔다리는 여덟이기 때문에 8을 뜻하게 되었다.

八 갑골문　八 금문　八 전서　八 설문해자

◆장면이 살아나는 그림한자◆

九 【jiǔ(지ˇ우)】 [총2획] 부수 : [乙 (새을)]   단어 九重(구중) 十中八九(십중팔구)
【아홉 구】 아홉, 아홉 번
九 : ノ 九

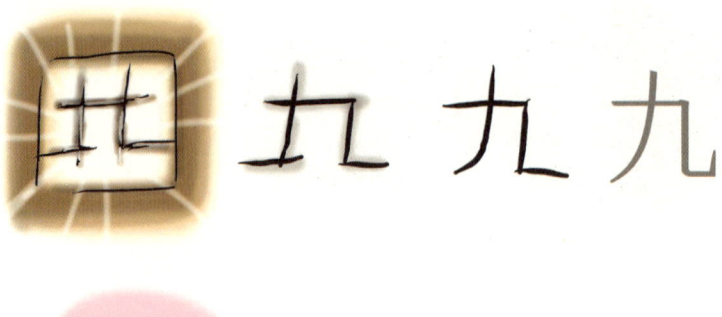

아홉 구(九) 자는 강력한 빛이 들어오는 창살이 있는 창문의 한 구석과 주위의 구석을 합한 수를 뜻하는 그림으로 간략하게 상형하였다. 빛이 들어오는 구석과 그 주위의 수를 합하면 9가 된다. 창살이 있는 모양이 구(九) 자 모양으로 된 것은 강력한 빛 때문에 여러 창살을 잘 볼 수가 없기 때문이다.

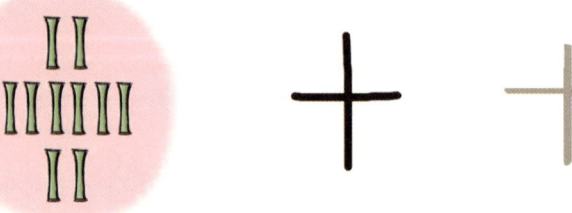

十 【shí(스ˊ으)】 [총2획] 부수 : [十 (열십)]   단어 十億(십억) 十萬(십만) 十月(시월)
【열 십】 열, 열 번, 열 배, 완전
十 : 一 十

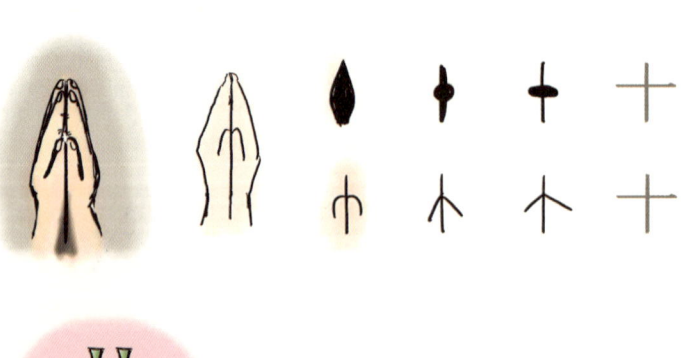

> 열 십(十) 자는 열 손가락이 모이는 합장의 모습을 상형한 글자이다. 열 손가락이기 때문에 10을 뜻하게 되었다.

갑골문 금문 전서 설문해자

【bǎi(바ˇ이)】 [총6획] 부수 : [白 (흰백)]   단어 百濟(백제) 百貨店(백화점)   (7급)
【일백 백】 일백, 백 번
百 : 一 一 丆 丆 百 百

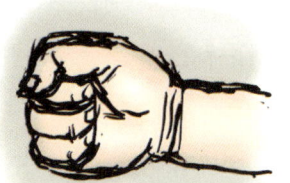   

> 일백 백(百) 자는 주먹을 쥐고 있는 모양을 상형한 글자이다. 백(百) 자는 셈을 할 때 오른 손의 한 손가락을 10으로 보고 폈다 구부렸다 하는 모양의 변화를 거쳐 100이 되면 주먹이 되는 모양으로 100을 뜻하게 되었다.

 갑골문   금문   전서 설문해자

【qiān(치-엔)】 [총3획] 부수 : [十 (열십)]   단어 千萬(천만) 千億(천억) 數千(수천)   (7급)
【일천/그네 천】 일천, 바뀌다, 쉽다, 그네
千 : 一 二 千

> 일천 천(千) 자는 발의 열 발가락을 뜻하는 글자로서 발에다가 금을 그어 표현하였다. 발가락 하나의 수를 100으로 본다면 10개의 발가락은 1,000이 된다.

갑골문 금문 전서 설문해자

◆장면이 살아나는 그림한자◆

【wàn(위/똬ˋ안)】 [총13획] 부수 : [艹 (초두머리)]　단어 萬金(만금) 萬物(만물) 萬壽(만수)
【일만 만】 일만, 성의 하나, 만무, 많다
艹 : 一 十 艹 艹　　日 : l 冂 日 日　　内 : l 冂 内 内 内

일만 만(萬, 万) 자는 전갈의 발 모양을 상형한 글자이다. 사람의 손가락과 발가락을 다 사용하여 십(十)과 백(百), 천(千)이라는 수를 셈 하였다. 그런데 천(千) 다음에는 더 이상 사용할 손발가락이 없기 때문에 손발가락이 많은 벌레의 발을 빌려 만(萬) 자를 표현하였다. 벌레는 발이 많기 때문에 그래서 만(萬)을 뜻하게 되었다.

갑골문　금문　萬 전서　설문해자

万
【wàn(위/똬ˋ안)】 [총3획] 부수 : [一 (한일)]　(특급)
[萬(만)의 간체자(簡體字)]
万 : 一 丆 万

年
【nián(니ˊ엔)】 [총6획] 부수 : [干 (방패간)]　단어 每年(매년) 來年(내년)
【해 년(연)】 해, 나이, 때, 새해, 신년, 연령(年齒)
年 : 丿 𠂉 乍 𠂉 年 年

해 년(年) 자는 일 년에 한 번 지은 농사의 과정을 볏단의 모양으로 상형한 글자이다.

갑골문　금문　年 전서　설문해자

 【yuè(위ㅡ에)】 [총4획] 부수 : [月 (육달월)] 단어 日月(일월) 月給(월급) 月光(월광)
【달 월】 달, 별 이름, 세월(歲月), 나달
月 : ノ 几 月 月

달 월(月) 자는 조각달과 달 속의 어두운 부분의 모양을 상형한 글자이다.

갑골문 금문 전서 설문해자

 【rì(쯔ㅡ으)】 [총4획] 부수 : [日 (날일)] 단어 日子(일자) 日本(일본) 日程(일정)
【날 일】 날, 해, 태양(太陽), 낮, 날수, 기한(期限)
日 : Ｉ 冂 月 日

날 일(日) 자는 아침에 크고 선명하게 떠오르는 태양의 모습을 상형한 글자이다. 아침에 막 떠오른 태양을 보면 태양의 중간부분에서 아래쪽이 항상 더 붉게 보인다. 그래서 태양의 중간에 마치 일(一) 자 모양의 선이 생기게 된 것이다.

갑골문 금문 설문해자

 【dōng(뚜ㅡ웅)】 [총8획] 부수 : [木 (나무목)] 단어 東西(동서) 東海(동해) 東北(동북)
【동녘 동】 동녘, 동쪽
東 : 一 厂 厂 市 百 百 亘 東 東

동녘 동(東, 东) 자는 아침에 나무 사이로 떠오르는 태양을 상형한 글자이다. 해는 언제나 동쪽에서 뜬다. 그래서 아침에 떠오르는 태양으로 동쪽을 뜻하는 글자를 만들었다.

갑골문 금문 전서 설문해자

◆장면이 살아나는 그림한자◆

【dōng(뚜ㅡ웡)】 [총5획] 부수 : [一 (한일)]
[東(동)의 간체자(簡體字)]
东 : 一 ㄊ 左 东 东

【xī(씨ㅡ이)】 [총6획] 부수 : [襾 (덮을아)]   단어 西歐(서구) 西洋(서양) 西海(서해)
【서녘 서】 서녘, 서쪽, 서양
西 : 一 丆 襾 襾 西 西

> 서녘 서(西) 자는 저녁이 되어 둥지로 날아들어 와서 서있는 새의 모습을 상형한 글자이다. 이 글자가 '서쪽'을 뜻하게 된 이유는 먹이를 찾아 나선 새가 돌아올 때는 저녁 무렵이기 때문이다.

 갑골문   금문   전서  설문해자

【nán(나ㆍ안)】 [총9획] 부수 : [十 (열십)]   단어 南北(남북) 江南(강남) 慶南(경남)
【남녘 남】 남녘, 남쪽, 남쪽 나라
十 : 一 十   冂 : 丨 冂   羊 : 丶 丷 ⸝⸍ 羊

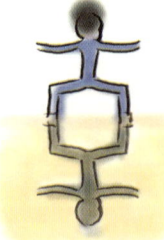

> 남녘 남(南) 자는 한 사람이 남쪽을 보고 그 뒤로 그림자가 보이는 모습을 상형한 글자이다. 거꾸로 된 그림자의 반대 방향은 남쪽이다.

갑골문 금문 전서 설문해자

◆한자획이 살아나는 그림한자-8급◆

【běi(버ˇ이)】 [총5획] 부수 : [匕 (비수비)] 　단어 北方(북방) 北極(북극) 北側(북측)
【북녘 북】 북쪽, 등지다
 北 : ⺊ ⺊ ⺊ 北   匕 : ⺄ 匕

　북녘 북(北) 자는 한 사람이 정오에 벽 앞에 서서 등 뒤로 드리워진 그림자를 바라보고 있는 모습을 상형한 글자이다. 그림자가 있는 쪽이 북쪽이다.

𱀁 갑골문　北 금문　𤰖 설문해자

【zhōng(쯔/쭈ㅡ웅)】 [총4획] 부수 : [丨(뚫을곤)] 　단어 中國(중국) 中斷(중단) 集中(집중)
【가운데 중】 가운데, 안, 속
 中 : 丨 冂 口 中

  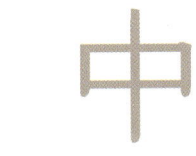

　가운데 중(中) 자는 나무에 매어놓은 종의 모양을 상형한 글자이다. 이 글자가 나중에 가운데를 뜻하게 된 것은 종에 매단 끈은 중력에 의해 항상 종의 가운데에 있을 수밖에 없기 때문에 '가운데'를 뜻하게 되었다.

𠁥 갑골문　𠁥 금문　中 전서　中 ⺼ 中 설문해자

【fù(푸ˋ우)】 [총4획] 부수 : [父 (아비부)] 　단어 父親(부친) 父母(부모) 父子(부자)
【아버지/아비 부】 아버지, 아비, 아빠
 父 : ⺈ ⺈ 兊 父

◆장면이 살아나는 그림한자◆

> **아버지 부(父)** 자는 아버지나 우두머리가 주먹도끼나 회초리를 들고 있는 모습을 상형한 글자이다. 아주 오랜 옛날 석기시대로 거슬러 올라가면 짐승을 사냥하거나, 사냥한 짐승의 고기를 자르는데 있어서 주먹도끼 보다 더 강하고 확실한 도구가 없었다. 그래서 주먹도끼가 최강을 뜻하는 의미를 가지게 되었다. 아버지라는 것은 자신의 아버지라는 뜻도 있지만 또한 초기에는 부족의 우두머리를 뜻하는 글자로 사용되기도 하였다.

갑골문 금문 전서 설문해자

【mǔ(무⋁우)】 [총5획] 부수 : [毋 (말무)]   단어 父母(부모) 母親(모친) 母校(모교)
【어머니 모】 어머니, 모체, 암컷
母 : ㄴ ㄱ ㅁ 母 母

> **어머니 모(母)** 자는 아이를 낳고 젖을 먹일 수 있는 젖꼭지의 모습을 상형한 글자이다.

갑골문 금문 전서 설문해자

【xiōng(씨ㅡ옹/웅)】 [총5획] 부수 : [儿 (어진사람인발)] 단어 兄弟(형제) 兄夫(형부) 大兄(대형)
【맏/형 형】 형, 맏, 맏이, 벗을 높여 부르는 말
口 : ㅣ ㄇ 口   儿 : ㅣ 儿

> **형 형(兄)** 자는 맏형이 제사를 지내고 있는 모습을 상형한 글자이다. 옛날에는 맏이가 제사를 지냈다.

갑골문 금문 전서 설문해자

◆한자획이 살아나는 그림한자-8급◆

【dì(띠ˋ이)】 [총7획] 부수 : [弓 (활궁)]　　　단어　兄弟(형제) 弟子(제자) 師弟(사제)
【아우 제】 아우, 나이 어린 사람, 자기(自己)의 겸칭(謙稱), 제자(弟子)
ソ : ゝ ヽ ソ　　弔 : ¬ ⊐ ㅋ 弔 弔

아우 제(弟) 자는 동생이 형님의 말을 고분고분 잘 따르는 모습을 상형한 글자이다.

弔 금문　弔 전서　弔 설문해자

男
【nán(나ˊ안)】 [총7획] 부수 : [田 (밭전)]　　　단어　男便(남편) 男女(남녀) 男妹(남매) (7급)
【사내 남】 사내, 아들, 남자
田 : l ⊓ 爪 田 田　　力 : ¬ 力

사내 남(男) 자는 구레나룻이 덥수룩한 남자의 모습을 상형한 글자이다.

甲 갑골문　男 금문　男 전서　男 설문해자

女
【nǔ(뉘ˇ위)】 [총3획] 부수 : [女 (계집녀)]　　　단어　女子(여자) 男女(남녀) 女性(여성)
【여자 여(녀)】 여자, 딸, 처녀
女 : ㄑ 女 女

여자 여(女) 자는 무릎을 꿇고 앉아서 빌고 있는 여자의 모습을 상형한 글자이다.

女 갑골문　女 금문　女 전서　女 설문해자

◆장면이 살아나는 그림한자◆

【hán(하╱안)】 [총17획] 부수 : [韋 (가죽위)]　단어　韓國(한국) 北韓(북한) 韓半島(한반도)
【한국/나라 한】 대한민국(大韓民國)의 약칭, 삼한의 통칭, 주나라(周)의 제후국(諸侯國)
十 : 一 十　　　　　早 : ㅣ ㄇ ㄩ 日 므 早　　　韋 : ㄱ 土 ㅗ 查 查 查 查 韋

한국 한(韓) 자는 사람들이 해돋이를 보고 있는 모습을 상형한 글자이다.
한(韓) 자의 뜻은 '바다에서 해가 뜨는 나라' 라는 뜻이다.

朝 금문　　韓 전서　　韓 설문해자

【hán(하╱안)】 [총12획] 부수 : [韦 (가죽위)]
[韓(한)의 간체자(簡體字)]
十 : 一 十　　　　　早 : ㅣ ㄇ ㄩ 日 므 早　　　韦 : ㄱ 土 ㅗ 韦

간체자 한국 한(韩) 자는 한 사람이 해돋이를 보고 있는 모습을 상형한 글자이다.

【guó(구╱오╱어)】 [총11획] 부수 : [囗 (큰입구몸)]　단어　國民(국민) 國家(국가) 國會(국회)
【나라 국】 나라, 국가(國家), 서울, 도읍(都邑), 고향(故鄕), 고장, 지방(地方)
囗 : ㅣ ㄇ 囗　　戈 : 一 七 戈 戈　　口 : ㅣ ㄇ 口　　一 : 一

나라 국(國) 자는 둘레에 성곽을 쌓고 제단과 나라를 지키는 병사를 상형한 글자이다.

 갑골문　國 금문　國 전서　 설문해자

 【guó(구ノ오/어)】 [총8획] 부수 : [囗 (큰입구몸)]
[國(국)의 간체자(簡體字)/속자(俗字)]
囗 : 丨 冂 囗   玉 : 一 二 三 王 玉

간체자 나라 국(国) 자는 성안의 임금 모습을 상형한 글자이다. 이 글자에서 옥(玉) 자를 군사가 도끼를 들고 지키는 모습으로 보아도 된다.

 【rén(러ノ언)】 [총2획] 부수 : [人 (사람인)]　　단어 人間(인간) 人物(인물) 人權(인권)
【사람 인】 사람, 인간, 어른, 성인
人 : 丿 人

사람 인(人) 자는 사람의 옆모습을 상형한 글자이다.

 갑골문 금문 전서 설문해자

 【rén(러ノ언)】 [총2획] 부수 : [亻 (사람인변)]
[人(인)과 동자(同字)/人(인☞사람인부)이 변(邊)에 쓰일 때의 자형(字形)]
亻 : 丿 亻

사람 인(亻) 자는 부수로 많이 사용한다.

◆장면이 살아나는 그림한자◆

【dà(따ヽ아)】 [총3획] 부수 : [大 (큰대)] 단어 大學(대학) 大選(대선) 大寒(대한)
【클/큰 대/클 태/다】 크다, 크게, 뛰어나다
大 : 一 ナ 大

클 대(大) 자는 태어난 아이가 갓 설 때의 모습을 상형한 글자이다. 사람은 짐승과 달라 서서 걷기까지 시일이 아주 많이 걸리기 때문에 아이가 서서 걸을 수 있다는 것은 다 큰 것과 마찬가지다.

大 갑골문 大 금문 大 介 설문해자

【xiǎo(샤ˇ오/우)】 [총3획] 부수 : [小 (작을소)] 단어 小滿(소만) 小暑(소서) 小寒(소한)
【작을 소】 작다, 적다, 협소하다, 어리다, 조그마한
小 : 亅 亅 小

작을 소(小) 자는 보자기에 싼 아기가 두 팔을 내리고 자고 있는 모습을 상형한 글자이다. 아이는 깨어있으면 두 팔을 내리지 않고 항상 움직인다. 이 글자가 '작다'를 뜻하게 된 것은 아직 일어서지 못하기 때문이다.

小 갑골문 小 금문 小 전서 小 설문해자

【cùn(쭌ヽ운)】 [총3획] 부수 : [寸 (마디촌)] 단어 寸地(촌지) 寸數(촌수) 寸土(촌토)
【마디 촌】 마디, 촌수, 조금, 약간, 적다
寸 : 一 寸 寸

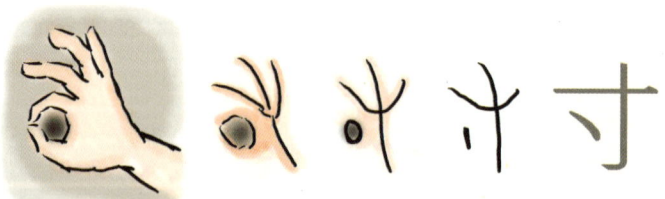

마디 촌(寸) 자는 엄지와 검지를 둥글게 한 모양을 상형한 글자이다. 엄지와 검지를 둥글게 한 모양의 크기가 1촌이다.

寸 전서 寸 설문해자

 【cháng(차〆앙)】 [총8획] 부수 : [長 (길장)]　　단어 長官(장관) 長期(장기) 長男(장남)
【길/어른 장】 길다, 나아가다, 자라다, 어른, 항상
長 : 丨 厂 FF 乍 镸 镸 長

길/어른 장(長, 长) 자는 머리카락이 긴 어른들의 모습을 상형한 글자이다. 옛날에는 상투를 묶고 머리칼을 자르지 않았으므로 머리가 길게 자란 사람은 어른이었던 것이다. 이 글자가 어른 장(長) 자일 때에는 우두머리가 머리위에 장식한 깃털로 보아도 된다.

갑골문　금문　전서　설문해자

 【cháng(차〆앙)】 [총4획] 부수 : [长 (길장)]
[長(장)의 간체자(簡體字)]
长 : 丿 一 上 长

 【duǎn(두∨안)】 [총12획] 부수 : [矢 (화살시)]　단어 短縮(단축) 長短(장단) 短期(단기) (6급)
【짧을 단】 짧다, (키가)작다, 가깝다, (숨이)가쁘다, 오래되지 않다, 적다, 부족하다
矢 : 丿 一 二 午 矢　　豆 : 一 厂 冂 日 豆 豆 豆

짧은 단(短) 자는 한 사람이 짧은 두건을 두르고 화살이거나 창을 들고 있는 모습을 상형한 글자이다.

전서　설문해자

◆장면이 살아나는 그림한자◆

【wáng(위/와ㅡ/앙)】 [총4획] 부수 : [王 (구슬옥변)]   단어 王母(왕모) 王朝(왕조) 王室(왕실)
【임금 왕/옥 옥】 임금, 천자(天子), 수령(首領), 옥(玉)
王 : 一 二 干 王

임금 왕(王) 자는 왕좌에 앉아있는 왕의 모습을 상형한 글자이다.

王 갑골문   王 금문   王王 설문해자

【jūn(쥐ㅡ원)】 [총9획] 부수 : [車 (수레거)]   단어 國軍(국군) 軍隊(군대) 軍事(군사)
【군사 군】 군사(軍士), 진 치다
冖 : 丨 冂   車 : 一 一 一 一 一 一 車

군사 군(軍, 军) 자는 철갑옷을 입고 있는 군사의 모습을 상형한 글자이다.

車 금문   軍 전서   軍 설문해자

【jūn(쥐ㅡ원)】 [총6획] 부수 : [冖 (민갓머리)]
[軍(군)의 간체자(簡體字)]
冖 : 丨 冂   车 : 一 冇 车 车

30

【mín(미/인)】 [총5획] 부수 : [氏 (각시씨)] 단어 民間(민간) 民族(민족) 民心(민심)
【백성 민】 사람, 직업인, 나
民 : ㄱ ㄱ ㄷ ㅌ 民

백성 민(民) 자는 백성의 모습을 상형한 글자이다.

 갑골문  금문  설문해자

 【mù(무\우)】 [총4획] 부수 : [木 (나무목)] 단어 草木(초목) 木工(목공) 木材(목재)
【나무 목】 나무, 목재(木材), 오행(五行)의 하나
木 : 一 十 才 木

나무 목(木) 자는 오래 자란 큰 나무는 땅 위에서도 뿌리가 보인다. 그래서 나무 목(木) 자는 바로 이러한 모습을 상형한 글자이다.

 갑골문  금문  전서 설문해자

 【huǒ(후v오/어)】 [총4획] 부수 : [火 (불화)] 단어 火爐(화로) 火災(화재) 火山(화산)
【불 화】 불, 열과 빛, 타는 불
火 : ㆍ ㆍㆍ 少 火

불 화(火) 자는 활활 타오르는 불꽃의 모양을 상형한 글자이다.

 갑골문 전서 설문해자

◆장면이 살아나는 그림한자◆

【huǒ(후∨오/어)/biāo(빠ー오/우)】 [총4획] 부수 : [灬 (연화발)]
[火(화)와 동자(同字), 한자(漢字)의 구성에서 발로 쓰일 때의 '火'의 자형(字形)]
灬 : 丶 丶丶 丶丶丶 灬

불 화(灬) 자는 타고나서 불기가 남아 있는 숯이거나 장작을 상형한 글자이다.

【tǔ(투∨우)】 [총3획] 부수 : [土 (흙토)]   단어 土地(토지) 土壤(토양) 土星(토성)
【흙 토】 땅, 육지, 영토, 지방, 장소, 오행의 하나
土 : 一 十 土

흙 토(土) 자는 두 개의 흙덩이거나 언덕의 모양을 상형한 글자이다. 이 글자는 또한 땅에서 나는 나무나 풀을 상형한 글자나 땅에 세운 선돌의 모양으로도 볼 수 있다. 나무와 선돌은 옛날에 사람들이 비는 대상으로서 이것이 있으면 당연히 마을이 형성되기 때문에 '지방, 장소' 등등을 뜻하게 되었다.

갑골문 금문 전서 설문해자

【jīn(찌ー인)】 [총8획] 부수 : [金 (쇠금)]   단어 金泉(김천) 稅金(세금) 金融(금융)
【쇠 금/성씨 김】 성의 하나, 쇠, 금나라, 귀하다, 돈, 금
金 : 丿 𠆢 人 𠆢 亼 今 全 金 金

쇠 금(金) 자는 용광로가 있는 제련소의 모습을 상형한 글자이다.

金 금문   金 전서   金金 설문해자

32

【jīn(찌ー인)】 [총5획] 부수 : [钅(쇠금)]
【편방자 금】 편방자(偏旁字), 쇠, 金(금)의 간체자(簡體字)
钅: ノ 𠂉 ㇏ 与 钅

쇠 금(金) 자는 용광로가 있는 제련소의 모습을 상형한 글자이다. 이 글자는 부수로 많이 사용한다.

【shuǐ(쭈ˇ이)】 [총4획] 부수 : [水 (물수)]   단어 水質(수질) 生水(생수)
【물 수】 물
水 : 亅 刀 水 水

물 수(水) 자는 샘에서 흘러내리는 물의 모양을 상형한 글자이다.

갑골문 금문 水 전서 설문해자

【shui(쭈ー이)】 [총3획] 부수 : [氵(삼수변)]
[水(수)와 동자(同字)]
氵 : 丶 冫 氵

물 수(氵) 자는 흐르는 물을 간략화한 글자이거나 또는 바위와 같은 곳에서 물방울이 모여 조금씩 흘러내리는 모습을 상형한 글자이다. 수(氵) 자는 부수로 많이 사용한다.

◆장면이 살아나는 그림한자◆

先 【xiān(씨ㅡ엔)】 [총6획] 부수 : [儿 (어진사람인발)]   단어 先祖(선조) 先生(선생)
【먼저 선】 미리, 옛날, 이전, 조상, 선구, 처음
先 : ノ 亠 屮 屮 步 先

먼저 선(先) 자는 함께 등산할 경우 나보다 먼저 앞선 사람의 모습을 상형한 글자이다.

 갑골문   금문   전서   설문해자

後 【hòu(호우/허ㅡ우)】 [총9획] 부수 : [彳 (두인변)] 단어 後續(후속) 後退(후퇴) 後悔(후회) (7급)
【뒤/임금 후】 뒤떨어지다, 늦다, 뒤로 하다, 왕후
彳 : ノ ノ 彳   幺 : ㄥ 幺 幺   夂 : ノ ク 夂

뒤/임금 후(後) 자는 한 사람이 머리에 보따리 두 개를 이고 뒤처져 가는 모습을 상형한 글자이다.

금문   전서

后 【hòu(호우/허ㅡ우)】 [총6획] 부수 : [口 (입구)]   (2급)
[後(후)의 간체자(簡體字)]
ㄏ : 一 ㄏ ㄏ   口 : ㅣ 冂 口

간체자 뒤/임금 후(后) 자는 한 사람이 앞에서 걷는 사람의 뒤를 따라 가는 모양을 상형한 글자이다. 여기서 보이는 구(口) 자는 앞 사람의 뒷발모양이다.

갑골문   금문   전서   설문해자

【qián(치ㄧ엔)】 [총9획] 부수 : [刂 (선칼도방)] (7급)
【앞/자를 전】 앞, 먼저, 미래(未來), 앞날, 미리, 앞서서, 사전에(事前)
丷: 丶 丷   月: ㅣ 冂 月 月   刂: ㅣ 刂   단어 前世(전세) 以前(이전) 午前(오전)

앞 전(前) 자는 앞으로 쏜 화살이거나 섬을 향해서 나가고 있는 배의 모습을 상형한 글자이다. 여기서 화살은 언제나 앞으로만 가기 때문에 '앞'을 뜻하게 되었다는 것을 알 수 있다.

갑골문 금문 전서 설문해자

【nèi(너ㄟ이)】 [총4획] 부수 : [入 (들입)] 단어 內容(내용) 內部(내부) 國內(국내) (7급)
【안 내】 안, 속, 뱃속, 친하게 지내다, 국내
冂: ㅣ 冂   入: ノ 入

안 내(內, 内) 자는 밖에서 한 사람이 움막 안으로 들어가고 있는 모습을 상형한 글자이다.

갑골문 금문 전서 설문해자

【nèi(너ㄟ이)】 [총4획] 부수 : [冂 (멀경몸)]
[內(내)의 간체자(簡體字)/속자(俗字)]
冂: ㅣ 冂   人: ノ 人

◆장면이 살아나는 그림한자◆

外
【wài(와이/와ㄟ이)】 [총5획] 부수 : [夕 (저녁석)]
【바깥 외】 겉, 표면, 남, 타인, 바깥채, 멀리하다
夕 : ノクタ　卜 : 丨卜

단어 外國(외국) 外面(외면) 外家(외가)

바깥 외(外) 자는 한 사람이 움막집에서 밖으로 나와 출입문에 빗장을 걸고 가는 모습을 상형한 글자이다.

卜 갑골문　外 금문　外 전서　外 外 설문해자

靑
【qīng(치-잉)】 [총8획] 부수 : [靑 (푸를청)]
【푸를 청】 푸르다, 젊다
靑 : 一 二 キ キ 丰 青 青 青

단어 靑年(청년) 靑春(청춘)

푸를 청(靑, 青) 자는 나뭇잎이 떨어지는 가을 하늘을 상형한 글자이다. 가을 하늘은 유난히 맑고 푸르기 때문에 가을 하늘로 '푸르다'를 뜻하게 되었다. 이 글자는 또한 화분에 심은 푸른 화초(나, 송, ...)를 상형한 글자이기도 하다. 화분에 있는 화초는 사시사철 항상 푸르기 때문에 '푸르다'를 뜻하게 되었다.

靑 금문　靑 전서　靑 설문해자

【qīng(치-잉)】 [총8획] 부수 : [靑 (푸를청)]
[靑(청)의 간체자(簡體字)/속자(俗字)]
青 : 一 二 キ キ 丰 青 青 青

◆한자획이 살아나는 그림한자-8급◆

 【bái(바́이)】 [총5획] 부수 : [白 (흰백)]　　단어 白露(백로) 白眉(백미) 白雪(백설)
【흰 백】 희다, 깨끗하다, 밝다, 빛나다
白 : ′ ſ ́ 白 白

흰 백(白) 자는 촛불의 불꽃의 모양을 상형한 글자이다.

ㅇ 갑골문　ㅂ 금문　ㅂ 설문해자

 【shēng(써-엉)】 [총5획] 부수 : [生 (날생)]　　단어 生活(생활) 生命(생명) 生産(생산)
【날 생】 나다, 낳다, 살다, 기르다
生 : ′ ┌ ┌ 牛 生

날 생(生) 자는 나무에서 돋아나는 나뭇잎을 상형한 글자이다.

Y 갑골문　Y 금문　Y 전서　Y 설문해자

 【shān(써-안)】 [총3획] 부수 : [山 (뫼산)]　　단어 山脈(산맥) 山中(산중) 山川(산천)
【뫼 산】 무덤, 분묘, 임금의 상
山 : ｜ 山 山

뫼 산(山) 자는 산의 모양을 상형한 글자이다.

M 갑골문　M 금문　M 전서　山 설문해자

37

◆장면이 살아나는 그림한자◆

 【mén(머/언)】 [총8획] 부수 : [門 (문문)]   단어 文度(문도) 門戶(문호) 部門(부문)
【문 문】 문벌, 동문, 전문, 과목, 집안
門 : 丨冂冂冂門門門門

문 문(門, 门) 자는 대 가문의 대문을 상형한 글자이다. 초기의 대문은 마당이 훤히 볼 수 있는 대문이었는데 나중에는 담장이 높고 문틈이 보이지 않는 대문을 뜻하게도 되었다.

門 갑골문 門 금문 門 전서 門 설문해자

 【mén(머/언)】 [총3획] 부수 : [门 (문문)]
[門(문)의 간체자(簡體字)]
门 : 丶丨门

 【shì(쓰\ㆍ)】 [총9획] 부수 : [宀 (갓머리)]   단어 教室(교실) 室長(실장) 室內(실내)
【집 실】 집, 건물(建物), 방, 거실(居室), 거처(居處), 사는 곳, 아내
室 : 丶丨宀   至 : 一工王至至

집 실(室) 자는 계단이 있는 집의 모양을 상형한 글자이다.

室 갑골문 室 금문 室 전서 室 설문해자

2. 7급 한자

時(时)	間(间)	動(动)	重	事
때 시	사이 간	움직일 동	무거울 중	일 사
便	春	夏(夏)	秋	冬
편할 편/똥오줌 변	봄 춘	여름 하	가을 추	겨울/북소리 동
午	夕	上	下	來(来)
낮 오	저녁 석	윗 상	아래 하	올 래
左	右	名	世	植(植)
왼 좌	오른쪽/도울 우	이름 명	인간/대 세	심을 식/둘 치
直(直)	林	花(花)	草(草)	農(农)
곧을 직/값 치	수풀 림(임)	꽃 화	풀 초	농사 농
地	休	江	海	川
땅 지	쉴 휴	강 강	바다 해	내 천
每	場(场)	天	電(电)	平(平)
매양 매	마당 장	하늘 천	번개 전	평평할 평
漢(汉)	正	手(扌)	登	出
한수/한나라 한	바를/정월 정	손 수	오를 등	날 출
入	空	市	村	邑
들 입	빌 공	저자 시	마을 촌	고을 읍
里	洞	同	家(家)	住
마을/속 리(이)	골 동	한 가지 동	집 가	살 주
所	安	全	旗	車(车)
바 소	편안 안	온전할 전	기 기	수레 거/차
道(道)	祖(祖)	老	夫	育
길 도	할아버지/조상 조	늙을 로/노	지아비 부	기를 육

子	孝	活	力	工
아들 자	효도 효	살 활/물 콸콸 흐를 괄	힘 력(역)	장인 공
主	命	姓	不	自
임금/주인 주	목숨 명	성씨 성	아닐 부/불	스스로 자
立	方	物	色	食
설 립(입)/자리 위	모 방	물건 물	빛 색	밥/먹을 식/먹이 사
氣(气)	然	有	少	口
기운 기	그럴/불탈 연	있을 유	적을/젊을 소	입 구
心	足	面	問(问)	歌
마음 심	발 족/지나칠 주	낯/밀가루 면	물을 문	노래 가
算	數(数)	答	文	字
셈 산	셈 수	대답 답	글월 문	글자 자
紙(纸)	話(话)	語(语)	記(记)	기타 한자
종이 지	말씀 화	말씀 어	기록할 기	
6급	路	多		
	길 로(노)	많을 다		

◆한자획이 살아나는 그림한자-7급◆

 【shí(ㅆˊ으)】 [총10획] 부수 : [日 (날일)]   단어 時間(시간) 時代(시대) 時期(시기)
【때 시】 때, 철, 계절(季節), 당시(當時), 그때
日 : l 冂 日 日   土 : 一 十 土   寸 : 一 十 寸

때 시(時, 时) 자는 범종을 치는 모습을 상형한 글자이다.

갑골문 금문 時 전서 설문해자

 【shí(ㅆˊ으)】 [총7획] 부수 : [日 (날일)]
[時(시)의 속자(俗字)/간체자(簡體字)]
日 : l 冂 日 日   寸 : 一 十 寸

 【jiān(찌ㅡ엔)】 [총12획] 부수 : [門 (문문)]   단어 時間(시간) 瞬間(순간) 期間(기간)
【사이 간】 사이, 때, 동안, 차별, 틈, 틈새
門 : l 冂 冂 冃 冃 門 門 門   日 : l 冂 日 日

사이 간(間, 间) 자는 문 사이로 보이는 태양의 모습을 상형한 글자이다.
이 글자는 또한 문틈사이로 들어오는 빛의 모습으로도 볼 수 있다.

 【jiān(찌ㅡ엔)】 [총7획] 부수 : [门 (문문)]
[間(간)의 간체자(簡體字)/통자(通字)]
门 : 丶 丨 门   日 : l 冂 日 日

◆장면이 살아나는 그림한자◆

 【dòng(뚜ㆍㅇ)】 [총11획] 부수 : [力 (힘력)] 단어 活動(활동) 運動(운동) 行動(행동)
【움직일 동】 움직이다, 옮기다, 흔들리다, 떨리다
千 : 一 二 千   日 : 丨 冂 日 日   二 : 一 二   力 : 𠃌 力

움직일 동(動) 자는 두 아이가 종을 흔들고 있는 모습을 상형한 글자이다.

갑골문 　 금문 　 전서 　 설문해자

 【dòng(뚜ㆍㅇ)】 [총6획] 부수 : [力 (힘력)]
[動(동)]의 속자(俗字)/간체자(簡體字)
云 : 一 二 云 云   力 : 𠃌 力

간체자 움직일 동(动) 자는 한 아이가 종을 들려고 하는 모습을 상형한 글자이다.

 【zhòng(쪼ㆍ/쭈ㆍㅇ)/chóng(추ㆍㅇ)】 [총9획] 부수 : [里 (마을리)]
【무거울 중】 소중하다, 무게, 무겁다, 겹치다, 또다시 단어 重要(중요) 重視(중시) 重大(중대)
千 : 一 二 千   日 : 丨 冂 日 日   二 : 一 二

무거울 중(重) 자는 범종의 모양을 상형한 글자이다. 범종은 크고 무겁기 때문에 이 글자가 '무겁다'를 뜻하게 되었다.

금문 　 전서 　 설문해자

◆한자획이 살아나는 그림한자-7급◆

 【shì(ㄕˋ)】 [총8획] 부수 : [亅(갈고리궐)] **단어** 事實(사실) 事件(사건) 事態(사태)
【일 사】 일, 직업, 사업
曰 : 一厂厂曰　事 : 一ㄱㄱ글事

일 사(事) 자는 종을 치고 있는 모습을 상형한 글자이다. 옛날에는 일을 시작하고 쉬고 끝내는 것을 알리기 위해 종을 쳤으므로 이 글자가 일을 뜻하게 되었다.

𢆉 갑골문　𣏟 금문　事 전서　事 설문해자

 【biàn(ㄅㄧㄢˋ)】 [총9획] 부수 : [亻(사람인변)] **단어** 便宜(편의) 便紙(편지) 便安(편안)
【편할 편/똥오줌 변】 편하다, 소식, 오줌을 누다
亻 : 丿亻　更 : 一厂厂厅百更更

편할 편(便) 자는 사람이 종을 매달고 동네를 다니면서 시간이나 소식을 알리는 모습을 상형한 글자이다. 아주 먼 옛날에는 마을마다 시간이나 소식을 알릴 때 종을 쳐서 모이도록 하였는데 후에 동네가 커지면서 동네 외곽에 사는 집에서는 거리가 멀어 종소리가 작게 들려 인식하지 못하거나 또는 종을 치는 곳까지 가는 시간도 많이 걸려서 많은 사람들이 기다리게 되는 불편함이 있었다. 그래서 많은 사람들을 모이게 하지 않고 한 사람이 종을 매달아 치면서 마을을 다니며 사람들에게 시간과 소식을 직접 알리게 되니 무척 편해졌다.

𠊛 금문　𠊛 전서　𠊛 설문해자

春 【chūn(ㄔㄨㄣ)】 [총9획] 부수 : [日 (날일)] **단어** 春分(춘분) 春秋(춘추) 立春(입춘)
【봄 춘】 봄, 동녘
夫 : 一二三圭夫　日 : 丨冂日日

43

◆장면이 살아나는 그림한자◆

> 봄 춘(春) 자는 겨울이 지나고 따뜻한 봄이 되니 두 손으로 부지런히 모내기를 하고 있는 모습을 상형한 글자이다. 이 글자에서 보이는 일(日) 자는 봄날의 태양으로도 볼 수 있으나 여기서는 논에 심으려고 묶어놓은 모춤의 모양이다. 봄 춘(春) 자의 옛날 글자는 봄날에 어린 나무를 심고 있는 모습으로 볼 수 있다.

갑골문 금문 전서 설문해자

【xià(시ㄚ)】 [총10획] 부수 : [夂 (천천히걸을쇠발)] 단어 夏至(하지) 下服(하복) 夏期(하기)
【여름 하】 여름, 하나라(우왕(禹王)이 세운 고대 왕조)
丆 : 一丆   目 : 丨冂𠮛月目   夂 : ノ㇇夂

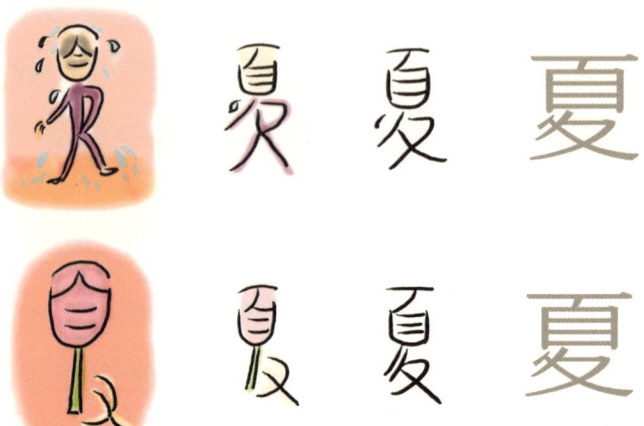

> 여름 하(夏, 夏) 자는 날이 더워서 땀을 흘리는 사람의 모습을 상형한 글자이다. 이 글자는 또한 손으로 부채를 들고 부채질 하는 모습으로도 볼 수 있다.

갑골문 금문 전서 설문해자

【xià(시ㄚ)】 [총10획] 부수 : [夂 (천천히걸을쇠발)]
[夏(하)의 간체자(簡體字)]
丆 : 一丆   目 : 丨冂𠮛月目   夂 : ノ㇇夂

【qiū(치ㅡ우)】 [총9획] 부수 : [禾 (벼화)]   단어 秋分(추분) 秋夕(추석) 秋收(추수)
【가을 추】 가을
禾 : 一二千禾禾   火 : 丶丶㇄火

> 가을 추(秋) 자는 한 사람이 가을에 다 자란 곡식을 보고 좋아하는 모습을 상형한 글자이다.

전서   설문해자

◆한자획이 살아나는 그림한자-7급◆

【dōng(뚜ー웅)】 [총5획] 부수 : [冫 (이수변)] 단어 冬至(동지) 冬眠(동면) 立冬(입동)
【겨울/북소리 동】 겨울, 겨울북소리
夂 : ノ ク 夂   冫 : ヽ ン

겨울 동(冬) 자는 한 사람이 얼음 위에서 옆걸음 하며 조심스럽게 걸어가고 있는 모습이거나 옆으로 미끄러지며 얼음을 지치는 모습을 상형한 글자이다.

갑골문   금문   전서   설문해자

午 【wǔ(우∨우)】 [총4획] 부수 : [十 (열십)] 단어 午後(오후) 午前(오)전 端午(단오)
【낮 오】 낮(정오), 일곱째 지지(地支)
午 : ノ ㅗ 느 午

낮 오(午) 자는 정오에 햇빛이 사람에 비추어 그림자가 드리워진 모습을 상형한 글자이다.

갑골문   금문   전서   설문해자

夕 【xī(씨ー이)】 [총3획] 부수 : [夕 (저녁석)] 단어 七夕(칠석) 秋夕(추석) 夕陽(석양)
【저녁 석】 저녁
夕 : ノ ク 夕

저녁 석(夕) 자는 조각달의 모양을 상형한 글자이다.

갑골문   금문   전서   설문해자

◆장면이 살아나는 그림한자◆

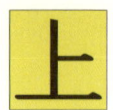
【shàng(씨ㄧ앙)】 [총3획] 부수 : [一 (한일)]　　단어　以上(이상) 上昇(상승) 世上(세상)
【윗 상】 앞, 첫째, 옛날, 임금, 높다, 드리다
上 : 丨 ├ 上

윗 상(上) 자는 망을 보러 나뭇가지 위에 올라가서 서 있는 모습을 상형한 글자이다.

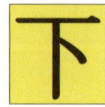
【xià(씨ㄧ아)】 [총3획] 부수 : [一 (한일)]　　단어　下降(하강) 下落(하락) 以下(이하)
【아래 하】 밑, 끝, 아랫사람, 하급, 내리다, 낮추다
下 : 一 丆 下

아래 하(下) 자는 망을 보고나서 내려오려고 나뭇가지를 잡고 뛰어 내리는 모습을 상형한 글자이다.

【lái(라ㄧ이)】 [총8획] 부수 : [人 (사람인)]　　단어　往來(왕래) 招來(초래) 去來(거래)
【올 래】 오다, 돌아오다
木 : 一 十 才 木　　人 : 丿 人　　人 : 丿 人

올 래(來, 来) 자는 수렵활동 등과 같은 일이 끝나 망을 다 보고 내려오는 두 사람의 모습을 상형한 글자이다.

【lái(라ノ이)】 [총7획] 부수 : [木 (나무목)]
[來(래)의 간체자(簡體字)]
来 : 一 ㄷ ㄸ ㅉ 平 来 来

左 【zuǒ(주ˇ오/어)】 [총5획] 부수 : [工 (장인공)] 단어 左派(좌파) 左手(좌수) 相左(상좌)
【왼 좌】 왼쪽, 왼쪽으로 하다
左 : 一 ナ ナ 左 左

왼 좌(左) 자는 왼손으로 밥그릇을 잡고 있는 모습을 상형한 글자이다. 좌(左) 자는 그동안 왼손으로 공구를 잡고 있는 모습을 상형한 글자라고도 하는데 그러나 좌(左) 자를 만들 때 우(右) 자도 동시에 만들어졌다고 생각을 하면 상대적 연관성을 생각해서 밥을 먹고 있는 상황으로 일관성이 있게 만들었다고 보는 것이 더 타당할 수가 있다.

 금문 전서 설문해자

右 【yòu(요우/여ˋ우)】 [총5획] 부수 : [口 (입구)] 단어 右翼(우익) 右相(우상) 右手(우수)
【오른쪽/도울 우】 오른 손, 우익
右 : 一 ナ オ 右 右

오른쪽 우(右) 자는 오른손으로 밥을 먹고 있는 모습을 상형한 글자이다. 이 글자에서 입 구(口) 자는 밥을 먹고 있는 사람의 머리로도 볼 수 있다.

 금문 전서 설문해자

◆장면이 살아나는 그림한자◆

 【míng(미ㄥ잉)】 [총6획] 부수 : [口 (입구)]   단어 名譽(명예) 名分(명분) 名節(명절)
【이름 명】 이름, 명분(名分), 지칭(指稱)하다
夕 : ノクタ   口 : 丨冂口

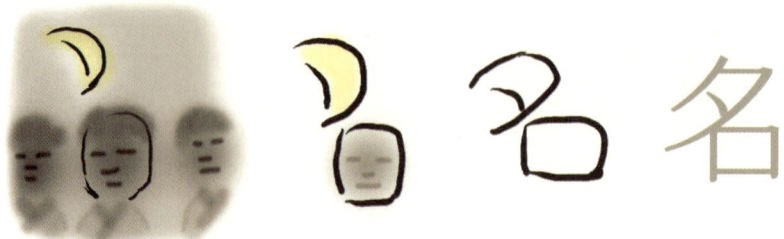

이름 명(名) 자는 어두운 달밤에 누구인지 몰라 사람의 이름을 불러 구별하는 모습을 상형한 글자이다.

㕷 갑골문 召 금문 名 전서 名 설문해자

世 【shì(ㄕˋ)】 [총5획] 부수 : [一 (한일)]   단어 世上(세상) 世界(세계) 世代(세대)
【인간/대 세】 일생, 대, 시기
世 : 一 十 卅 廿 世

인간 세(世) 자는 나뭇잎이 무성한 모양을 상형한 글자이다. 나뭇잎을 비롯한 식물은 세상 어디나 다 있기에 이 글자가 '세상'을 뜻하는 글자가 되었다. 또한 식물의 잎은 일 년에 한 번씩 돋고 지는데 이런 현상을 보고 옛날 사람들은 식물이 일 년에 한 번씩 한 생을 마감하는 것으로 보게 되었다. 그래서 이 글자가 '일생'을 뜻하는 글자로 된 것이다.

屮 금문 世 전서 世 설문해자

◆한자획이 살아나는 그림한자-7급◆

 【zhí(쯔ˊ으)】 [총12획] 부수 : [木 (나무목)]　　**단어** 植物(식물) 移植(이식) 植樹(식수)
【심을 식】 심다, 세우다, 수립하다, 번식하다, 자라다, 식물(植物)
木 : 一 十 才 木　　直 : 一 十 十 亣 亣 直 盲 直

심을 식(植, 植) 자는 한 사람이 나무를 심고 있는 모습을 상형한 글자이다.

櫨 전서　植櫨 설문해자

 【zhí(쯔ˊ으)】 [총12획] 부수 : [木 (나무목)]
[植(식)]의 간체자(簡體字)
木 : 一 十 才 木　　十 : 一 十　　且 : 丨 冂 月 月 月 且

直 【zhí(쯔ˊ으)】 [총8획] 부수 : [目 (눈목)]　　**단어** 直接(직접) 直後(직후) 直前(직전)
【곧을 직】 굳세다, 바르다, 옳다, 펴다, 즉시
直 : 一 十 亣 亣 直 盲 直

곧을 직(直, 直) 자는 추가 달린 끈을 늘어뜨려 기울기를 재어 보는 모습을 상형한 글자이다. 끈에 추를 달고 늘어뜨리면 중력 때문에 언제나 수직으로 곧게 내려오게 된다. 그래서 '곧다'를 뜻하게 되었다.

 갑골문　 금문　 전서　直 설문해자

 【zhí(쯔ˊ으)】 [총8획] 부수 : [目 (눈목)]
[直(직)]의 간체자(簡體字)
十 : 一 十　　且 : 丨 冂 月 月 月 且

◆장면이 살아나는 그림한자◆

| 林 | 【lín(리╱인)】 [총8획] 부수 : [木 (나무목)]   단어 山林(산림) 森林(삼림)
【수풀 림(임)】 수풀, 숲
木 : 一 十 才 木   木 : 一 十 才 木

수풀 림(林) 자는 나무가 옆으로 연이어 늘어선 모습을 상형한 글자이다.

☾☾ 갑골문 ☾☾ 금문 ☾☾ ☾☾ 전서 ☾☾ 설문해자

| 花 | 【huā(후ㅡ아)】 [총8획] 부수 : [艹 (초두머리)]   단어 杏花(행화) 花草(화초) 櫻花(앵화)
【꽃 화】 꽃, 꽃 모양의 물건(物件), 꽃이 피는 초목(草木)
艹 : 一 十 卄 艹   亻 : ノ 亻   匕 : ㄴ 匕

꽃 화(花, 花) 자는 꽃의 모양을 상형한 글자이다.

☾☾ ☾☾ ☾☾ 전서

| 花 | 【huā(후ㅡ아)】 [총7획] 부수 : [艹 (초두머리)]
[花(화)의 간체자(簡體字)]
艹 : 一 十 艹   亻 : ノ 亻   匕 : ㄴ 匕

| 草 | 【cǎo(차∨오/우)】 [총10획] 부수 : [艹 (초두머리)]   단어 草原(초원) 花草(화초)
【풀 초】 풀, 거친 풀, 시초(始初), 초고(草稿)
艹 : 一 十 卄 艹   日 : 丨 冂 日 日   十 : 一 十

풀 초(草, 草) 자는 논밭의 주위에 있는 논두렁에서 돋아나는 풀의 모양을 상형한 글자이다. 여기서 일(日) 자는 모를 심어놓은 논의 모양이다. 이 글자가 풀 초(草) 자를 뜻하게 된 것은 논두렁은 들이나 산에 비해서 나무가 없고 풀만 자라기 때문이다.

𦫳 전서 草 설문해자

【cǎo(차ˇ오/우)】 [총9획]　부수 : [艹 (초두머리)]
[草(초)의 간체자(簡體字)]
艹 : 一 十 艹　　日 : 丨 冂 冃 日　　十 : 一 十

【nóng(누ˊ웅)】 [총13획]　부수 : [辰 (별진)]　　단어　農事(농사) 農夫(농부) 農家(농가)
【농사 농】 농사(農事), 농부(農夫), 농가(農家), 농사(農事)짓다
曲 : 丨 冂 冃 曲 曲 曲　　厂 : 一 厂　　一 : 一　　衣 : 一 𠂇 𧘇

농사 농(農, 农) 자는 많은 사람들이 밭에서 농사를 짓고 있는 모습을 상형한 글자이다.

茻 갑골문　蓐 금문　農 전서

【nóng(누ˊ웅)】 [총6획]　부수 : [亠 (민갓머리)]
[農(농)의 속자(俗字)/간체자(簡體字)]
农 : 丶 一 𠂉 农 农 农

◆장면이 살아나는 그림한자◆

 【dì(띠ヽ이)/de(떠-어)】 [총6획] 부수 : [土 (흙토)] 단어 地域(지역) 地方(지방) 地位(지위)
【땅 지】 대지, 논밭, 뭍, 육지, 바탕, 곳
土 : 一 十 土   也 : ㇇ 力 也

땅 지(地) 자는 나무와 나무 밑에 떨어진 잎의 모양을 상형한 글자이다. 나뭇잎은 언제나 땅에 떨어지므로 이 글자가 땅을 뜻하는 글자로 되었다.

𤰔 금문   坺 전서   地 설문해자

 【xiū(씨우-우)】 [총6획] 부수 : [亻(사람인변)] 단어 休暇(휴가) 休息(휴식) 休日(휴일)
【쉴 휴】 쉬다, 휴식하다, 사직하다, 그만두다, 그치다, 멈추다, 중지하다
亻 : 丿 亻   木 : 一 十 才 木

쉴 휴(休) 자는 나무그늘에서 쉬고 있는 사람의 모습을 상형한 글자이다.

𣎳 갑골문   休 금문   休 전서   休 설문해자

 【jiāng(찌-앙)】 [총6획] 부수 : [氵(삼수변)] 단어 江南(강남) 江山(강산) 江北(강북)
【강 강】 강
氵 : 丶 丶 氵   工 : 一 T 工

강 강(江) 자는 꾸불꾸불 흘러가는 물에 많은 지류(支流)가 모여서 강이 된 모양을 상형한 글자이다.

江 금문   江 전서   江 설문해자

◆한자획이 살아나는 그림한자-7급◆

 【hǎi(하∨이)】 [총10획] 부수 : [氵(삼수변)]   단어 海外(해외) 海洋(해양) 海軍(해군)
【바다 해】 바다, 바닷물, 크다, 넓다
氵: 丶 冫 氵   亠 : 丶 亠   母 : ㄴ 口 口 母 母

바다 해(海) 자는 바닷가에서 매일 한결같이 밀려오는 밀물의 모습을 상형한 글자이다.

금문 전서 설문해자

川 【chuān(쭈―안)】 [총3획] 부수 : [川 (내천)]   단어 川沙(천사) 川谷(천곡) 山川(산천)
【내 천】 내
川 : 丿 刂 川

내 천(川) 자는 흘러가는 물살의 모양을 상형한 글자이다.

갑골문 금문 전서 설문해자

每 【měi(메/머∨이)】 [총7획] 부수 : [毋 (말무)]   단어 每年(매년) 每日(매일) 每月(매월)
【매양 매】 매양, 늘, 마다, 비록, 탐(貪)내다
亠 : 丶 亠   母 : ㄴ 口 口 母 母

매양 매(每) 자는 바닷가에서 매일 한결같이 밀려오는 밀물의 모습을 상형한 글자이다. 밀물은 지구중심과 지표면에 미치는 달의 인력 차에 의해 매일 12시간 25분 주기로 생기기 때문에 바닷가에 사는 사람들은 매일 볼 수 있는 현상으로서 '매양, 늘'을 뜻하게 되었다.

갑골문 금문 전서 설문해자

53

 【chǎng(챠ˇ앙)】 [총12획] 부수 : [土 (흙토)]　단어 市場(시장) 立場(입장) 登場(등장)
【마당 장】 마당, 구획, 때(시기), 경우, 곳, 장소(場所), 무대, 시장, 장터, 시험장
土 : 一 十 土　　日 : 丨 冂 日 日　　昜 : 二 テ 万 羽 昜

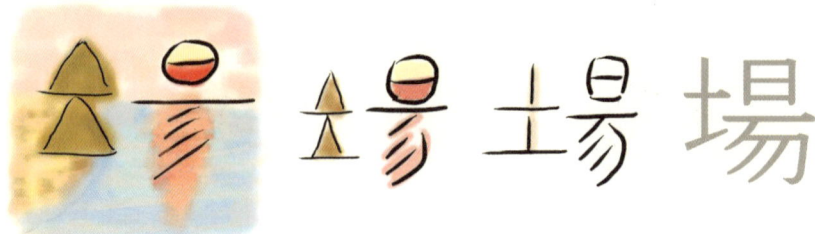

장소 장(場, 场) 자는 해맞이 장소의 모양을 상형한 글자이다.

田 갑골문　堨 전서　場 설문해자

 【chǎng(챠ˇ앙)】 [총7획] 부수 : [土 (흙토)]
[場(장)의 간체자(簡體字)]
土 : 一 十 土　　𠃓 : フ 马 𠃓

天 【tiān(띠ー엔)】 [총4획] 부수 : [大 (큰대)]　단어 天數(천수) 天命(천명) 天然(천연)
【하늘 천】 하늘, 하느님, 임금, 천체의 운행
天 : 一 二 チ 天

하늘 천(天) 자는 아침에 떠오르는 태양과 바다의 수평선 및 반영(反影)을 상형한 글자이다. 하늘은 바다의 수평선 위로부터 일몰(日沒)의 지평선까지 태양이 운행하는 공간을 말한다. 그리고 또한 옛날에는 태양을 신으로 섬겼기 때문에 이 글자가 '하느님'을 뜻하게 되었다.

夭 갑골문　大 금문　天 忝 전서　页 설문해자

◆한자획이 살아나는 그림한자-7급◆

【diàn(띠ˋ엔)】 [총13획] 부수 : [雨 (비우)]　　단어 電話(전화) 電氣(전기) 電力(전력)
【번개 전】 번개, 전기, 전류, 번쩍이다, 빛나다
雨 : 一 丆 币 币 币 雨 雨 雨　　电 : 丨 冂 冃 曰 电

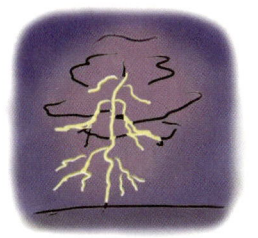    

번개 전(電, 电) 자는 비가 내리는 날에 구름사이로 치는 번개를 상형한 글자이다.

電 금문　雷 전서　電 설문해자

【diàn(띠ˋ엔)】 [총5획] 부수 : [田 (밭전)]
[電(전)의 속자(俗字)/간체자(簡體字)]
日 : 丨 冂 冃 日　　乚 : 乚

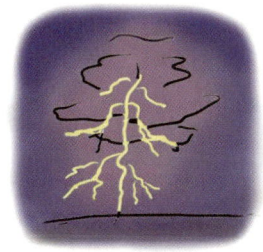 

【píng(피ˊ잉)】 [총5획] 부수 : [干 (방패간)]　　단어 平凡(평범) 平均(평균) 平和(평화)
【평평할 평】 평평하다, 화평하다, 고르다
平 : 一 丆 丆 丆 平

평평할 평(平, 平) 자는 평평하게 고인 물이 넘쳐 흘러내리는 모습을 상형한 글자이다. 고인 물의 수면은 평평하기 때문에 이 글자가 '평평하다'를 뜻하게 되었다. 이 글자는 또한 평야의 모습을 상형한 글자이기도 하다.

平 금문　平 전서　平 설문해자

【píng(피ˊ잉)】 [총5획] 부수 : [干 (방패간)]
[평(平)의 간체자(簡體字)]
平 : 一 丆 丆 平 平

 【hàn(햐〜안)】 [총14획] 부수 : [氵(삼수변)]　　단어 漢字(한자) 漢江(한강) 漢文(한문)
【한수/한나라 한】 한수, 한나라, 사나이, 은하수
氵: 丶丶氵　　廿: 一十廿廿　　실: 丶丶丶一⼧㫺实实

한수/한나라 한(漢) 자는 폭우나 홍수 때마다 물에 잠겨서 섬이 되었다가 물이 빠지면 육지가 드러나는 곳을 상형한 글자이다. 옛날에는 한(漢)나라가 있던 곳에는 항시 홍수가 범람한 곳이어서 한(漢)이라는 이름을 갖게 되었다. 이 글자가 은하수라고 하게 된 것도 이와 연관이 된다. 은하수를 보면 마치 범람한 물과도 같으며 그 사이에 별들이 마치 섬처럼 떠있다는 의미에서 한(漢) 자를 은하수라고도 한 것이다.

𦰩 금문　漢 전서　灘 설문해자

 【hàn(햐〜안)】 [총5획] 부수 : [氵(삼수변)]
[漢(한)의 속자(俗字)/간체자(簡體字)]
氵: 丶丶氵　　又: フ又

간체자 한수 한(汉) 자는 섬으로 날아가는 새의 모습이다.

 【zhèng(쩌〜엉)】 [총5획] 부수 : [止(그칠지)]　　단어 正確(정확) 嚴正(엄정) 正直(정직)
【바를/정월 정】 바르다, 정당(正當)하다, 바람직하다, 올바르다, 정직하다
正: 一丁下正正

바를 정(正) 자는 한 사람이 바르게 서있는 모습을 상형한 글자이다.

𠙵 갑골문　正 금문　正 전서　正正正 설문해자

◆한자획이 살아나는 그림한자-7급◆

| 手 | 【shǒu(ㄕㄡˇ)】 [총4획] 부수 : [手 (손수)]
【손 수】 재주, 솜씨, 가락, 쥐다
手 : ⼀ ⼆ ⺌ 手 | 단어 手段(수단) 着手(착수) 失手(실수) |

손 수(手, 扌) 자는 다섯 손가락을 편 모양을 상형한 글자이다.
수(扌) 자는 부수로 많이 쓰인다.

⽊ ⽊ 금문 ⽊ 전서 ⽊ ⽊ 설문해자

| 扌 | 【shǒu(ㄕㄡˇ)】 [총3획] 부수 : [扌 (재방변)]
[手(수)와 동자(同字)]
扌 : ⼀ ⼗ 扌 |

| 登 | 【dēng(ㄉㄥ-)】 [총12획] 부수 : [癶 (필발머리)]
【오를 등】 나가다, 기재하다, 익다
癶 : ⼀ ⼇ ⼈ ⼈ 癶   豆 : ⼀ ⼇ ⼝ ⼞ ⾖ 豆 | 단어 登場(등장) 登錄(등록) |

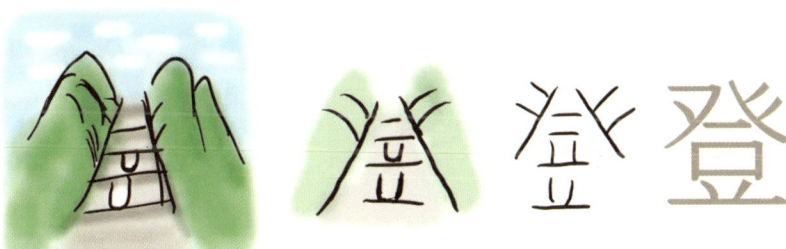

오를 등(登) 자는 등산할 때의 남긴 두 발자국과 계단을 상형한 글자이다.

巖 갑골문 巖 금문 豊 巖 설문해자

◆장면이 살아나는 그림한자◆

 【chū(촤ㅡ우)】 [총5획] 부수 : [凵 (위튼입구몸)]   단어 出發(출발) 出身(출신) 出席(출석)
【날 출】 태어나다, 나가다, 떠나다, 버리다
凵 : 凵凵   山 : 丨凵山

> 날 출(出) 자는 한 사람이 움막집 안에서 나오려고 문 밖으로 손을 막 내민 모습을 상형한 글자이다. 움막집의 출입문은 좁고 낮아서 사람이 몸을 굽혀 나가게 되는데 이 때 먼저 손을 밖으로 내밀어 중심을 잡고 나가게 된다. 그래서 출입문과 밖에 내민 손의 모습으로 출(出) 자를 뜻하게 되었다. 이 글자는 또한 한 사람이 움이나 구덩이에서 나오는 모습으로도 볼 수 있다.

 갑골문 금문 전서 설문해자

 【rù(루ㄨ우)】 [총2획] 부수 : [入 (들입)]   단어 入學(입학) 入試(입시) 入選(입선)
【들 입】 간여하다, 섬기다, 담그다, 수입
入 : 丿入

> 들 입(入) 자는 움막집으로 들어가고 있는 사람의 모습을 상형한 글자이다.

 갑골문 금문 전서 설문해자

 【kōng(쿠-웅)】 [총8획] 부수 : [穴 (구멍혈)]   空中(공중) 空間(공간)
【빌 공】 없다, 헛되다, 공허하다, 공간, 하늘
穴 : ' '' 宀 宀 穴 穴   工 : 一 丁 工

빌 공(空) 자는 관 또는 대나무 통의 모양을 상형한 글자이다. 뻥 뚫린 관 또는 대나무 통은 빛 반사 때문에 아래가 공(工) 자처럼 되었다.

금문   전서   설문해자

 【shì(쯔ㆍ)】 [총5획] 부수 : [巾 (수건건)]   市場(시장) 都市(도시) 市民(시민)
【저자 시】 저자, 상품을 팔고 사는 시장, 시가(市街), 장사, 행정(行政)
⊥ : ' 亠   巾 : ㅣ 冂 巾

저자 시(市) 자는 물건을 이고 시장에 가서 파는 모습을 상형한 글자이다. 이 글자는 또한 시장에 있는 간판용 현수막의 모습을 상형한 글자이기도 하다.

금문   전서   설문해자

【cūn(추-운)】 [총7획] 부수 : [木 (나무목)]   農村(농촌) 村落(촌락) 江村(강촌)
【마을 촌】 마을, 시골, 농막, 촌스럽다, 꾸밈이 없다
木 : 一 十 才 木   寸 : 一 寸 寸

마을 촌(村) 자는 한 사람이 마을에서 종을 치고 있는 모습을 상형한 글자이다.

전서   설문해자

◆장면이 살아나는 그림한자◆

【yì(∞╲이)】 [총7획] 부수 : [邑 (고을읍)]
【고을 읍】 마을, 나라, 영지, 영유하다
邑 : 丨 冂 口 日 몽 呂 邑

단어 邑內(읍내) 邑長(읍장) 邑誌(읍지)

고을 읍(邑) 자는 제단 앞에서 납작 엎드려 빌고 있는 사람의 모습을 상형한 글자이다. 이 글자에서 보이는 제단은 단(壇) 자나 경(京) 자에서 보이는 제단 보다 작기에 마을을 뜻하게 되었다. 그런데 이 글자가 나라를 뜻하게 된 것은 인류역사의 초기에 지은 제단이 높지 않은데서 온 글자라는 것을 알 수 있다.

몽 갑골문 윤 금문 윤 전서 옹 설문해자

【lǐ(리╲이)】 [총7획] 부수 : [里 (마을리)]
【마을/속 리(이)】 마을, 고향(故鄕), 이웃, 인근, 속, 안쪽
里 : 丨 冂 日 日 三 甲 里 里

단어 洞里(동리) 鄕里(향리) 萬里(만리)

마을 리(里) 자는 한 사람이 나무 위에 매어놓은 종을 아래에서 올려다보는 모습을 상형한 글자이다. 이 글자는 또한 마을 어귀에 있는 나무나 표지석의 모습으로도 볼 수 있다. 옛날에는 마을마다 큰 종이 하나씩 있었으므로 종으로 마을을 뜻하게 되었다. 옛날에 만든 큰 종을 치면 그 소리가 지금의 1 리길 밖까지 들리기 때문에 거리를 재는 단위 '리'를 뜻하게 되었다. 또한 리(里) 자는 종 아래에서 종 안을 들여다보는 모습이기 때문에 '속, 안쪽'을 뜻하게 되었다.

里 금문 里 전서 里 설문해자

 【dòng(뚜ㄥˋ)】 [총9획] 부수 : [氵(삼수변)]　단어 洞窟(동굴) 洞口(동구) 洞里(동리)
【골 동】 골, 골짜기, 고을, 마을, 동네, 굴
氵 : ㆍㆍ氵　同 : ｜ 冂 冂 冋 同 同

골 동(洞) 자는 골이나 마을 또는 동굴의 모습을 상형한 글자이다.

꾼 전서　洞 설문해자

 【tóng(투ㄥˊ)】 [총6획] 부수 : [口 (입구)]　단어 同盟(동맹) 同時(동시) 同僚(동료)
【한 가지 동】 무리, 함께, 같다, 합치다, 균일 모이다
同 : ｜ 冂 冂 冋 同 同

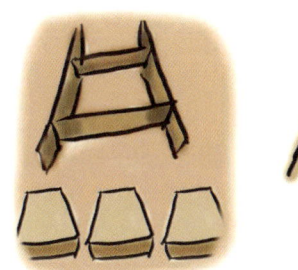   

한 가지 동(同) 자는 흙벽돌을 만드는 모습을 상형한 글자이다. 흙벽돌을 만들려면 벽돌 크기만 한 틀이 있어야 하는데 이 벽돌 틀을 사용해서 만든 흙벽돌은 모두 하나의 틀에서 나왔기 때문에 모두 똑같은 모양이 된다. 이 글자는 또한 도장을 찍어 놓은 모습을 상형한 글자이기도 하다.

넘 갑골문　넘 금문　同 전서　同 설문해자

◆장면이 살아나는 그림한자◆

 【jiā(찌ㅡ아)】 [총10획] 부수 : [宀 (갓머리)]　　단어 家族(가족) 家庭(가정) 家口(가구)
【집 가】 자기 집, 가족, 집안, 문벌
宀 : ' ㅛ 宀　　豕 : 一 ㄱ 豕 豕 豕 豕 豕

집 가(家, 家) 자는 집 앞에서 놀고 있는 사람들의 모습을 상형한 글자이다.

宀 갑골문　宀 금문　家 전서　家 鼠 설문해자

 【jiā(찌ㅡ아)】 [총10획] 부수 : [宀 (갓머리)]
[家(가)의 간체자(簡體字)]
宀 : ' ㅛ 宀　　豕 : 一 ㄱ 豕 豕 豕 豕

住 【zhù(쭈ㅡ우)】 [총7획] 부수 : [亻 (사람인변)]　　단어 住宅(주택) 住民(주민) 住所(주소)
【살 주】 살다, 거주(居住)하다, 숙박(宿泊)하다, 머무르다
亻 : ノ 亻　　主 : ㆍ 一 ㅗ 主 主

살 주(住) 자는 한 사람이 자거나 누워있는 다른 한 사람을 돌보고 있는 모습을 상형한 글자이다.

 【suǒ(수ㅇ오/어)】 [총8획] 부수 : [戶 (지게호)]　　단어 所得(소득) 所屬(소속) 場所(장소)
【바 소】 바(일의 방법이나 방도), 것, 곳, 일정, 자리, 위치(位置)
戶 : 一 ㄱ ㅋ 戶　　斤 : 一 厂 厂 斤

바 소(所) 자는 한 사람이 어떤 곳을 찾아오는 모습을 상형한 글자이다.

所 금문　所 전서　所 설문해자

◆한자획이 살아나는 그림한자-7급◆

【ān(ㅆㅡ안)】 [총6획] 부수 : [宀 (갓머리)]　　단어　安保(안보) 安全(안전) 不安(불안)
【편안 안】 편안(便安), 편안(便安)하다, 안존하다, 안으로, 속으로
宀 : ' ﾉ 宀　　女 : 人 ㄅ 女

편안 안(安) 자는 한 사람이 집에서 편안히 쉬고 있는 모습을 상형한 글자이다.

갑골문　금문　전서　설문해자

【quán(취ㄱ엔)】 [총5획] 부수 : [入 (들입)]　　단어　全體(전체) 全國(전국) 全面(전면)
【온전할 전】 온전하다, 순전하다, 무사하다
入 : ﾉ 入　　王 : 一 二 干 王

온전할 전(全) 자는 완벽하게 갈아놓은 화살촉의 모양을 상형한 글자이다.

전서　설문해자

【qí(치ㄱ이)】 [총14획] 부수 : [方 (모방)]　　단어　旗幟(기치) 白旗(백기) 國旗(국기)
【기 기】 기(곰과 범을 그린 기), 군대(軍隊), 깃발, 표
方 : ' 亠 方 方　　𠂉 : ﾉ 𠂉　　其 : 一 十 廿 廿 甘 其 其 其

기 기(旗) 자는 한 사람이 깃발을 들고 가는 모습을 상형한 글자이다.

전서　설문해자

◆장면이 살아나는 그림한자◆

【chē(쳐ㅡ어)】 [총7획] 부수 : [車 (수레거)]   단어 車輛(차량) 車道(차도) 車線(차선)
【수레 거/차】 수레바퀴, 수레
車 : 一 ㄕ ㅠ 戸 亘 亘 車

수레 차(車, 车) 자는 수레의 모양을 상형한 글자이다.

🚗 갑골문 🚙 금문 車 전서 車 설문해자

【chē(쳐ㅡ어)】 [총4획] 부수 : [车 (수레거)]
[車(차)의 간체자(簡體字)]
车 : 一 ㄠ ㅌ 车

道
【dào(따ㅗ/우)】 [총13획] 부수 : [辶 (책받침)]   단어 報道(보도) 道路(도로) 軌道(궤도)
【길 도】 길, 도리(道理), 이치(理致)
丬 : ˊ ˋ ㅛ   自 : ˊ 冂 卂 自 自   辶 : ˋ ˋ 辶

  道 道

길 도(道, 道) 자는 한 사람이 산길에서 내려오는 모습을 상형한 글자이다.

【dào(따ㅗ/우)】 [총12획] 부수 : [辶 (책받침)]
[道(도)의 간체자(簡體字)]
丬 : ˊ ˋ ㅛ   自 : ˊ 冂 卂 自 自   辶 : ˋ ˋ 辶

 【lù(루ㄒ우)】 [총13획] 부수 : [足 (발족)] 　단어 道路(도로) 經路(경로) 通路(통로) (6급)
【길 로(노)】 길, 통행(通行), 도로(道路)
足 : ㅣ ㄇ ㅁ ㅁ 무 무 足　　夂 : ノ ク 夂　　口 : ㅣ ㄇ ㅁ

길 로(路) 자는 한 사람이 돌이 깔린 도로 위에서 걷고 있는 모습을 상형한 글자이다.

路 금문　路 전서　踞 설문해자

 【zǔ(주ˇ우)】 [총10획] 부수 : [示 (보일시)] 　단어 祖上(조상) 先祖(선조) 祖母(조모)
【할아버지/조상 조】 할아버지, 할아비, 조상, 선조, 국조, 개조, 시초, 처음, 근본
示 : 一 二 〒 示 示　　且 : ㅣ ㄇ 月 月 且

할아버지 조(祖, 祖) 자는 조상의 무덤 앞에 있는 묘지석과 제사상의 모습을 상형한 글자이다.

且 갑골문　祖 금문　祖 전서　祖 설문해자

 【zǔ(주ˇ우)】 [총9획] 부수 : [礻 (보일시변)]
[祖(조)의 간체자(簡體字)]
礻 : ` ⁄ ⁊ 礻 礻　　且 : ㅣ ㄇ 月 月 且

◆장면이 살아나는 그림한자◆

【lǎo(라∨오/우)】 [총6획] 부수 : [老 (늙을로)]　　단어　元老(원로) 敬老(경로) 長老(장로)
【늙을 로/노】 늙다, 오래 되다, 늙은이
耂 : 一 十 耂 耂　　匕 : ㄴ 匕

> 늙을 노(老) 자는 앉아 있는 노인이 지팡이나 곰방대를 옆에 놓고 아이를 돌보고 있는 모습을 상형한 글자이다. 여기서 비(匕) 자는 놀고 있는 아이의 모습이다.

갑골문　금문　전서　설문해자

【fū(푸ー우)/fú(푸ノ우)】 [총4획] 부수 : [大 (큰대)]　　단어　夫婦(부부) 工夫(공부) 夫人(부인)
【지아비 부】 지아비, 남편(男便), 사내, 장정, 일군, 노동일을 하는 남자(男子)
夫 : 一 二 ナ 夫

> 지아비 부(夫) 자는 사내대장부의 모습을 상형한 글자이다.

갑골문　금문　전서　설문해자

【yù(위ㄥ이)】 [총8획] 부수 : [月 (육달월)]　　단어　敎育(교육) 育成(육성)
【기를 육】 급히 가다, 기르다, 자라다, 어리다
云 : 一 亠 云 云　　月 : 丨 冂 月 月

> 기를 육(育) 자는 어머니가 아이를 업어 기르는 모습을 상형한 글자이다. 이 글자는 또한 애를 낳고 있는 여자의 모습이거나 아기와 자는 모습으로도 볼 수도 있다.

갑골문　금문　전서　설문해자

◆한자획이 살아나는 그림한자-7급◆

【zǐ(즈ˇ으)】 [총3획] 부수 : [子 (아들자)] 단어 子女(자녀) 子息(자식) 孫子(손자)
【아들 자】 아들, 자식(子息), 경칭(敬稱)
子 : 了 了 子

아들 자(子) 자는 보자기에 싸인 아기가 두 팔을 벌리고 머리를 좌우로 돌리는 모습을 상형한 글자이다.

𣎵 갑골문 𣎶 금문 𢀳 전서 𢀵 설문해자

孝
【xiào(쌰ˋ오/우)】 [총7획] 부수 : [子 (아들자)] 단어 孝道(효도) 孝誠(효성) 孝女(효녀)
【효도 효】 효도, 본받다
耂 : 一 十 土 耂   子 : 了 了 子

효도 효(孝) 자는 낳은 아이를 노인에게 보이는 모습을 상형한 글자이다.

𠒌 금문 𡥉 전서 𡥈 설문해자

不孝有三 , 無後爲大
(不孝有三 , 无后为大)

※ 이 말은 맹자(孟子)의 이루(離婁) 상(上)에서 나온 말이다. 옛날에는 자식이 없으면 제일 큰 불효(不孝)로 여겼다. 그래서 효(孝) 자는 노인을 뜻한 글자 노(耂) 자 아래 낳은 자식을 뜻한 자(子) 자로 뜻하게 되었다.

活
【huó(후ㅗ오/어)】 [총9획] 부수 : [氵 (삼수변)] 단어 活動(활동) 生活(생활) 活用(활용)
【살 활】 살다, 생존하다, 태어나다, 살리다, 생활
氵 : 丶 氵 氵   舌 : 一 二 千 千 舌 舌

◆장면이 살아나는 그림한자◆

살 활(活) 자는 사람이 숨을 쉬고 있는 모습을 상형한 글자이다. 추운 겨울이 되면 사람이 숨 쉬는 것을 볼 수 있다. 이 글자는 또한 아이가 세상에 태어나 활동하는 모습을 상형하는 글자로도 볼 수 있다.

㲌 전서　㲌 설문해자

力
【lì(리ˋ이)】 [총2획] 부수 : [力 (힘력)]
【힘 력(역)】 힘
力 : ㄱ 力

단어 努力(노력) 能力(능력) 壓力(압력)

힘 력(力) 자는 팔에 힘을 주는 모습을 상형한 글자이다. 이 글자가 가래의 모양이라고도 하는데 이는 가래를 가지고 일한다는 것은 무척 힘이 들어 '힘'을 뜻하게 되었다고도 한다.

 금문　朸 전서　劜 설문해자

工
【gōng(꾸ㅡ옹)】 [총3획] 부수 : [工 (장인공)]
【장인 공】 장인
工 : 一 丅 工

단어 工夫(공부) 工場(공장) 工業(공업)

  工

장인 공(工) 자는 도자기를 만들기 위한 발 물레(돌림판)의 모양을 상형한 글자이다.

呂 갑골문　工 금문　工 전서　工 工 설문해자

68

 【zhǔ(주ˇ우)】 [총5획] 부수 : [丶(점주)]   단어 主張(주장) 主要(주요) 主題(주제)
【임금/주인 주】 임금, 주인(主人), 하느님
主 : 丶 亠 宀 宁 主

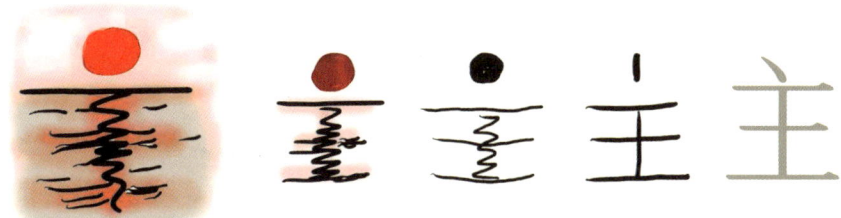

임금/주인 주(主) 자는 아침에 밀려오는 밀물에 떠오르는 태양과 바다의 수평선에서 보이는 반영(反影)을 상형한 글자이다. 이 글자는 태양을 신으로 볼 때 '하느님, 임금, 주인' 등 순으로 사용하게 되었다.

 【mìng(띠ˋ잉)】 [총8획] 부수 : [口(입구)]   단어 수명(壽命) 生命(생명) 命令(명령)
【목숨 명】 목숨, 생명(生命)
人 : 丿 人   一 : 一   口 : 丨 冂 口   卩 : 丨 卩

목숨 명(命) 자에서 엄동설한에 얼음구멍에 빠진 후 헤쳐 나와 생명이 위태한 모습을 상형한 글자이다. 이 글자는 또한 한 사람이 다른 한 사람을 명령하고 있는 모습을 상형한 글자이기도 하다.

 갑골문  금문  전서  설문해자

◆장면이 살아나는 그림한자◆

【xìng(씨ㄥ)】 [총8획] 부수 : [女 (계집녀)]　　단어　姓氏(성씨) 姓名(성명) 百姓(백성)
【성씨 성】 성, 성씨(姓氏), 아들, 낳은 자식(子息)
女 : 人 女 女　　生 : 丿 ト 丘 生生

성씨 성(姓) 자는 여자가 아이를 낳은 모습을 상형한 글자이다. 낳은 아이는 성씨를 갖게 된다.

生 𪦏 금문　𤯓 전서　𡛷 설문해자

【bù(뿌ㄡ)】 [총4획] 부수 : [一 (한일)]　　단어　不拘(불구) 不足(부족) 不惑(불혹)
【아닐 부/불】 아니다, 아니하다, 못하다, 없다, 말라, 아니 하냐, 이르지 아니하다
不 : 一 丆 不 不

아닐 불(不) 자는 머리를 도리도리 저어면서 '아니다'라고 하는 모습을 상형한 글자이다.

丕 갑골문　丕 금문　不 전서　帚 설문해자

【zì(쯔ㄧ)】 [총6획] 부수 : [自 (스스로자)]　　단어　自身(자신) 自由(자유) 自然(자연)
【스스로 자】 스스로, 저절로, 처음, 시초
自 : 丿 亻 冂 白 自 自

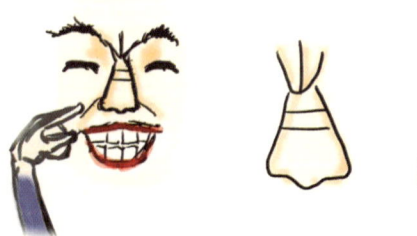

스스로 자(自) 자는 사람의 코를 상형한 글자이다. 이 글자가 '스스로'를 뜻하게 된 것은 사람들이 자기를 가리킬 때 손가락으로 코를 가리켰기 때문이다.

갑골문　금문　전서　설문해자

◆한자획이 살아나는 그림한자-7급◆

立
【lì(리ˋ이)】 [총5획] 부수 : [立 (설립)] 　단어 立春(입춘) 立場(입장) 孤立(고립)
【설 립(입)】 서다, 멈추어 서다, 똑바로 서다, 세우다
立 : ` 亠 亣 立 立

설 립(立) 자는 서있는 사람의 모습을 상형한 글자이다.

갑골문　금문　전서　설문해자

方
【fāng(빠ー앙)】 [총4획] 부수 : [方 (모방)] 　단어 方案(방안) 方針(방침) 方法(방법)
【모 방】 모, 네모, 방위(方位), 방향(方向), 곳, 장소(場所)
方 : ` 亠 方 方

모 방(方) 자는 한 사람이 형틀을 차고 있는 모습을 상형한 글자이다. 형틀의 모양은 네모이다.

갑골문　금문　전서　설문해자

物
【wù(우ˋ우)】 [총8획] 부수 : [牛 (소우)] 　단어 萬物(만물) 物件(물건) 物量(물량)
【물건 물】 물건(物件), 만물(萬物), 사물, 일, 얼룩소
牛 : ノ ⺊ 牛 牛　　勿 : ノ 勹 勿 勿

물건 물(物) 자는 박물 장수가 소위에 물건을 가득 싣고 장사하는 모습을 상형한 글자이다.

갑골문　전서　설문해자

71

◆장면이 살아나는 그림한자◆

【sè(쓰ˋ어)】 [총6획] 부수 : [色 (빛색)]　　단어　色彩(색채) 色調(색조) 色相(색상)
【빛 색】 빛깔, 색채, 윤, 기색, 미색, 색칠하다
色 : ノ ク ム 与 乌 色

빛 색(色) 자는 한 사람이 칼을 들고 위협하므로 그 사람 앞에서 얼굴색이 변한 모습을 상형한 글자이다. 얼굴색이 변했기 때문에 색(色)을 뜻하게 되었다.

 전서　설문해자

【shí(ㅅˊ으)】 [총9획] 부수 : [食 (밥식)]　　단어　食糧(식량) 食品(식품) 食卓(식탁)
【밥/먹을 식】 음식, 먹다, 기르다, 먹이다
食 : ノ 人 ㅅ 今 今 今 食 食 食

밥 식(食) 자는 밥을 담아 놓은 밥그릇의 모양을 상형한 글자이다. 위에서 보이는 삼각형 모양은 입으로 볼 때는 밥을 먹고 있는 모습이고 뚜껑으로 볼 때는 신선로를 뜻하는 글자이다.

갑골문　금문　전서　설문해자

【qì(취ˋ이)】 [총10획] 부수 : [气 (기운기엄)]　　단어　氣溫(기온) 氣候(기후) 氣運(기운)
【기운 기】 기백, 기세, 힘
气 : ノ ㄥ 드 气　　米 : ` ʼ 二 半 米 米

기운 기(氣, 气) 자는 따끈한 쌀밥에서 나온 김의 모양을 상형한 글자이다. 이 글자가 쌀을 뜻한다는 의미에서 쌀 미(米) 자를 넣었다. 사람은 밥을 먹어야 기운이 있고 힘이 나기 때문에 이 글자가 '기운, 기백, 힘'을 뜻하게 되었다.

전서　설문해자

 【qì(ㄑㄧˋ)】 [총4획] 부수 : [气 (기운기엄)]
[氣(기)의 고자(古字)/간체자(簡體字)/乞의 속자(俗字)]
气 : ノ 一 二 气

 【rán(ㄖㄢˊ)】 [총12획] 부수 : [灬 (연화발)]　　단어 自然(자연) 當然(당연) 偶然(우연)
【그럴/불탈 연】 그러하다, 상태를 나타내는 접미사
夕 : ノ ク タ タ　　犬 : 一 ナ 大 犬　　灬 : 丶 丶 丶 丶

그럴 연(然) 자는 사람이 고기를 구워먹고 있는 모습을 상형한 글자이다. 이 글자에서 보이는 견(犬) 자는 개를 상형한 글자인데 여기서는 고기를 굽고 있는 사람의 모습으로 보는 것이 더 타당하다. 고기를 구울 때 한 손은 꼬챙이로 고기를 끼워서 굽고 있는데 이때 얼굴이 너무 뜨거워 다른 한 손으로 얼굴을 가리는 모습을 하고 있는 모양이다. 고기를 구울 때는 보통 불꽃이 없는 숯이나 장작불에 굽게 되는데 이때 고기가 익으면서 기름이 배어나와 아래로 방울방울 떨어져 불에 붙게 된다. 이 때 떨어진 기름 때문에 불꽃이 스스로 일어나게 된다. 기름이 떨어지면 불꽃이 스스로 일어나기 때문에 '스스로 그러하다'를 뜻하게 되었다.

금문　전서　설문해자

 【yǒu(ㄧㄡˇ/ㄧㄡˇ)】 [총6획] 부수 : [月 (육달월)]　　단어 有利(유리) 有名(유명) 有效(유효)
【있을 유】 존재하다, 알다, 소유, 어조사, 혹, 또
ナ : 一 ナ　　月 : ノ 冂 月 月

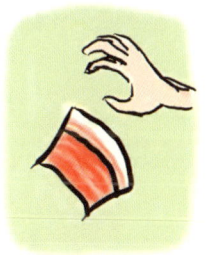

있을 유(有) 자는 고기를 손으로 들고 있는 모습을 상형한 글자이다. 한 사람이 빈손 상태에서 고기를 받았으니 손에 무엇을 소유하게 되었다는 뜻이 있게 되었다. 옛날에 고기를 먹기 힘든 시절에 고기를 받았다는 것은 모든 것을 다 얻은 것처럼 기쁘고 즐거운 일이었다.

갑골문　금문　전서　설문해자

◆장면이 살아나는 그림한자◆

【duō(두ー오/어)】 [총6획] 부수 : [夕 (저녁석)]　　단어　多樣(다양) 多數(다수)　(6급)
【많을 다】 더 좋다, 많게 하다, 두텁다, 겹치다
夕 : ノクタ　　夕 : ノクタ

많을 다(多) 자는 많은 새떼의 모습을 상형한 글자이다. 이 글자는 또한 땅에 찍힌 많은 발자국의 모습으로도 볼 수 있다.

꿈 갑골문　꿈 금문　多 전서　多 ⺡ 설문해자

【shào(싸\오/우)/shǎo(싸ˇ오/우)】 [총4획] 부수 : [小 (작을소)]　단어　減少(감소) 多少(다소)
【적을/젊을 소】 적다, 많지 아니하다, 작다, 줄다, 적어지다
小 : 亅小小　　ノ : ノ

적을 소(少) 자는 먼지를 청소해서 버리려고 모으는 모습을 상형한 글자이다. 먼지를 아무리 많이 모아도 그 수량은 적다.

小 갑골문　少 금문　少 전서　少 설문해자

【kǒu(커ˇ오/우)】 [총3획] 부수 : [口 (입구)]　단어　人口(인구) 家口(가구) 窓口(창구)
【입 구】 어귀, 주둥이, 부리, 아가리
口 : 丨冂口

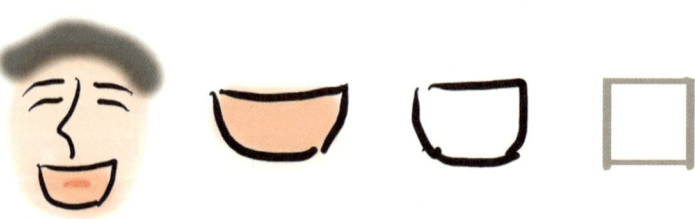

입 구(口) 자는 벌린 입의 모양을 상형한 글자이다.

曰 갑골문　曰 금문　Ⴘ 전서　曰 설문해자

74

 【xīn(씨ー인)】 [총4획] 부수 : [心 (마음심)]　단어 核心(핵심) 關心(관심) 疑心(의심)
【마음 심】 마음, 뜻, 의지(意志), 생각, 염통, 심장(心臟), 가슴, 가운데, 중앙, 중심
心 : 丶 乚 心 心

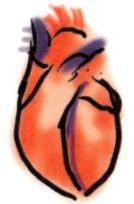   

마음 심(心) 자는 심장의 모양을 상형한 글자이다.

 금문　전서　설문해자

足 【zú(주ˊ우)】 [총7획] 부수 : [足 (발족)]　단어 不足(부족) 滿足(만족) 充足(충족)
【발 족】 발, 엿보다, 밟다, 디디다, 달리다
足 : 丨 口 口 口 口 足 足

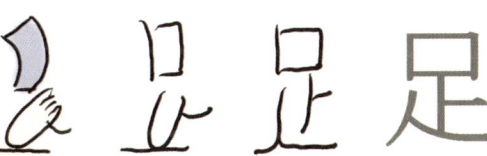

발 족(足) 자는 걸어가거나 바쁘게 달리는 사람의 정면에서 보이는 발바닥과 허벅지나 무릎의 모양을 상형한 글자이다.

갑골문　금문　전서　설문해자

 【miàn(미ㄢˋ 안/엔)】 [총9획] 부수 : [面 (낯면)]　단어 面接(면접) 面積(면적) 側面(측면)
【낯/밀가루 면】 얼굴, 겉, 표면, 방면, 가면, 탈, 평면
面 : 一 丆 丆 币 币 而 而 面 面

낯 면(面) 자는 사람 얼굴의 모습을 상형한 글자이다. 이 글자는 또한 두 손으로 탈을 잡고 쓰거나 벗는 모습을 상형한 글자이기도 하다. 위에서 보이는 안쪽의 (百) 자는 탈을 상형한 글자로 볼 수 있다.

 갑골문　 전서　설문해자

◆장면이 살아나는 그림한자◆

 【wèn(워ˋ언)】 [총11획] 부수 : [口 (입구)]　　단어 問題(문제) 問答(문답) 問安(문안)
【물을 문】 묻다, 방문하다, 알리다, 소식, 물음
門 : 丨冂冂冂門門門門　　口 : 丨冂口

> 물을 문(問, 问) 자는 문 안에서 밖으로 누군가를 확인하려고 묻는 모습을 상형한 글자이다. 문이 닫혀있을 때 손님은 '주인 계세요?' 하고 물어보게 되고 주인은 '누구요?' 하고 되물어 보게 되므로 '묻다'를 뜻하게 되었다.

갑골문　금문　전서　설문해자

 【wèn(워ˋ언)】 [총6획] 부수 : [门 (문문)]
[問(문)의 간체자(簡體字)]
门 : 丶丨门　　口 : 丨冂口

 【gē(꺼ー어)】 [총14획] 부수 : [欠 (하품흠)]　　단어 歌手(가수) 歌謠(가요) 歌詞(가사)
【노래 가】 노래, 가곡(歌曲), 가사(歌詞)
可 : 一丁口可　　欠 : 丿ク欠欠

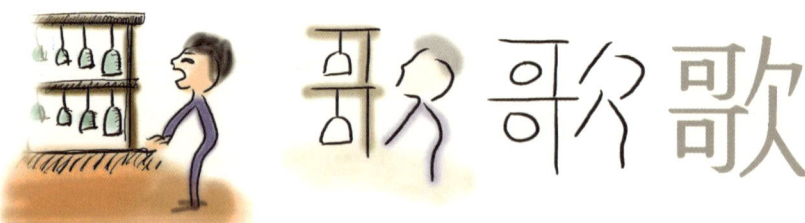

> 노래 가(歌) 자는 편종(編鐘)을 치는 소리에 맞춰 노래하는 모습을 상형한 글자이다. 여기서 흠(欠) 자는 노래하고 있는 모습을 상형한 것이다. 이 글자가 하품도 뜻하는데 하품을 하려면 먼저 숨을 들이마시고 나서 하품하는 데서 두 번을 뜻하게 되어 버금 차(次) 자가 만들어 지게 되었다. 노래 가(歌) 자에서 형님을 뜻하는 가(哥) 자가 있는데 이는 가(哥) 자가 형(兄)보다 더 자란 아이라는 말인 것이다. 이것이 잘 이해가 안 된다면 형(兄) 자를 참고해서 보면 쉽게 이해가 갈 것이다.

갑골문　금문　전서　설문해자

◆한자획이 살아나는 그림한자-7급◆

【suàn(쑤ㄟ안)】 [총14획] 부수 : [竹 (대죽)]   단어 算數(산수) 算出(산출) 算法(산법)
【셈 산】 셈, 계산, 수, 산가지
⺮ : ノ ト ⺊ ⺊⺮ ⺮⺮   目 : ㅣ 冂 冃 月 目   廾 : 一 ナ 廾

셈 산(算) 자는 선생님이 들고 있는 산가지를 보고 손가락으로 헤아려 보는 모습을 상형한 글자이다.

算 설문해자

數
【shǔ(ㄕㄨˇ우)/shù(ㄕㄨˋ우)】 [총15획] 부수 : [攵 (등글월문)]
【셈 수】 셈, 역법, 수량, 계산하다   단어 數値(수치) 數字(숫자) 數學(수학)
婁 : ㅣ 冂 田 田 甲 甲 串 婁   女 : 乚 ㄥ 女   攵 : ノ ㄣ ク 攵

셈 수(數, 数) 자는 귀부인이 긴 머리카락을 올려서 머리핀으로 고정하는 모습을 상형한 글자이다. 여자의 머리숱은 많기 때문에 머리핀도 많이 사용하게 되는데 그 중 귀부인이 사용하는 핀은 보통 옥이나 금, 은 등 귀금속을 사용하므로 수를 잘 헤아려서 보관하기에 '셈'을 뜻하게 되었다.

數 전서 數 설문해자

【shǔ(ㄕㄨˇ우)/shù(ㄕㄨˋ우)】 [총16획] 부수 : [攵 (등글월문)]
[數(수)의 속자(俗字)/간체자(簡體字)]
米 : 丶 丷 ⺍ 半 米 米   女 : 乚 ㄥ 女   攵 : ノ ㄣ ク 攵

77

◆장면이 살아나는 그림한자◆

【dá(다ˊ아)/dā(따ー아)】 [총12획] 부수 : [竹 (대죽)] 단어 對答(대답) 回答(회답) 解答(해답)
【대답 답】 대답(對答), 답하다, 응대(應對)하다
⺮ : ノ 丿 ⺮ ⺮ ⺮ ⺮ 人 : ノ 人 口 : 一 冂 口 口

대답 답(答) 자는 다른 사람의 물음에 대답을 하고 있는 모습을 상형한 글자이다.

𠱫 䇐 전서

【wén(워ˊ언)】 [총4획] 부수 : [文 (글월문)] 단어 文化(문화) 文章(문장) 文字(문자)
【글월 문】 글월, 글자, 문서, 신문, 문장
文 : 丶 一 ナ 文

글월 문(文) 자는 거북이의 배딱지에 적어놓은 문자를 상형한 글자이다.

 갑골문   금문   전서   설문해자

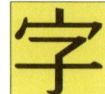
【zì(쯔ˋ으)】 [총6획] 부수 : [子 (아들자)] 단어 漢字(한자) 數字(숫자) 文字(문자)
【글자 자】 글자, 문자(文字), 자(이름에 준하는 것), 암컷
宀 : 丶 丶 宀   子 : 一 了 子

글자 자(字) 자는 아이가 집에서 글자를 배우고 있는 모습을 상형한 글자이다.

금문   전서   설문해자

| 紙 | 【zhǐ(즈ˇ으)】 [총10획] 부수 : [糸 (실사)]　　단어 便紙(편지) 紙匣(지갑) 紙幣(지폐)
【종이 지】 종이, 장(종이를 세는 단위), 신문(新聞)
糸 : ⟨ ⟨ ㅗ ㅛ 뽀 糸 糸　　氏 : ˊ ㄷ ㄷ 氏 |

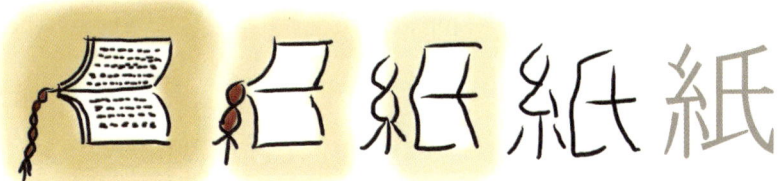

종이 지(紙, 纸) 자는 찢어진 종이의 모양이거나 실로 종이책을 꿰매 놓은 모습을 상형한 글자이다.

𦈢 𥿀 전서

 【zhǐ(즈ˇ으)】 [총7획] 부수 : [纟 (실사)]
[紙(지)]의 간체자(簡體字)
纟 : ⟨ ⟨ 纟　　氏 : ˊ ㄷ ㄷ 氏

| 話 | 【huà(화ˋ아)】 [총13획] 부수 : [言 (말씀언)]　　단어 對話(대화) 電話(전화) 神話(신화)
【말씀 화】 말씀, 이야기, 좋은 말, 이야기하다, 말하다
言 : ˊ ㅡ ㅡ ㅡ 言 言 言　　舌 : ˊ ㅡ 千 千 舌 舌 |

말씀 화(話, 话) 자는 한 사람이 다른 한 사람과 말을 하고 있는 모습을 상형한 글자이다. 이 글자를 몸동작 없이 혀를 놀려서 뜻을 전달하고자 말을 하고 있는 모습으로도 볼 수 있다.

𧭉 話 전서　𧮦 설문해자

 【huà(화ˋ아)】 [총8획] 부수 : [讠 (말씀언)]
[話(화)]의 간체자(簡體字)
讠 : ˋ 讠　　舌 : ˊ ㅡ 千 千 舌 舌

◆장면이 살아나는 그림한자◆

【yǔ(위∨이)】 [총14획] 부수 : [言 (말씀언)]　　단어 言語(언어) 國語(국어) 英語(영어)
【말씀 어】 말씀, 말, 이야기, (새, 벌레의)소리, 기뻐하는 모양, 말하다
言 : 亠二千千千言言言　　五 : 一丁五五　　口 : 丨冂口

말씀 어(語, 语) 자는 말하고자 한 사람이 다른 어떤 한 사람과 이야기하고 있는 모습을 상형한 글자이다. 이 중 한 사람이 입을 벌리고 '오!'하며 깨닫는 모습을 하고 있다.

금문　　전서　　설문해자

【yǔ(위∨이)】 [총9획] 부수 : [讠(말씀언)]
[語(어)의 간체자(簡體字)]
讠: 丶讠　　五 : 一丁五五　　口 : 丨冂口

【jì(찌\이)】 [총10획] 부수 : [言 (말씀언)]　　단어 記錄(기록) 記憶(기억) 史記(사기)
【기록할 기】 기록(記錄)하다, 적다, 쓰다, 외우다, 암송(暗誦)하다, 기억(記憶)하다
言 : 亠二千千千言言言　　己 : 乛コ己

기록할 기(記, 记) 자는 한 사람이 다른 한 사람의 말씀을 나뭇가지나 죽간에 기록하고 있는 모습을 상형한 글자이다.

전서　　설문해자

【jì(찌\이)】 [총5획] 부수 : [讠(말씀언)]
[記(기)의 간체자(簡體字)]
讠: 丶讠　　己 : 乛コ己

80

3. 6급 한자

感	強(强)	開(开)	京	苦(苦)
느낄 감	강할 강	열 개/평평할 견	서울 경	쓸 고/땅 이름 호
古	交	區(区)	郡	近(近)
옛 고	사귈 교	구분할 구	고을 군	가까울 근
根	級(级)	待	度	頭(头)
뿌리 근	등급 급	기다릴 대	법도 도	머리 두
禮(礼)	例	綠(绿)	李	目
예도 례(예)	법식 례(예)	푸를 록(녹)	오얏/성씨 리(이)	눈 목
美	米	朴	番	別(别)
아름다울 미	쌀 미	성씨 박	차례 번	나눌/다를 별
病	服	本	死	使
병 병	옷 복	근본 본	죽을 사	하여금/부릴 사
石	席	速(速)	孫(孙)	樹(树)
돌 석	자리 석	빠를 속	손자 손	나무 수
習(习)	勝(胜)	式	失	愛(爱)
익힐 습	이길 승	법 식	잃을 실	사랑 애
野	夜	陽(阳)	洋	言(讠)
들 야	밤 야	볕 양	큰 바다 양	말씀 언
永	英(英)	溫(温)	遠(远)	園(园)
길 영	꽃부리/뛰어날 영	따뜻할 온	멀 원	동산 원
由	油	醫(医)	衣(衤)	者(者)
말미암을 유	기름 유	의원 의	옷 의	놈 자
章	在	定	朝	族
글 장	있을 재	정할/이마 정	아침 조	겨레 족

晝(昼)	集	催	窓(窗)	淸(清)
낮 주	모을 집	새 추/높을 최	창 창/굴뚝 총	맑을 청
體(体)	表	風(风)	幸	現(现)
몸 체	겉/시계 표	바람 풍	다행 행	나타날 현
形	和	會(会)	角(角)	各
모양 형	화할 화	모일 회	뿔 각	각각 각
計(计)	界	高	功	共
셀 계	지경 계	높을 고	공 공	한 가지 공
公	科	果	光	球
공평할 공	과목 과	실과/열매 과	빛 광	공 구
今	急	堂	對(对)	代
이제 금	급할 급	집 당	대할 대	대신할 대
圖(图)	讀(读)	童	等	樂(乐)
그림 도	읽을 독/구절 두	아이 동	무리 등	노래 악/즐길 락(낙)
理	利	明	聞(闻)	班
다스릴 리(이)	이로울 리(이)	밝을 명	들을 문	나눌 반
反	半(半)	分	發(发)	放
돌이킬/돌아올 반	반 반	나눌 분	필 발	놓을 방
部	社(社)	神(神)	書(书)	線(线)
떼/거느릴 부	모일 사	귀신 신	글 서	줄 선
雪	省	成	消(消)	術(术)
눈 설	살필 성/덜 생	이룰 성	사라질 소	재주 술
始	身	信	新	藥(药)
비로소 시	몸 신	믿을 신	새 신	약 약
弱(弱)	業(业)	用	勇	運(运)
약할 약	업 업	쓸 용	날랠 용	옮길 운

飮(饮)	音	意	昨	作
마실 음	소리/그늘 음	뜻 의/기억할 억	어제 작	지을 작/만들 주
才	戰(战)	庭	題(题)	第
재주 재	싸움 전	뜰 정	제목 제	차례 제
注	親(亲)	通(通)	特	合
부를/주를 달 주	친할 친	통할 통	특별할/수컷 특	합할/쪽문 합
行	向	號(号)	畵(画)	黃(黄)
다닐 행/항렬 항	향할 향	이름/부르짖을 호	그림 화	누를 황
訓(训)	銀(银)	太	급수 외	另
가르칠 훈	은 은	클 태		헤어질 령(영)

【gǎn(가ˇ안)/hàn(햐\안)】 [총13획] 부수 : [心 (마음심)]   단어 敏感(민감) 感謝(감사)
【느낄 감】 느끼다, 감응(感應)하다, 느낌이 통(通)하다, 감동(感動)하다
戌 : 一ノ厂戊戌戌   口 : 丨冂口   心 : ノ心心心

느낄 감(感) 자는 한 사람이 고체 소금을 캐고 있는데 그 옆에 있는 사람은 튕겨 나온 소금 알갱이를 입에 넣고 짠맛을 느끼는 모습을 상형한 글자이다.

感 설문해자

【qiáng(치ˊ앙)】 [총11획] 부수 : [弓 (활궁)]   단어 四強(사강) 強制(강제)
【강할 강】 강(強)하다, 강(強)하게 하다, 굳세다, 강제(強制)로 하다, 억지로 시키다
弓 : 一弓弓   厶 : 乙厶   虫 : 丨冂口中虫虫

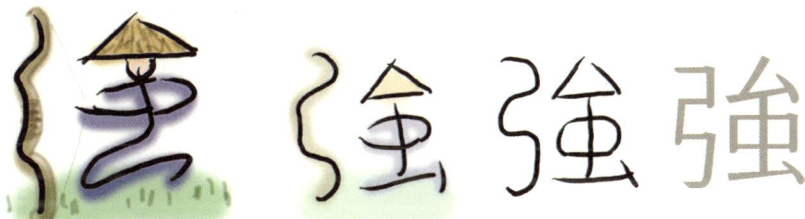

강할 강(強, 强) 자는 한 사람이 큰 활을 쏘고 있는 모습을 상형한 글자이다. 옛날에는 활이 강한 무기였다. 이 글자는 또한 한 사람이 활을 힘껏 당겨 줄이 끊어지는 모습을 상형한 글자로도 볼 수 있다.

強 설문해자

【qiáng(치ˊ앙)】 [총11획] 부수 : [弓 (활궁)]
[強(강)의 속자(俗字)/간체자(簡體字)]
弓 : 一弓弓   口 : 丨冂口   虫 : 丨冂口中虫虫

◆장면이 살아나는 그림한자◆

【kāi(카ㅡ이)】 [총12획] 부수 : [門 (문문)]　　단어 開發(개발) 開放(개방) 開幕(개막)
【열 개】 열다, 열리다, 펴다, 개척하다
門 : 丨冂冂冃冃門門門門　　开 : 一二于开

 開 開 開 開

　열 개(開, 开) 자는 손님을 확인한 주인이 두 손으로 빗장을 들어 문을 여는 모습을 상형한 글자이다.

開 전서　開 開 설문해자

【kāi(카ㅡ이)】 [총4획] 부수 : [廾 (스물입발)]
[開(개)]의 간체자(簡體字)/幵(견)의 속자(俗字)]
开 : 一二于开

【jīng(찌ㅡ잉)】 [총8획] 부수 : [亠 (돼지해머리)]　　단어 京畿(경기) 京師(경사) 京官(경관)
【서울 경】 서울, 도읍(都邑), 수도, 언덕, 곳집, 높다
高 : 丶一十古古高　　小 : 亅小小

　서울 경(京) 자는 크고 높은 제단의 모양을 상형한 글자이다. 크고 높은 제단이나 상징적인 건물이 있는 곳은 문화의 중심지가 되었기에 제단의 모습으로 서울을 뜻하는 글자로 삼았다. 이 제단이 또한 서울에만 있는 제일 큰 제단의 모양이기도 해서 이 글자가 서울을 뜻하게 되었다고도 할 수 있다.

京 갑골문　京 금문　京 전서　京 설문해자

苦
【kǔ(쿠ˇ우)】 [총9획] 부수 : [艹 (초두머리)]　　단어 苦悶(고민) 苦痛(고통) 苦惱(고뇌)
【쓸 고】 쓰다, 괴롭다, 쓴 맛
艹 : 一艹艹艹　　古 : 一十古古古

◆한자획이 살아나는 그림한자-6급◆

   苦

쓸 고(苦, 苦) 자는 씨를 까서 씨앗을 먹거나 기타 쓴맛을 보고 얼굴을 찌푸리는 모습을 상형한 글자이다. 맛이 쓰면 자기도 모르게 얼굴이 찌푸려지기 마련이다.

 전서　苦 설문해자

苦　【kǔ(쿠ˇ우)】 [총8획]　부수 : [艹 (초두머리)]
[쑴(고)의 간체자(簡體字)]
艹 : 一 十 艹　　古 : 一 十 十 古 古

古　【gǔ(구ˇ우)】 [총5획]　부수 : [口 (입구)]　　단어 古稀(고희) 古代(고대) 古字(고자)
【옛 고】 예, 옛날, 선조, 오래되다
古 : 一 十 十 古 古

옛 고(古) 자는 새의 둥지를 상형한 글자이다. 이 글자의 위에 있는 십(十) 자는 날고 있는 새를 간략화한 모습으로도 볼 수 있다.

갑골문　금문　전서　설문해자

交　【jiāo(쨔ㅡ오/우)】 [총6획]　부수 : [亠 (돼지해머리)]　단어 交替(교체) 交涉(교섭) 交通(교통)
【사귈 교】 사귀다, 섞이다, 교제하다, 주고받다
六 : 亠 六 六　　乂 : ノ 乂

사귈 교(交) 자는 공부하는 학생의 앞에 교차로 놓인 산가지의 모양을 상형한 글자이다.

금문　전서　설문해자

◆장면이 살아나는 그림한자◆

 【qū(취-위)】 [총11획] 부수 : [匸 (감출혜몸)]   단어 區域(구역) 區分(구분) 區別(구별)
【구분할 구】 구분(區分)하다, 나누다, 구역(區域), 구별(區別), 방위
匸 : 一匸   口 : 丨冂口   口 : 丨冂口   口 : 丨冂口

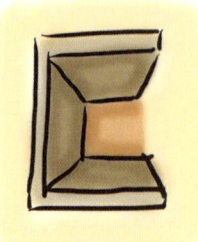    

구분할 구(區, 区) 자는 삼면이 벽인 건물을 상형한 글자이다. 이 삼면의 벽을 따로따로 구역을 설정해 사용한다. 이 글자를 한 장소에서 사람들을 구역별로 갈라놓은 모습으로도 볼 수 있다.

갑골문   금문   전서   설문해자

 【qū(취-위)】 [총4획] 부수 : [匸 (감출혜몸)]
[區(구)의 속자(俗字)/간체자(簡體字)]
匸 : 一匸   乂 : 丿乂

郡 【jùn(쥔ˋ윈)】 [총10획] 부수 : [阝 (우부방)]   단어 郡守(군수) 郡民(군민) 郡廳(군청)
【고을 군】 고을, 관청(官廳), 군(郡: 행정 구역 단위)
尹 : ㄱㅋㅋ尹   口 : 丨冂口   阝 : ㄱ 乛 阝

고을 군(郡) 자는 고을에서 우두머리가 권력을 상징한 소뿔이거나 각배(뿔잔)를 들고 호령하고 있는 모습을 상형한 글자이다.

전서   설문해자

88

◆한자획이 살아나는 그림한자-6급◆

【jìn(찌ヽ인)】 [총8획] 부수 : [辶 (책받침)] 　　　단어 最近(최근) 隣近(인근) 接近(접근)
【가까울 근】 가깝다, 가까이하다, 근처(近處)
斤 : 一厂斤斤　　辶 : 丶㇏⻌

> 가까울 근(近, 近) 자는 한 사람이 다른 한 사람을 가까이 따라오는 모습을 상형한 글자이다.

𨗟 전서　𠞗 𧺆 설문해자

【jìn(찌ヽ인)】 [총7획] 부수 : [辶 (책받침)]
[近(근)의 간체자(簡體字)]
斤 : 一厂斤斤　　辶 : 丶㇏⻌

根　【gēn(꺼一언)】 [총10획] 부수 : [木 (나무목)]　　단어 根據(근거) 根本(근본) 根絶(근절)
【뿌리 근】 뿌리, 근본(根本), 밑동
木 : 一十才木　　艮 : フコヨ艮艮艮

> 뿌리 근(根) 자는 바람이 불어도 끄떡도 하지 않는 뿌리의 모습을 상형한 글자이다.

𣏓 전서　根 설문해자

◆장면이 살아나는 그림한자◆

【jí(지╱이)】 [총10획] 부수 : [糸 (실사)] 단어 階級(계급) 等級(등급) 上級(상급)
【등급 급】 등급(等級), 위차, 차례, 층계(層階), 계단(階段), 목, 수급(首級)
糸 : 〈 纟 纟 纟 糸 糸   乃 : ノ 乃   ﹨ : ﹨

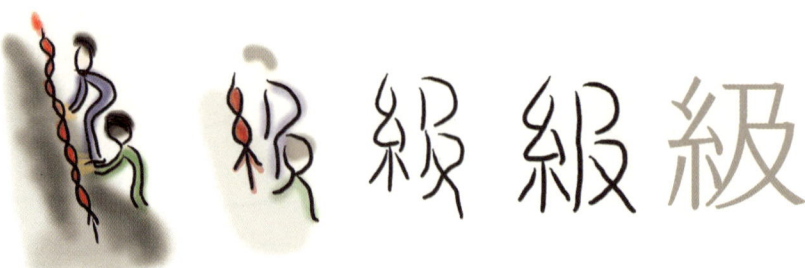

등급 급(級, 级) 자는 사람들이 차례로 줄을 잡고 올라가는 모습을 상형한 글자이다.

緣 紒 전서   䋏 설문해자

【jí(지╱이)】 [총7획] 부수 : [纟 (실사)]
[級(급)의 간체자(簡體字)]
纟 : 〈 纟 纟   乃 : ノ 乃   ﹨ : ﹨

待
【dài(따╲이)/dāi(따ー이)】 [총9획] 부수 : [彳 (두인변)]
【기다릴 대】 기다리다, 대비(對備)하다, 모시다, 시중들다
彳 : ノ ノ 彳   土 : 一 十 土   寸 : 一 寸 寸   단어 期待(기대) 企待(기대) 待接(대접)

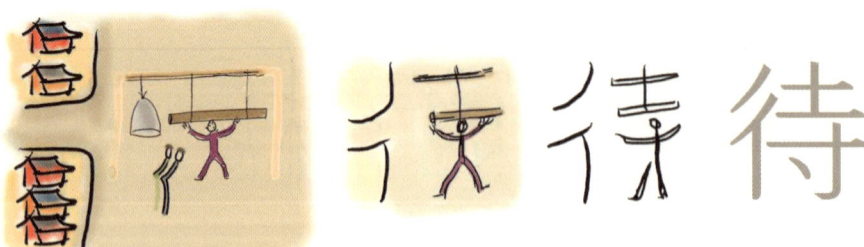

기다릴 대(待) 자는 많은 사람들이 종치는 것을 보려고 기다리고 있는 모습을 상형한 글자이다.

徔 금문   㣥 㣥 전서   㣥 설문해자

◆한자획이 살아나는 그림한자-6급◆

 【dù(뚜ヽ우)】 [총9획] 부수 : [广(엄호)]   단어 程度(정도) 制度(제도) 速度(속도)
【법도 도】 법도(法度), 법제(法制), 법(法), 자, 도(온도 등의 단위)
广 : ` 亠 广   廿 : 一 十 廾 廿   又 : フ 又

법도 도(度) 자는 사람들이 배를 타고 멀리 가는 모습을 상형한 글자이다. 망망한 바다나 큰 호수는 좌표가 없으면 방향을 몰라 옛날에는 선장이 지남침을 이용해서 각도에 따라 운행한다. 그래서 이 글자는 '도수(度數)'를 뜻하는 말이었으며 그러다 이 '도수'에 따라 배가 엄격히 따라야 지정한 목적지까지 가기 때문에 이 글자가 '법도, 법' 등을 뜻하게 되었다.

庹 전서   度 설문해자

 【tóu(토/터ノ우)】 [총16획] 부수 : [頁 (머리혈)]   단어 頭腦(두뇌) 頭痛(두통) 頭角(두각)
【머리 두】 머리, 꼭대기, 최상 부, 우두머리, 처음, 시초, 첫째, 상위, 맨 앞, 선단
豆 : 一 ㄷ ㅁ 戸 戸 豆   頁 : 一 ㄱ 一 厂 百 百 頁 頁

머리 두(頭) 자는 한 사람이 두건을 두르고 앞장서서 진두지휘하는 사람의 모습을 상형한 글자이다.

 금문   頭 전서   頭 설문해자

头 【tóu(토/터ノ우)】 [총5획] 부수 : [大 (큰대)]
[頭(두)]의 간체자(簡體字)
ヽ : ` ヽ   大 : 一 ナ 大

간체자 머리 두(头) 자는 머리에 장식을 한 모습을 상형한 글자이다.

◆장면이 살아나는 그림한자◆

【lǐ(리ˇ이)】 [총18획] 부수 : [示 (보일시)]　　　　단어 茶禮(차례) 禮記(예기) 禮節(예절)
【예도 례(예)】 예도(禮度), 예절(禮節), 절, 인사, 예물(禮物)
示 : 一 二 テ 示 示　　曲 : 丨 冂 日 由 曲 曲　　豆 : 一 ㅜ 冖 ㅁ 믄 豆 豆

　　예도 례(禮, 礼) 자는 한 사람이 풍년이 들어 예를 차리는 모습을 상형한
　글자이다. 이 글자는 또한 제사상 앞에서 꿇어앉아 예를 드리는 모습으로도
　볼 수 있다.

豊 갑골문　豊 금문　禮 설문해자

【lǐ(리ˇ이)】 [총5획] 부수 : [礻 (보일시변)]
[禮(례)의 고자(古字)/간체자(簡體字)]
礻 : ` ソ ネ 礻　　乚 : 乚

【lì(리ˋ이)/liè(리ˋ에)】 [총8획] 부수 : [亻 (사람인변)]　　단어 次例(차례) 事例(사례)
【법식 례(예)】 법식(法式), 규칙(規則), 규정(規定), 조목(條目), 본보기, 예(例), 보기
亻 : 丿 亻　　歹 : 一 ㅜ 歹 歹　　刂 : 丨 刂

　　법식 례(例) 자는 많은 사람들이 법식에 따라 제사나 일정을
　소화하고 있는 모습을 상형한 글자이다.

例 설문해자

◆한자획이 살아나는 그림한자-6급◆

【lǜ(뤼ˋ위)】 [총14획] 부수 : [糸 (실사)]   단어 綠色(녹색) 草綠(초록) 綠茶(녹차)
【푸를 록(녹)】 푸르다, 푸르게 하다, 검고 아름답다, 초록빛, 초록빛 비단(緋緞), 검은빛
糸 : ⺌⺌幺糸糸糸   彑 : ㄴㄱㅋ彑   水 : ⺀⺀⺀氵水

푸를 록(錄, 绿) 자는 푸른 나뭇잎의 모습을 상형한 글자이다.

갑골문   금문   설문해자

【lǜ(뤼ˋ위)】 [총11획] 부수 : [糹(실사)]
[綠(록)의 간체자(簡體字)]
糹 : ⺌⺌糹   彑 : ㄱㅋ彑   水 : ⺀⺀⺀氵水

【lǐ(리ˇ이)】 [총7획] 부수 : [木 (나무목)]   단어 桃李(도리) 行李(행리)
【오얏/성씨 리(이)】 오얏나무(자두나무), 오얏(자두), 성(姓)의 하나
木 : 一十才木   子 : 丁了子

오얏 리(李) 자는 오얏과 오얏이 열린 나무의 모양을 상형한 글자이다.

금문   전서   설문해자

◆장면이 살아나는 그림한자◆

【mù(무ˋ우)】 [총5획] 부수 : [目 (눈목)]
【눈 목】 눈, 눈빛
目 : 丨冂冃目

단어 目標(목표) 目的(목적) 注目(주목)

눈 목(目) 자는 사람의 눈 모양을 상형한 글자이다. 이 글자의 모양은 마치 아래로 보거나 누워서 위로 볼 때의 눈 모양으로도 볼 수 있다.

 갑골문 금문 전서 설문해자

【měi(메/머ˇ이)】 [총9획] 부수 : [羊 (양양)]
【아름다울 미】 아름답다
羊 : 丶 丷 幷 羊   大 : 一 ナ 大

단어 美國(미국) 美術(미술) 美人(미인)

아름다울 미(美) 자는 머리에 화려한 장식을 한 여자의 모습을 상형한 글자이다.

갑골문 금문 전서 설문해자

米
【mǐ(미ˇ이)】 [총6획] 부수 : [米 (쌀미)]
【쌀 미】 쌀, 미터
米 : 丶 丷 ⺌ 半 米 米

단어 米飮(미음) 白米(백미) 玄米(현미)

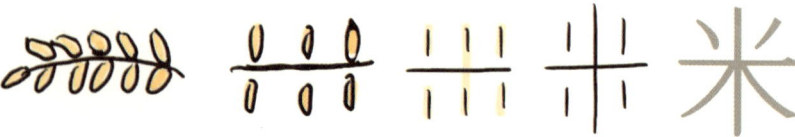

94

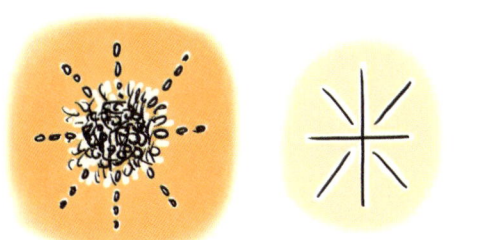

쌀 미(米) 자는 밥상 위에 쌀알 한줌을 놓았을 때 사방으로 흩어지는 모습을 상형한 글자이다.

𣲘 갑골문 米 전서 米 설문해자

朴

【piáo(퍄ノ오/우)/pǔ(푸∨우)】 [총6획] 부수 : [木 (나무목)]   단어 素朴(소박) 儉朴(검박)
【성씨 박】 성(姓)의 하나, 후박나무, 팽나무(느릅나뭇과), 본성, 순박하다, 소박하다
木 : 一 十 才 木   卜 : 卜

성씨 박(朴) 자는 한 사람이 나무(느티나무)에서 제사를 지내고 가는 모습을 상형한 글자이다. 이 글자가 풍성하게 제사상을 차리지 않고 소박하게 나무에 끈 하나를 매어달고 기원하기 때문에 '소박하다'를 뜻하게 되었다.

朴 전서 朴 설문해자

番

【fān(ㄈㄢ一안)】 [총12획] 부수 : [田 (밭전)]   단어 番號(번호) 番地(번지) 當番(당번)
【차례 번】 차례(次例), 번, 횟수(回數), 오랑캐, 울타리, 짐승의 발바닥
釆 : 一 ㄧ ㄇ 爫 平 平 釆   田 : 丨 冂 円 用 田

차례 번(番) 자는 밭을 차례로 골을 지어 갈아놓은 밭의 모양을 상형한 글자이다. 이 글자의 옛날 글자는 계곡 사이에 있는 다랑논의 모양으로도 볼 수 있다.

番 금문 番 전서 番 설문해자

◆장면이 살아나는 그림한자◆

| 別 | 【bié(비/에)】 [총7획] 부수 : [刂(선칼도방)]　　단어 別途(별도) 別世(별세) 特別(특별) |

【나눌/다를 별】 헤어지다, 다르다, 구별, 차별, 이별

另 : ㅣ ㄇ 므 另 另　　刂 : ㅣ 刂

나눌/다를 별(別, 别) 자는 칼로 고기를 발라내는 모습을 상형한 글자이다.

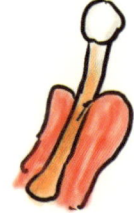 전서

| 别 | 【bié(비/에)】 [총7획] 부수 : [刂(선칼도방)] |

[別(별)의 간체자(簡體字)]

口 : ㅣ ㄇ 口　　力 : ㄱ 力　　刂 : ㅣ 刂

| 另 | 【lìng(리\잉)】 [총5획] 부수 : [口(입구)]　　단어 另念(영념) 另眼相看(영안상간) |

【헤어질 령(영)】 헤어지다, 별거하다, 따로, 별다른

口 : ㅣ ㄇ 口　　力 : ㄱ 力

헤어질 령(另) 자는 뼈에서 고기가 발라져 나오는 모습을 상형한 글자이다.

| 病 | 【bìng(삐\잉)】 [총10획] 부수 : [疒(병질엄)]　　단어 病院(병원) 疾病(질병) 病菌(병균) |

【병 병】 병(病), 질병(疾病)

疒 : ` 亠 广 疒 疒　　丙 : 一 丆 丙 丙 丙

병 병(病) 자는 병들어 침대에 누워있는 사람의 옆에 불을 피우거나 약을 달이고 있는 모습을 상형한 글자이다.

 전서　　설문해자

【fú(푸ㄱ우)/fù(푸ㄱ우)】 [총8획] 부수: [月 (육달월)] 단어 克服(극복) 衣服(의복) 屈服(굴복)
【옷 복】 옷, 의복(衣服), 복(服), 일
月 : ノ 几 月 月   冂 : ｜ 冂   又 : フ 又

옷 복(服) 자는 한 사람이 다른 한 사람에게 옷이나 망토를 입히거나 벗기는 모습을 상형한 글자이다.

갑골문   금문   전서   설문해자

【běn(버ˇ언)】 [총5획] 부수 : [木 (나무목)] 단어 根本(근본) 資本(자본) 基本(기본)
【근본 본】 근본(根本), (초목의)뿌리, (초목의)줄기, 원래, 본래, 본디, 근원
木 : 一 十 才 木   一 : 一

근본 본(本) 자는 한 사람이 손가락으로 나무의 뿌리를 가리키는 모습을 상형한 글자이다. 나무의 근본은 뿌리인 것이다.

금문   전서   설문해자

【sǐ(스ˇ으)】 [총6획] 부수 : [歹 (죽을사변)] 단어 死亡(사망) 死藏(사장) 生死(생사)
【죽을 사】 죽다, 생기 없다, 활동력 없다, 죽이다
歹 : 一 丆 歹 歹   匕 : 乚 匕

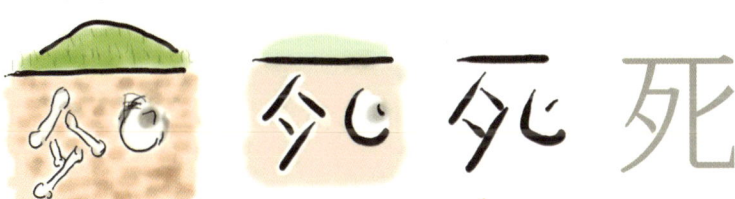

죽을 사(死) 자는 땅속에 묻힌 사람의 뼈의 모습을 상형한 글자이다. 옛날 글자는 관에 들어있는 시신이거나 또는 이장(移葬)하는 모습을 상형한 글자로 볼 수 있다.

갑골문   금문   전서   설문해자

◆장면이 살아나는 그림한자◆

使
【shǐ(ㄕˇ)】 [총8획] 부수 : [亻(사람인변)]   단어 使用(사용) 使命(사명) 使臣(사신)
【하여금/부릴 사】 하여금, 심부름꾼, 사신, 부리다, 시키다
亻: ノ 亻   一 : 一   史 : 丨 口 口 史 史

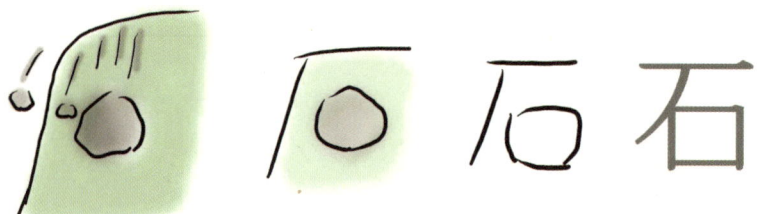

하여금 사(使) 자는 종을 다른 사람에게 치게 하는 모습을 상형한 글자이다. 다른 사람을 시킨다는 의미에서 '하여금'을 뜻하게 되었다.

갑골문   금문   전서   설문해자

石
【shí(ㄕˊ)/dàn(ㄉㄢˋ)】 [총5획] 부수 : [石 (돌석)]   단어 大理石(대리석) 石炭(석탄)
【돌 석】 돌, 숫돌
石 : 一 ア 厂 石 石

돌 석(石) 자는 산에서 굴러 떨어진 돌이나 언덕에 박혀있는 돌의 모양을 상형한 글자이다.

갑골문   금문   전서   설문해자

席
【xí(ㄒㄧˊ)】 [총10획] 부수 : [广 (엄호)]   단어 參席(참석) 首席(수석) 出席(출석)
【자리 석】 자리, 앉을 자리, 여럿이 모인 자리, 돗자리, 앉음새, 자리에 앉는 법(法)
广 : 丶 亠 广   廿 : 一 十 廿 廿   巾 : 丨 冂 巾

자리 석(席) 자는 집안이거나 마당에 깔아놓은 돗자리나 멍석의 모양을 상형한 글자이다.

갑골문   전서   설문해자

【sù(쑤ㅡ우)】 [총11획] 부수 : [辶 (책받침)] 　단어 迅速(신속) 速度(속도) 早速(조속)
【빠를 속】 빠르다, 빨리 하다, 이루다, 되다, 빨리
束 : 一 ㄱ ㄅ 申 申 束 束　　辶 : ㆍ ㆍ ㆍ 辶

빠를 속(速, 速) 자는 한 사람이 다가서자 새가 재빨리 모이를 줍고 날아가는 모습을 상형한 글자이다.

금문　전서　설문해자

【sù(쑤ㅡ우)】 [총10획] 부수 : [辶 (책받침)]
[速(속)의 간체자(簡體字)]
束 : 一 ㄱ ㄅ 申 申 束 束　　辶 : ㆍ ㆍ ㆍ 辶

【sūn(쑨ㅡ운)】 [총10획] 부수 : [子 (아들자)]　단어 孫子(손자) 後孫(후손) 子孫(자손)
【손자 손】 손자, 자손(子孫), 후손
子 : ㄱ 了 子　　ノ : ノ　　糸 : ㄑ ㄠ 幺 乡 糸 糸

손자 손(孫, 孙) 자는 길게 내려온 실타래와 아이의 모습을 상형한 글자이다. 옛날에는 할머니가 갓 나은 손주에게 장수하라고 실을 걸어 주었다. 그래서 이 글자가 '손자'를 뜻하게 되었다.

갑골문　금문　전서　설문해자

【sūn(쑨ㅡ운)】 [총6획] 부수 : [子 (아들자)]
[孫(손)의 속자(俗字)/간체자(簡體字)]
子 : ㄱ 了 子　　小 : ㅣ 小 小

◆장면이 살아나는 그림한자◆

【shù(쑤ˋ우)】 [총16획] 부수 : [木 (나무목)]   단어 樹立(수립) 樹木(수목) 樹林(수림)
【나무 수】 나무, 심다, 세우다, 막다
木 : 一 十 才 木   士 : 一 十 士   묘 : 丨 冂 口 口 뮤 묘   寸 : 一 寸 寸

나무 수(樹, 树) 자는 나무(느티나무) 아래서 북을 쳐서 기원하는 모습을 상형한 글자이다.

갑골문   전서   설문해자

【shù(쑤ˋ우)】 [총9획] 부수 : [木 (나무목)]
[樹(수)의 속자(俗字)/간체자(簡體字)]
木 : 一 十 才 木   又 : フ 又   寸 : 一 寸 寸

【xí(시ˊ이)】 [총11획] 부수 : [羽 (깃우)]   단어 習慣(습관) 習得(습득) 習性(습성)
【익힐 습】 익히다, 배우다, 연습하다, 습관
羽 : 丿 刁 刁 邓 羽 羽   白 : 丿 丨 冂 白 白

익힐 습(習) 자는 어린 새가 둥지 안에서 날려고 날개 짓 연습을 하느라고 파닥거리고 있는 모습을 상형한 글자이다.

갑골문   전서   설문해자

 【xí(시ㄧ이)】 [총3획] 부수 : [乙 (새을)]
[習(습)의 간체자(簡體字)]
习 : ㄱ ㄱ 习

간체자 익힐 습(习) 자는 날고 있는 새의 날개깃 한쪽을 상형한 글자이다.

勝 【shèng(ㄕㄥ)】 [총12획] 부수 : [月 (육달월)]　　**단어** 勝利(승리) 勝敗(승패) 勝負(승부)
[이길 **승**] 눈여겨보다, 이기다
月 : ノ 几 月 月　　八 : ノ 八　　夫 : 一 二 チ 夫　　力 : フ 力

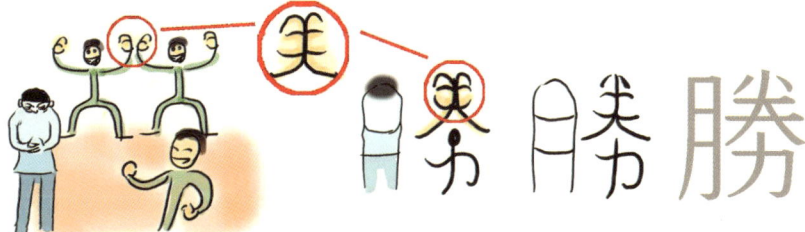

이길 승(勝, 胜) 자는 많은 사람들이 이겼다고 두 주먹을 움켜쥐면서 좋아하는 모습을 상형한 글자이다. 그 옆에 한 사람은 고개를 수그린 패장(敗將)의 모습인 것이다.

勝 전서　　膡 설문해자

 【shèng(ㄕㄥ)】 [총9획] 부수 : [月 (육달월)]
[勝(승)의 간체자(簡體字)]
月 : ノ 几 月 月　　生 : ノ ㄧ ㄷ 牛 生

◆장면이 살아나는 그림한자◆

【shì(ㄕˋ)】 [총6획] 부수 : [弋 (주살익)]　　단어 方式(방식) 公式(공식) 形式(형식)
【법 식】법(法), 제도(制度), 의식(儀式)
工 : 一丁工　　弋 : 一弋弋

법 식(式) 자는 사람들이 일정한 법식에 따라 제사를 지내는 모습을 상형한 글자이다.

𢎨式 전서　𢍻 설문해자

失
【shī(ㄕ一)】 [총5획] 부수 : [大 (큰대)]　　단어 失敗(실패) 失踪(실종) 失望(실망)
【잃을 실】달아나다, 잘못하다, 상하다, 바꾸다
ㅌ : 𠃍ㅏㅌ　　人 : 丿人

잃을 실(失) 자는 돌로 만든 화살촉을 묶은 실이 풀어져 화살촉이 떨어져 나가는 모습을 상형한 글자이다. 구석기 시대에는 화살촉을 돌을 깎아 만들었는데 이때에는 화살촉을 끈으로 묶었기 때문에 화살이 충격을 받으면 화살촉이 잘 떨어져 잃어버리게 되었다. 그래서 이러한 현상을 잃을 실(失) 자를 뜻하는 글자로 사용하게 되었다. 이 글자는 또한 손에서 물건이 떨어져 나가는 모습을 상형한 글자로도 볼 수 있다.

失 전서　失 설문해자

◆한자획이 살아나는 그림한자-6급◆

【ài(ㅇㅏヽ이)】 [총13획] 부수 : [心 (마음심)]　　단어 愛國(애국) 愛好(애호) 愛情(애정)
【사랑 애】 사랑, 자애, 인정, 사랑하다, 사모하다
爫 : ´ ⌐ ⌐ 爫　一 : ㅣ 冂　心 : ´ 心 心 心　夊 : ´ ク 夂

  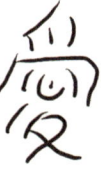 

사랑 애(愛, 爱) 자는 어린아이가 젖을 먹으려고 엄마 품에 안기는 모습을 상형한 글자이다.

금문　전서　설문해자

【ài(ㅇㅏヽ이)】 [총10획] 부수 : [爪 (손톱조)]
[愛(애)]의 속자(俗字)/간체자(簡體字)
爫 : ´ ⌐ ⌐ 爫　一 : ㅣ 冂　ナ : 一 ナ　又 : フ 又

【yě(예ˇ에)】 [총11획] 부수 : [里 (마을리)]　　단어 分野(분야) 與野(여야) 野黨(야당)
【들 야】 들, 들판, 문밖, 마을, 시골, 성, 밖, 교외, 구역, 범위
里 : ㅣ 冂 冃 日 旦 甲 里　予 : ´ ㄱ ㄹ 予

들 야(野) 자는 들판의 모양을 상형한 글자이다. 여기서 보이는 사람의 모습은 허수아비의 모양으로 보는 것이 더 쉽게 이해가 갈 수 있다.

금문　전서　설문해자

 【yè(예ˋ에)】 [총8획] 부수 : [夕 (저녁석)] 단어 晝夜(주야) 深夜(심야) 夜間(야간)
【밤 야】 밤, 저녁 무렵, 새벽녘, 한밤중, 깊은 밤, 어두워지다
亠:ㆍ一 亻:ノ亻 夂:ノク夂 丶:ㆍ

밤 야(夜) 자는 한 사람이 밤에 등불을 켜들고 가는 모습을 상형한 글자이다.

 【yáng(야ˊ앙)】 [총12획] 부수 : [阝 (좌부변)] 단어 太陽(태양) 陰陽(음양) 夕陽(석양)
【볕 양】 볕, 양지(陽地), 해, 태양(太陽)
阝:ㄱㄋ阝 日:丨冂日 昜:一厂万昜

볕 양(陽, 阳) 자는 아침에 떠오르는 태양과 바닷가에서 보이는 섬이거나 언덕의 모양을 상형한 글자이다.

〄 갑골문 〄 금문 〄 전서 陽 설문해자

 【yáng(야ˊ앙)】 [총7획] 부수 : [阝 (좌부변)]
[陽(양)의 속자(俗字)/간체자(簡體字)]
阝:ㄱㄋ阝 日:丨冂日

 【yáng(야ˊ앙)】 [총9획] 부수 : [氵 (삼수변)] 단어 海洋(해양) 洋酒(양주) 洋襪(양말)
【큰 바다 양】 큰 바다, 서양(西洋), 외국(外國), 넘치다
氵:ㆍㆍ氵 羊:ㆍㆍ〞芈羊

큰 바다 양(洋) 자는 해가 갓 떠오르는 큰 바다의 모습을 상형한 글자이다.

〄 갑골문 〄 전서 洋 설문해자

◆한자획이 살아나는 그림한자-6급◆

【yán(이╱엔)】 [총7획] 부수 : [言 (말씀언)]　단어 言論(언론) 言及(언급) 言語(언어)
【말씀 언】 말씀, 말, 하소연, 여쭈다, 요컨대
言 : ᆞ 二 三 言 言 言 言

말씀 언(言, 讠) 자는 한 사람이 말을 하고 있는 모습을 상형한 글자이다. 언(讠) 자는 부수로 사용한다.

갑골문　금문　전서　설문해자

【yán(이╱엔)】 [총2획] 부수 : [讠 (말씀언)]
[言(언)의 간체자(簡體字)] 부수로 쓰이는 글자 언(讠)자는 언(言)자를 간략 한 것이다.
讠 : ㆍ 讠

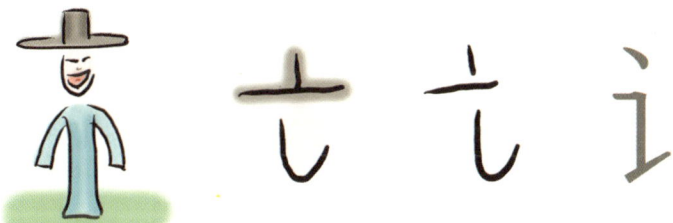

【yǒng(유ˇ옹)】 [총5획] 부수 : [水 (물수)]　단어 永遠(영원) 永久(영구) 永眠(영면)
【길 영】 길다, (시간이)오래다, 길게 하다, 멀다, 요원하다, 오래도록, 영원히
永 : ﾞ 亅 氵 永 永

길 영(永) 자는 흐르는 강가의 모습을 상형한 글자이다. 옛날 사람들은 흐르는 강은 길고도 영원히 마르지 않는다고 생각했다.

갑골문　금문　전서　설문해자

◆장면이 살아나는 그림한자◆

【yīng(㈇ㅡ잉)】 [총9획] 부수 : [艹 (초두머리)]　　단어 英雄(영웅) 英國(영국) 英才(영재)
【꽃부리/뛰어날 영】 꽃부리, 꽃 장식(裝飾), 명예, 영국의 약칭(略稱), 재주 뛰어나다
艹 : 一 十 卄 艹　　央 : 丨 冂 冂 央 央

꽃부리 영(英, 英) 자는 꽃의 모양을 상형한 글자이다.

𦭭 전서　𦭮 설문해자

【yīng(㈇ㅡ잉)】 [총8획] 부수 : [艹 (초두머리)]
[英(영)자의 간체자(簡體字)]
艹 : 一 十 艹　　央 : 丨 冂 冂 央 央

温
【wēn(원ㅡ언)】 [총13획] 부수 : [氵 (삼수변)]　　단어 溫度(온도) 溫室(온실) 溫暖(온난)
【따뜻할 온】 따뜻하다, 부드럽다
氵 : 丶 冫 氵　　囚 : 丨 冂 冂 囚 囚　　皿 : 丨 冂 冂 皿 皿

따뜻할 온(溫, 温) 자는 아이가 밖에 있는 욕조에 들어가 목욕을 하고 있는 모습을 상형한 글자이다. 온(溫) 자를 보면 목욕하는 사람의 모습을 태양의 그림에 넣어 표현한 것을 알 수 있다. 햇볕에 의해 따뜻하게 된 물을 온(溫)이라고 하는데 이때의 온도가 목욕하기에 가장 적당한 온도이다. 이 글자는 또한 데운 따뜻한 물의 모양을 상형한 글자로도 볼 수 있다.

【wēn(원ㅡ언)】 [총12획] 부수 : [氵 (삼수변)]
[溫(온)의 약자(略字)/간체자(簡體字)]
氵 : 丶 冫 氵　　日 : 丨 冂 日 日　　皿 : 丨 冂 冂 皿 皿

 【yuǎn(위∨안/엔)】 [총14획] 부수 : [辶 (책받침)]　단어　遠近(원근) 永遠(영원) 遙遠(요원)
【멀 원】 멀다, 멀리하다, 멀어지다, 소원(疏遠)하다, 먼데
土 : 一 十 土　　口 : 丨 冂 口　　衣 : 丶 丨 丿 氺 氺　　辶 : 丶 丶 ㇀ 辶

멀 원(遠) 자는 한 사람이 다른 한 사람에게 먼 곳을 가리키며 무엇을 얘기하고 있는 모습을 상형한 글자이다.

𢓸 금문　𢓡 전서　遠 설문해자

 【yuǎn(위∨안/엔)】 [총7획] 부수 : [辶 (책받침)]
[遠(원)의 속자(俗字)/간체자(簡體字)]
二 : 一 二　　儿 : 丿 儿　　辶 : 丶 丶 ㇀ 辶

간체자 멀 원(远) 자는 한 사람이 해가 뜨는 바다의 끝을 보고 있는 모습을 상형한 글자이다.

 【yuán(위╱안/엔)】 [총13획] 부수 : [囗 (큰입구몸)]　단어　公園(공원) 庭園(정원) 樂園(낙원)
【동산 원】 동산(큰 집의 정원에 만들어 놓은 작은 산이나 숲), 뜰, 밭, 구역(區域)
囗 : 丨 冂 囗　　土 : 一 十 土　　口 : 丨 冂 口　　衣 : 丶 丨 丿 氺 氺

동산 원(園, 园) 자는 아이들이 놀고 있는 동산이거나 뜰의 모습을 상형한 자이다.

◆장면이 살아나는 그림한자◆

【yuán(위ㅡ안/엔)】 [총7획] 부수 : [囗 (큰입구몸)]
[園(원)의 속자(俗字)/간체자(簡體字)]
囗 : ㅣ 冂 囗   二 : 一 二   儿 : ノ 儿

【yóu(요/여ㅡ우)】 [총5획] 부수 : [田 (밭전)] 　단어　 自由(자유) 理由(이유) 事由(사유)
【말미암을 유】 말미암다, 길, 도리(道理), 까닭
由 : ㅣ 冂 冃 由 由

> 말미암을 유(由) 자는 기름에 의해 불이 붙는 모습을 상형한 글자이다. 불이 붙게 되는 것은 기름에 의해 불이 일어나는 것이므로 '말미암다'를 뜻하게 되었다. 여기서 유(由) 자를 꼬챙이에 꼬친 한 덩어리의 고기로 보아도 된다. 이 글자를 구덩이에 심어놓은 나무나 꽃의 모양을 상형한 글자로도 볼 수 있다.

 전서

【yóu(요/여ㅡ우)】 [총8획] 부수 : [氵 (삼수변)] 　단어　 油價(유가) 揮發油(휘발유)
【기름 유】 유막, 윤기 나는 모양, 광택
氵 : ㆍ ㆍ 氵   由 : ㅣ 冂 冃 由 由

> 기름 유(油) 자는 고기를 구울 때 떨어지는 기름방울에 의해 불꽃이 일어나는 모습을 상형한 글자이다. 여기서 수(氵) 자는 물이 아니라 떨어지고 있는 기름이다. 이 글자는 또한 등잔에 담긴 액체를 표현한 글자로도 볼 수 있다.

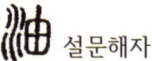 설문해자

【yī(∞ㅡ이)】 [총18획] 부수 : [酉 (닭유)]　　단어 醫師(의사) 醫療(의료) 醫學(의학)
【의원 의】 의원(醫員), 의사(醫師), 의술(醫術), 의학(醫學), (병을)고치다, 치료(治療)하다
匚 : 一匚　　矢 : 丿ㄣ⺈놋矢　　殳 : 丿几几殳　　酉 : 一丅丆丙酉酉酉

의원 의(醫, 医) 자는 의사가 달인 약을 가지고 와서 아픈 사람을 치료하고 있는 모습을 상형한 글자이다.

 전서　 설문해자

【yī(∞ㅡ이)】 [총7획] 부수 : [匚 (감출혜몸)]
[醫(의)의 간체자(簡體字)/속자(俗字)]
匚 : 一匚　　矢 : 丿ㄣ⺈놋矢

간체자 의원 의(医) 자는 의료 가방에 넣은 침과 기타 의료기구와 달인 약을 꺼내들고 사람을 치료하는 모습을 상형한 글자로도 볼 수 있다.

【yī(∞ㅡ이)】 [총6획] 부수 : [衣 (옷의)]　　단어 衣服(의복) 衣食(의식) 衣類(의류)
【옷 의】 웃옷, 옷자락, 입다, 입히다, 덮다
衣 : 丶一ナ亡丈衣衣

옷 의(衣) 자는 사람이 입는 옷의 모양을 상형한 글자이다.

◆장면이 살아나는 그림한자◆

【yī(∞ㅡ이)】 [총5획] 부수 : [衤 (옷의변)]
[衣(의)와 동자(同字)]
衤 : `ㄱ 衤 衤 衤

옷 의(衤) 자는 사람이 입는 옷의 모양을 상형한 글자이다. 이 글자는 부수로 많이 사용한다.

者 【zhě(저ˇ어)】 [총9획] 부수 : [耂 (늙을로엄)] 단어 患者(환자) 記者(기자)
【놈 자】 놈, 사람, 것, 곳, 장소(場所)
耂 : ㄧ 十 土 耂   ﹨ : ﹨   日 : 丨 冂 日 日

놈 자(者, 者) 자는 권력의 상징인 곤장(棍杖)을 옆에 놓고 상 앞에 앉아있는 모습을 상형한 글자이다. 앞에서 보이는 일(日) 자는 상과 상위에 올려놓은 인장이거나 죽간을 뜻한 글자라고 볼 수 있다. 옛날에는 나이가 많은 노인이 우두머리이기 때문에 이 글자가 또한 노인과 연관되는 글자이기도 하다. 위의 모양을 보면 이 글자는 또한 노인이거나 우두머리한테 머리 숙여 복종하는 모습이기도 하다는 것을 알 수 있다.

峕 금문   㫂 전서   㫌 설문해자

【zhě(저ˇ어)】 [총8획] 부수 : [耂 (늙을로엄)]
[者(자)의 간체자(簡體字)]
耂 : ㄧ 十 土 耂   日 : 丨 冂 日 日

◆한자획이 살아나는 그림한자-6급◆

章 【zhāng(짜ㅡ앙)】 [총11획] 부수 : [立 (설립)]   단어 文章(문장) 圖章(도장) 勳章(훈장)
【글 장】 글, 문장(文章), 단락(段落)
立 : ' 亠 亅 产 立   阜 : ｜ 𠃌 𠃌 𠂇 𠂇 阜

글 장(章) 자는 문장 한 단락을 다 읽자 다른 사람이 박수를 치고 있는 모습을 상형한 글자이다. 옛날 글자를 보면 이 글자는 죽간을 묶어놓은 모습을 상형한 글자라는 것을 알 수 있다.

𠦝 금문   𢀖 전서   章 설문해자

在 【zài(짜ㄟ이)】 [총5획] 부수 : [土 (흙토)]   단어 在庫(재고) 在來(재래) 在任(재임)
【있을 재】 있다, 존재(存在)하다, 찾다, 보다, 살피다, 곳, 장소(場所)
𠂇 : 一 ナ 才   土 : 一 十 土

있을 재(在) 자는 노인이 하루 종일 집에 있는 모습을 상형한 글자이다. 노인은 늙어서 사냥이나 채집 및 논밭에 나가 일을 할 수 없으므로 집에서 아이를 돌보거나 간단한 집안일을 하게 된다.

十 갑골문   扗 금문   𡉈 전서   𡉈 설문해자

定 【dìng(띠ㄟ잉)】 [총8획] 부수 : [宀 (갓머리)]   단어 決定(결정) 認定(인정) 豫定(예정)
【정할/이마 정】 정(定)하다, 정해지다, 바로잡다, 다스리다, 평정(平定)하다, 안정시키다
宀 : ' 宀 宀 宀   正 : 一 丁 下 正 正

정할 정(定) 자는 한 사람이 집에 와서 안정을 취한 모습을 상형한 글자이다.

𡧑 금문   𡧒 전서   𡧒 설문해자

◆ 장면이 살아나는 그림한자 ◆

朝

【cháo(차ㄠ/오/우)】 [총12획] 부수 : [月 (육달월)]　　　단어 朝鮮(조선) 朝夕(조석)
【아침 조/고을 이름 주】 아침, 조정, 왕조
十 : 一 十　　早 : 丨 冂 日 旦 早 早　　月 : 丿 几 月 月

아침 조(朝) 자는 아침에 찬란하게 떠오르는 태양과 태양 위에 나는 새의 모양과 고기잡이배를 상형한 글자이다. 조(朝) 자에서 위에 보이는 십(十) 자는 날고 있는 새의 모습이다.

朝 금문　朝 朝 전서　朝 설문해자

族

【zú(주ㄨ/우)】 [총11획] 부수 : [方 (모방)]　　　단어 家族(가족) 民族(민족) 遺族(유족)
【겨레 족】 겨레, 일가(一家), 친족, 무리(모여서 뭉친 한 동아리)
方 : 丶 亠 方 方　　𠂉 : 丿 𠂉　　矢 : 丿 ㅗ 𠂉 午 矢

겨레 족(族) 자는 깃발을 들고 가는 무리를 상형한 글자이다. 한 깃발에 따라 간다는 것은 같은 족속들인 것이다.

族 갑골문　族 금문　族 전서　族 설문해자

晝

【zhòu(쪼/쩌ㄨ우)】 [총11획] 부수 : [日 (날일)]　　　단어 晝夜(주야) 白晝(백주) 晝宵(주소)
【낮 주】 낮, 정오(正午), 땅의 이름
聿 : 𠃊 ㄱ ㅋ ㅋ 聿 聿　　旦 : 丨 冂 日 日 旦

낮 주(晝, 昼) 자는 낮이 되니 학교에서 공부하는 모습을 상형한 글자이다.

晝 금문　晝 전서　晝 설문해자

【zhòu(쪼/쩌ㄟㅜ)】 [총9획] 부수 : [日 (날일)]
[晝(주)의 속자(俗字)/간체자(簡體字)]
尸 : ㄱㄱ尸   、: 、   旦 : 丨 冂 冃 日 旦

【jí(지ㄧ이)】 [총12획] 부수 : [隹 (새추)]   단어 集團(집단) 集中(집중) 集合(집합)
【모을 집】 모이다, 이르다, 도달하다, 이루다
隹 : ノ イ イ´ 广 疒 住 住 隹   木 : 一 十 才 木

모을 집(集) 자는 나무 위에 모인 새떼의 모습을 상형한 글자이다.

 갑골문   설문해자

【zhuī(쭈ㄧ이)/cuī(쭈ㄧ이)】 [총8획] 부수 : [隹 (새추)]
【새 추/높을 최】 새, 뻐꾸기, 산비둘기, 높다
隹 : ノ イ イ´ 广 疒 住 住 隹

새 추(隹) 자는 꽁지가 짧은 새 한 마리의 모습을 상형한 글자이다.

 갑골문   금문   설문해자

◆장면이 살아나는 그림한자◆

【chuāng(추ㅡ앙)】 [총11획] 부수 : [穴 (구멍혈)]　　단어　窓口(창구) 窓門(창문) 同窓(동창)
【창 창】 창(窓), 창문(窓門)
穴 : ⼂ ⼃ 宀 宂 穴　　厶 : ⼃ 厶　　心 : ⼃ ⼕ ⼼ 心

창 창(窓, 窗) 자는 보이는 집과 창이 있는 담장의 모양을 상형한 글자이다.

【chuāng(추ㅡ앙)】 [총12획] 부수 : [穴 (구멍혈)]
[窓(창)의 본자(本字)/간체자(簡體字)]
穴 : ⼂ ⼃ 宀 宂 穴　　囪 : ⼃ 冂 囟 肉 肉 囪

【qīng(치ㅡ잉)】 [총11획] 부수 : [氵 (삼수변)]　　단어　淸明(청명) 淸算(청산) 淸掃(청소)
【맑을 청】 맑다, 깨끗하다, 빛이 선명(鮮明)하다
氵 : ⼂ ⼆ 氵　　青 : 一 ⼆ 丰 主 青 青 青

맑을 청(淸, 清) 자는 맑은 물의 모습을 상형한 글자이다.

【qīng(치ㅡ잉)】 [총11획] 부수 : [氵 (삼수변)]
[淸(청)의 속자(俗字)/간체자(簡體字)]
氵 : ⼂ ⼆ 氵　　青 : 一 ⼆ 丰 主 青 青 青

◆한자획이 살아나는 그림한자-6급◆

| 體 | 【tǐ(티ˇ이)】 [총23획] 부수 : [骨 (뼈골)] 　　단어　團體(단체) 體系(체계) 全體(전체) |

【몸 체】 몸, 신체(身體)

骨 : 　　曲 : 丨 冂 日 中 曲 曲　　豆 : 一 一 戸 戸 戸 豆

몸 체(體, 体) 자는 사람의 신체와 골격의 모습을 상형한 글자이다.

 금문　🀆 전서　體 설문해자

| 体 | 【tǐ(티ˇ이)】 [총7획] 부수 : [亻 (사람인변)] |

[體(체)]의 간체자(簡體字)

亻 : ノ 亻　　木 : 一 十 才 木　　一 : 一

| 表 | 【biǎo(뱌ˇ오/우)】 [총8획] 부수 : [衣 (옷의)] 　　단어　發表(발표) 代表(대표) 表現(표현) |

【겉/시계 표】 겉, 거죽, 겉면, 바깥, 표, 도표(圖表)

主 : 一 二 キ 主　　衣 : ノ 亠 产 衣

겉 표(表) 자는 옷깃을 가죽모피로 두른 모양을 상형한 글자이다.

表 전서　表 설문해자

 【fēng(뻐ㅡ엉)】 [총9획] 부수 : [風 (바람풍)]　　단어 颱風(태풍) 熱風(열풍) 風俗(풍속)
【바람 풍】 바람, 풍속, 습속, 경치
風 : 丿 几 凡 凡 凡 凨 風 風 風

바람 풍(風, 风) 자는 무릎을 꿇고 앉아있는 여자의 머리카락이 바람에 의해 휘날리는 모습을 상형한 글자이다.

갑골문　　전서　　설문해자

 【fēng(뻐ㅡ엉)】 [총4획] 부수 : [风 (바람풍)]
[風(풍)의 속자(俗字)/간체자(簡體字)]
风 : 丿 几 凡 风

 【xìng(씨ㅡ잉)】 [총8획] 부수 : [干 (방패간)]　　단어 幸運(행운) 多幸(다행) 不幸(불행)
【다행 행】 다행, 행복, 기뻐하다, 좋아하다
土 : 一 十 土　　 羊 : 丶 丷 ꚉ Ꚋ 羊

다행 행(幸) 자는 돈이나 보물을 싼 보따리의 모양을 상형한 글자이다. 사람이 돈이나 보물이 있으면 기뻐하거나 좋아하게 된다.

전서　　설문해자

◆한자획이 살아나는 그림한자-6급◆

現

【xiàn(시ㄱ엔)】 [총11획] 부수 : [王 (구슬옥변)]　　단어　現在(현재) 現實(현실) 現象(현상)
【나타날 현】 나타나다, 드러내다, 실재, 현금, 곧, 지금, 당장(當場), 그 자리에서
王 : 一 二 千 王　　目 : l ㄇ 冂 月 目　　儿 : ノ 儿

나타날 현(現, 现) 자는 한 사람이 엽전꾸러미를 꺼내는 모습을 상형한 글자이다.

现

【xiàn(시ㄱ엔)】 [총8획] 부수 : [王 (구슬옥변)]
[現(현)의 간체자(簡體字)]
王 : 一 二 千 王　　见 : l ㄇ 贝 见

形

【xíng(시ㄱ잉)】 [총7획] 부수 : [彡 (터럭삼)]　　단어　形便(형편) 形態(형태) 形式(형식)
【모양 형】 모양, 꼴, 형상(形狀), 얼굴, 몸, 육체(肉體), 그릇, 형세(形勢), 세력(勢力)
开 : 一 二 干 开　　彡 : ノ ノ ノ

모양 형(形) 자는 빛에 의해 대나무나 두 사람의 형체가 보이는 모습을 상형한 글자이다.

形 전서　形 설문해자

和

【hé(흐ㄱ어)】 [총8획] 부수 : [口 (입구)]　　단어　和解(화해) 和睦(화목) 平和(평화)
【화할 화】 화목하다, 화해하다, 화답하다, 합계
禾 : 一 二 千 禾 禾　　口 : l ㄇ 口

화할 화(和) 자는 농사를 짓고 밥을 배불리 먹을 수 있는 모습을 상형한 글자이다. 사람들은 먹기 위해 일을 하고 또한 먹는 것 때문에 싸운다. 그래서 평화를 유지하려면 먹을 것이 있어야 한다는 말이다.

和 금문　和 전서　和 설문해자

 【huì(훼ㄟ이)】 [총13획] 부수 : [曰 (가로왈)]　　　단어 社會(사회) 國會(국회)
【모일 회】 모이다, 모으다, 만나다, 맞다, 능숙하다, 잘하다, 깨닫다, 통계를 내다, 집회
人 : ノ 人　　一 : 一　　罒 : 丨 冂 罒 罒 罒　　日 : 丨 冂 日 日

모일 회(會, 숲) 자는 음식을 한 곳에 모여 놓고 가마에 찌고 있는 모습을 상형한 글자이다.

 갑골문　 금문　 전서　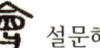 설문해자

 【huì(훼ㄟ이)】 [총6획] 부수 : [人 (사람인)]
[會(회)의 속자(俗字)/간체자(簡體字)]
人 : ノ 人　　二 : 一 二　　ム : ㄥ ム

 【jiǎo(쟈∨오/우)】 [총7획] 부수 : [角 (뿔각)]　　　단어 角度(각도) 角力(각력) 一角(일각)
【뿔 각】 짐승의 뿔, 뿔피리, 각도, 곤충의 촉각
角 : ノ 𠂊 𠂉 𠂊 角 角 角

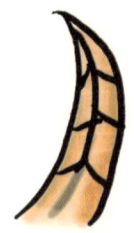   

뿔 각(角, 角) 자는 짐승들의 뿔로 만든 뿔피리를 상형한 글자이다.

 갑골문　 금문　角 전서　角 설문해자

 【jiǎo(쟈∨오/우)】 [총7획] 부수 : [角 (뿔각)]
[角(각)의 간체자(簡體字)]
ク : ノ ク　　用 : ノ 冂 月 月 用

 【gè(꺼ˋ어)】 [총6획] 부수 : [口 (입구)] 　　단어　各種(각종) 各各(각각) 各別(각별)
【각각 **각**】 각자, 따로따로, 여러, 모두, 각각이다
夂 : ノ ク 夂　　口 : 丨 冂 口

각각 각(各) 자는 도로에 다니는 사람들의 발자국이 각각 다른 방향으로 찍혀있는 모양이거나 길에 깔아놓은 돌이 제각각 있는 모양을 상형한 글자이다.

 갑골문　　금문　　전서

計 【jì(찌ˋ이)】 [총9획] 부수 : [言 (말씀언)]　　단어　計劃(계획) 計算(계산) 計量(계량)
【셀 **계**】 세다, 꾀하다, 계산하다, 산수
言 : ` 一 二 三 言 言 言　　十 : 一 十

셀 계(計, 计) 자는 산가지를 헤아리고 있는 모습을 상형한 글자이다.

전서　　설문해자

计 【jì(찌ˋ이)】 [총4획] 부수 : [讠(말씀언)]
[計(계)의 간체자(簡體字)]
讠 : ` 讠　　十 : 一 十

 【jiè(찌ˋ에)】 [총9획] 부수 : [田 (밭전)]　　단어　世界(세계) 限界(한계) 境界(경계)
【지경 **계**】 지경, 경계(境界), 둘레, 한계(限界), 경계(境界) 안, 세계(世界)
田 : 丨 冂 冂 田 田　　人 : ノ 人　　ノノ : ノ ノノ

지경 계(界) 자는 한 사람이 경계에서 말뚝 등을 박아 경계를 표시하고 있는 모습을 상형한 글자이다.

설문해자

◆장면이 살아나는 그림한자◆

【gāo(까-오/우)】 [총10획] 부수 : [高 (높을고)]　단어 高校(고교) 高位(고위) 高價(고가)
【높을 고】 뛰어나다, 크다, 고상하다, 비싸다
高 : 丶 亠 十 古 古 古 亭 高 高 高

높을 고(高) 자는 높고 큰 성곽의 대를 상형한 글자이다.

亯 갑골문　髙 금문　高 전서　高 설문해자

功
【gōng(꾸-웅)】 [총5획] 부수 : [力 (힘력)]　단어 功勞(공로) 功臣(공신) 功德(공덕)
【공 공】 공, 일, 사업, 보람
工 : 一 T 工　力 : 丁 力

공 공(功) 자는 발 물레질 하며 도자기를 열심히 만들고 있는 모습을 상형한 글자이다.

工 금문　功 전서　功 설문해자

共
【gòng(꾸-웅)】 [총6획] 부수 : [八 (여덟팔)]　단어 共同(공동) 公共(공공) 共通(공통)
【한 가지 공】 한 가지, (은대의)나라의 이름, 주대의 지명, 함께, 같이, 하나로 합하여
共 : 一 十 卄 共　八 : 丿 八

한 가지 공(共) 자는 많은 사람들이 한 곳에 모여 있는 모습을 상형한 글자이다. 옛날 글자는 많은 사람들이 무거운 물건을 함께 받쳐 드는 모습을 상형한 글자로 볼 수 있다.

共 금문　共 共 전서　共 설문해자

【gōng(꾸ㅡ웅)】 [총4획] 부수 : [八 (여덟팔)]

단어 公平(공평) 公正(공정) 公開(공개)

【공평할 공】 공평(公平)하다, 상대를 높이는 말, 벼슬

八 : ノ 八   ム : ㄥ ム

공평할 공(公) 자는 작은 못이나 웅덩이에 흘러내린 물이 높고 낮은 데가 없이 평평하게 고이는 모습을 상형한 글자이다.

갑골문 금문 전서 설문해자

科

【kē(꺼ㅡ어)】 [총9획] 부수 : [禾 (벼화)]

단어 科學(과학) 科目(과목) 科擧(과거)

【과목 과】 과목(科目), 과정(科程), 품등(品等)

禾 : ㅡ ㅡ 千 禾 禾   斗 : 丶 丶 ㅡ 斗

과목 과(科) 자는 농사를 짓고 거두는 일련의 과정을 그린 모습을 상형한 글자이다.

전서 설문해자

果

【guǒ(구∨오/어)】 [총8획] 부수 : [木 (나무목)]

단어 果實(과실) 結果(결과) 效果(효과)

【실과/열매 과】 실과, 열매

日 : 丨 冂 日 日   木 : 一 十 才 木

실과 과(果) 자는 나무와 열린 열매를 상형한 글자이다. 이 글자는 네 개의 열매를 한데 모여서 된 모양이다.

 갑골문  금문 전서 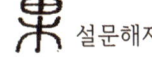 설문해자

◆장면이 살아나는 그림한자◆

【guāng(꽝—앙)】 [총6획] 부수 : [儿 (어진사람인발)] 단어 光州(광주) 光彩(광채) 光明(광명)
【빛 광】 빛, 어둠을 물리치는 빛
⺌ : ⼁ ⼁⼁ ⺌   兀 : 一 丁 兀

빛 광(光) 자는 강렬하게 빛나는 태양의 빛과 반영(反影)을 상형한 글자이다.

금문 전서 설문해자

球
【qiú(치/우)】 [총11획] 부수 : [王 (구슬옥변)] 단어 地球(지구) 蹴球(축구) 卓球(탁구)
【공 구】 공(둥근 물체), 옥(玉), 옥으로 만든 경쇠, 둥글다
王 : 一 二 千 王   求 : 一 十 寸 寸 求 求 求

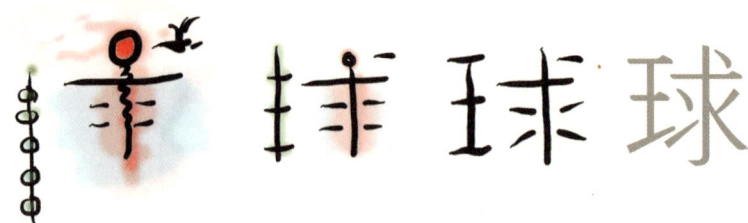

공 구(球) 자는 구슬과 떠오르는 태양의 모습을 상형한 글자이다. 구슬이나 태양의 모습이 둥근 모양인 것이다.

球 설문해자

【jīn(찌—인)】 [총4획] 부수 : [人 (사람인)] 단어 只今(지금) 今般(금반) 昨今(작금)
【이제 금】 이제, 지금, 오늘, 현대, 곧, 바로
今 : ノ 人 亽 今

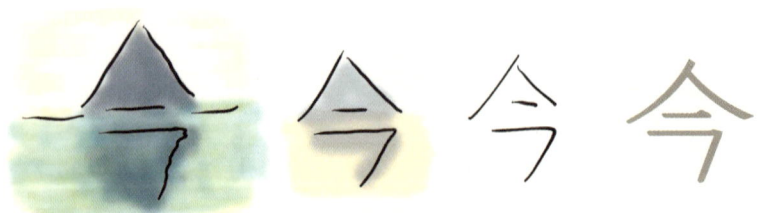

이제 금(今) 자는 일출(日出)직전의 반영(反影)의 모습을 상형한 글자이다.

갑골문 금문 전서 설문해자

◆한자획이 살아나는 그림한자-6급◆

【jí(지ˊ이)】 [총9획] 부수 : [心 (마음심)]　　　　　단어 急速(급속) 急變(급변)
【급할 급】 급(急)하다, 빠르다, 재촉하다, 긴요하다
⺈ : ⺈ ㇒ ⺈　　ヨ : ㇕ ㇂ ヨ　　心 : ㇀ ⺁ 心 心

급할 급(急) 자는 한 사람이 산위로 달아난 사람을 잡으려고 급하게 오르면서 풀뿌리를 마구 쥐었다가 그 중 한 움큼이 떨어져 나가는 모습을 상형한 글자이다. 여기서 마음 심(心) 자를 사람의 모습이거나 급한 마음을 뜻하는 글자로도 볼 수 있다.

【táng(타ˊ앙)】 [총11획] 부수 : [土 (흙토)]　　　　　단어 堂叔(당숙) 堂直(당직) 北堂(북당)
【집 당】 사랑채, 마루, 관아, 명당, 땅 이름
⺌ : ㇑ ㇒ ⺌　　⼍ : ㇒ ㇕　　口 : ㇑ ㇕ 口　　土 : 一 十 土

집 당(堂) 자는 크고 웅장한 집의 모양을 상형한 글자이다.

【duì(뚜ˋ이)】 [총14획] 부수 : [寸 (마디촌)]　　　　　단어 對策(대책) 對象(대상) 反對(반대)
【대할 대】 대하다, 마주하다, 대답하다, 대조하다, 상대, 맞수, 짝, 배우자, 쌍
业 : ㇑ ㇑ ⺍ ⺌ 业　　⺷ : ㇒ ㇔ ⺌ ⺷　　寸 : 一 十 寸

대할 대(對, 对) 자는 실랑이 신부(新婦)를 맞이하는 모습을 상형한 글자이다.

◆장면이 살아나는 그림한자◆

【duì(뚜ㄟ)】 [총5획] 부수 : [寸 (마디촌)]
[對(대)의 속자(俗字)/간체자(簡體字)]
又 : フ又   寸 : 一十寸

【dài(따�이)】 [총5획] 부수 : [亻 (사람인변)]   단어 代表(대표) 代替(대체) 時代(시대)
【대신할 대】 대신(代身)하다, 대리(代理)하다, 번갈아들다, 시대(時代), 세대(世代), 대금
亻 : ノ亻   弋 : 一弋弋

대신할 대(代) 자는 무덤이나 제단 주위에 세워놓은 석상(石像)의 모습을 상형한 글자이다. 무덤이나 제단 앞에서 사람들이 매일 밤낮으로 지킬 수 없기 때문에 인형의 조각상으로 항시 지키고 있다는 의미에서 대신하여 세워 놓은 것이다.

伏 전서   伏 설문해자

【tú(투ㄨ우)】 [총14획] 부수 : [囗 (큰입구몸)]   단어 圖書(도서) 圖章(도장) 圖案(도안)
【그림 도】 그림, 그리다, 베끼다, 도장
囗 : 丨冂囗   口 : 丨冂口   亠 : 丶亠   回 : 丨冂冋冋回

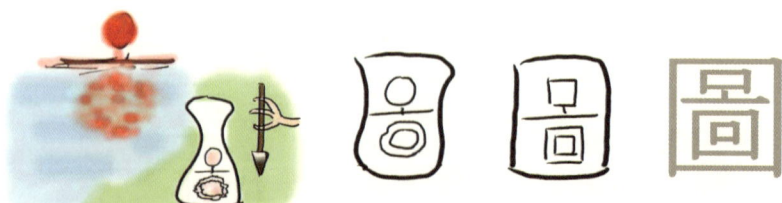

그림 도(圖) 자는 견갑골 등에 그림을 새겨놓은 모양을 상형한 글자이다.

◆한자획이 살아나는 그림한자-6급◆

【tú(투ノ우)】 [총8획] 부수 : [口 (큰입구몸)]
[圖(도)의 속자(俗字)/간체자(簡體字)]
口:｜冂口   夂:ノク夂   冫:丶冫

간체자 그림 도(图) 자는 견갑골 등에 그림을 새겨놓은 모양을 상형한 글자이다.

【dú(두ノ우)】 [총22획] 부수 : [言 (말씀언)]   단어 讀書(독서) 讀者(독자) 句讀(구두)
【읽을 독/구절 두】 읽다, 이해(理解)하다, 구절(句節), 읽기
言:丶一一一一言言言   士:一十士   四:｜冂冂四四   貝:｜冂冂目目貝貝

읽을 독(讀, 读) 자는 훈장 앞에서 책을 펼쳐들고 낭독하는 모습을 상형한 글자이다. 여기서 보이는 조개 패(貝) 자는 책으로 보는 것이 타당하다.

讀 전서   讀 설문해자

【dú(두ノ우)】 [총10획] 부수 : [讠 (말씀언)]
[讀(독)의 간체자(簡體字)]
讠:丶讠   十:一十   乛:乛   冫:丶冫   大:一ナ大

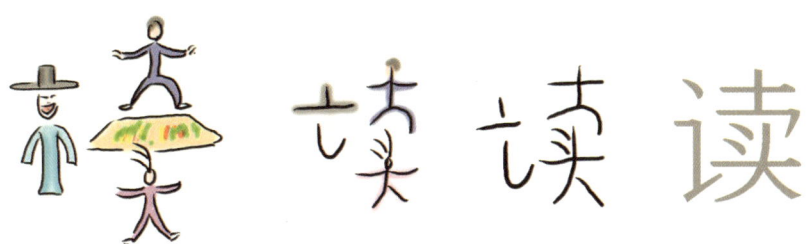

125

◆장면이 살아나는 그림한자◆

【tóng(투╱웅)】 [총12획] 부수 : [立 (설립)]　　단어 兒童(아동) 童話(동화) 童男(동남)
【아이 동】 아이, 종(從)
立 : ' 亠 亠 立 立　　里 : 丨 冂 日 旦 born 甲 里

아이 동(童) 자는 아동이 나무 위에 매어놓은 종(鐘)의 줄을 당기고 있는 손의 모양을 상형한 글자이다. 동(童) 자가 '아동'을 뜻하게 된 것은 옛날에는 어른들은 사냥이나 채집하러 나가면 집에는 아이들만 남아서 종을 치고 시간을 알리는 일을 했다는 데서 '아동'을 뜻하게 되었다.

金文　전서　설문해자

【děng(더∨엉)】 [총12획] 부수 : [竹 (대죽)]　　단어 等級(등급) 平等(평등) 等神(등신)
【무리 등】 무리, 등급(等級), 계급(階級), 같다, 차이(差異)가 없다, 기다리다
竹 : ノ 亻 ⺊ 竹 竹 竹　　土 : 一 十 土　　寸 : 一 寸 寸

무리 등(等) 자는 많은 사람들이 종소리를 들으려고 기다리고 있는 모습을 상형한 글자이다.

전서　설문해자

 【lè(르ㄸㄹ어)/yuè(위ㄸㄹ에)】 [총15획]　부수 : [木 (나무목)]
【노래 악/즐길 락(낙)】 노래, 음악, 연주하다　　단어　樂器(악기) 樂譜(악보) 音樂(음악)

幺 : ´ 幺 幺　　白 : ´ ｜ ｢ ｢ 白 白　　幺 : ´ 幺 幺　　木 : 一 十 才 木

   樂

　즐길 락(樂) 자는 나무에 끈을 매달고 흥이 나게 흔들면서 즐겁게 노는 모습을 형상한 글자이다. 여기서 백(白) 자는 방울이나 그와 유사한 악기를 흔들고 있는 모습으로도 볼 수 있다. 나무를 딱딱 소리 나게 치기도 하고 방울과 같은 것으로 달랑달랑, 칙칙 등 소리를 내면서 그 장단에 맞춰 사람들이 즐겁게 놀고 있는 모습을 상형한 글자이다.

갑골문　금문　전서　설문해자

 【lè(르ㄸㄹ어)/yuè(위ㄸㄹ에)】 [총6획]　부수 : [ノ (삐침별)]
[樂(락)의 속자(俗字)/간체자(簡體字)]

乐 : 一 ⌒ 千 乐 乐

  乐　乐

　간체자 노래 악/즐길 락(乐) 자는 아이가 입을 벌리고 노래하는 모습을 상형한 글자이다. 이는 락(樂) 자와 함께 위에서는 나무로 장단을 쳐주고 아래에서는 아이가 노래하는 모습인 것이다. 이 글자를 또한 한 사람이 춤을 추고 있는 모습을 상형한 글자이기도 하다.

◆장면이 살아나는 그림한자◆

理 【lǐ(리ˇ이)】 [총11획] 부수 : [王 (구슬옥변)]   단어 理由(이유) 管理(관리) 處理(처리)
【다스릴 리(이)】 다스리다, 다스려지다, 깁다, 수선(修繕)하다, 깨닫다, 도리(道理), 이치
王 : 一 二 干 王   里 : 丨 冂 日 日 旦 甲 里

다스릴 리(理) 자는 땅주인이 일을 마친 사람에게 엽전 다발을 풀어서 나누어 주려고 종을 치는 모습을 상형한 글자이다.

珵 琿 전서 理 설문해자

利 【lì(뤼ˋ이)】 [총7획] 부수 : [刂 (선칼도방)]   단어 勝利(승리) 利用(이용) 利益(이익)
【이로울 리(이)】 이롭다, 이익, 날카롭다, 날래다
禾 : 一 二 千 禾 禾   刂 : 丨 刂

이로울 이(利) 자는 한 사람이 다 자란 곡식을 수확하는 모습을 상형한 글자이다.

갑골문 금문 전서 설문해자

明 【míng(미ˊ잉)】 [총8획] 부수 : [日 (날일)]   단어 說明(설명) 糾明(규명) 透明(투명)
【밝을 명】 밝다, 밝히다, 날 새다, 빛, 광채(光彩)
日 : 丨 冂 日 日   月 : 丿 刀 月 月

밝을 명(明) 자는 해가 떠오르니 바닷가에 나가 고기잡이를 하러 가는 모습을 상형한 글자이다. 이 글자는 또한 해와 달의 빛의 모습을 상형한 글자로도 볼 수 있다.

 갑골문   금문   전서   설문해자

◆한자획이 살아나는 그림한자-6급◆

【wén(워ˊ언)】 [총14획] 부수 : [耳 (귀이)]   단어 聞人(문인) 聞見(문견) 新聞(신문)
【들을 문】 들리다, 알다, 깨우치다, 아뢰다
門 : ｜ ｜ ｜ ｜ ｜ 門 門 門   耳 : 一 丅 F F 耳 耳

들을 문(聞, 闻) 자는 방문한 손님이 집주인이 대답이 없자 문에 귀를 갖다 대고 인기척이 있는지 들어보는 모습을 상형한 글자이다.

甲骨文 갑골문 金文 금문 篆書 전서 聞 설문해자

【wén(워ˊ언)】 [총9획] 부수 : [门 (문문)]
[聞(문)]의 간체자(簡體字)]
门 : 丶 丨 门   耳 : 一 丅 F F 耳 耳

班
【bān(빠一안)】 [총10획] 부수 : [王 (구슬옥변)]   단어 首班(수반) 班長(반장) 兩班(양반)
【나눌 반】 나누다, 돌아가다, 돌아오다, 주다, 벌려서다, 서성거리다, 같다
王 : 一 二 千 王   刂 : 丨 丶 刂   王 : 一 二 千 王

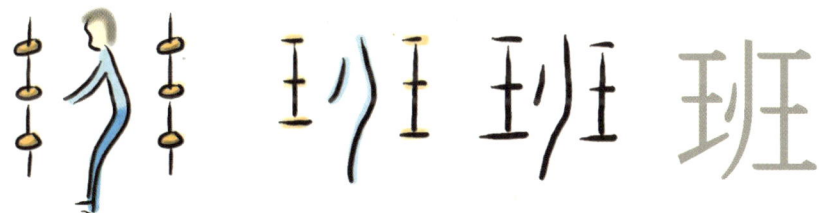

나눌 반(班) 자는 엽전 다발을 나누어주는 모습을 상형한 글자이다.

班 금문 班 전서 班 설문해자

◆장면이 살아나는 그림한자◆

【fǎn(판ˇ안)】 [총4획] 부수 : [又 (또우)]　　단어 反撥(반발) 反對(반대) 反駁(반박)
【돌이킬/돌아올 반/】 돌이키다, 반복(反復)하다, 뒤집다, 반대하다
厂 : 一 厂　　又 : 丿 又

돌이킬 반(反) 자는 한 사람이 다가오는 다른 한 사람에게 더 이상 앞으로 못 가거나 들어가지 못하게 돌려보내는 모습을 상형한 글자이다. 이 글자가 한 사람이 가다가 더 이상 가지 않고 배반하고 돌아서는 모습으로도 볼 수 있다.

갑골문　금문　전서　설문해자

【bàn(빠\안)】 [총5획] 부수 : [十 (열십)]　　단어 半島(반도) 折半(절반) 後半(후반)
【반 반】 절반, 가운데, 조각, 똑같이 둘로 나누다
八 : 丿 八　　キ : 一 二 キ

 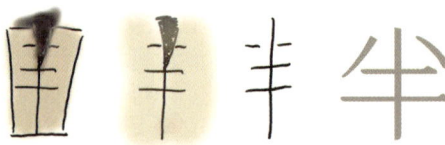

반 반(半, 半) 자는 나무로 된 문서나 패를 둘로 똑같이 쪼개는 모습을 상형한 글자이다.

금문　전서　설문해자

【bàn(빠\안)】 [총5획] 부수 : [十 (열십)]
[半(반)의 간체자(簡體字)]
丷 : 丶 丷　　キ : 一 二 キ

【fēn(뻐ㅡ언)】 [총4획] 부수 : [刀 (칼도)]　　단어 分析(분석) 分明(분명) 分配(분배)
【나눌 분】 구별하다, 다름, 신분, 몫, 분수
八 : 丿 八　　刀 : 丿 刀

나눌 분(分) 자는 나무로 된 문서나 패를 둘로 똑같이 쪼개놓은 모양을 상형한 글자이다.

갑골문　금문　전서　설문해자

 【fā(ㄈㄚ-아)】 [총12획] 부수 : [癶 (필발머리)]   단어 發表(발표) 發展(발전) 發生(발생)
【필 **발**】 피다, 쏘다, 일어나다, 떠나다, 나타나다, 밝히다, 계발(啓發)하다
癶 : ㄱ ㄱ ㄱ' ㄱ` 癶   弓 : ㄱ ㄱ 弓   殳 : ノ 几 殳 殳

필 발(發) 자는 화살로 새를 쏘는 모습을 상형한 글자이다.

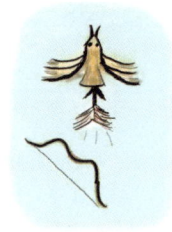 금문   전서   설문해자

发 【fā(ㄈㄚ-아)】 [총5획] 부수 : [又 (또우)]
[發(발), 髮(발)의 간체자(簡體字)]
发 : ㄱ ナ 方 发 发

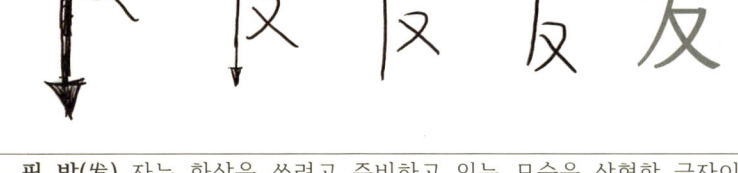

필 발(发) 자는 화살을 쏘려고 준비하고 있는 모습을 상형한 글자이다. 이 글자는 또한 상투를 틀고 있거나 올린 머리를 하고 있는 모습을 상형한 글자이기도 하다.

◆장면이 살아나는 그림한자◆

放

【fàng(팡ヽ앙)】 [총8획] 부수 : [攵 (등글월문)] 　단어　放送(방송) 開放(개방) 放置(방치)
【놓을 방】 놓다, 놓이다, 석방되다, 추방하다, 내놓다, 달아나다, 널리 펴다, 넓히다
方 : ㅡ ㅜ 方 方　　攵 : ノ 厂 ケ 攵

놓을 방(放) 자는 한 사람이 죄수를 잠근 형틀의 꽂이를 빼서 풀어주는 모습을 상형한 글자이다.

我 금문　放 전서　放 설문해자

部

【bù(뿌ヽ우)】 [총11획] 부수 : [阝 (우부방)] 　단어　一部(일부) 部分(부분) 部隊(부대)
【떼/거느릴 부】 떼, 부락(部落), 집단(集團), 마을, 관청, 분류, 구분(區分), 분야, 부서
立 : ㅡ ㅗ ㅛ 立 立　　口 : Ⅰ 冂 口　　阝 : ㄱ 丂 阝

떼 부(部) 자는 우두머리가 높은 곳에 올라서서 부족민들에게 호령을 하고 있는 모습을 상형한 글자이다.

部 전서　部 설문해자

社

【shè(써ヽ어)】 [총8획] 부수 : [示 (보일시)] 　단어　會社(회사) 社長(사장) 社員(사원)
【모일 사】 모이다, 제사 지내다, 토지 신
示 : ㅡ ㅡ 于 示 示　　土 : ㅡ 十 土

모일 사(社, 社) 자는 해가 떠오르는 아침에 생명의 나무를 뜻하는 나무 앞이거나 선돌 앞에서 모여 제사를 지내는 모습을 상형한 글자이다.

社 금문　社 社 설문해자

【shè(ㄕㄜˋ어)】 [총6획] 부수 : [礻 (보일시변)]
[社(사)의 간체자(簡體字)]
礻 : ` ⸍ ㇇ 礻 礻   土 : 一 十 土

神
【shén(ㄕㄣˊ언)】 [총10획] 부수 : [示 (보일시)]   단어 神仙(신선) 神話(신화) 神奇(신기)
【귀신 신】 귀신(鬼神), 신령(神靈), 정신(精神), 혼(魂)
示 : 一 二 亍 亓 示   申 : 丨 冂 日 日 申

귀신 신(神, 神) 자는 태양이 떠오르는 모습과 거북이의 모습을 상형한 글자이다. 옛날에는 태양을 신으로 섬겼기 때문에 이 글자가 신을 뜻하는 글자가 되었다. 그런데 신(神) 자에서 거북이가 들어가게 된 것은 옛날 사람들은 거북이가 오래 살거나 죽지 않는다고 생각하기 때문에 신령스럽게 여겨 이 글자가 신(神)을 상징하는 글자로 되었다. 이 글자가 번개로도 보는데 이것은 옛날 글자의 모양을 보고 풀이를 한 것 같다. 그러나 옛날 글자(祁)를 보면 이 글자가 신에게 절을 하고 있는 모습이라는 것을 알 수 있다.

祁 금문   祀 전서   禮 설문해자

【shén(ㄕㄣˊ언)】 [총9획] 부수 : [礻 (보일시변)]
[神(신)의 간체자(簡體字)]
礻 : ` ⸍ ㇇ 礻 礻   申 : 丨 冂 日 日 申

書
【shū(ㄕㄨ우)】 [총10획] 부수 : [日 (가로왈)]   단어 書類(서류) 書信(서신) 書店(서점)
【글 서】 글씨, 문장, 기록, 서류, 쓰다, 편지
聿 : 一 二 ヨ ヨ 亖 聿 書   日 : 丨 冂 日 日

글 서(書, 书) 자는 쇠꼬챙이로 단단한 물체에 긁은 모습이거나 붓으로 글을 써놓은 모습을 상형한 글자이다.

書 금문   書 전서   書 설문해자

◆장면이 살아나는 그림한자◆

【shū(쑤-우)】 [총4획] 부수 : [乙 (새을)]
[書(서)의 간체자(簡體字)]
书 : ㄱ ㄋ 书 书

線
【xiàn(시ㅡ엔)】 [총15획] 부수 : [糸 (실사)]   단어 混線(혼선) 路線(노선) 戰線(전선)
【줄 선】 줄, 선(線), 실, 노선(路線)
糸 : ㄥ ㄠ ㄠ ㄠ 幺 糸 糸   白 : ′ 冂 白 白 白   水 : ㅣ ㄱ 水 水

줄 선(線, 线) 자는 실패나 얼레에 감아놓은 줄이거나 선의 모양을 상형한 글자이다.

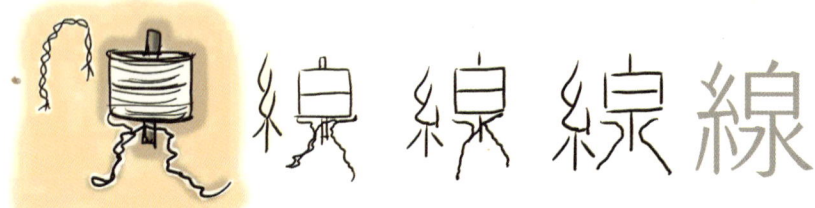 전서   설문해자

【xiàn(시ㅡ엔)】 [총12획] 부수 : [纟 (실사)]
[線(선)의 간체자(簡體字)]
纟 : ㄥ ㄠ 纟   白 : ′ 冂 白 白 白   水 : ㅣ ㄱ 水 水

【xuě(쉬ㅇ에)】 [총11획] 부수 : [雨 (비우)]   단어 小雪(소설) 大雪(대설) 白雪(백설)
【눈 설】 눈, 흰색, (눈이)내리다, 희다
雨 : 一 ㄣ 冂 币 雨 雨 雨 雨   ヨ : ㄱ ㄋ ヨ

눈 설(雪) 자는 내린 눈 위에 찍혀있는 새들의 발자국의 모양을 상형한 글자이다.

 갑골문   전서   설문해자

134

◈한자획이 살아나는 그림한자-6급◈

【shěng(ㄕㄥˇ)/xǐng(시ˇ잉)】 [총9획] 부수 : [目 (눈목)]
【살필 성/덜 생】 살피다, 깨닫다
　　　　　　　　　　　　　　　단어　省察(성찰) 省府(성부) 反省(반성)
小 : 亅 丿 小　　丿 : 丿　　目 : 丨 冂 日 月 目

살필 성(省) 자는 손으로 어떤 물건을 눈앞에 들고 살피는 모습을 상형한 글자이다.

갑골문　　금문　　전서　　설문해자

【chéng(처ˊ엉)】 [총7획] 부수 : [戈 (창과)]
【이룰 성】 갖추어지다, 우거지다, 익다, 성숙하다
　　　　　　　　　　　　　　　단어　成績(성적) 成熟(성숙) 成果(성과)
成 : 一 厂 厂 厅 成 成 成

이룰 성(成) 자는 전쟁에서 승리하여 기를 들고 개선(凱旋)하는 모습을 상형한 글자이다.

갑골문　　금문　　전서　　설문해자

【xiāo(쌰ㅡ오/우)】 [총10획] 부수 : [氵 (삼수변)]
【사라질 소】 사라지다, 삭이다, 녹이다
　　　　　　　　　　　　　　　단어　消息(소식) 解消(해소) 消費(소비)
氵 : 丶 丶 氵　　小 : 亅 丿 小　　月 : 丨 冂 月 月

사라질 소(消, 消) 자는 꼬챙이를 깎을 때 떨어지는 부스러기를 상형한 글자이다. 이 글자는 물살에 의해 강기슭이 깎여져 사라지는 모습을 상형한 글자로도 볼 수 있다.

 설문해자

◆장면이 살아나는 그림한자◆

【xiāo(쌰ㅡ오/우)】 [총10획] 부수 : [氵(삼수변)]
[消(소)의 간체자(簡體字)]
氵: 丶 氵氵 ⺌: 丨 丷 ⺌ 月: 丨 冂 月 月

術
【shù(쭈丶우)】 [총11획] 부수 : [行 (다닐행)]   단어 術法(술법) 技術(기술) 藝術(예술)
【재주 술】 재주, 꾀, 방법(方法)
彳: 丿 彳 彳 朮: 一 十 才 朮 朮 亍: 一 二 亍

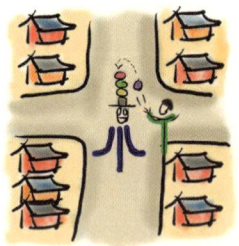

재주 술(術, 术) 자는 번화가에서 재주를 부리는 사람의 모습을 상형한 글자이다.

𧗟 전서 𧗕 설문해자

【shù(쭈丶우)】 [총5획] 부수 : [木 (나무목)]
[朮(술)과 동자(同字)/術(술)의 간체자(簡體字)]
术 : 一 十 才 木 术

始
【shǐ(스ˇ으)】 [총8획] 부수 : [女 (계집녀)]   단어 始作(시작) 年始(연시) 始祖(시조)
【비로소 시】 비로소, 바야흐로, 먼저, 일찍, 일찍부터, 당초에, 처음, 시초(始初)
女: 人 女 女   厶: 厶 ㅅ   口: 丨 冂 口

비로소 시(始) 자는 여자가 아이를 낳은 모습을 상형한 글자이다. 아이가 태어나면 인생의 시작이 된다.

𡥉 갑골문 𠬿 금문 𥁕 전서 𦈻 설문해자

◆한자획이 살아나는 그림한자-6급◆

【shēn(써-언)】 [총7획] 부수 : [身 (몸신)]   단어 身體(신체) 自身(자신) 出身(출신)
【몸 신】 몸, 신체(身體), (아이를)배다
身 : ´ ｢ ｢ ｢ 冂 ｢ 戶 身 身

몸 신(身) 자는 임신한 여자의 몸을 상형한 글자이다.

금문 전서 설문해자

【xìn(씨ˋ인)】 [총9획] 부수 : [亻(사람인변)]   단어 信賴(신뢰) 通信(통신) 信用(신용)
【믿을 신】 믿다, 신임(信任)하다, 맡기다, 신봉(信奉)하다
亻: ´ 亻   言 : ｀ ｀ ｀ 亖 亖 言 言 言

믿을 신(信) 자는 종소리에 주위에 사람들이 모이는 모습을 상형한 글자이다. 이 말을 좀 더 쉽게 이해하자면 예배당에서 예배시작 종소리를 들으면 사람들은 종소리를 듣고 모이게 되는 상황을 통해서 알 수도 있다. 이 글자는 또한 한 사람이 어르신의 말씀을 믿고 찾아와서 확인하는 모습을 상형한 글자로도 볼 수 있다.

전서 설문해자

◆장면이 살아나는 그림한자◆

【xīn(씨ㅡ인)】 [총13획] 부수 : [斤 (날근)]   단어 新聞(신문) 革新(혁신) 新規(신규)
【새 신】 새, 새로운, 새로, 새롭게, 새롭게 다시, 처음, 처음으로, 새것, 새해, 신년
立 : ` 亠 产 立 立   木 : 一 十 才 木   斤 : ' ┌ ┌ 斤

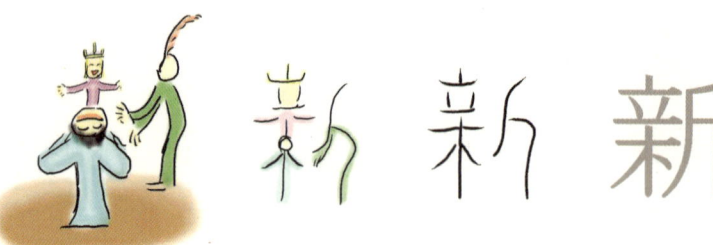

새 신(新) 자는 부모가 갓 태어난 아이를 안고 좋아하는 모습을 상형한 글자이다.

갑골문   금문   전서   설문해자

【yào(야ㅡ오/우)】 [총19획] 부수 : [艹 (초두머리)]   단어 藥局(약국) 藥品(약품) 藥房(약방)
【약 약】 약
艹 : 一 十 艹 艹   幺 : ﹁ 幺 幺   白 : ' ┌ ㄇ 白 白   幺 : ﹁ 幺 幺   木 : 一 十 才 木

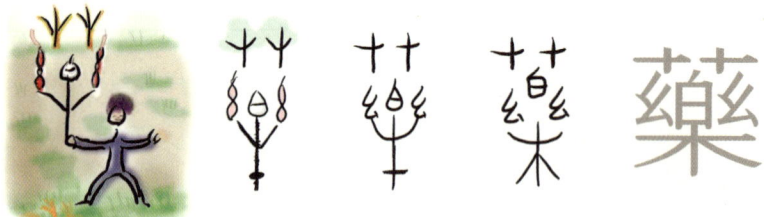

약 약(藥) 자는 무당이 아픈 사람을 위해 굿을 하고 난 뒤 약초를 권해주는 모습을 상형한 글자이다.

금문   전서   설문해자

【yào(야ㅡ오/우)】 [총10획] 부수 : [艹 (초두머리)]
[藥(약)의 간체자(簡體字)]
艹 : 一 十 艹   幺 : ﹁ 幺 幺   勹 : ' 勹   丶 : 丶

간체자 약 약(药) 자는 약을 달이기 전에 닭과 한약재(인삼, 지네 밤, 대추 등) 등을 모아놓은 모양을 상형한 글자이다.

◆한자획이 살아나는 그림한자-6급◆

【ruò(弱\오/어)】 [총10획] 부수 : [弓 (활궁)] 　단어　 弱子(약자) 弱點(약점) 弱勢(약세)
【약할 약】약해지다, 쇠해지다, 잃다, 약한 자
弓 : 一 弓 弓　　 冫 : 丶 丶　　 弓 : 一 弓 弓　　 冫 : 丶 丶

약할 약(弱, 弱) 자는 누워서 자는 사람이 이불에 오줌을 싼 모습을 상형한 글자이다. 오줌을 싸는 사람은 몸이 불편한 노인과 어린 아이 또는 약자(弱者)인 것이다.

弱 전서　弱 설문해자

【ruò(弱\오/어)】 [총10획] 부수 : [弓 (활궁)]
[弱(약)의 간체자(簡體字)]
弓 : 一 弓 弓　　 冫 : 丶 丶　　 弓 : 一 弓 弓　　 冫 : 丶 丶

【yè(業\예/에)】 [총13획] 부수 : [木 (나무목)] 　단어　 企業(기업) 罷業(파업) 事業(사업)
【업 업】일, 직업(職業), 학업(學業), 기업(企業), 산업(産業), 공, 공적(功績)
业 : 丨 丨丨 业 业　　 羊 : 丶 丷 丷 羊 羊 羊　　 八 : 丿 八

업 업(業, 业) 자는 사람들이 일이나 학업이 끝나 좋아서 노는 모습이거나 또는 기업 개업식, 공적을 세운 사람들에게 행사를 하는 모습을 상형한 글자이다.

業 금문　業 전서　業 業 설문해자

【yè(業\예/에)】 [총5획] 부수 : [一 (한일)]
[業(업)의 간체자(簡體字)/北(북)의 속자(俗字)]
业 : 丨 丨丨 业 业

 【yòng(융ˋ웅)】 [총5획] 부수 : [用 (쓸용)]   단어 雇用(고용) 使用(사용) 利用(이용)
【쓸 용】 쓰다, 부리다, 사역하다, 베풀다, 시행하다, 일하다, 등용하다, 다스리다
用 : ノ 几 月 月 用

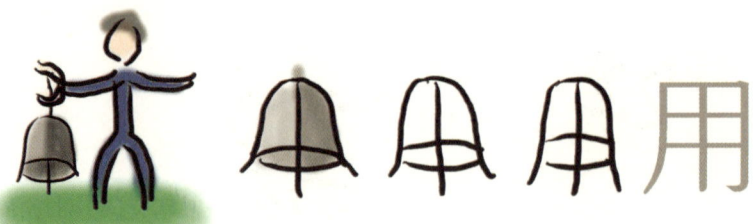

쓸 용(用) 자는 사람이 종을 흔들어 사람들에게 시간을 알려서 일을 시키는 모습을 상형한 글자이다.

갑골문 금문 전서 설문해자

 【yǒng(유ˇ웅)】 [총9획] 부수 : [力 (힘력)]   단어 勇氣(용기) 勇敢(용감) 勇猛(용맹)
【날랠 용】 날래다, 용감(勇敢)하다, 용기(勇氣)가 있다
マ : マ マ   甲 : １ 冂 冃 用 甲   力 : フ 力

날랠 용(勇) 자는 한 사람이 호랑이를 잡고 나서 두 손을 힘 있게 불끈 쥐고 좋아하는 모습을 상형한 글자이다.

금문 전서 설문해자

運 【yùn(위ˋ인)】 [총13획] 부수 : [辶 (책받침)]   단어 運營(운영) 運動(운동) 運命(운명)
【옮길 운】 옮기다, 움직이다, 나르다, 운반(運搬)하다, 운송
冖 : ノ 冖   車 : 一 冂 冂 戸 亘 亘 車   辶 : 丶 丶 辶

옮길 운(運, 运) 자는 차로 짐을 옮기고 있는 모습을 상형한 글자이다.

전서 설문해자

◆한자획이 살아나는 그림한자-6급◆

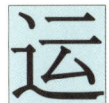
【yùn(㉌ㅣ인)】 [총8획] 부수 : [辶 (책받침)]
[運(운)의 속자(俗字)/간체자(簡體字)]
云 : 一 二 云 云   辶 : 丶 亠 辶

【yǐn(이ˇ인)】 [총13획] 부수 : [食 (밥식변)]
【마실 음】 호흡하다, 먹게 하다, 마실 것, 술자리
食 : ノ 人 人 今 今 今 今 食 食   欠 : ノ 𠂉 𠂊 欠

단어 飮食(음식) 飮酒(음주) 飮料(음료)

마실 음(飮, 饮) 자는 한 사람이 국밥을 먹거나 국을 마시고 있는 모습을 상형한 글자이다.

飮 전서

【yǐn(이ˇ인)】 [총7획] 부수 : [饣 (밥식)]
[飮(음)의 간체자(簡體字)]
饣 : ノ 𠂉 饣   欠 : ノ 𠂉 𠂊 欠

【yīn(㉌ㅡ인)】 [총9획] 부수 : [音 (소리음)]
【소리 음】 소리, 음악, 그늘
立 : 丶 亠 亠 立 立   日 : 丨 冂 日 日

단어 音樂(음악) 音盤(음반) 音聲(음성)

소리 음(音) 자는 한 사람이 북을 치고 음악을 즐기는 모습을 상형한 글자이다. 이 글자는 또한 입으로 소리를 내는 모습으로도 볼 수 있다.

音 전서   音 설문해자

◆장면이 살아나는 그림한자◆

【yì(㈀ㆍ이)】 [총13획] 부수 : [心 (마음심)]　　단어 意味(의미) 意識(의식) 意見(의견)
【뜻 의】 뜻, 의미(意味), 생각, 사사로운 마음
立 : 丶一亠六立立　　日 : 丨冂日日　　心 : 丿心心心

> 뜻 의(意) 자는 한 사람이 자신의 생각을 적어서 다른 사람에게 전하는 모습을 상형한 글자이다.

𢡆 전서　𢡆 설문해자

【zuó(주ㆍ오/어)】 [총9획] 부수 : [日 (날일)]　　단어 昨年(작년) 昨今(작금) 昨非(작비)
【어제 작】 어제, 옛날, 지난날, 이전
日 : 丨冂日日　　乍 : 丿一𠂉乍乍

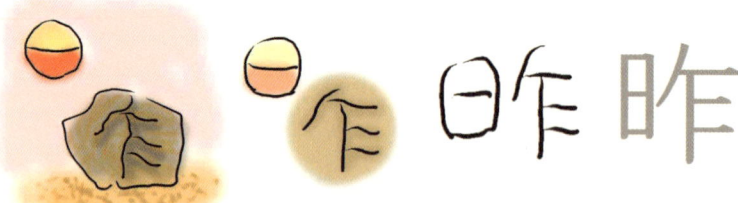

> 어제 작(昨) 자는 돌이 오랫동안 햇빛에 쬐여 갈라져 있는 모습을 상형한 글자이다.

昨 설문해자

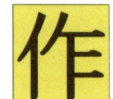
【zuò(쭈ㆍ오/어)】 [총7획] 부수 : [亻 (사람인변)]　　단어 始作(시작) 作亂(작란)
【지을 작/만들 주】 만들다, 창작(創作)하다, 노동(勞動)하다, 일하다, 짓다
亻 : 丿亻　　乍 : 丿一𠂉乍乍

> 지을 작(作) 자는 돌을 깨서 도구(석기)를 만드는 사람의 모습을 상형한 글자이다. 석기시대는 자연에서 나온 돌을 사용하기가 한계가 있어 돌을 깨서 도구로 만들기도 하였다.

𠂤 갑골문　𠂤 금문　𠂤 𠂤 전서　𠂤 설문해자

◆한자획이 살아나는 그림한자-6급◆

【cái(차ㅣ이)】 [총3획] 부수 : [扌(재방변)] 단어 才能(재능) 才弄(재롱) 才質(재질)
【재주 재】 재주, 재능(才能)이 있는 사람, 바탕, 기본
才 : 一 十 才

재주 재(才) 자는 한 사람이 집을 지으려고 중간의 기둥을 임시로 고여 놓은 모양을 상형한 글자이다. 재(才) 자는 원래 집을 짓는 기둥을 뜻하는 글자이다. 이 글자가 재능, 재주 등의 뜻이 있게 되는 것은 옛날에는 집을 지으려면 재능, 재주가 있어야 하 기 때문이다.

갑골문 금문 전서 설문해자

【zhàn(짜ㄧ안)】 [총16획] 부수 : [戈 (창과)] 단어 戰爭(전쟁) 戰略(전략) 挑戰(도전)
【싸움 전】 싸움, 전쟁(戰爭), 떨다, 흔들리다, 두려워하다
口 : ㅣㄇ口 口 : ㅣㄇ口 日 : ㅣㄇ月日 十 : 一十 戈 : 一弋戈戈

싸움 전(戰) 자는 한 사람이 과(戈)를 들고 호랑이와 싸우는 모습을 상형한 글자이다. 이 글자는 또한 투구를 쓰고 싸우는 군인들의 모습으로도 볼 수 있다.

금문 전서 설문해자

【zhàn(짜ㄧ안)】 [총9획] 부수 : [戈 (창과)]
[戰(전)의 속자(俗字)/간체자(簡體字)]
卜 : ㅣ卜 口 : ㅣㄇ口 戈 : 一弋戈戈

간체자 싸움 전(战) 자는 성을 공격하는 모습을 상형한 글자이다.

◆장면이 살아나는 그림한자◆

【tíng(티ㄥ잉)】 [총10획] 부수 : [广 (엄호)]   단어 家庭(가정) 庭園(정원) 法庭(법정)
【뜰 정】 뜰, 집 안에 있는 마당, 집안, 조정(朝廷), 궁중(宮中), 관청(官廳)
广 :   壬 :   廴 :

  庭 庭

뜰 정(庭) 자는 한 사람이 집 앞에 있는 마당에서 걸어가고 있는 모습을 상형한 글자이다.

金文   篆書   설문해자

【tí(티ㄧ이)】 [총18획] 부수 : [頁 (머리혈)]   단어 問題(문제) 課題(과제) 宿題(숙제)
【제목 제】 제목(題目), 머리말, 물음
日 :   疋 :   頁 :

 題 題

제목 제(題, 题) 자는 한 사람이 다른 한 사람의 머리를 가리키고 있는 모습을 상형한 글자이다. 한 문장에서의 제목은 사람의 머리와 같다.

篆書   설문해자

【tí(티ㄧ이)】 [총15획] 부수 : [页 (머리혈)]
[題(제)의 간체자(簡體字)]
日 :   疋 :   页 :

◆한자획이 살아나는 그림한자-6급◆

 【dì(띠ˋ이)】 [총11획] 부수 : [竹 (대죽)] 　단어　及第(급제) 落第(낙제) 第一(제일)
【차례 제】 차례(次例), 순서(順序), 집, 배열, 등급(等級), 서열(序列), 다만, 단지(但只)
竹 : ノ 亠 ㅓ 什 竹 竹　　弟 : 丆 ㄹ 弓 弗 弟

차례 제(第) 자는 한 사람이 두 손으로 위에서 아래로 막대기에 끈을 차례로 감고 있는 모습을 상형한 글자이다.

 【zhù(쭈ˋ우)】 [총8획] 부수 : [氵(삼수변)] 　단어　注目(주목) 主意(주의) 注射(주사)
【부를/주를 달 주】 붓다, 물 대다, 뜻을 두다, 흐르다
氵: 丶 冫 氵　　主 : 丶 亠 ㅗ 宀 主

부을 주(注) 자는 한 사람이 물을 붓는 모습을 상형한 글자이다. 옛날 글자는 나무에 물을 주는 모습으로도 불 수 있다.

 전서 　설문해자

親 【qīn(치-인)】 [총16획] 부수 : [見 (볼견)] 　단어　親舊(친구) 親戚(친척) 家親(가친)
【친할 친】 친(親)하다, 가깝다, 사랑하다, 가까이하다, 사이좋다, 손에 익다, 숙달되다
立 : 丶 亠 ㅗ 立 立　　木 : 一 十 ㅜ 木　　見 : 丨 冂 月 月 目 貝 見

친할 친(親, 亲) 자는 부모가 갓 낳은 자식을 안고 좋아하는 모습을 상형한 글자이다.

금문 　전서 　설문해자

145

◆장면이 살아나는 그림한자◆

【qīn(치ー인)】 [총9획] 부수 : [亠 (돼지해머리)]
[親(친)의 간체자(簡體字)]
立 : ` 亠 ナ 立 立   木 : 一 十 才 木

通
【tōng(뚜ー웡)】 [총11획] 부수 : [辶 (책받침)]   단어 普通(보통) 通過(통과) 交通(교통)
【통할 통】 통(通)하다, 내왕(來往)하다, 알리다, 알다
マ : 기 기 기   用 : 丿 冂 月 月 用   辶 : ` ` 亠 辶

통할 통(通, 通) 자는 한 사람이 막힌 하수구를 뚫고 있는 모습을 상형한 글자이다.

德 금문 通 전서 誦 설문해자

【tōng(뚜ー웡)】 [총10획] 부수 : [辶 (책받침)]
[통(通)의 간체자(簡體字)]
マ : 기 기 기   用 : 丿 冂 月 月 用   辶 : ` ` 亠 辶

特
【tè(뜨ㄟ어)】 [총10획] 부수 : [牛 (소우)]   단어 特別(특별) 特殊(특수) 特定(특정)
【특별할/수컷 특】 특별(特別)하다, 뛰어나다, 특히, 특별히
牛 : 丿 ㄏ 二 牛   土 : 一 十 土   寸 : 一 寸 寸

특별할 특(特) 자는 높게 매단 종의 크기와 비슷한 큰 소의 모습을 상형한 글자이다.

牪 牲 전서 牲 설문해자

 【hé(흐ㄣ어)】 [총6획] 부수 : [口 (입구)]　　**단어** 合意(합의) 統合(통합) 綜合(종합)
【합할/쪽문 **합**】 합(合)하다, 모으다, 맞다, 만나다, 적합(適合)하다, 짝
人 : ㄧ 人　　合 : ㄧ ㄱ 人 合 合

합할 합(合) 자는 서랍이거나 위에 뚜껑을 닫힌 합(盒)의 모양을 상형한 글자이다.

 갑골문　 금문　 전서　 설문해자

 【xíng(시ㄥ잉)/háng(하ㄥ앙)】 [총6획] 부수 : [行 (다닐행)]　**단어** 行爲(행위) 行動(행동)
【다닐 **행**/항렬 **항**】 다니다, 행하다, 줄, 대열, 차례
行 : ㄧ ㄱ ㄱ 彳 行 行

  彳 行

다닐 행(行) 자는 사거리의 모양을 상형한 글자이다.

갑골문　금문　전서　설문해자

 【xiàng(씨ㄥ앙)】 [총6획] 부수 : [口 (입구)]　　**단어** 向上(향상) 向後(향후) 向日(향일)
【향할 **향**】 나아가다, 길 잡다, 바라보다
ㄱ : ㄱ　　向 : ㄧ ㄱ ㄱ 向 向 向

향할 향(向) 자는 바람에 의해 휘날리는 깃발의 모습을 상형한 글자이다. 지금은 풍향계로 바람이 부는 방향을 알지만 옛날에는 펄럭이는 깃발을 보고 바람의 방향을 알았다. 그래서 이 글자가 '방향'이거나 '향할 향(向)' 자가 되었다.

 갑골문　금문　전서　설문해자

◆장면이 살아나는 그림한자◆

【hào(ㄏㄠˋ오/우)】 [총13획] 부수 : [虍 (범호엄)]　**단어** 番號(번호) 口號(구호) 記號(기호)
【이름/부르짖을 호】 이름 부호(符號), 명령(命令), 차례(次例), 번호(番號), 부르짖다
口 : 丨 冂 口　　丂 : 一 丂　　虍 : 丨 ⺅ 广 卢 虍　　儿 : 丿 儿

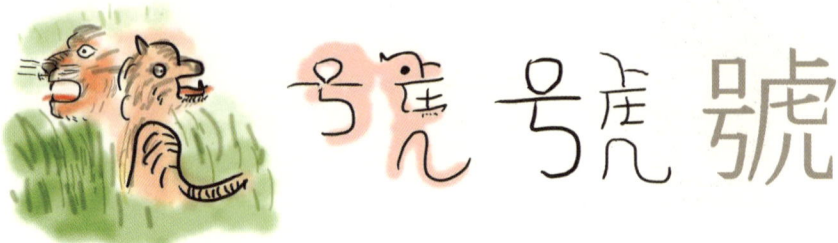

이름/부르짖을 호(號, 号) 자는 호랑이 여러 마리가 순차적으로 부르짖는 모습을 상형한 글자이다. 옛날에는 맹위를 떨치는 권위나 명성이 있는 사람들이 이름 대신에 호(號)를 사용하였다.

號 전서　號 설문해자

【hào(ㄏㄠˋ오/우)】 [총5획] 부수 : [口 (입구)]
[號(호)의 간체자(簡體字)/속자(俗字)]
口 : 丨 冂 口　　丂 : 一 丂

【huà(ㄏㄨㄚˋ아)】 [총12획] 부수 : [田 (밭전)]　**단어** 畫面(화면) 畫家(화가) 畫像(화상)
【그림 화】 그림, 그리다, 긋다, 획
聿 : 𠃌 ㄢ ㄧ ㅋ 聿 聿　　田 : 丨 冂 月 田 田　　一 : 一

그림 화(畫, 画) 자는 갑골이거나 뼈다귀(견갑골)에 그림을 새기는 모습을 상형한 글자이다.

畫 갑골문　畫 금문　畫 전서　畫 설문해자

【huà(ㄏㄨㄚˋ아)】 [총8획] 부수 : [田 (밭전)]
[畫(화)의 속자(俗字)/간체자(簡體字)]
一 : 一　　由 : 丨 冂 月 由 由　　凵 : ㄴ 凵

 【huáng(화ノ앙)】 [총12획] 부수 : [黃 (누를황)]　단어　黃沙(황사) 黃經(황경) 黃金(황금)
【누를 황】 누렇다, 노래지다, 앓다, 누런빛, 황금(黃金)
廿 : 一 十 廾 廿　　一 : 一　　由 : 丨 冂 冂 由 由　　八 : ノ 八

 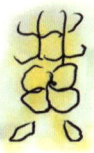  

누를 황(黃, 黄) 자는 노란색 광석의 모양을 상형한 글자이다. 옛날 글자는 한 사람이 아침에 뜨는 태양을 보고 있는 모습으로 볼 수 있다. 아침에 떠오르는 태양의 모습은 노란색으로 보인다.

夾 갑골문　黃 금문　黄 전서　黃 설문해자

 【huáng(화ノ앙)】 [총11획] 부수 : [黃 (누를황)]
[黃(황)의 간체자(簡體字)]
廾 : 一 十 廾 廾　　由 : 丨 冂 冂 由 由　　八 : ノ 八

訓 【xùn(쒸﹀윈)】 [총10획] 부수 : [言 (말씀언)]　단어　訓鍊(훈련) 敎訓(교훈) 庭訓(정훈)
【가르칠 훈】 가르치다, 타이르다, 이끌다, 인도(引導)하다, 새기다, 훈계(訓戒)
言 : 丶 一 二 三 亖 言 言 言　　川 : ノ 丿 川

가르칠 훈(訓, 训) 자는 한 사람이 다른 사람들을 타이르고 훈계하는 모습을 상형한 글자이다.

訓 전서　訓 설문해자

 【xùn(쒸﹀윈)】 [총5획] 부수 : [讠 (말씀언)]
[訓(훈)의 간체자(簡體字)]
讠 : 丶 讠　　川 : ノ 丿 川

◆장면이 살아나는 그림한자◆

【yín(이ˊ인)】 [총14획] 부수 : [金 (쇠금)] 　　　　　단어 銀行(은행) 韓銀(한은)
【은 은】 은, 은빛, 돈, 화폐(貨幣)
金 : ノ ᄉ ᄉ ᄼ 今 全 余 金　　艮 : ᄀ ᄏ ᄏ ᄐ 艮 艮 艮

　은 은(銀, 銀) 자는 제련소에서 돈으로 사용할 은괴를 만들고 있는 모습을 상형한 글자이다. 은괴(銀塊)란 은 덩어리를 말한다.

鎴 전서　銀 설문해자

【yín(이ˊ인)】 [총11획] 부수 : [钅 (쇠금)]
[銀(은)의 간체자(簡體字)]
钅 : ノ ᄼ ᅡ 午 钅　　艮 : ᄀ ᄏ ᄏ ᄐ 艮 艮 艮

【tài(따ˋ이)】 [총4획] 부수 : [大 (큰대)]　　단어 太陽(태양) 太平洋(태평양) 太極旗(태극기)
【클 태】 크다, 심(甚)하다(정도가 지나치다), 통(通)하다, 처음, 최초, 첫째
大 : 一 ナ 大　　ヽ : ヽ

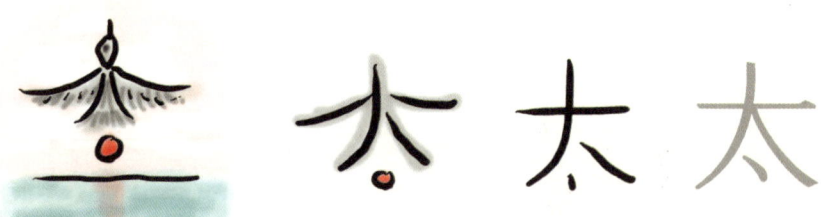

　클 태(太) 자는 해가 떠오르는 아침에 새들이 날개를 펴고 나는 모습을 상형한 글자이다.

4. 5급 한자

가. 인체와 연관되는 한자

任	仙	件	位	仕
맡길/맞을 임	신선 선	물건 건	자리 위	섬길/벼슬 사
偉(伟)	傳(传)	健	價(价)	他
클 위	전할 전	굳셀 건	값 가	다를 타
億(亿)	化	停	倍	以
억 억	될 화	머무를 정	곱 배	써 이
首	要(要)	順(顺)	願(愿)	領(领)
머리 수	요긴할 요	순할 순	원할 원	거느릴 령(영)
類(类)	着	見(见)	觀(观)	規(规)
무리 류(유)	붙을 착/나타날 저	볼 견/뵈올 현	볼 관	법 규
鼻	己	耳	唱	知
코 비	몸 기	귀 이	부를 창	알 지
告	吉	談(谈)	說(说)	調(调)
고할 고	길할 길	말씀 담	말씀 설	고를 조
課(课)	識(识)	許(许)	變(变)	思
공부할 과	알 식	허락할 허	변할 변	생각 사
念	惡(恶)	患	情(情)	性
생각 념(염)	악할 악/미워할 오	근심 환	뜻 정	성품 성
打	技	操	擧(举)	友
칠 타	재주 기	잡을 조	들 거	벗 우
爭(争)	史	致	效	改
다툴 쟁	사기 사	이를/빽빽할 치	본받을 효	고칠 개
敬(敬)	救	奉	典	則(则)
공경 경	구원할 구	받들 봉	법 전	법칙 칙/곧 즉

止	選(选)	週(週)	過(过)	建
그칠 지	가릴 선	돌 주	지날 과	세울 건
輕(轻)	産(产)	兒(儿)	量	臣
가벼울 경	낳을 산	아이 아	헤아릴 량(양)	신하 신
士	德	因	比	去
선비 사	큰/덕 덕	인할 인	견줄 비	갈 거
考	可	凶	罪	卒
생각할/살필 고	옳을 가	흉할 흉	허물 죄	마칠 졸
朗	良	望	期	旅
밝을 랑(낭)	어질 량(양)	바랄/보름 망	기약할 기	나그네 려(여)
競(竞)	勞(劳)	加	無(无)	令(令)
다툴 경	일할 로(노)	더할 가	없을 무	하여금 령(영)

◆한자획이 살아나는 그림한자-5급◆

   【rèn(쩌ㄣ)】 [총6획] 부수 : [亻(사람인변)]   단어 責任(책임) 任期(임기) 任務(임무)
【맡길/맞을 임】 맡기다
亻: ノ 亻   壬: ノ 二 三 壬

맡길 임(任) 자는 한 사람이 다른 사람에게 대신 경계를 맡기고 있는 모습을 상형한 글자이다. 옛날 글자를 보면 한 사람이 다른 사람에게 엽전 다발을 맡기는 모습으로 볼 수 있다.

금문 전서 설문해자

仙   【xiān(씨-엔)】 [총5획] 부수 : [亻(사람인변)]   단어 仙境(선경) 仙界(선계) 仙人(선인)
【신선 선】 선교, 신선이 되다, 신선
亻: ノ 亻   山: ㅣ 山 山

신선 선(仙) 자는 산 위에서 사는 사람의 모습을 상형한 글자이다. 이 글자가 나중에 신선을 뜻하는 글자가 되었다.

 전서

件   【jiàn(찌-엔)】 [총6획] 부수 : [亻(사람인변)]   단어 件數(건수) 事件(사건) 條件(조건)
【물건 건】 (하나하나 셀 수 있는)물건(物件), 사건(事件), 조건(條件)
亻: ノ 亻   牛: ノ 二 三 牛

물건 건(件) 자는 사람이 소를 잡고 있는 모습을 상형한 글자이다. 소를 잡는다는 것은 큰 일이 있을 때에만 잡는다. 보통의 대가족을 구성한 가문에서는 돼지를 잡고 한 호(戶)씩 따로 사는 작은 집은 닭을 잡는다. 그러나 마을에 잔치가 있거나 나라의 제천의식이 있을 때 소를 잡게 된다. 이렇게 소 잡을 만큼의 큰일을 사건이라고 한다.

설문해자

◆장면이 살아나는 그림한자◆

位

【wèi(웨ㅣ)】 [총7획] 부수 : [亻(사람인변)]　**단어** 位置(위치) 位相(위상) 位牌(위패)
【자리 위】 자리, 곳, 위치(位置), 지위
亻: 丿亻　　立: 丶一十立立

자리 위(位) 자는 위치를 지정한 위패 앞에 서 있는 사람의 모습을 상형한 글자이다. 옛날에 왕을 알현할 때나 행사가 있을 때 각자의 직위에 따라 서 있게끔 자리를 지정하여 표시를 했는데 이 표시한 자리를 위(位) 라고 한다.

△ 갑골문　大 금문　大 전서　位 설문해자

仕

【shì(싀ㅣ)】 [총5획] 부수 : [亻(사람인변)]　**단어** 仕退(사퇴) 仕記(사기) 奉仕(봉사)
【섬길/벼슬 사】 섬기다, 일하다, 종사하다, 벼슬하다
亻: 丿亻　　士: 一十士

섬길/벼슬 사(仕) 자는 앉아있는 사람을 모시는 사람의 모습을 상형한 글자이다.

士丁 금문　仕 仕 전서　仕 설문해자

偉

【wěi(웨ㅣ)】 [총11획] 부수 : [亻(사람인변)]　**단어** 偉大(위대) 偉人(위인) 偉業(위업)
【클 위】 크다, 훌륭하다, 위대(偉大)하다
亻: 丿亻　　韋: 一十キ★★★★韋

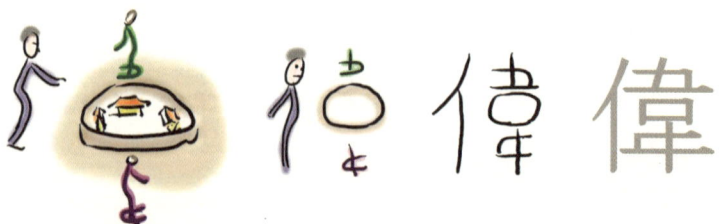

클 위(偉) 자는 사람들이 함부로 접근하지 못하게 빙 둘러 경비들이 널어선 모습을 상형한 글자이다. 이는 큰 집이나 궁을 뜻하는 말로서 이러한 건물은 당연히 큰 것이다.

偉 漢 전서　偉 설문해자

 【wěi(워ˇ이)】 [총6획] 부수 : [亻(사람인변)]
[偉(위)의 간체자(簡體字)]
亻: ノ 亻   韦: 一 二 彐 韦

간체자 클 위(伟) 자는 화살을 들고 서서 경비를 서 있는 사람의 모습을 상형한 글자이다.

 【chuán(추ˊ안)/zhuàn(쭈ˋ안)】 [총13획] 부수 : [亻(사람인변)] 단어 傳達(전달) 宣傳(선전)
【전할 전】 전(傳)하다, 펴다, 전해 내려오다, 퍼지다, 옮기다, 알리다
亻: ノ 亻   重: 一 厂 厂 万 亘 車 重 重   寸: 一 丁 寸

전할 전(傳, 传) 자는 두 사람이 실을 펴고 있는 모습을 상형한 글자이다. 이 글자는 한 사람이 보따리를 다른 한 사람에게 전하는 모습으로도 볼 수 있다.

 【chuán(추ˊ안)/zhuàn(쭈ˋ안)】 [총6획] 부수 : [亻(사람인변)]
[傳(전)의 속자(俗字)/간체자(簡體字)]
亻: ノ 亻   专: 一 二 专 专

◆장면이 살아나는 그림한자◆

【jiàn(찌ヽ엔)】 [총11획] 부수 : [亻(사람인변)]　　단어 健康(건강) 健全(건전)
【굳셀 건】 굳세다, 건강(健康)하다, 튼튼하다, 꿋꿋하다
亻: ノ亻　聿: 一ヨヨヨ聿聿　廴: 乛廴

굳셀 건(健) 자는 많은 사람들이 기둥과 같은 나무를 세우고 있는 모습을 상형한 글자이다.

健 설문해자

【jià(찌ヽ아)】 [총15획] 부수 : [亻(사람인변)]　단어 評價(평가) 價値(가치) 價格(가격)
【값 가】 값, 가격(價格), 값어치, 명성(名聲), 평판(評判), 수(數), 값있다, 값지다
亻: ノ亻　襾: 一丅丆丙襾襾　貝: ㅣ冂冂月目貝貝

값 가(價, 价) 자는 한 사람이 물건을 한 보따리 싸고 나서 돈을 들고 가격을 흥정하고 있는 모습을 상형한 글자이다.

價 설문해자

【jià(찌ヽ아)】 [총6획] 부수 : [亻(사람인변)]　　　　　　　　　　　　(2급)
[價(가)의 간체자(簡體字)]
亻: ノ亻　人: ノ人　八: ノ八

 【tā(따ー아)】 [총5획] 부수 : [亻(사람인변)]　단어 他國(타국) 他鄕(타향) 他人(타인)
【다를 타】 다르다, 남, 다른 사람, 다른 곳, 다른 데, 그, 그 사람, 그이, 누구, 다른
亻: ノ亻　也: フカ也

다를 타(他) 자는 나와 가까운 다른 사람의 모습을 상형한 글자이다.

 【yì(∞ヽ이)】 [총15획] 부수 : [亻(사람인변)]　단어 千億(천억) 十億(십억) 億臺(억대)
【억 억】 억, 많은 수
亻: ノ亻　立: ' 亠 亢 立 立　日: 丨 冂 日 日　心: ノ 心 心 心

억 억(億, 亿) 자는 머리카락이 많은 사람들의 모습을 상형한 글자이다. 머리카락의 수는 '억' 단위로 많다고 생각하고 있기 때문이다.

𠂤 금문　億 전서　億 䉵 설문해자

 【yì(∞ヽ이)】 [총3획] 부수 : [亻(사람인변)]
[億(억)의 간체자(簡體字)]
亻: ノ亻　乙: 乙

◆장면이 살아나는 그림한자◆

【huà(화ㄥ아)/huā(화ㄧ아)】 [총4획] 부수 : [匕 (비수비)]　　단어 强化(강화) 惡化(악화)
【될 화】 되다, 화(化)하다, 교화(敎化)하다, 감화(感化)시키다, 가르치다, 따르다, 본받다
亻: ノ 亻　匕 : ㄥ 匕

될 화(化) 자는 아이가 어른을 본받아 자라나며 변화하는 모습을 상형한 글자이다.

갑골문　금문　전서　설문해자

【tíng(티ㄥ잉)】 [총11획] 부수 : [亻 (사람인변)]　　단어 停年(정년) 停戰(정전) 停止(정지)
【머무를 정】 머무르다, 멎다, 멈추다, 정지(停止)하다, 중지(中止)하다
亻: ノ 亻　高 : 亠 广 古 高　冖 : ノ 冖　丁 : 一 丁

머무를 정(停) 자는 한 사람이 정자에 머무르는 모습을 상형한 글자이다.

전서　설문해자

【bèi(뻬ㄟ이)】 [총10획] 부수 : [亻 (사람인변)]　　단어 倍前(배전) 加倍(가배) 倍率(배율)
【곱 배】 곱, 갑절, 더욱, 점점 더, 배가(倍加)하다, 곱하다
亻: ノ 亻　立 : 亠 亠 立 立　口 : 丨 冂 口

곱 배(倍) 자는 한 사람이 높은 곳에 올라서 아래에 있는 사람을 보고 내가 더 높다고 자랑하는 모습을 상형한 글자이다.

전서　설문해자

◆한자획이 살아나는 그림한자-5급◆

【yǐ(이ˇ/이)】 [총5획] 부수 : [人 (사람인)]　　단어 以後(이후) 以上(이상) 以前(이전)
【써 이】 ~써, ~로, ~를 가지고, ~를 근거(根據)로, ~에 따라, ~에 의해서, ~대로
ㄥ : ㄥ　　ヽ : ヽ　　人 : ノ 人

써 이(以) 자는 어린아이가 고르지 않는 땅에 의해 넘어졌다고 부모한테 앙앙거리는 모습을 상형한 글자이다.

갑골문　금문　전서　설문해자

【shǒu(써ˇ오/우)】 [총9획] 부수 : [首 (머리수)]　　단어 首都(수도) 首席(수석) 元首(원수)
【머리 수】 첫째, 으뜸, 우두머리, 주장, 임금, 군주
自 : ′ 亻 卢 自 自

머리 수(首) 자는 한 사람의 머리모양을 상형한 글자이다. 이 글자는 사람이 쓰고 있는 탈의 모양으로도 볼 수 있다.

갑골문　금문　전서　설문해자

【yào(야ˋ오/우)/yāo(야ー오/우)】 [총9획] 부수 : [襾 (덮을아)]
【요긴할 요】 요긴(要緊)하다, 중요(重要)하다, 요약(要約)하다
襾 : 一 丆 丂 西 襾 襾　　女 : 人 女 女　　단어 必要(필요) 要求(요구) 重要(중요)

요긴할 요(要, 要) 자는 머리와 허리의 모양을 상형한 글자이다. 옛날에는 인체에서 사람의 머리와 허리가 가장 중요하게 생각했던 것이다.

금문　전서　설문해자

◆장면이 살아나는 그림한자◆

【yào(야ˋ오/우)/yāo(야ㅡ오/우)】 [총9획] 부수 : [襾 (덮을아)]
[要(요)의 간체자(簡體字)]
襾 : 一 丆 币 襾 襾 襾   女 : 人 乄 女

【shùn(쑤ˋ운)】 [총12획] 부수 : [頁 (머리혈)]   단어 順序(순서) 順位(순위) 順理(순리)
【순할 순】 순(順)하다, 유순(柔順)하다, 순서, 도리(道理)
川 : 丿 丿 川   頁 : 一 丆 厂 厂 百 百 百 頁 頁

순할 순(順, 顺) 자는 한 사람이 머리카락을 길게 늘어뜨린 모습을 상형한 글자이다. 이 글자는 물가에서 머리를 감는 모습으로도 볼 수 있다.

【shùn(쑤ˋ운)】 [총9획] 부수 : [页 (머리혈)]
[順(순)의 간체자(簡體字)]
川 : 丿 丿 川   页 : 一 丆 厂 页 页

【yuàn(위ˋ안/엔)】 [총19획] 부수 : [頁 (머리혈)]   단어 祈願(기원) 所願(소원) 民願(민원)
【원할 원】 원(願)하다, 기원(祈願)하다, 희망(希望), 바라건대
厂 : 一 厂   白 : 丶 丿 白 白 白   小 : 亅 小 小   頁 : 一 丆 厂 厂 百 百 百 頁 頁

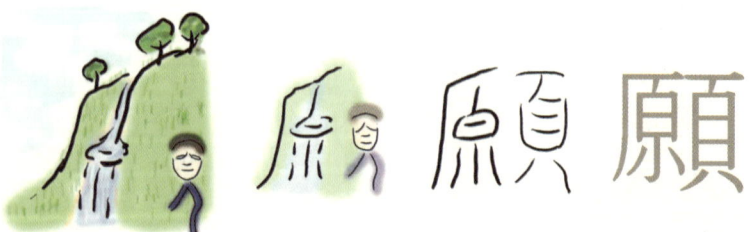

원할 원(願, 愿) 자는 가뭄이 든 상황에서 물이 흐르기를 원하면서 기원하고 있는 모습을 상형한 글자이다.

◆한자획이 살아나는 그림한자-5급◆

 【yuàn(위ヽ안/엔)】 [총14획] 부수 : [心 (마음심)] (특급)
[願(원)의 간체자(簡體字)]
厂: 一厂 白: ′ 亻 厂 白 白 小: 亅 小 小 心: 丶 心 心 心

 【lǐng(리ˇ잉)】 [총14획] 부수 : [頁 (머리혈)] 단어 領土(영토) 橫領(횡령) 領域(영역)
【거느릴 령(영)】 거느리다, 다스리다, 통솔(統率)하다
令: ′ 人 人 今 令 頁: 一 丆 丌 百 百 頁 頁

거느릴 령(領, 领) 자는 한 사람이 다른 사람을 거느리고 일을 하고 있는 모습을 상형한 글자이다.

俞 전서 領 설문해자

 【lǐng(리ˇ잉)】 [총11획] 부수 : [页 (머리혈)]
[領(령)의 간체자(簡體字)]
人: 丿 人 丶: 丶 マ: 丶 マ 页: 一 丆 丌 页 页

 【lèi(뤄ヽ이)】 [총19획] 부수 : [頁 (머리혈)] 단어 類似(유사) 種類(종류) 人類(인류)
【무리 류(유)】 무리(모여서 뭉친 한 동아리), 동아리, 같다, 비슷하다, 나누다
米: 丶 丷 二 半 米 米 犬: 一 ナ 大 犬 頁: 一 丆 丌 百 百 頁 頁

무리 류(類, 类) 자는 가면을 쓴 사람들이 춤을 추고 있는 모습을 상형한 글자이다. 가면을 쓰고 춤을 추는 사람들은 모두 같은 무리인 것이다.

類 전서 類 설문해자

◆장면이 살아나는 그림한자◆

【lèi(뤄ㄟ이)】 [총9획] 부수 : [米 (쌀미)]
[類(류)의 간체자(簡體字)]
米 : ` ` ´ ´ ̄ ̄ 半 米 米   大 : 一 ナ 大

【zhuó(주́어)/zhāo(짜一오)/zháo(자́오)/zhe(쩌一어)】 [총12획] 부수 : [目 (눈목)]
【붙을 착/나타날 저】 붙다, 다다르다, 시작(始作)하다, 나타나다, 나타내다
䒑 : ` ` ´ ´ ̄ ̄ 半 䒑   ノ : ノ   目 : ｜ 冂 日 月 目   단어 癒着(유착) 到着(도착) 執着(집착)

붙을 착(着) 자는 사람이 쓰고 있는 모자의 옆에 깃(꿩의 꼬리 깃 등)을 붙여놓은 모습을 상형한 글자이다.

尚 荒 䇳 전서

【jiàn(찌̀엔)】 [총7획] 부수 : [見 (볼견)]   단어 意見(의견) 見解(견해) 發見(발견)
【볼 견】 보다, 보이다
見 : ｜ 冂 日 月 目 貝 見

볼 견(見, 见) 자는 앞이나 아래를 보고 있는 모습을 상형한 글자이다.

뙤 갑골문 뙤 금문 見 전서 見 설문해자

【jiàn(찌̀엔)】 [총4획] 부수 : [见 (볼견)]
[見(견)의 간체자(簡體字)]
见 : ｜ 冂 贝 见

162

◆한자획이 살아나는 그림한자-5급◆

【guān(꽈/꽈ー안)】 [총25획] 부수 : [見 (볼견)]　　단어　觀光(관광) 觀測(관측) 觀察(관찰)
【볼 관】 보다, 보이게 하다, 보게 하다, 나타내다
艹 : 一 十 廾 艹　　口 : l 冂 口　　口 : l 冂 口　　隹 : ノ 亻 亻 亻 ケ 乍 乍 隹 隹　　見 : l 冂 冂 月 目 貝 見

볼 관(觀, 观) 자는 한 사람이 야외 또는 동물원이나 새장에 갇혀 있는 맹금(猛禽)을 보고 있는 모습을 상형한 글자이다.

🦉 갑골문　🦉🦉 금문　觀 전서　觀 설문해자

观
【guān(꽈/꽈ー안)】 [총6획] 부수 : [见 (볼견)]
[觀(관)의 간체자(簡體字)]
又 : フ 又　　见 : l 冂 贝 见

規
【guī(꾸ー이)】 [총11획] 부수 : [見 (볼견)]　　단어　規模(규모) 規定(규정) 規制(규제)
【법 규】 법(法), 법칙(法則), 꾀 바로잡다, 본뜨다, 모범(模範)으로 삼다, 경계(警戒)하다
夫 : 一 二 尹 夫　　見 : l 冂 冂 月 目 貝 見

법 규(規, 规) 자는 한 사람이 스승에게 법을 배우고 지키는 모습을 상형한 글자이다.

規 전서　規 설문해자

【guī(꾸ー이)】 [총8획] 부수 : [见 (볼견)]
[規(규)의 간체자(簡體字)]
夫 : 一 二 尹 夫　　见 : l 冂 贝 见

◆장면이 살아나는 그림한자◆

 【bí(비ˊ이)】 [총14획] 부수 : [鼻 (코비)] 　　　단어 鼻炎(비염) 鼻孔(비공)
【코 비】 코
自 : ´ ｲ ｲ´ 自 自 自　　田 : ｜ 冂 冂 用 田　　廾 : 一 丆 廾

> 코 비(鼻) 자는 코와 그 아래에 입을 벌려 이가 보이는 모습을 상형한 글자이다. 원래 자(自) 자가 코를 상형한 글자였는데 자(自) 자가 '스스로'를 뜻하는 글자가 되면서 자(自) 자 아래에 입을 벌려 이가 보이는 모습과 아래턱 및 목을 함께 보이게 표현하여 비(鼻) 자가 얼굴에 있는 코라는 것을 더 강조하게 되었다.

 갑골문　𥵀 전서　鼻 설문해자

 【jǐ(지ˇ이)】 [총3획] 부수 : [己 (몸기)] 　　　단어 自己(자기) 利己心(이기심)
【몸 기】 몸, 자기(自己), 여섯째 천간(天干)
己 : 一 コ 己

> 몸 기(己) 자는 한 사람이 손으로 자기의 코를 가리키고 '자기'라고 부르는 모습을 상형한 글자이다.

己 갑골문　己 금문　己 전서　己 설문해자

 【ěr(어ˇ얼)】 [총6획] 부수 : [耳 (귀이)] 　　　단어 耳目(이목) 中耳炎(중이염)
【귀 이】 귀에 익다, 듣다
耳 : 一 丅 丆 F 耳 耳

> 귀 이(耳) 자는 귀의 모양을 상형한 글자이다.

 갑골문　𦔮 금문　耳 전서　耳 설문해자

164

◆한자획이 살아나는 그림한자-5급◆

唱

【chàng(ㅉㅏ\ㅏㅇ)】 [총11획] 부수 : [口 (입구)] **단어** 合唱(합창) 及唱(급창) 復唱(복창)
【부를 창】 (노래)부르다, 노래, 가곡(歌曲)
口 : ㅣ 冂 口   日 : ㅣ 冂 月 日   日 : ㅣ 冂 月 日

> 부를 창(唱) 자는 많은 사람들이 해 뜨는 모습을 보면서 노래하고 있는 모습을 상형한 글자이다.

唱 설문해자

知

【zhī(쯔ㅡㅇ)】 [총8획] 부수 : [矢 (화살시)] **단어** 知識(지식) 周知(주지) 知慧(지혜)
【알 지】 알다, 알리다, 알게 하다, 나타내다, 맡다
矢 : ノ ㅏ ㄷ 뜻 矢   口 : ㅣ 冂 口

> 알 지(知) 자는 한 사람이 어떤 질문이거나 그 물음에 대하여 안다고 손을 들고 대답하는 모습을 상형한 글자이다.

知 금문   知 전서   知 설문해자

告

【gào(까\ㅗ/ㅜ)】 [총7획] 부수 : [口 (입구)] **단어** 告白(고백) 告發(고발) 告訴(고소)
【고할 고】 고하다, 알리다, 아뢰다, 조사하다
生 : ノ ㅏ 뉴 生   口 : ㅣ 冂 口

> 고할 고(告) 자는 종의 모양을 상형한 글자이다. 옛날에는 종을 쳐서 사람들을 모여 놓고 일을 알렸기 때문에 이 글자가 '알리다'를 뜻하게 되었다. 나중에 이 글자는 또한 북을 뜻하는 그림과도 혼동이 되어 사용하게 되는 것도 알 수 있다.

告 갑골문   告 금문   告 전서   告 설문해자

◆장면이 살아나는 그림한자◆

【jí(지ˊ이)】 [총6획] 부수 : [口 (입구)]   단어 吉凶(길흉) 吉兆(길조) 不吉(불길)
【길할 길】 길(吉)하다, 운이 좋다, 일이 상서(祥瑞)롭다, 좋다
士 : 一 十 士   口 : ㅣ 冂 口

길할 길(吉) 자는 나무에 종을 묶어놓은 모양을 상형한 글자이다. 이 글자는 또한 좋은 일이 있어 활짝 웃는 사람의 얼굴을 상형한 글자이기도하다.

󰀁 갑골문 吉 금문 吉 전서 吉 설문해자

【tán(타ˊ안)】 [총15획] 부수 : [言 (말씀언)]   단어 會談(회담) 俗談(속담) 街談(가담)
【말씀 담】 말씀, 이야기, 이야기하다, 농담(弄談)하다
言 : 亠 ㄣ 亖 言 言 言 言   火 : ˊ ˊ 少 火   火 : ˊ ˊ 少 火

말씀 담(談, 谈) 자는 한 사람이 다른 여러 사람들에게 말씀을 하고 있는 모습을 상형한 글자이다.

談 談 전서   談 설문해자

【tán(타ˊ안)】 [총10획] 부수 : [讠 (말씀언)]
[談(담)의 간체자(簡體字)]
讠 : ˋ 讠   火 : ˊ ˊ 少 火   火 : ˊ ˊ 少 火

 【shuō(ㄕㄨㄛ/어)】 [총14획] 부수 : [言 (말씀언)] **단어** 說明(설명) 演說(연설) 說得(설득)
【말씀 설】 말씀, 말하다, 이야기하다, 서술하다, 진술하다
言 : 一 ㆍ 二 ㆍ 三 ㆍ 言 ㆍ 言 ㆍ 言   八 : ノ 八   口 : ㅣ 冂 口   儿 : ノ 儿

말씀 설(說, 说) 자는 한 사람이 다른 한 사람한테 기분 좋게 이야기 하는 모습을 상형한 글자이다.

𧧌 전서 說 설문해자

 【shuō(ㄕㄨㄛ/어)】 [총획9] 부수 : [讠 (말씀언)]
[說(설)]의 간체자(簡體字)
讠 : ㆍ 讠   ソ : ㆍ ノ   口 : ㅣ 冂 口   儿 : ノ 儿

 【diào(ㄉㄧㄠ/오우)】 [총15획] 부수 : [言 (말씀언)] **단어** 調査(조사) 强調(강조) 調整(조정)
【고를 조】 고르다, 조절(調節)하다, 어울리다, 길들이다
言 : 一 ㆍ 二 ㆍ 三 ㆍ 言 ㆍ 言 ㆍ 言   冂 : ㅣ 冂   土 : 一 十 土   口 : ㅣ 冂 口

고를 조(調, 调) 자는 한 사람이 여러 집의 사람들에게 싸우지 말고 땅을 골고루 조절하여 나누어 주고 있는 모습을 상형한 글자이다.

𧪜 調 전서 𧪜 설문해자

 【diào(ㄉㄧㄠ/오우)】 [총10획] 부수 : [讠 (말씀언)]
[調(조)]의 간체자(簡體字)
讠 : ㆍ 讠   冂 : ㅣ 冂   土 : 一 十 土   口 : ㅣ 冂 口

【kè(ㄎㄜˋ어)】 [총15획] 부수 : [言 (말씀언)]　　단어 課題(과제) 賦課(부과) 課程(과정)
【공부할 과】 공부하다, 시험하다, 과정(科程), 과목
言 : 一 二 言 言 言 言 言　　日 : ㅣ 冂 日 日　　木 : 一 十 才 木

공부할 과(課, 课) 자는 한 사람이 과수농사법을 설명해 주고 있는 모습을 상형한 글자이다.

전서　설문해자

【kè(ㄎㄜˋ어)】 [총10획] 부수 : [讠(말씀언)]
[課(과)]의 간체자(簡體字)
讠 : 丶 讠　　日 : ㅣ 冂 日 日　　木 : 一 十 才 木

【shí(ㄕˊ으)】 [총19획] 부수 : [言 (말씀언)]　　단어 認識(인식) 意識(의식) 知識(지식)
【알 식】 알다, 지식, 식견, 친분
言 : 一 二 言 言 言 言 言　　立 : 丶 亠 亠 立　　日 : ㅣ 冂 日 日　　戈 : 一 弋 戈 戈

알 식(識, 识) 자는 한 사람이 천을 어떻게 짜는지 방직기에 대한 지식을 알려주고 있는 모습을 상형한 글자이다.

금문　전서　설문해자

【shí(ㄕˊ으)】 [총7획] 부수 : [讠(말씀언)]
[識(식)]의 간체자(簡體字)
讠 : 丶 讠　　口 : ㅣ 冂 口　　八 : 丿 八

【xǔ(쉬∨위)】 [총11획] 부수 : [言 (말씀언)]　　단어 許容(허용) 許可(허가) 許諾(허락)
【허락할 허】 허락하다, 승낙(承諾)하다, 들어주다, 바치다
言 : 丶一一二言言言言　　午 : ノ一二午

허락할 허(許, 许) 자는 한 사람이 다른 한 사람의 말을 허락하거나 들어주자 두 손을 펼치고 좋아하는 모습을 상형한 글자이다.

금문　전서　설문해자

【xǔ(쉬∨위)】 [총6획] 부수 : [讠 (말씀언)]
[許(허)]의 간체자(簡體字)
讠 : 丶讠　　午 : ノ一二午

【biàn(삐丶엔)】 [총23획] 부수 : [言 (말씀언)]　　단어 變化(변화) 變更(변경) 變數(변수)
【변할 변】 변(變)하다, 변화(變化)하다, 고치다,
糸 : 〈幺幺幺糸糸　　言 : 一二二言言言　　糸 : 〈幺幺幺糸糸　　攵 : ノ一ケ攵

변할 변(變, 変) 자는 한 사람이 그네를 타고 있는 모습을 상형한 글자이다. 그네를 타면 위치가 수시로 변화하기 때문에 이 글자가 '변하다'를 뜻하게 되었다.

금문　전서　설문해자

【biàn(삐丶엔)】 [총8획] 부수 : [又 (또우)]
[變(변)]의 속자(俗字)/간체자(簡體字)
亦 : 丶一亠亣亦亦　　又 : フ又

◆장면이 살아나는 그림한자◆

【sī(쓰ㅡ으)/sāi(싸ㅡ이)】 [총9획] 부수 : [心 (마음심)]　단어 意思(의사) 思考(사고) 思想(사상)
【생각 사】 생각, 의사(意思), 사상(思想), 뜻, 마음
田 : 丨 冂 冃 田 田　　心 : 丶 心 心 心

 思 思 思

생각 사(思) 자는 어린아이가 창밖을 보면서 밖에 대한 미지의 세계를 생각하는 모습을 상형한 글자이다.

思 전서　思 설문해자

【niàn(니ㅡ엔)】 [총8획] 부수 : [心 (마음심)]　단어 槪念(개념) 念慮(염려) 記念(기념)
【생각 념(염)】 생각, 외우다, 읊다, 암송(暗誦)하다
今 : 丿 人 今 今　　心 : 丶 心 心 心

생각 념(念) 자는 어린 아이가 책을 엎어놓고 배운 내용을 외우는 모습을 상형한 글자이다.

念 금문　念 전서　念 설문해자

【è(으어)】 [총12획] 부수 : [心 (마음심)]　단어 惡化(악화) 劣惡(열악) 憎惡(증오)
【악할 악/미워할 오】 악하다, 나쁘다, 더럽다, 못생기다
亞 : 一 亓 亓 亞 亞 亞 亞　心 : 丶 心 心 心

  惡 惡

악할 악(惡, 恶) 자는 호랑이가 사람을 잡아먹으려고 아가리를 벌리고 달려든 모습을 상형한 글자이다.

惡 전서　惡 설문해자

【è(으어)】 [총10획] 부수 : [心 (마음심)]
[惡(악), 噁(악)의 간체자(簡體字)]
一 : 一　业 : 丨 丬 业 业 业　心 : 丶 心 心 心

◆한자획이 살아나는 그림한자-5급◆

 【huàn(솨ㄋ안)】 [총11획]　부수 : [心 (마음심)]　　단어 患者(환자) 疾患(질환) 外患(외환)
【근심 환】 근심, 걱정, 병(病), 질병(疾病), 재앙(災殃)
口 : 丨冂口　　中 : 丨冂曱中　　心 : 丶心心心

근심 환(患) 자는 노인이 늙고 병들어 걱정하는 모습을 상형한 글자이다.

전서　　설문해자

情 【qíng(치ㄥ잉)】 [총11획]　부수 : [忄(심방변)]　　단어 情報(정보) 情緖(정서) 感情(감정)
【뜻 정】 뜻, 마음의 작용(作用), 사랑, 인정, 본성(本性)
忄 : 丶丶忄　　青 : 一二丰丰青青青

뜻 정(情, 情) 자는 한 사람이 낙엽 지는 가을에 호숫가를 거닐면서 짝이 없어서 생각에 잠긴 모습을 상형한 글자이다.

전서　　설문해자

 【qíng(치ㄥ잉)】 [총11획]　부수 : [忄(심방변)]
[情(정)의 간체자(簡體字)]
忄 : 丶丶忄　　青 : 一二丰丰青青青

性 【xìng(씨ㄥ잉)】 [총8획]　부수 : [忄(심방변)]　　단어 性格(성격) 女性(여성) 特性(특성)
【성품 성】 성품(性品), 타고난 사람의 천성(天性), 성질(性質), 성별(性別), 남녀(男女)
忄 : 丶丶忄　　生 : 丿一二牛生

성품 성(性) 자는 한 사람이 갓 낳은 아이의 성별을 알아보고 있는 모습을 상형한 글자이다. 옛날에는 남자아이인지 여자아이인지 낳고서야 알게 된다.

금문　　전서　　설문해자

◆장면이 살아나는 그림한자◆

打

【dǎ(다˅아)】 [총5획] 부수 : [扌(재방변)]   단어 打擊(타격) 打破(타파) 毆打(구타)
【칠 타】 때리다, 말하다, 세다
扌 : 一 十 扌   丁 : 一 丁

> 칠 타(打) 자는 아빠가 잘못을 저지른 아이에게 꾸중하며 때리는 모습을 상형한 글자이다.

 설문해자

技

【jì(찌˄이)】 [총7획] 부수 : [扌(재방변)]   단어 技術(기술) 競技(경기) 技能(기능)
【재주 기】 재주, 재능(才能), 솜씨, 재간(才幹), 능력(能力), 장인(匠人), 기술(技術)
扌 : 一 十 扌   支 : 一 十 ㄗ 支

> 재주 기(技) 자는 한 사람이 재주를 부리고 있는 모습을 상형한 글자이다.

 설문해자

操

【cāo(ㅊㅏ―오/우)】 [총16획] 부수 : [扌(재방변)]   단어 操心(조심) 操縱(조종) 志操(지조)
【잡을 조】 잡다, (손에)쥐다, 부리다, 다루다, 조종하다, 단련하다, 운동하다, 훈련하다
扌 : 一 十 扌   口 : 丨 ㄇ 口   口 : 丨 ㄇ 口   木 : 一 十 才 木

> 잡을 조(操) 자는 한 사람이 손으로 나무에 열린 과일을 따는 모습을 상형한 글자이다.

 전서  설문해자

 【jǔ(쥐∨위)】 [총18획] 부수 : [手 (손수)] 　단어 選擧(선거) 擧論(거론) 科擧(과거)
【들 거】 들다, 일으키다, 행(行)하다, 낱낱이 들다, 빼어 올리다, 선거(選擧)하다
與 : ⺊ 𠂉 F F 臼 臼 舁 舁 與 與 與　　八 : ノ 八　　手 : 一 二 三 手

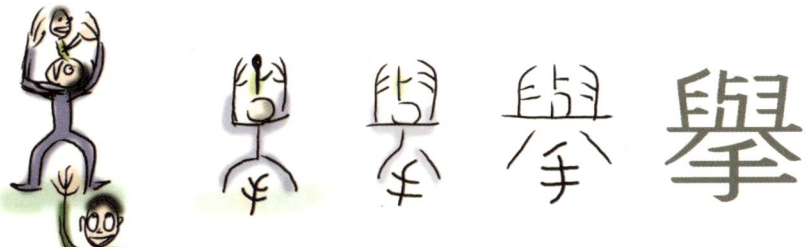

들 거(擧, 举) 자는 한 사람이 아이를 두 손으로 높이 치켜들고 다른 한 사람은 앞에서 한 손을 들고 좋아하는 모습을 상형한 글자이다.

 【jǔ(쥐∨위)】 [총9획] 부수 : [丶 (점주)]
[擧(거)의 속자(俗字)/간체자(簡體字)]
⺍ : ⺀ ⺀⺍　　八 : ノ 八　　キ : 一 二 キ

 【yǒu(요/여∨우)】 [총4획] 부수 : [又 (또우)]　단어 友情(우정) 友愛(우애) 友好(우호)
【벗 우】 동아리, 벗하다, 사귀다, 가까이 하다
ナ : 一 ナ　　又 : フ 又

벗 우(友) 자는 산 위에 먼저 올라간 사람이 산 아래서 힘들게 올라오고 있는 사람의 손을 잡아 끌어올리는 모습을 상형한 글자이다. 서로 돕는 것이 친구인 것이다. 이 글자는 또한 서로 악수하는 모습으로도 볼 수 있다.

𦥑 갑골문　ㅋㅋ 금문　彐 전서　ㅋ 설문해자

◆장면이 살아나는 그림한자◆

【zhēng(쩌ㅡ엉)】 [총8획] 부수 : [爪 (손톱조)]　　단어　爭點(쟁점) 爭取(쟁취) 爭奪(쟁탈)
【다툴 쟁】 논쟁하다, 싸움, 경쟁하다, 차이나다
爪 : ㄧ ㄥ ㄤ 爪　　爭 : ㄱ ㅋ ㅋ 爭

다툴 쟁(爭, 争) 자는 권력의 상징인 소뿔이거나 각배(뿔잔)를 손으로 빼앗으려고 싸우는 모습을 상형한 글자이다.

🌱 갑골문　爭 전서　🌱 설문해자

【zhēng(쩌ㅡ엉)】 [총6획] 부수 : [亅(갈고리궐)]
[爭(쟁)의 간체자(簡體字)/속자(俗字)]
ㄉ : ㄧ ㄉ　　爭 : ㄱ ㅋ ㅋ 爭

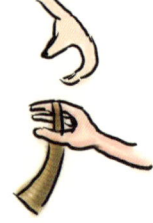   

史
【shǐ(ㅅ ㅡㅇ)】 [총5획] 부수 : [口 (입구)]　　단어　史記(사기) 史料(사료) 史官(사관)
【사기 사】 사기, 역사
史 : ㅣ ㄇ ㅁ 史 史

사기 사(史) 자는 종을 치고 있는 모습을 상형한 글자이다. 종을 친다는 것은 시간과 일 사(事) 자처럼 일을 뜻하는 것이기 때문에 사(史)라는 것은 바로 시간에 따라 했던 일을 적는다는 뜻이 있게 된 것이다.

🌱 갑골문　🌱 금문　🌱 전서　🌱 설문해자

174

致

【zhì(쯔ˋㅇ)】 [총10획] 부수 : [至 (이를지)]　　**단어** 拉致(납치) 誘致(유치) 一致(일치)

【이를/빽빽할 치】 이르다, 도달하다, 다하다, 이루다, 빽빽하다, 면밀하다, 촘촘하다

至 : 一 T エ 至 至 至　　夂 : ノ ㇊ ク 夂

| 이를 치(致) 자는 한 사람이 쏜 화살을 주우려고 화살이 꽂힌 곳에 도착한 모습을 상형한 글자이다. |

 갑골문　 전서　 설문해자

效

【xiào(쌰ˋㅇ/우)】 [총10획] 부수 : [夂 (등글월문)]　　**단어** 效果(효과) 效力(효력) 效能(효능)

【본받을 효】 본받다, 효과, 명백하다

六 : 一 亠 ナ 六　　乂 : ノ 乂　　夂 : ノ ㇊ ク 夂

| 본받을 효(效) 자는 학생이 선생님의 가르침을 본받고 있는 모습을 상형한 글자이다. |

갑골문　금문　전서　설문해자

改

【gǎi(가ˇㅇ이)】 [총7획] 부수 : [夂 (등글월문)]　　**단어** 改革(개혁) 改善(개선) 改編(개편)

【고칠 개】 고치다, 바꾸다, 만들다, 다시

己 : ㄱ ㄹ 己　　夂 : ノ ㇊ ク 夂

| 고칠 개(改) 자는 화살대를 만들기 위해 묶어서 말린 나뭇가지를 풀어 확인하는 모습을 상형한 글자이다. 화살을 만들 때 정확도를 높이기 위해 화살대를 바르게 해야 한다. 그런데 화살대를 만들기 위해 끊어놓은 나뭇가지는 말릴 때 자연히 휘게 된다. 그래서 휘지 않게 끈으로 한 번에 많은 나뭇가지를 단단하게 묶어 말리는데 개(改) 자는 바로 이런 모습을 상형해서 만든 글자이다. 이 글자는 또한 선생님이 학생의 나쁜 버릇을 고치려고 회초리를 들고 훈육하는 모습을 상형한 글자이기도 하다. |

전서　설문해자

◆장면이 살아나는 그림한자◆

【jìng(찌ㄥ)】 [총13획] 부수 : [攵 (등글월문)]   단어 恭敬(공경) 敬老(경로) 敬聽(경청)
【공경 경】 공경, 예, 감사하는 예, 삼가다(몸가짐이나 언행을 조심하다), (예의가)바르다
艹 : 一 十 艹 艹   勹 : ノ 勹   口 : 丨 冂 口   攵 : ノ 䒑 ク 攵

공경 경(敬, 敬) 자는 아침이 되어도 일어나지 않는 사람을 때려 깨우는 모습을 상형한 글자이다. 옛날에는 공동체 생활을 할 때 늦잠을 자는 사람을 깨우는 일을 맡은 사람이 지금의 경찰과도 같기 때문에 법질서를 유지시키는 사람이므로 이 사람을 보면 엄청 무섭고도 공경하게 되었다.

금문   전서   설문해자

【jìng(찌ㄥ)】 [총12획] 부수 : [攵 (등글월문)]
[敬(경)의 간체자(簡體字)]
艹 : 一 十 艹   勹 : ノ 勹   口 : 丨 冂 口   攵 : ノ 䒑 ク 攵

【jiù(찌ㄡ)】 [총11획] 부수 : [攵 (등글월문)]   단어 救濟(구제) 救出(구출) 救助(구조)
【구원할 구】 구원하다, 건지다, 돕다, 고치다, 치료하다, 막다, 못 하게 하다, 금지하다
求 : 一 十 寸 寸 才 求 求   攵 : ノ 䒑 ク 攵

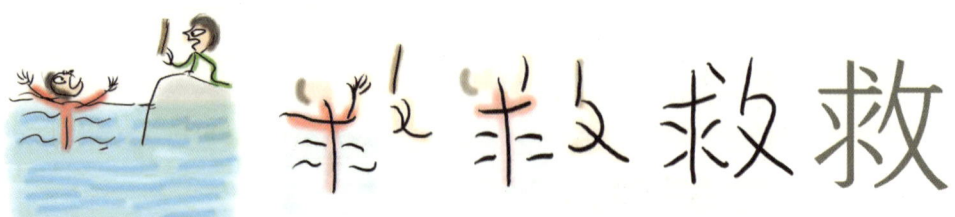

구원 할 구(救) 자는 한 사람이 한 손에 막대기를 들고 물에 빠진 사람을 구하고 있는 모습을 상형한 글자이다.

금문   전서   설문해자

【fèng(ㄈㄥˋ엉)】 [총8획] 부수 : [大 (큰대)] **단어** 奉仕(봉사) 奉獻(봉헌) 奉足(봉족)
【받들 봉】 받들다, 바치다, 섬기다, 힘쓰다, (제사를)지내다, 양육하다, 이바지하다
夫 : 一 二 三 丰 夫   丰 : 一 二 丰

받들 봉(奉) 자는 한 사람이 구슬이나 엽전 다발을 두 손으로 받치는 모습을 상형한 글자이다.

금문 전서 설문해자

【diǎn(ㄉㄧㄢˇ엔)】 [총8획] 부수 : [八 (여덟팔)] **단어** 盛典(성전) 經典(경전) 事典(사전)
【법 전】 법(法), 법전(法典), 경전(經典), 책(冊), 서적(書籍), 벼슬, 예, 의식, 고사(故事)
曲 : 丨 冂 日 由 曲 曲   八 : 丿 八

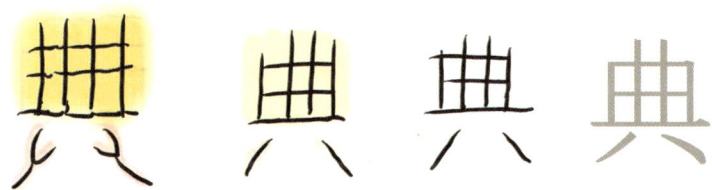

법 전(典) 자는 한 사람이 두 손으로 법전을 읽고 있는 모습을 상형한 글자이다.

갑골문 금문 전서 설문해자

【zé(ㄗㄜˊ어)】 [총9획] 부수 : [刂 (선칼도방)] **단어** 法則(법칙) 規則(규칙) 原則(원칙)
【법칙 칙/곧 즉】 법칙(法則), 준칙(準則), 이치(理致), 곧(즉), 본받다
貝 : 丨 冂 冃 目 目 貝 貝   刂 : 丨 刂

법칙 칙(則, 则) 자는 한 사람이 규칙을 적어놓은 표지판을 보고 있는 모습을 상형한 글자이다.

금문 전서 설문해자

【zé(ㄗㄜˊ어)】
[則(칙)의 간체자(簡體字)]
贝 : 丨 冂 贝 贝   刂 : 丨 刂

◆장면이 살아나는 그림한자◆

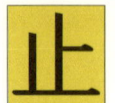 【zhǐ(즈ˇ으)】 [총4획] 부수 : [止 (그칠지)]   단어 禁止(금지) 停止(정지) 防止(방지)
【그칠 지】 끝나다, 그만두다, 멈추다
止 : ㅣ ㅏ ㅏ 止

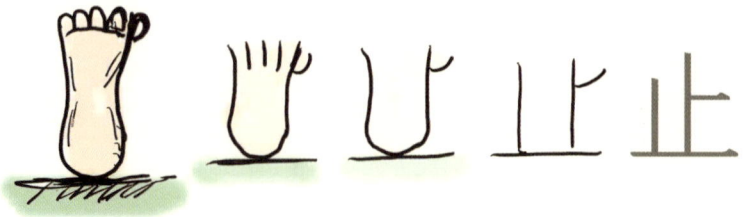

그칠 지(止) 자는 땅을 딛고 있는 발의 모양을 상형한 글자이다. 땅을 딛고 있는 발의 모양으로 '그치다, 정지'를 뜻하게 된 것은 땅을 딛고 있으면 고정되기 때문이다. 이 글자는 또한 누워있을 때 보이는 발의 모습으로도 볼 수 있다.

 갑골문 止 금문 止 전서 止 설문해자

選 【xuǎn(쉬ˇ엔)】 [총16획] 부수 : [辶 (책받침)]   단어 選擧(선거) 選擇(선택) 總選(총선)
【가릴 선】 가리다, 뽑다, 고르다, 선거하다, 선택(選擇)하다
巳 : ㄱ ㄱ 巳   巳 : ㄱ ㄱ 巳   廾 : 一 十 廾 廾   八 : ノ 八   辶 : 丶 亠 辶

가릴 선(選) 자는 두 사람이 선거할 때 서로 자기에게 투표를 해 달라고 아래에 있는 사람들에게 빌고 있는 모습을 상형한 글자이다

選 選 전서 選 설문해자

选 【xuǎn(쉬ˇ엔)】 [총9획] 부수 : [辶 (책받침)]
[選(선)의 속자(俗字)/간체자(簡體字)]
先 : ノ 一 一 止 先 先   辶 : 丶 亠 辶

간체자 가릴 선(选) 자는 한 사람이 찬성하고 있거나 또는 가는 사람한테 자기에게 투표를 해 달라고 부르고 있는 모습을 상형한 글자이다.

 【zhōu(쪼/쩌-우)】 [총12획] 부수 : [辶(책받침)] 단어 週末(주말) 每週(매주) 隔週(격주)
【돌 주】 (한 바퀴)돌다, 회전(回轉)하다, 둘레, 주위(周圍)
冂 : 丨冂　土 : 一十土　口 : 丨冂口　辶 : 丶㇇辶

돌 주(週, 週) 자는 한 사람이 소식이나 일 등을 조율하고자 마을을 두루 돌고 있는 모습을 상형한 글자이다.

 【zhōu(쪼/쩌-우)】 [총11획] 부수 : [辶(책받침)]
[週(주)의 간체자(簡體字)]
冂 : 丨冂　土 : 一十土　口 : 丨冂口　辶 : 丶㇇辶

 【guò(꾸ㆍ오/어)】 [총13획] 부수 : [辶(책받침)]　단어 過程(과정) 過去(과거) 過剩(과잉)
【지날 과】 지나다, (지나는 길에)들르다, 경과하다, 초과하다, 지나치다
咼 : 丨冂冂冃冎咼咼咼　辶 : 丶㇇辶

지날 과(過) 자는 한 사람이 황폐한 무덤주위에 머물 수가 없어 지나가고 있는 모습을 상형한 글자이다.

금문 　전서 　설문해자

 【guò(꾸ㆍ오/어)】 [총7획] 부수 : [辶(책받침)]
[過(과)의 간체자(簡體字)]
寸 : 一寸寸　辶 : 丶㇇辶

간체자 지날 과(过) 자는 한 사람이 다른 사람의 부름에도 멈추지 않고 그냥 지나가 버리는 모습을 상형한 글자이다.

◆장면이 살아나는 그림한자◆

建 【jiàn(찌ㅡ엔)】 [총9획] 부수 : [廴 (민책받침)]   단어 建設(건설) 建物(건물) 建築(건축)
【세울 건】 세우다, 일으키다, 아뢰다
聿 : 一コヨ⺕⺕聿   廴 : ㇇廴

세울 건(建) 자는 기둥과 같은 굵은 나무를 세우고 있는 모습을 상형한 글자이다.

금문 建 전서 建 설문해자

輕 【qīng(취ㅡ잉)】 [총14획] 부수 : [車 (수레거)]   단어 輕視(경시) 輕薄(경박) 輕重(경중)
【가벼울 경】 가볍다, 가벼이 여기다, 가벼이 하다
車 : 一厂ㄇ百亘車車   一 : 一   巛 : 〈 巜 巛   工 : 一丅工

가벼울 경(輕, 轻) 자는 비탈길에서 내려오는 수레의 모습을 상형한 글자이다.

輕 설문해자

轻 【qīng(취ㅡ잉)】 [총9획] 부수 : [车 (수레거)]
[輕(경)의 간체자(簡體字)]
车 : 一ㄠ㐄车   ス : フス   工 : 一丅工

産 【chǎn(차ˇ안)】 [총11획] 부수 : [生 (날생)]   단어 財産(재산) 産業(산업) 生産(생산)
【낳을 산】 낳다, 나다, 태어나다, 자라다, 생기다, 일어나다, 생산(生産)하다, 출생(出生)
产 : 丶亠产产产   生 : 丿ㄏ𠂉牛生

낳을 산(産, 产) 자는 여자가 아이를 낳고 있는 모습을 상형한 글자이다.

금문 産 전서 産 설문해자

【chǎn(차ˇ안)】 [총6획] 부수 : [亠 (돼지해머리)]
[産(산)의 간체자(簡體字)]
产 : ﾂ 亠 产 产 产 产

【ér(어ˊ얼)】 [총8획] 부수 : [儿 (어진사람인발)] 단어 兒童(아동) 兒名(아명) 嬰兒(영아)
【아이 아】 아이, 아기
臼 : ˊ 丆 F F1 FJ FE   儿 : ﾉ 儿

아이 아(兒, 儿) 자는 아이가 이가 나는 시기에 입을 벌려 밥을 달라고 보채는 모습을 상형한 글자이다.

갑골문 금문 兒 전서 설문해자

【ér(어ˊ얼)】 [총2획] 부수 : [儿 (어진사람인발)]
[兒(아)의 간체자(簡體字)]
儿 : ﾉ 儿

【liáng(랴ˊ앙)/liàng(랴ˋ앙)】 [총12획] 부수 : [里 (마을리)]
【헤아릴 량(양)】 헤아리다, 달다, 재다, 양, 분량(分量), 용기, 용적
旦 : ㅣ 冂 冃 日 旦   里 : ㅣ 冂 冃 日 旦 甲 里   단어 力量(역량) 度量(도량) 大量(대량)

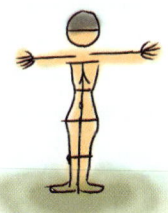   量

헤아릴 량(量) 자는 인체의 수치를 측정하고 있는 모습을 상형한 글자이다. 이 글자는 또한 보따리에 있는 물건을 재고 있는 모습으로도 볼 수 있다.

 금문 전서 설문해자

◆장면이 살아나는 그림한자◆

【chén(처/언)】 [총6획] 부수 : [臣 (신하신)]   단어 臣下(신하) 臣服(신복) 功臣(공신)
【신하 신】 백성, 하인, 신하
臣 : 一 丁 丆 丙 丏 臣

신하 신(臣) 자는 왕 앞에서 두 손을 모으고 머리를 그 사이로 수그리고 있는 모습을 상형한 글자이다.

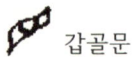 갑골문  금문 臣 설문해자

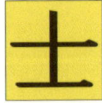
【shì(쓰ㄟ으)】 [총3획] 부수 : [士 (선비사)]   단어 士兵(사병) 士氣(사기) 士官(사관)
【선비 사】 관리, 군사, 일삼다, 직무
士 : 一 十 士

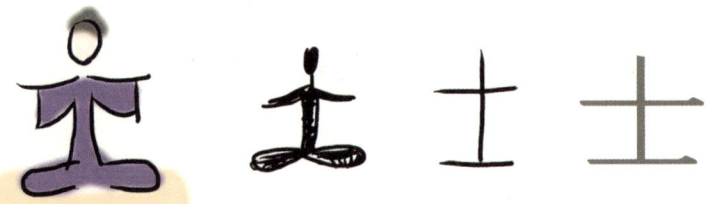

선비 사(士) 자는 앉아서 일을 보고 있는 사람의 모습을 상형한 글자이다.

士 갑골문 士 금문 士 전서 士 설문해자

德
【dé(더/어)】 [총15획] 부수 : [彳 (두인변)]   단어 道德(도덕) 德談(덕담) 德分(덕분)
【큰/덕 덕】 크다, 덕(德), 도덕(道德), 은덕(恩德), 복(福)
彳 : 丿 彳 彳   十 : 一 十   皿 : 丨 冂 冂 皿 皿   一 : 一   心 : 丿 心 心 心

 德 德 德

큰 덕(德) 자는 덕망 있는 스승의 모습을 상형한 글자이다. 옛날에는 마을에서 가장 오래 산 사람을 덕이 있는 사람으로 보았다.

德 德 금문 德 전서 德 설문해자

182

◆한자획이 살아나는 그림한자-5급◆

【yīn(∞ㅣ인)】 [총6획] 부수 : [口 (큰입구몸)]　　단어 因緣(인연) 因果(인과) 原因(원인)
【인할 인】 인하다, 말미암다
口 : ㅣ 冂 口　　大 : 一 ナ 大

인할 인(因) 자는 돗자리에 두 팔과 다리를 벌리고 자는 모습을 상형한 글자이다. 보통 돗자리는 커서 사람이 그 안에 들어 눕게 되는 모양에서 '안, 안쪽'이라는 뜻이 있게 되는데 이 글자가 '인하다, 말미암다'를 뜻하게 된 것은 속에 들어있는 상태를 뜻하는 말로 되었다. 이 글자는 또한 보따리의 모양으로도 볼 수 있다.

갑골문　금문　전서　설문해자

【bǐ(비ˇ이)】 [총4획] 부수 : [比 (견줄비)]　　단어 比喩(비유) 比較(비교) 比重(비중)
【견줄 비】 비교하다, 같다, 겨루다, 비율
比 : 一 匕 比匕 比

견줄 비(比) 자는 누가 더 멀리 뛰는지 겨루고 있는 두 아이의 모습을 상형한 글자이다.

갑골문　금문　전서　설문해자

【qù(취ˋ위)】 [총5획] 부수 : [厶 (마늘모)]　　단어 去來(거래) 去年(거년) 過去(과거)
【갈 거】 가다
土 : 一 十 土　　厶 : ㄴ 厶

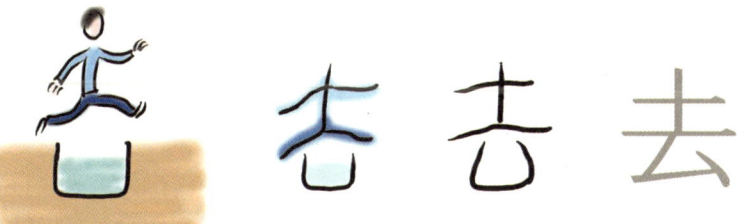

갈 거(去) 자는 한 사람이 빨리 달려가는 모습을 상형한 글자이다.

갑골문　금문　전서　설문해자

◆장면이 살아나는 그림한자◆

 【kǎo(카ˇ오/우)】 [총6획] 부수 : [耂 (늙을로엄)]　단어 考慮(고려) 考査(고사) 考試(고시)
【생각할/살필 고】 생각하다, 시험(試驗)하다, 살펴보다
耂 : 一 十 土 耂　　丂 : 一 丂

생각할 고(考) 자는 지팡이나 곰방대를 옆에 놓고 앉아 있는 노인 앞에서 아이가 폴짝폴짝 뛰고 있는 모습을 상형한 글자이다. 이 글자는 또한 아이가 얼마나 잘 뛰는지 또는 설 수 있는지를 노인이 시험을 하고 있는 모습으로도 볼 수 있다.

갑골문 금문 전서 설문해자

 【kě(커ˇ어)/kè(꺼ˋ어)】 [총5획] 부수 : [口 (입구)]　단어 可能(가능) 許可(허가)
【옳을 가】 옳다, 허락하다, 듣다, 군주의 칭호, 오랑캐 임금 이름
可 : 一 丆 口 口 可

옳을 가(可) 자는 한 사람이 다른 한 사람 앞에서 머리를 깊이 수그리고 옳다고 허락하는 모습이거나 듣고 있는 모습을 상형한 글자이다.

갑골문 금문 전서 설문해자

 【xiōng(씨ㅡ옹)】 [총4획] 부수 : [凵 (위튼입구몸)]　단어 吉凶(길흉) 凶器(흉기) 凶惡(흉악)
【흉할 흉】 흉(凶)하다, 흉악(凶惡·兇惡)하다, 해치다, 사람을 죽이다, 두려워하다
凶 : 丶 乂 凶 凶

흉할 흉(凶) 자는 한 사람이 움이나 구덩이에 떨어지는 모습을 상형한 글자이다.

 전서 설문해자

184

◆한자획이 살아나는 그림한자-5급◆

 【zuì(쭈ㄟˋ이)】 [총13획] 부수 : [罒 (그물망머리)]   단어 犯罪(범죄) 罪悚(죄송) 謝罪(사죄)
【허물 죄】 허물, 죄, 잘못, 죄인(罪人), 재앙(災殃), 온갖 불행한 일, 죄를 주다
罒 : 丨冂冂罒罒   非 : 丿ㅓㅓㅓ非非非非

허물 죄(罪) 자는 한 사람이 죄 있는 사람한테 형틀을 채우려는 모습을 상형한 글자이다. 이 글자는 그물로 가금을 잡거나 가두는 모습으로도 볼 수 있다.

설문해자

 【zú(주ˊ우)/cù(추ˋ우)】 [총8획] 부수 : [十 (열십)]   단어 卒業(졸업) 兵卒(병졸) 驛卒(역졸)
【마칠 졸】 마치다, 죽다, 끝내다, 병졸(兵卒)
亠 : 丶一亠   人 : 丿人   人 : 丿人   十 : 一十

마칠 졸(卒) 자는 수의(壽衣)로 죽은 사람을 감싸는 모습을 상형한 글자이다. 옛날 글자는 수의를 묶고 있는 모습을 상형한 글자로 볼 수 있다. 이 글자가 병졸을 뜻하게 된 것은 전쟁터에서 총알받이로 보이기 때문이다.

 갑골문   금문   전서   설문해자

朗 【lǎng(라ˇ앙)】 [총11획] 부수 : [月 (육달월)]   단어 明朗(명랑) 晴朗(청랑)
【밝을 랑(낭)】 밝다, 환하다, (소리가)맑다
良 : 丶一ㅋㅋ皀良良   月 : 丿冂月月

밝을 랑(朗)자는 한 사람이 다른 사람한테 인사를 받자 좋아하는 모습을 상형한 글자이다.

전서   설문해자

◆장면이 살아나는 그림한자◆

【liáng(랴́앙)】 [총7획] 부수 : [艮 (괘이름간)]　단어 不良(불량) 善良(선량) 改良(개량)
【어질 량(양)】 어질다, 좋다, 훌륭하다, 아름답다
良 : ` 一 ㄱ ㅋ 皀 皀 良

어질 양(良) 자는 어진 사람이 남에게 많이 베풀어주는 모습을 상형한 글자이다.

　갑골문　　금문　　전서　　설문해자

【wàng(와̀앙)】 [총11획] 부수 : [月 (달월)]　단어 展望(전망) 希望(희망) 失望(실망)
【바랄/보름 망】 바라다, 기다리다, 기대(期待·企待)하다, 그리워하다, 바라보다, 망보다
亡 : ` 一 亡　　月 :) 刀 月 月　　壬 : 一 二 千 壬

바랄 망(望) 자는 한 사람이 어두운 밤에 멀리 바라보고 있는 모습을 상형한 글자이다. 이는 밖에 나간 사람이 아직 집에 오지 않아 기다리는 모습인 것이다.

　금문　　전서　　설문해자

【qī(치ー이)】 [총12획] 부수 : [月 (달월)]　단어 期待(기대) 期間(기간) 早期(조기)
【기약할 기】 기약(期約)하다, 약속(約束)하다, 기다리다, 바라다, 기대(期待·企待)하다
其 : 一 十 卄 丗 甘 其 其 其　　月 :) 刀 月 月

기약할 기(期) 자는 한 사람이 해가 뜨기를 기다리는 모습을 상형한 글자이다.

　금문　　전서　　설문해자

186

【lǚ(뤼ˇ위)】 [총10획] 부수 : [方 (모방)]　　단어 旅團(여단) 旅行(여행) 軍旅(군려)
【나그네 려(여)】 나그네, 군대(軍隊), 여행하다, 함께, 다같이, 무리(모여서 뭉친 한 동아리)
方 : 丶 亠 方 方　　𠂉 : 丿 𠂉　　氏 : 一 厂 斤 氏

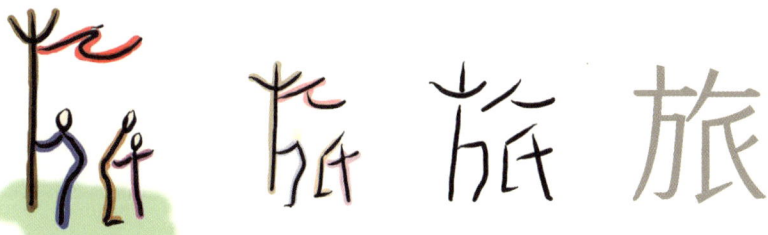

나그네 려(旅) 자는 나그네가 무리를 지어 여행하는 모습을 상형한 글자이다.

갑골문　금문　전서　설문해자

【jìng(찌ˋ잉)】 [총20획] 부수 : [立 (설립)]　　단어 競爭(경쟁) 競技(경기) 競選(경선)
【다툴 경】 다투다, 겨루다, 쫓다, 따르다
立 : 丶 亠 六 立 立　　口 : 丨 冂 口　　儿 : 丿 儿

다툴 경(競, 竞) 자는 경기장에서 관중들이 씨름을 지켜보고 있는 모습을 상형한 글자이다.

갑골문　금문　전서　설문해자

【jìng(찌ˋ잉)】 [총10획] 부수 : [立 (설립)]
[競(경)의 속자(俗字)/간체자(簡體字)]
立 : 丶 亠 六 立 立　　口 : 丨 冂 口　　儿 : 丿 儿

◆장면이 살아나는 그림한자◆

【láo(라ノ오/우)】 [총12획] 부수 : [力 (힘력)]   단어 勞組(노조) 勤勞(근로) 勞動(노동)
【일할 로(노)】 일하다, 힘들이다, 애쓰다, 지치다, 고단하다
火: 丶ノ丷火   火: 丶ノ丷火   冖: 丨フ   力: フ力

일할 로(勞, 劳) 자는 한 사람이 일을 하고난 후의 고단한 모습을 상형한 글자이다. 얼마나 고단했는지 머리카락도 정리할 마음이 없어 엉켜있는 모습이다.

🌿 🌿 금문   🌿 전서   🌿 설문해자

劳
【láo(라ノ오/우)】 [총7획] 부수 : [力 (힘력)]
[勞(로)]의 속자(俗字)/간체자(簡體字)]
卄: 一十卄   冖: 丨フ   力: フ力

加
【jiā(찌ー아)】 [총5획] 부수 : [力 (힘력)]   단어 增加(증가) 追加(추가) 參加(참가)
【더할 가】 더하다, 가하다, 들다, 가입하다, 입다, 몸에 붙이다, 입히다, 치다, 있다
力: フ力   口: 丨冂口

더할 가(加) 자는 한 사람이 짐을 짊어진 다른 사람의 등에 추가로 짐을 더 얹힌 모습을 상형한 글자이다. 이 글자는 또한 한 사람이 손에 힘을 주고 기합소리를 내는 모습으로도 볼 수 있다.

㚻 금문   加 전서   加 설문해자

◆한자획이 살아나는 그림한자-5급◆

 【wú(우ˊ우)】 [총12획 부수 : [灬 (연화발)]] 단어 無視(무시) 無慮(무려) 無效(무효)
【없을 무】 없다, 허무, 무려, 비록~하더라도

灬 : 一十卅卅卅   一 : 一   灬 : 丿八八八

없을 무(無) 자는 춤판이 끝난 후 모닥불을 끄고 있는 모습을 상형한 글자이다. 밤에 모닥불을 피우고 춤을 추다가 춤판이 끝나면 불을 꺼야 한다. 무(無) 자에서 보이는 네 점은 불을 끄고 난 후 재의 모습이다. 재가 되었으니 불이 없어졌다는 의미에서 '없다'를 뜻하게 되었다.

금문   전서   설문해자

 【wú(우ˊ우)】 [총4획 부수 : [无 (이미기방)]]
[無(무)의 고자(古字)/간체자(簡體字)]

一 : 一   尢 : 一ナ尢

간체자 없을 무(无) 자는 불을 끄고 있는 사람의 모습을 상형한 글자이다.

 【lìng(리ˋ잉)/líng (리ˊ잉)】 [총5획 부수 : [人 (사람인)]] 단어 命令(명령) 司令官(사령관)
【하여금 령(영)】 하여금, 가령(假令), 이를테면, 법령(法令), 규칙(規則)

令 : 丿亽令令令

하여금 령(令, 令) 자는 한 사람이 꿇어앉아 명령에 복종하는 모습을 상형한 글자이다.

 갑골문  금문  설문해자

 【lìng(리ˋ잉)/líng (리ˊ잉)】 [총5획 부수 : [人 (사람인)]]
[령(令) 간체자(簡體字)]

人 : 丿人   丶 : 丶   マ : フマ

189

나. 의식주(衣食住)

結(结)	給(给)	終(终)	約(约)	歲(岁)
맺을 결/상투 계	줄 급	마칠 종	맺을 약/부절 요	해 세
歷(历)	種(种)	料	宿	宅
지날 력(역)	씨 종	헤아릴 료(요)	잘 숙	댁 댁/집 택
客	寫(写)	完	實(实)	害
손 객	베낄 사	완전할 완	열매 실/이를 지	해할 해
寒	屋	當(当)	基	局
찰 한	집 옥	마땅 당	터 기	판 국
再	關(关)	具	店	廣(广)
두 재	관계할 관	갖출 구	가게 점	넓을 광
序	商(商)	品	賞(赏)	買(买)
차례 서	장사 상	물건 품	상줄 상	살 매
賣(卖)	貴(贵)	費(费)	質(质)	財(财)
팔 매	귀할 귀	쓸 비	바탕 질	재물 재
敗(败)	貯(贮)	責(责)	團(团)	
패할 패	쌓을 저	꾸짖을 책	둥글 단	

◆한자획이 살아나는 그림한자-5급◆

【jiē(찌ㅡ에)】 [총12획] 부수 : [糸 (실사)] 단어 結果(결과) 結局(결국) 結婚(결혼)
【맺을 결】 맺다, 묶다, 마치다, 연결하다
糸 : ´ ㄠ ㄠ ㅊ 糸 糸   士 : 一 十 士   口 : 丨 冂 口

맺을 결(結, 结) 자는 끈으로 종을 묶어놓은 모습을 상형한 글자이다.

𠱾 전서   結 설문해자

【jiē(찌ㅡ에)】 [총9획] 부수 : [纟 (실사)]
[結(결)의 간체자(簡體字)]
纟 : ´ ㄠ ㄠ   士 : 一 十 士   口 : 丨 冂 口

【gěi(거ˇ이)】 [총12획] 부수 : [糸 (실사)] 단어 供給(공급) 支給(지급) 給與(급여)
【줄 급】 주다, 대다, 공급(供給)하다
糸 : ´ ㄠ ㄠ ㅊ 糸 糸   人 : 丿 人   口 : 一 𠂇 𠃍 口

줄 급(給, 给) 자는 한 사람이 위에서 아래로 다른 사람에게 물건을 주고 있는 모습을 상형한 글자이다.

給給 전서   給 설문해자

【gěi(거ˇ이)】 [총9획] 부수 : [纟 (실사)]
[給(급)의 간체자(簡體字)]
纟 : ´ ㄠ ㄠ   人 : 丿 人   口 : 一 𠂇 𠃍 口

193

◆장면이 살아나는 그림한자◆

【zhōng(쫑/쭈ー웅)】 [총11획] 부수 : [糸 (실사)] 　단어 最終(최종) 終了(종료) 終末(종말)
【마칠 종】 마치다, 끝내다
糸 : ⺃ ㄠ ㄠ 幺 糸 糸　　夂 : ノ ク 夂　　冫 : 丶 冫

마칠 종(終, 终) 자는 실의 양끝의 모양을 상형한 글자이다.

🔺 갑골문　∩ 금문　𦃇 전서　𦃇宀 설문해자

【zhōng(쫑/쭈ー웅)】 [총8획] 부수 : [纟 (실사)]
[終(종)의 간체자(簡體字)]
纟 : ⺃ ㄠ 纟　　夂 : ノ ク 夂　　冫 : 丶 冫

【yuē(위ーㅔ)】 [총9획] 부수 : [糸 (실사)] 　단어 約束(약속) 約款(약관) 約婚(약혼)
【맺을 약】 맺다, 약속(約束)하다, 묶다, 조약(條約), 노끈, 새끼
糸 : ⺃ ㄠ ㄠ 幺 糸 糸　　勹 : ノ 勹　　一 : 一

맺을 약(約, 约) 자는 끈으로 닭이 멀리 가버리지 않게 묶어놓은 모습을 상형한 글자이다.

𦃇 전서　𦃇 설문해자

【yuē(위ーㅔ)】 [총6획] 부수 : [纟 (실사)]
[約(약)의 간체자(簡體字)]
纟 : ⺃ ㄠ 纟　　勹 : ノ 勹　　丶 : 丶

 【suì(쑤ㄟ)】 [총13획] 부수 : [止 (그칠지)]　　단어 歲月(세월) 歲拜(세배) 歲首(세수)
【해 세】 해, 나이, 세월(歲月), 새해, 일생(一生)
止 : ㅣ ㅏ 止 止　　ノ : ノ　　戈 : 一 七 戈 戈　　歹 : 一 丆 歹 歹

해 세(歲, 岁) 자는 일 년에 한 번 수확한 벼나 밀을 찧고 있는 모습을 상형한 글자이다.

갑골문　금문　歲 전서　歲 설문해자

 【suì(쑤ㄟ)】 [총6획] 부수 : [山 (뫼산)]
[歲(세)의 속자(俗字)/간체자(簡體字)]
山 : ㅣ 山 山　　夕 : ノ ク 夕

 【lì(리ˋ)】 [총16획] 부수 : [止 (그칠지)]　　단어 歷史(역사) 經歷(경력) 履歷(이력)
【지날/책력 력(역)】 지나다, 겪다, 세월을 보내다, 다니다, 가다, 책력, 달력
厂 : 一 厂　　禾 : 一 二 千 禾 禾　　禾 : 一 二 千 禾 禾　　止 : ㅣ ㅏ 止 止

지날 력(歷, 历) 자는 한 사람이 농사를 지으려고 밭에 왔다 갔다 하면서 남긴 발자국의 모습을 상형한 글자이다.

갑골문　금문　歷 전서　歷 설문해자

◆장면이 살아나는 그림한자◆

 【lì(리ˋ이)】 [총4획] 부수 : [厂 (민엄호)]
[歷(력)의 속자(俗字)/간체자(簡體字)]
厂 : 一厂   力 : フ力

種 【zhǒng(조/주ˇ웅)】 [총14획] 부수 : [禾 (벼화)]   단어 各種(각종) 芒種(망종) 種類(종류)
【씨 종】 씨, 종족(種族), 종류(種類), 뿌리다, 심다, 펴다
禾 : 一二千禾禾   千 : 一二千   日 : 1 冂 冃 日   二 : 一 二

씨 종(種, 种) 자는 종자가 발아(發芽)하는 모습을 상형한 글자이다.

糫 설문해자

种 【zhǒng(조/주ˇ웅)/zhòng(쪼/쭈ˋ웅)】 [총9획] 부수 : [禾 (벼화)]
[種(종)의 간체자(簡體字)]
禾 : 一二千禾禾   中 : 1 冂 口 中

【liáo(랴ㄠˋ/ㄡ)】 [총10획] 부수 : [斗 (말두)]   단어 資料(자료) 材料(재료) 原料(원료)
【헤아릴 료(요)】 생각하다, 요량하다, 다스리다, 삯
米 : ˋ ˋ ˇ ㅗ ㅗ 半 米 米   斗 : ˋ ˋ ㅜ 斗

헤아릴 료(料) 자는 밥을 지으려고 되로 쌀을 퍼서 분량을 헤아리거나 쌀로 품삯으로 주는 모습을 상형한 글자이다.

 금문   전서   설문해자

宿
【sù(쑤ˋㄨ)】 [총11획] 부수 : [宀 (갓머리)]   단어 宿題(숙제) 宿命(숙명) 宿主(숙주)
【잘 숙】 숙박하다, 묵다, 숙직, 나이가 많다
宀 : ˋ ˇ 宀   亻 : ˊ 亻   百 : 一 ㄒ 了 百 百

잘 숙(宿) 자는 집에서 한 사람이 자려는 다른 한 사람을 돌보고 있는 모습을 상형한 글자이다.

갑골문   금문   전서   설문해자

【zhái(자ˊㄞ)】 [총6획] 부수 : [宀 (갓머리)]   단어 住宅(주택) 宅地(택지) 宅內(댁내)
【댁 댁/집 택】 댁, 집, 주거, 구덩이, 무덤, 묘지(墓地), 살다
宀 : ˋ ˇ 宀   毛 : ˊ 二 毛

댁 댁(宅) 자는 집의 대문의 모양을 상형한 글자이다.

갑골문   금문   전서   설문해자

◆장면이 살아나는 그림한자◆

【kè(꺼ˋ어)】 [총9획] 부수 : [宀 (갓머리)] 단어 顧客(고객) 乘客(승객) 客間(객간)
【손 객】 손, 손님, 나그네, 여행(旅行), 객지(客地)
宀 : ㆍㆍㆍ宀 夂 : ㇀ㄅ夂 口 : ㅣㄇ口

손 객(客) 자는 손님이 와서 문을 두드리고 있는 모습을 상형한 글자이다.

🐚 갑골문 🔶 금문 🔶 전서 🔶 설문해자

【xiě(시ˇ에)】 [총15획] 부수 : [宀 (갓머리)] 단어 寫眞(사진) 描寫(묘사) 寫本(사본)
【베낄 사】 베끼다, 본뜨다, 묘사(描寫)하다, 그리다
宀 : ㆍㆍㆍ宀 臼 : ㇀下下下臼 勹 : ㇀勹 灬 : ㇀ㆍㆍ灬

베낄 사(寫, 写) 자는 옛날에 책이나 탁본을 만들 때 목판이나 비석에 먹칠을 하고 종이를 덮은 후 솔이나 천 뭉치로 문지르는 모습을 상형한 글자이다.

🔶🔶 전서 🔶 설문해자

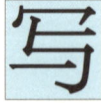
【xiě(시ˇ에)】 [총6획] 부수 : [冖 (민갓머리)]
[寫(사)의 간체자(簡體字)]
冖 : ㆍㄱ冖 一 : 一 与 : ㇀与 一 : 一

 【wán(위/와ノ안)】 [총7획] 부수 : [宀 (갓머리)]   단어 補完(보완) 完全(완전) 完成(완성)
【완전할 완】 완전(完全)하다, 온전(穩全)하다, 완전(完全)하게 하다, 끝내다
宀 : ㆍㆍ宀   二 : 一二   儿 : ノ儿

완전할 완(完) 자는 한 사람이 밥을 다 먹고 설거지를 하는 모습을 상형한 글자이다.

宮家 전서   家 설문해자

 【shí(스ノ으)】 [총14획] 부수 : [宀 (갓머리)]   단어 事實(사실) 實際(실제) 實踐(실천)
【열매 실】 열매, 씨, 종자, 공물, 재물(財物), 재화(財貨), 내용(內容), 바탕, 본질
宀 : ㆍㆍ宀   毌 : 乚口四毌   貝 : ㅣ冂冂月目貝貝

열매 실(實) 자는 집에서 과실을 그릇에 담아 넣는 모습을 상형한 글자이다.

實 금문   棗棗 전서   實 설문해자

◆장면이 살아나는 그림한자◆

【shí(ㄕˊ으)】 [총14획] 부수 : [宀 (갓머리)]
[實(실)의 간체자(簡體字)]
宀: ㆍㆍ宀   ㆒: ㆍㆍ㆒   大: 一ナ大

간체자 열매 실(实) 자는 집 앞에 있는 과일나무의 모양을 상형한 글자이다.

害
【hài(해ㄟ이)/hé(흐ˊ어)】 [총10획] 부수 : [宀 (갓머리)]
【해할 해】 해(害)하다, 거리끼다, 해롭다, 훼방하다, 방해하다, 해, 재앙, 손해(損害)
宀: ㆍㆍ宀   主: 一ㅜキ主   口: ㅣㄇ口   단어 被害(피해) 侵害(침해) 妨害(방해)

해할 해(害) 자는 집 앞이거나 논두렁에 높게 자란 나무의 모습을 상형한 글자이다. 집 앞이거나 논두렁에 있는 나무가 크게 자라면 태풍 등이 올 때 쓰러져서 집이나 논이 피해가 된다.

害 금문 害 전서 害 설문해자

【hán(하ˊ안)】 [총12획] 부수 : [宀 (갓머리)]   단어 寒冷(한랭) 寒心(한심) 大寒(대한)
【찰 한】 차다, 춥다, 떨다, 얼다, 가난하다.
宀: ㆍㆍ宀   丰: 一ㅜㅜ丰丰   八: ノハ   冫: ㆍㆍ冫

찰 한(寒) 자는 날씨가 추워져 문을 꽁꽁 닫아놓은 모습을 상형한 글자이다. 옛날 글자는 가난하여 추워서 풀이나 볏짚까지 덮고 있는 모습이다.

◆한자획이 살아나는 그림한자-5급◆

 【wū(ㅇㅡ우)】 [총9획] 부수 : [尸 (주검시엄)]   단어 家屋(가옥) 屋上(옥상) 書屋(서옥)
【집 옥】 집, 주거(住居), 덮개, 수레의 덮개, 지붕
尸 : ㄱㄱ尸   至 : 一ㄏ叾至至至

집 옥(屋) 자는 집의 모양을 상형한 글자이다.

屋 전서   屋屋壺 설문해자

 【dāng(따ㅡ앙)】 [총13획] 부수 : [田 (밭전)]   단어 該當(해당) 當時(당시)
【마땅 당】 마땅, 밑바탕, 바닥, 저당, 갚음, 보수, 갑자기, 그, 마땅하다, 맡다, 당하다
丷 : ㆍㅣ丷   冖 : ㆍ﹁冖   口 : ㅣㄇ口   田 : ㅣㄇ日田田

마땅 당(當, 当) 자는 마당 및 밭이 있는 집의 모양을 상형한 글자이다.
집을 지으면 문을 내야하는 것이 마땅하다.

𤯎𤯎 금문   當 전서   當 설문해자

 【dāng(따ㅡ앙)】 [총6획] 부수 : [小 (작을소)]
[當(당) 속자(俗字)/간체자(簡體字)]
丷 : ㆍㅣ丷   ヨ : ㄱㅋヨ

 【jī(찌ㅡ이)】 [총11획] 부수 : [土 (흙토)]   단어 基準(기준) 基礎(기초) 基本(기본)
【터 기】 터, 기초(基礎), 토대(土臺), 근본(根本)
其 : 一ㄧ卄廾甘甘其其其   土 : 一十土

터 기(基) 자는 터의 모양을 상형한 글자이다.

𠃜 갑골문   基 금문   基 전서   其 설문해자

◆장면이 살아나는 그림한자◆

【jú(쥐ノ위)】 [총7획] 부수 : [尸 (주검시엄)]   단어 結局(결국) 當局(당국) 局面(국면)
【판 국】 판(장기·바둑), 마을, 관청, 방, 구분, 구획, 모임, 회합, 도량, 사물의 끝
尸 : ㄱㄱ尸   ㄱ : ㄱ   口 : ㅣㄇ口

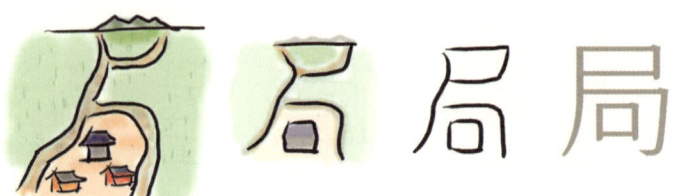

판 국(局) 자는 논과 길 사이에 있는 마을의 모습을 상형한 글자이다.

局 전서 局 설문해자

再
【zài(짜ヽ이)】 [총6획] 부수 : [冂 (멀경몸)]   단어 再建(재건) 再演(재연) 再考(재고)
【두 재】 두, 두 번, 재차, 거듭, 다시 한 번, 거듭하다
再 : 一丁冂月再再

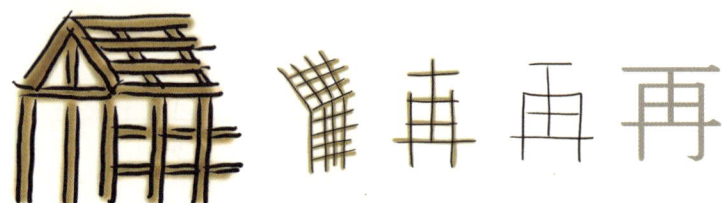

두 재(再) 자는 집을 지을 때 닥나무나 수수깡을 얽고 또 얽은 모습을 상형한 글자이다.

갑골문 금문 전서 설문해자

【guān(꽈/꽈ー안)】 [총19획] 부수 : [門 (문문)]   단어 關聯(관련) 關係(관계) 關心(관심)
【관계할 관】 닫다, 끄다, 관문, 세관, 기관, 난관
門 : ㅣㄫㄫ門門門門   絲 : ㄑㄠㄠㄠㄠ絲絲絲絲絲

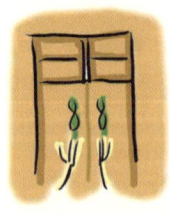

관계할 관(關, 关) 자는 문을 닫으려고 대문의 손잡이 끈을 당겨 끄는 모습을 상형한 글자이다.

關 금문 關 전서

【guān(꽈/꽈ー안)】 [총6획] 부수 : [ソ (구결자하)]
[關(관)의 간체자(簡體字)]
ソ : ㆍㆍ   天 : 一ニチ天

【jù(쥐ヽ위)】 [총8획] 부수 : [八 (여덟팔)]
【갖출 구】 갖추다, 갖추어지다, 모두, 연장, 설비
단어 具備(구비) 具體(구체) 道具(도구)
且 : 丨 冂 冃 月 月 且   八 : 丿 八

갖출 구(具) 자는 준비한 작업대거나 기와 같은 제품을 쌓아놓는 받침대를 상형한 글자이다.

금문 전서 설문해자

【diàn(띠ヽ엔)】 [총8획] 부수 : [广 (엄호)]
【가게 점】 가게, 상점
단어 店鋪(점포) 百貨店(백화점)
广 : 丶 亠 广   卜 : 丨 卜   口 : 丨 冂 口

가게 점(店) 자는 점을 치는 가게의 모습을 상형한 글자이다.

【guǎng(구ㅏ/과ㅇ앙)】 [총15획] 부수 : [广 (엄호)]
【넓을 광】 넓다, 넓게 되다, 넓히다, 널찍하다,
단어 廣告(광고) 廣場(광장) 廣域(광역)
广 : 丶 亠 广   廿 : 一 十 廿 廿   一 : 一   由 : 丨 冂 月 由 由   八 : 丿 八

 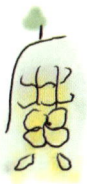  

넓을 광(廣, 广) 자는 사람들이 광석을 캐고 있는 모습을 상형한 글자이다. 광석은 오랫동안 캐기 때문에 그 곳과 파인 부분이 넓게 된다. 이 글자에서 황(黃) 자는 황새가 언덕너머로 멀리 날아가는 모습을 상형한 글자이기도 하다.

금문 전서 설문해자

◆장면이 살아나는 그림한자◆

【guǎng(구/과ˇ앙)】 [총3획] 부수 : [广 (엄호)]
[廣(광)의 약자(略字)/간체자(簡體字)]
广 : ` 一 广

【xù(쒸ˋ위)】 [총7획] 부수 : [广 (엄호)]   단어 秩序(질서) 順序(순서) 次序(차서)
【차례 서】 차례(次例), 학교(學校), 학당, 담, 담장(牆), 실마리, 단서, 서문, 머리말
广 : ` 一 广   予 : ｀ マ 予 予

> 차례 서(序) 자는 어린 아이가 학당에 와서 공부하는 모습을 상형한 글자이다. 학당에 오면 집에 있는 것과 다르게 질서를 지켜야 한다.

𦳝𠂤 전서   序 설문해자

【shāng(쌰ㅡ앙)】 [총11획] 부수 : [口 (입구)]   단어 協商(협상) 商品(상품) 通商(통상)
【장사 상】 장사, 헤아리다, 장사하다
啇 : ` 一 十 立 产 产 商   儿 : ノ 儿   口 : ｜ 冂 口

> 장사 상(商, 商) 자는 장사꾼이 소리치며 물건을 팔고 있는 모습을 상형한 글자이다.

𠹛 갑골문   𠹛𠹛 금문   𠹛 전서   𠹛𠹛 설문해자

【shāng(쌰ㅡ앙)】 [총11획] 부수 : [口 (입구)]
[商(상)의 간체자(簡體字)]
啇 : ` 一 十 立 产 产 商   八 : ノ 八   口 : ｜ 冂 口

【pǐn(피ˇ인)】 [총9획] 부수 : [口 (입구)] 　　단어　製品(제품) 商品(상품) 食品(식품)
【물건 품】 물건(物件), 물품(物品), 품격(品格), 품위(品位), 질, 성질(性質), 품계(品階)
口 : ㅣㄇ口　　口 : ㅣㄇ口　　口 : ㅣㄇ口

물건 품(品) 자는 물건을 차례로 높이 쌓고 있는 모습을 상형한 글자이다. 차례로 쌓기 때문에 순서가 있게 되었다.

갑골문　　금문　　전서　　설문해자

【shǎng(ㄕㄤˇ앙)】 [총15획] 부수 : [貝 (조개패)]　　단어　賞罰(상벌) 賞品(상품) 賞狀(상장)
【상줄 상】 증여하다, 칭찬하다, 즐기다, 숭상하다
⺌ : ㅣㅣㅣ　　冖 : 丶ㄇ　　口 : ㅣㄇ口　　貝 : ㅣㄇㄇ月目貝貝

상줄 상(賞, 赏) 자는 손바닥 위에 금화나 돈을 올려놓고 상으로 주는 모습을 상형한 글자이다. 이 글자에서 보이는 패(貝) 자는 손목을 상형한 글자인데 이 글자를 돈으로 봐도 무관하다.

금문　　전서　　설문해자

【shǎng(ㄕㄤˇ앙)】 [총12획] 부수 : [贝 (조개패)]
[賞(상)의 간체자(簡體字)]
⺌ : ㅣㅣㅣ　　冖 : 丶ㄇ　　口 : ㅣㄇ口　　贝 : ㅣㄇ贝贝

◆장면이 살아나는 그림한자◆

【mǎi(마ˇ이)】 [총12획] 부수 : [貝 (조개패)]　　**단어** 賣買(매매) 購買(구매) 買入(매입)
【살 매】 사다, 세내다, 고용(雇用)하다, 불러오다, 자초(自招)하다, 성(姓)의 하나
罒 : 丨冂冂罒罒　　貝 : 丨冂冂月目貝貝

살 매(買, 买) 자는 한 사람이 돈을 주고 물건을 사는 모습을 상형한 글자이다.

 갑골문　금문　전서　설문해자

【mǎi(마ˇ이)】 [총6획] 부수 : [乙 (새을)]
[買(매)의 간체자(簡體字)]
⺈ : ⺈　冫 : 冫　大 : 一ナ大

【mài(마ˋ이)】 [총15획] 부수 : [貝 (조개패)]　　**단어** 販賣(판매) 賣却(매각) 賣出(매출)
【팔 매】 팔다, 속이다, 배신(背信)하다, 내통(內通)하다
士 : 一十士　　罒 : 丨冂冂罒罒　　貝 : 丨冂冂月目貝貝

 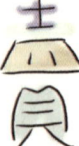  

팔 매(賣) 자는 한 사람이 앉아서 물건을 팔고 다른 한 사람은 돈을 들고 와서 물건을 사려는 모습을 상형한 글자이다.

금문　전서　설문해자

【mài(ㄇㄞˋ이)】 [총8획] 부수 : [十 (열십)]
[賣(매)의 간체자(簡體字)]
十 : 一 十   ⼇ : ⼇   丷 : ⼇ 丷   大 : 一 ナ 大

  卖 卖

간체자 팔 매(卖) 자는 한 사람이 다른 한 사람을 불러 세우고 물건을 파는 모습을 상형한 글자이다.

貴 【guì(ㄍㄨㄟˋ이)】 [총12획] 부수 : [貝 (조개패)]   **단어** 貴中(귀중) 貴下(귀하) 貴族(귀족)
【귀할 귀】 귀(貴)하다, (신분이)높다, 중요(重要)하다, 귀중(貴重)하다, 귀하게 여기다
虫 : 丨 冂 口 中 虫   貝 : 丨 冂 冂 冃 目 貝 貝

귀할 귀(貴, 贵) 자는 한 사람이 돈을 갖고 있는 모습을 상형한 글자이다. 돈을 갖고 있기 때문에 귀(貴)한 것이다.

貴 전서 臾 설문해자

【guì(ㄍㄨㄟˋ이)】 [총9획] 부수 : [贝 (조개패)]
[貴(귀)의 간체자(簡體字)]
虫 : 丨 冂 口 中 虫   贝 : 丨 冂 贝 贝

費 【fèi(ㄈㄟˋ이)】 [총12획] 부수 : [貝 (조개패)]   **단어** 消費(소비) 費用(비용) 浪費(낭비)
【쓸 비】 쓰다, 소비하다, 소모(消耗)하다
弓 : ㄱ ㅋ 弓   八 : ノ 八   貝 : 丨 冂 冂 冃 目 貝 貝

쓸 비(費, 费) 자는 한 사람이 엽전 다발을 풀거나 돈을 꺼내놓고 소비하는 모습을 상형한 글자이다.

冉 금문 費 전서 費 설문해자

◆장면이 살아나는 그림한자◆

【fèi(㈜ㄟ이)】 [총9획] 부수 : [贝 (조개패)]
[費(비)의 간체자(簡體字)]
弓 : ㄱㄱ弓   ノヽ : ノヽ   贝 : ㅣ冂贝贝

質
【zhì(쯔ㄟ이)】 [총15획] [부수 : [貝 (조개패)]   단어 物質(물질) 性質(성질) 質問(질문)
【바탕 질】 바탕, 본질(本質), 품질(品質), 성질(性質), 품성(稟性)
斤 : ㄧㄒ斤斤   斤 : ㄧㄒ斤斤   貝 : ㅣ冂冂冃目貝貝

바탕 질(質, 质) 자는 한 사람이 장마당에서 돈을 주고 도끼를 사는 모습을 상형한 글자이다. 위 그림을 보면 도끼 두 개를 들고 어느 것이 더 좋은지 고르고 있는 모습이다.

質 전서   質 설문해자

质
【zhì(쯔ㄟ이)】 [총8획] 부수 : [贝 (조개패)]
[質(질)의 간체자(簡體字)]
厂 : ㄧ厂   十 : 一十   贝 : ㅣ冂贝贝

財
【cái(차ㄟ이)】 [총10획] 부수 : [貝 (조개패)]   단어 財閥(재벌) 財産(재산) 財政(재정)
【재물 재】 재물(財物), 재산(財産), 자산(資産), 보물(寶物), 물품(物品)
貝 : ㅣ冂冂冃目貝貝   才 : 一十才

재물 재(財, 财) 자는 한 사람이 보물 함에 담아놓은 보물이거나 돈을 헤아리고 있는 모습을 상형한 글자이다.

財 전서   財 설문해자

财
【cái(차ㄟ이)】 [총7획] 부수 : [贝 (조개패)]
[財(재)의 간체자(簡體字)]
贝 : ㅣ冂贝贝   才 : 一十才

◆한자획이 살아나는 그림한자-5급◆

【bài(빠ˋ이)】 [총11획] 부수 : [貝 (조개패)]　　단어 敗北(패배) 敗者(패자) 敗業(패업)
【패할 패】 무너지다. 부수다. 깨뜨리다. 헐어지다
貝 : 丨冂冂月月貝貝　　攵 : 丿𠂉ケ攵

패할 패(敗, 败) 자는 이긴 상대방의 물건을 깨뜨리는 모습을 상형한 글자이다. 이 글자는 또한 패전하여 돈으로 배상금을 내는 모습으로도 볼 수 있다.

갑골문　금문　전서　설문해자

【bài(빠ˋ이)】 [총8획] 부수 : [贝 (조개패)]
[敗(패)의 간체자(簡體字)]
贝 : 丨冂贝贝　　攵 : 丿𠂉ケ攵

【zhù(쭈ˋ우)】 [총12획] 부수 : [貝 (조개패)]　　단어 貯藏(저장) 貯蓄(저축) 貯金(저금)
【쌓을 저】 쌓다, 쌓아 두다, 담다, 저축(貯蓄)하다
貝 : 丨冂冂月月貝貝　　宀 : 丶丷宀　　丁 : 一丁

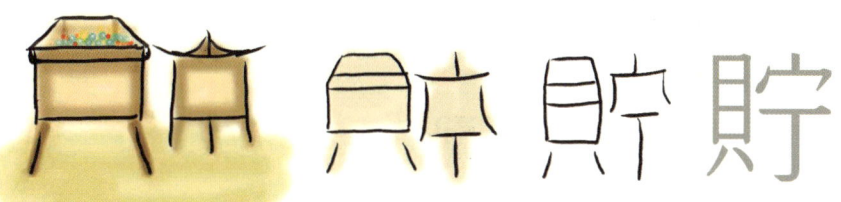

쌓을 저(貯, 贮) 자는 받침대 위에 볏가마니를 쌓거나 곡간에 곡식이나 재물을 저축하는 모습을 상형한 글자이다.

갑골문　금문　전서　설문해자

【zhù(쭈ˋ우)】 [총8획] 부수 : [贝 (조개패)]
[貯(저)의 간체자(簡體字)]
贝 : 丨冂贝贝　　宀 : 丶丷宀　　一 : 一

◆장면이 살아나는 그림한자◆

【zé(저↗어)】 [총11획] 부수 : [貝 (조개패)] 　단어　 責任(책임) 叱責(질책) 譴責(견책)
【꾸짖을 책】 꾸짖다, 나무라다, 책망하다, 책임을 지우다, 책임, 직책(職責), 의무 처벌
主 : 一 二 キ 主　　貝 : 丨 冂 冂 月 目 貝 貝

꾸짖을 책(責, 责) 자는 한 사람이 빌려준 돈을 받고 있는 모습을 상형한 글자이다. 보통 돈을 빌려간 사람은 돈을 잘 안 갚기 때문에 이러한 돈을 수금할 때에는 항시 나무라고 꾸짖게 되는데 우리는 이런 모습을 자주 볼 수 있다.

갑골문　　금문　　설문해자

【zé(즈↗어)】 [총8획] 부수 : [贝 (조개패)]
[責(책)의 간체자(簡體字)]
主 : 一 二 キ 主　　贝 : 丨 冂 贝 贝

【tuán(투↗안)】 [총14획] 부수 : [囗 (큰입구몸)]　　단어　 團體(단체) 集團(집단) 團地(단지)
【둥글 단】 둥글다, 모이다, 모으다, 굴러가다
囗 : 丨 冂 囗　　叀 : 一 一 一 一 一 一 叀 叀 叀　　寸 : 一 十 寸

둥글 단(團) 자는 마당에서 실을 감고 있는 모습을 상형한 글자이다.

설문해자

【tuán(투↗안)】 [총6획] 부수 : [囗 (큰입구몸)]
[團(단)의 속자(俗字)/간체자(簡體字)]
囗 : 丨 冂 囗　　才 : 一 十 才

옆모습　　　윗모습

간체자 둥글 단(团) 자는 보따리를 둥글게 묶어놓은 모양을 상형한 글자이다.

다. 동식물

島(岛)	曜(曜)	舊(旧)	卓
섬 도	빛날 요	예/옛 구	높을 탁
雄	獨(独)	牛	馬(马)
수컷 웅	홀로 독	소 우	말 마
善	養(养)	能	練(练)
착할 선	기를 양	능할 능/견딜 내	익힐 련(연)
必	葉(叶)	落(落)	相
반드시 필	잎 엽	떨어질 락(낙)	서로 상
材	橋(桥)	格	板
재목 재	다리 교	격식 격	널빤지 판
案	査	末	束
책상 안	조사할 사	끝 말	묶을/약속할 속
節(节)	筆(笔)		
마디 절	붓 필		

 【dǎo(다ˇ오/우)】 [총10획] 부수 : [山 (뫼산)]　　단어 島影(도영) 島國(도국) 獨島(독도)
[섬 도] 섬
鳥 : ′ ⺊ ⼧ ⼧ 户 户 鳥　　山 : ㅣ 山 山

> 섬 도(島, 岛) 자는 섬으로 새가 날아가는 모습을 상형한 글자이다. 배가 없던 시대에는 섬이라는 존재는 새만이 갈 수 있다는 것을 자주 보았기 때문이다. 도(島) 자에서 아래에 있는 산(山) 자는 꼭 세 봉우리가 있는 섬이라는 말은 아니다. 위 그림을 통해서 이 모양은 섬과 주위에 맴도는 물결의 모양이라는 것을 알 수 있다.

島 전서　　𨾖 설문해자

 【dǎo(다ˇ오/우)】 [총7획] 부수 : [山 (뫼산)]
[島(도)의 간체자(簡體字)]
鸟 : ′ ⼧ ⼧ 鸟　　山 : ㅣ 山 山

 【yào(야ˋ오/우)】 [총18획] 부수 : [日 (날일)]　　단어 曜日(요일) 黑曜(흑요) 曜魄(요백)
[빛날 요] 빛나다, 비추다, 자랑하다, 햇빛, 햇살, 요일, 일월성신, 칠요(七曜)
日 : ㅣ 冂 冂 日　　羽 : フ ヨ ヨ 羽 羽 羽　　隹 : ′ ⼁ ⼁ 亻 仁 仁 隹 隹

> 빛날 요(曜, 曜) 자는 날이 밝자 새들이 날개를 펼쳐들고 날아가려고 하는 모습을 상형한 글자이다.

 【yào(야ˋ오/우)】 [총18획] 부수 : [日 (날일)]
[曜(요)의 간체자(簡體字)]
日 : ㅣ 冂 冂 日　　习 : フ ヨ 习　　习 : フ ヨ 习　　隹 : ′ ⼁ ⼁ 亻 仁 仁 隹 隹

◆장면이 살아나는 그림한자◆

【jiù(찌ヽ우)】 [총18획] 부수 : [臼 (절구구)] 　단어 舊態(구태) 舊正(구정) 舊里(구리)
【예/옛 구】 옛, 친구, 오래다
卝 : 一十卄卝　　隹 : 丿亻亻亻亻亻隹隹　　臼 : 一丨丨丨臼臼

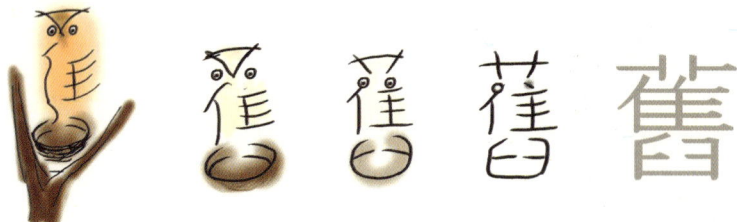

옛 구(舊) 자는 부엉이나 황새 같은 큰 새와 그들의 둥지를 상형한 글자이다. 부엉이나 황새 같은 큰 새들은 둥지를 한 번 정하면 해마다 같은 둥지에서 오랫동안 사용하면서 생활하기 때문에 '오래다'를 뜻하게 되었다.

【jiù(찌ヽ우)】 [총5획] 부수 : [日 (날일)]
[舊(구)의 간체자(簡體字)/속자(俗字)]
丨: 丨　　日 : 丨冂冃日日

간체자 옛 구(旧) 자는 새의 둥지를 상형한 글자이다. 새 둥지가 오랫동안 남아있다는 의미에서 '오래 되다'를 뜻하게 된 것이다. 오래 되면 낡기 마련이기 때문에 '낡았다'는 뜻도 함께 들어있게 되었다.

【zhuō(쭈ㅡ어)】 [총8획] 부수 : [十 (열십)]　단어 卓球(탁구) 食卓(식탁) 卓越(탁월)
【높을 탁】 높다, 멀다, 높고 멀다, 높이 세우다, 뛰어나다
卜 : 丨卜　　早 : 丨冂日日甼早

높을 탁(卓) 자는 높은 나무 위에 둥지를 튼 새가 높이 날아오르는 모습을 상형한 글자이다.

◆한자획이 살아나는 그림한자-5급◆

【xióng(시ㄥ웅)】 [총12획] 부수 : [隹 (새추)]　　단어 雄辯(웅변) 英雄(영웅) 雌雄(자웅)
【수컷 웅】 수컷, 두목, 씩씩하다, 용감하다, 이기다, 승리하다, 뛰어나다, 웅장(雄壯)하다
ナ : 一ナ　　　ム : ㄥ ム　　　隹 : ノ イ 亻 亻 仁 仨 隹 隹

수컷 웅(雄) 자는 남자아이가 가금(家禽)이 있는 닭장 주위에 서서 오줌을 싸는 모습을 상형한 글자이다.

전서　　　설문해자

【dú(두ㄥ우)】 [총16획] 부수 : [犭 (개사슴록변)]　　단어 獨逸(독일) 獨島(독도) 單獨(단독)
【홀로 독】 홀로, 혼자, 어찌, 다만, 오직, 그, 홀몸, 홀어미, 외로운 사람, 외발 사람
犭 : ノ 犭 犭　　㓁 : 丨 冂 冂 冂 㓁　　勹 : ノ 勹　　虫 : 丨 口 口 中 虫 虫

홀로 독(獨, 独) 자는 한 사람이 홀로 밤길을 걸어가다가 개 짖는 소리에 놀라는 모습을 상형한 글자이다.

전서　　　설문해자

独
【dú(두ㄥ우)】 [총9획] 부수 : [犭 (개사슴록변)]
[獨(독)의 약자(略字)/간체자(簡體字)]
犭 : ノ 犭 犭　　虫 : 丨 口 口 中 虫 虫

【niú(니ㄥ우)】 [총4획] 부수 : [牛 (소우)]　　단어 牛乳(우유) 牡牛(모우) 牛馬(우마)
【소 우】 별 이름, 견우성, 우수, 고집스럽다
牛 : ノ 𠂉 二 牛

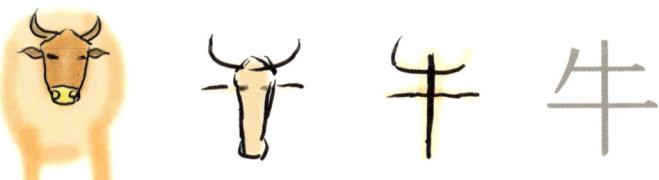

소 우(牛) 자는 앞에서 본 소머리의 모양을 상형한 글자이다.

갑골문　　　금문　　　전서　　　설문해자

215

◆장면이 살아나는 그림한자◆

【mǎ(마ˇ아)】 [총10획] 부수 : [馬 (말마)]　　단어 馬山(마산) 出馬(출마) 落馬(낙마)
【말 마】 말, 크다
馬 : 丨 厂 亇 厈 馬 馬 馬 馬 馬 馬

말 마(馬, 马) 자는 옆에서 본 말의 모양을 상형한 글자이다.

갑골문　금문　전서　설문해자

【mǎ(마ˇ아)】 [총3획] 부수 : [马 (말마)]
[馬(마)의 간체자(簡體字)]
马 : ㇇ 马 马

善
【shàn(ㄕㄢˋ안)】 [총12획] 부수 : [口 (입구)]　　단어 善惡(선악) 善意(선의) 善戰(선전)
【착할 선】 착하다, 좋다
羊 : ` ˙ ㅛ ㅛ 쓰 羊　　言 : ` ˙ ㅗ ㅗ 言 言

  善  善

착할 선(善) 자는 양떼의 모습을 상형한 글자이다. 양은 성정(性情)이 착해서 사람들을 해치지 않고 말을 잘 따른다.

금문　　전서　　설문해자

216

◆한자획이 살아나는 그림한자-5급◆

　【yǎng(야∨앙)】 [총15획] 부수 : [食 (밥식)]　단어 養成(양성) 涵養(함양) 培養(배양)
【기를 양】 (낳아서)기르다, (젖을)먹이다, (심어)가꾸다, 수양(收養)하다, 봉양(奉養)하다
羊 : ` `` ´´ 쓰 쓰 羊 羊　　八 : ノ 八　　食 : ´ ㅅ 占 즠 늘 自 食 食

기를 양(養, 养) 자는 구유에 있는 먹이를 먹고 있는 양의 모습을 상형한 글자이다. 이 글자를 또한 사람이 밥을 먹고 있는 모습으로도 볼 수 있다.

금문　전서　설문해자

　【yǎng(야∨앙)】 [총9획] 부수 : [八 (여덟팔)]
[養(양)의 간체자(簡體字)]
羊 : ` `` ´´ 쓰 쓰 羊 羊　　八 : ノ 八　　儿 : ノ 儿

　【néng(너/엉)】 [총10획] 부수 : [月 (육달월)]　단어 能力(능력) 機能(기능) 可能(가능)
【능할 능】 능하다(能), 기량(技倆·伎倆)을 보이다, 능력(能力), 재능(才能)
ム : ㄥ ム　　月 :) 冂 月 月　　匕 : ㄴ 匕　　匕 : ㄴ 匕

능할 능(能) 자는 서있는 곰의 모습을 상형한 글자이다. 일반 동물과 달리 곰은 설 수 있고 또한 오랫동안 견딜 수 있기 때문에 '능하다, 견디다'를 뜻하게 되었다.

금문　전서　설문해자

◆장면이 살아나는 그림한자◆

【liàn(뤼ㄟ안/엔)】 [총15획] 부수 : [糸 (실사)]　　단어 訓練(훈련) 練習(연습) 未練(미련)
【익힐 련(연)】 익히다, 단련(鍛鍊)하다, 연습(練習·鍊習)하다, 훈련(訓練·訓鍊)하다
糸 : 〈 纟 纟 纟 糸 糸　　柬 : 一 亠 亣 亣 宙 束 束 柬

익힐 련(練, 练) 자는 사람들이 누에고치에서 실을 뽑는 모습을 상형한 글자이다. 실을 뽑는 것은 오랜 시간과 반복적인 노동이 필요로 한다.

鰊 㮜 전서　練 설문해자

【liàn(뤼ㄟ안/엔)】 [총8획] 부수 : [纟 (실사)]
[練(련)의 간체자(簡體字)]
纟 : 〈 纟 纟　　东 : 一 七 车 东 东

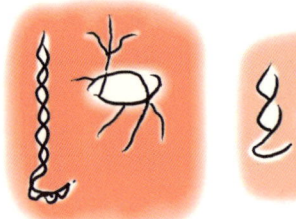  

【bì(삐ㄟ이)】 [총5획] 부수 : [心 (마음심)]　　단어 必要(필요) 必須(필수) 必需的(필수적)
【반드시 필】 반드시, 틀림없이, 꼭, 오로지, 가벼이
心 : ㇒ ㇆ 心 心　　ノ : ノ

반드시 필(必) 자는 벌집을 꺼내자 꿀이 흘러나온 모습을 상형한 글자이다. 벌집을 꺼내면 꿀이 꼭 있게 된다. 그래서 이 글자가 '반드시'를 뜻하게 되었다.

必 금문　必 전서　必 설문해자

◆한자획이 살아나는 그림한자-5급◆

葉 【yè(예ˋ에)】 [총13획] 부수 : [++ (초두머리)]
【잎 엽】 잎, 꽃잎
단어 葉書(엽서) 葉心(엽심)

++ : 一 ++ ++   世 : 一 十 卄 廿 世   木 : 一 十 才 木

잎 엽(葉) 자는 무성한 나뭇잎의 모양을 상형한 글자이다. 여기서 나뭇잎이 식물이기 때문에 초(++) 자를 풀로 볼 수 있지만 그러나 실은 아래의 세(世) 자와 마찬가지로 나뭇잎으로 보는 것이 더 타당하다.

 금문   전서   설문해자

叶 【yè(예ˋ에)】 [총5획] 부수 : [口 (입구)]
[葉(엽)]의 간체자(簡體字)

口 : ㅣ ㄇ 口   十 : 一 十

간체자 잎 엽(叶) 자는 나무와 나뭇잎 하나를 강조해서 그리거나 또한 어린 나무와 나뭇잎의 모양을 상형한 글자이기도 하다.

落 【luò(루ˋ어)/là(라ˋ아)/lào(라ˋ오/우)】 [총13획] 부수 : [++ (초두머리)]
【떨어질 락(낙)】 떨어지다, 떨어뜨리다
단어 墜落(추락) 下落(하락) 墮落(타락)

++ : 一 ++ ++   氵 : 丶 冫 氵   夂 : ノ 夂 夂   口 : ㅣ ㄇ 口

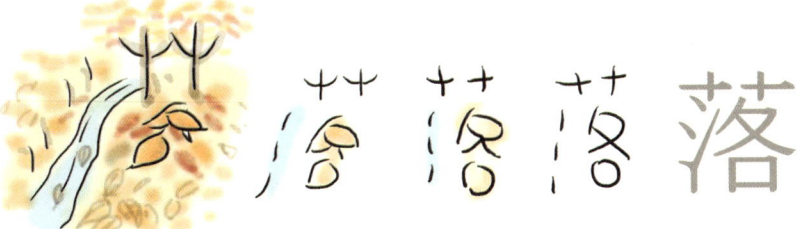

떨어질 락(落, 落) 자는 나무에서 낙엽이 떨어지는 모습을 상형한 글자이다.

전서   설문해자

◆장면이 살아나는 그림한자◆

【luò(루ㅗ\어)/là(롸\아)/lào(롸\오/우)】 [총12획] 부수 : [艹 (초두머리)]
[落(락)의 간체자(簡體字)]
艹 : 一 十 艹   氵 : ` ` 氵   夂 : ノ ク 夂   口 : l 口 口

相
【xiāng(씨ㅡ앙)/xiàng(씨\앙)】 [총9획] 부수 : [目 (눈목)]
【서로 상】 서로, 자세히 보다, 도움, 돕다   단어 樣相(양상) 相對(상대) 相互(상호)
木 : 一 十 才 木   目 : l 冂 冂 目 目

서로 상(相) 자는 과일나무가 잘 자라게 눈으로 관찰하며 보살피고 있는 모습을 상형한 글자이다. 이 글자에서 목(目) 자는 눈으로 볼 수도 있지만 또한 보고 있는 얼굴의 옆모습으로 보는 것이 더 타당하다.

𣎵𥃭 갑골문   𣎴𥄂 금문   𣎴 전서   𣎴 설문해자

材
【cái(차ㅡ이)】 [총7획] 부수 : [木 (나무목)]   단어 材料(재료) 材木(재목) 人材(인재)
【재목 재】 재목(材木), 재료(材料), 바탕, 재화(財貨)
木 : 一 十 才 木   才 : 一 十 才

재목 재(材) 자는 집을 지으려고 중간의 기둥을 임시로 괴어 놓은 모양과 옆에 놓인 원목을 상형한 글자이다.

材 材 전서   材 설문해자

◆한자획이 살아나는 그림한자-5급◆

橋
【qiáo(챠ˊ오/우)】 [총16획] 부수 : [木 (나무목)]   단어 橋梁(교량) 橋架(교가) 橋下(교하)
【다리 교】 다리
木 : 一 十 才 木   夭 : 一 二 チ 夭   口 : 丨 冂 口   冋 : 丨 冂 冂 冋 冋

다리 교(橋, 桥) 자는 나무가 자라나 있는 냇가에 있는 다리를 한 사람이 건너고 있는 모습을 상형한 글자이다.

橋 전서   橋 설문해자

桥
【qiáo(챠ˊ오/우)】 [총10획] 부수 : [木 (나무목)]
[橋(교)의 간체자(簡體字)]
木 : 一 十 才 木   夭 : 一 二 チ 夭   八 : 丿 八

格
【gé(꺼ˊ어)】 [총10획] 부수 : [木 (나무목)]   단어 格差(격차) 格言(격언) 價格(가격)
【격식 격】 격식, 인격, 격자, 헤아리다, 고치다
木 : 一 十 才 木   夂 : 丿 ク 夂   口 : 丨 冂 口

격식 격(格) 자는 나무에 굵은 선의 모양을 상형한 글자이다. 조각을 할 때 여러 획을 긋다보면 위의 그림처럼 격(格) 자 모양이 된다. 그래서 이 글자가 격(格)자가 되었다. 원래 격(格) 자는 나무 목(木) 자가 없었는데 나무 목(木) 자가 들어가게 된 것은 나무에 긋었다는 의미도 있지만 이 글자는 또한 나무 막대기로 격(格) 자처럼 휘두르는 선(궤적)과 같아 격투(格鬪)를 뜻하는 글자로 이중 사용하면서 삽입하게 되었다고 볼 수 있다.

갑골문   格 금문   格 전서   格 설문해자

◆장면이 살아나는 그림한자◆

【bǎn(바ˇ안)】 [총8획] 부수 : [木 (나무목)]   단어 看板(간판) 板橋(판교) 懸板(현판)
【널빤지 판】 널빤지, 판목(板木), 판자(板子)
木 : 一 十 オ 木   厂 : 一 厂   又 : 丆 又

널빤지 판(板) 자는 한 사람이 나무로 널빤지를 만들고 있는 모습을 상형한 글자이다.

案
【àn(ㄸㄺ안)】 [총10획] 부수 : [木 (나무목)]   단어 勘案(감안) 方案(방안) 提案(제안)
【책상 안】 책상(冊床), 생각, 안건(案件), 지경(地境: 땅의 가장자리, 경계), 초안(草案)
宀 : 丶 丷 宀   女 : ㄑ 女 女   木 : 一 十 オ 木

책상 안(案) 자는 집안에 있는 한 사람이 책상 위에 놓인 책이나 문서 등을 서서보고 있는 모습을 상형한 글자이다.

 설문해자

【chá(차ˊ아)/zhā(짜ㅡ아)】 [총9획] 부수 : [木 (나무목)]
【조사할 사】 조사(調査)하다, 사실(寫實)하다(사물을 있는 그대로 그리다), 찌꺼기
木 : 一 十 オ 木   且 : ㅣ 冂 日 且 且   단어 搜査(수사) 調査(조사) 審査(심사)

조사할 사(査) 자는 한 사람이 그릇이 깨끗한지 아니면 잘 보관하고 있는지를 조사하고 있는 모습을 상형한 글자이다.

【mò(모ㄛˋ)】 [총5획] 부수 : [木 (나무목)]　　단어　週末(주말) 年末(연말) 終末(종말)
【끝 말】 끝, 꼭대기, 마지막, 하위(下位), 시간(時間)의 끝, 늘그막, 말세(末世)
一 : 一　　　木 : 一 十 才 木

끝 말(末) 자는 한 사람이 손가락으로 나무의 끝을 가리키는 모습을 상형한 글자이다.

末末 금문　末 전서　末 설문해자

束
【shù(수ˋ)】 [총7획] 부수 : [木 (나무목)]　　단어　束縛(속박) 束草(속초) 約束(약속)
【묶을/약속할 속】 묶다, 동여매다
束 : 一 ㄧ 币 市 申 東 束

묶을 속(束) 자는 나뭇가지를 묶어놓은 모습을 상형한 글자이다. 또한 이 글자는 보따리를 동여매는 모양을 상형한 글자이기도 하다.

束 갑골문　束 금문　束 설문해자

【jié(지ㄝˊ)】 [총15획] 부수 : [竹 (대죽)]　　단어　節次(절차) 節氣(절기) 節約(절약)
【마디 절】 (식물의)마디, (동물의)관절, 예절, 절개, 철, 절기, 기념일, 축제일, 명절
竹 : ノ ㅏ ㅓ 竹 竹 竹　白 : ' ㅓ 竹 白 白　ヒ : 乚 ヒ　卩 : 丨 卩

마디 절(節, 节) 자는 대나무의 마디를 상형한 글자이다.

節 금문　節 전서　節 설문해자

◆장면이 살아나는 그림한자◆

【jié(지/에)】 [총5획] 부수 : [艹 (초두머리)]
[節(절)의 간체자(簡體字)]
艹 : 一十艹   卩 : ㇆卩

筆
【bǐ(비ˇ이)】 [총12획] 부수 : [竹 (대죽)]   단어 隨筆(수필) 筆筒(필통) 筆跡(필적)
【붓 **필**】 붓, 글씨, 필기구, 필법, 가필, 획수, 필획(筆劃), 글자를 쓰다, 글을 짓다
竹 : 丿亠ㅑ竹竹竹   聿 : ㇆ㄱㅋㅋㅋㅋ聿

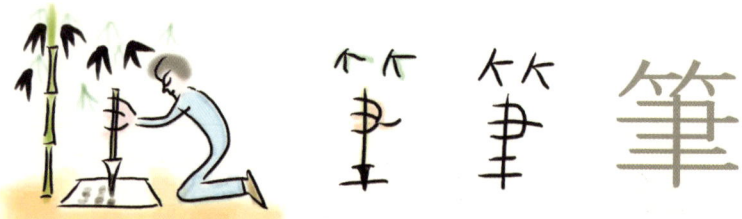

> 붓 필(筆, 笔) 자는 대나무로 만든 붓으로 글을 쓰고 있는 모습을 상형한 글자이다.

聿 笔 전서   萋 설문해자

【bǐ(비ˇ이)】 [총10획] 부수 : [竹 (대죽)]
[筆(필)의 간체자(簡體字)]
竹 : 丿亠ㅑ竹竹竹   毛 : 一二三毛

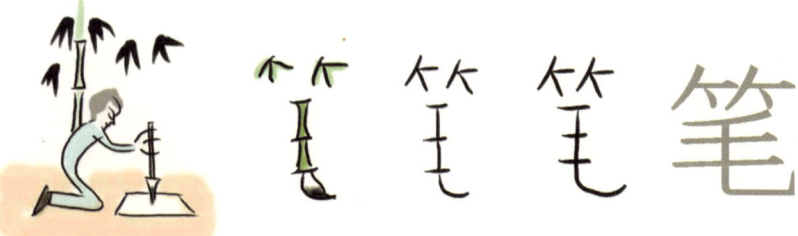

라. 자연과 연관되는 한자 및 기타

元	景	最	示(ネ)	祝(祝)
으뜸 원	볕 경/그림자 영	가장 최	보일 시	빌 축
福(福)	熱(热)	災(灾)	赤	壇(坛)
복 복	더울 열	재앙 재	붉을 적	단 단
曲	陸(陆)	院	都	炭
굽을/누룩 곡	뭍 륙(육)	집 원	도읍 도/못 지	숯 탄
黑	的	到	鐵(铁)	兵
검을 흑	과녁 적	이를 도	쇠 철	병사 병
初	切	展	固	流
처음 초	끊을 절	펼 전	굳을 고	흐를 류(유)
法	州	河	湖	船
법 법	고을 주	물 하	호수 호	배 선
魚(鱼)	漁(渔)	鮮(鲜)	汽(汽)	洗
물고기 어	고기 잡을 어	고울/생선 선	물 끓는 김 기	씻을 세
浴	決(决)	氷(冰)	冷(冷)	雨
목욕할 욕	결단할 결	얼음 빙	찰 랭(냉)	비 우
雲(云)	原	亡	參(参)	充
구름 운	언덕/근원 원	망할 망	참여할 참/석 삼	채울 충
급수 외	乒(핑)	乓(팡)		
	물건을 부딪치는 소리 병(핑)/(팡)			

◆한자획이 살아나는 그림한자-5급◆

【yuán(위ノ안/엔)】 [총4획] 부수 : [儿 (어진사람인발)]
【으뜸 원】으뜸, 처음, 시초(始初), 근본, 근원(根源) 단어 元老(원로) 元來(원래) 元首(원수)
二 : 一 二   儿 : ノ 儿

으뜸 원(元) 자는 아침에 떠오르는 태양과 바다의 수평선 및 반영(反影)을 상형한 글자이다. 아침에 막 떠오른 태양의 시점은 바로 '처음, 시초' 등을 뜻하게 되었다.

㞢 갑골문 㞢 금문 㞢 전서 㞢 설문해자

【jǐng(지∨잉)】 [총12획] 부수 : [日 (날일)]   단어 景氣(경기) 背景(배경) 景致(경치)
【볕 경】볕, 햇빛, 햇살, 해, 태양(太陽), 경치(景致), 풍치(風致), 풍물(風物)
日 : 丨 冂 日 日   高 : 丶 亠 古 古 高   小 : 丨 小 小

볕 경(景) 자는 한 사람이 바다에서 해가 뜨는 것을 보고 있는 모습을 상형한 글자이다. 이 글자가 서울의 높고 큰 건물 위에 해가 떠오르는 모습으로도 볼 수 있다.

景 景 전서 景 설문해자

【zui(쭈ヽ이)】 [총12획] 부수 : [曰 (가로왈)]   단어 最高(최고) 最初(최초) 最近(최근)
【가장 최】가장, 제일, 으뜸, 최상(最上), 가장 뛰어난 것
日 : 丨 冂 日 日   耳 : 一 丁 丌 丌 耳 耳   又 : ㄱ 又

가장 최(最) 자는 아침에 해가 뜨는 모습을 상형한 글자이다. 옛날에는 태양을 신으로 볼 때에 태양이 최고로 보았다.

最 最 전서 最 설문해자

◆장면이 살아나는 그림한자◆

示
【shì(尸ˋ)】 [총5획] 부수 : [示 (보일시)] 단어 示威(시위) 提示(제시) 指示(지시)
【보일 시】 보이다, 보다, 알리다
示 : 一 二 亍 示 示

보일 시(示) 자는 떠오르는 태양의 모습과 반영(反影)을 상형한 글자이다. 옛날에 등불이 없는 밤에는 아무것도 보이지 않았는데 아침에 해가 떠오르면 빛이 있어서 보이게 되었다는 말이다.

 갑골문   전서   설문해자

礻
【shì(尸ˋ)】 [총4획] 부수 : [礻 (보일시변)]
[示(시)와 동자(同字)]
礻 : 丶 ヽ 礻 礻

보일 시(礻) 자는 떠오르는 태양의 모습과 반영(反影)을 상형한 글자이다. 이 글자는 부수로 많이 사용한다.

祝
【zhù(ㄓㄨˋ)】 [총10획] 부수 : [示 (보일시)] 단어 祝賀(축하) 祝祭(축제) 祝福(축복)
【빌 축】 기원(祈願)하다, 축원하다, 빌다
示 : 一 二 亍 示 示   口 : 丨 冂 口   儿 : 丿 儿

빌 축(祝, 祝) 자는 맏이가 기원을 하고 있는 모습을 상형한 글자이다.

 갑골문   금문   전서   설문해자

祝
【zhù(ㄓㄨˋ)】 [총9획] 부수 : [礻 (보일시변)]
[祝(축)의 간체자(簡體字)]
礻 : 丶 ヽ 礻 礻   口 : 丨 冂 口   儿 : 丿 儿

◆한자획이 살아나는 그림한자-5급◆

【fú(푸ˊ우)】 [총14획] 부수 : [示 (보일시)]　　단어　福利(복리) 福音(복음) 幸福(행복)
【복 복】 행복, 복을 돕다, 상서롭다
示 : 一 ニ テ 示 示　　　口 : 一 丅 冂 口　　　田 : 丨 冂 月 用 田

복 복(福, 福) 자는 제사상에 술을 바치는 모습을 상형한 글자이다.

福 갑골문　福 금문　福 전서　福 설문해자

【fú(푸ˊ우)】 [총13획] 부수 : [礻 (보일시변)]
[복(福)의 간체자(簡體字)]
礻 : ﹅ ㇇ 亅 礻　　口 : 一 丅 冂 口　　田 : 丨 冂 月 用 田

【rè(쯔ˋ어)】 [총15획] 부수 : [灬 (연화발)]　　단어　熱帶(열대) 熱量(열량) 熱風(열풍)
【더울 열】 덥다, 더위, 바쁘다, 열
土 : 一 十 土　　儿 : 丿 儿　　土 : 一 十 土　　丸 : 丿 九 丸　　灬 : 丶 丶 丶 丶

더울 열(熱) 자는 한 사람이 불을 피우고 다른 한 사람은 아이를 목마 태우고 불 앞에 앉아있는 모습을 상형한 글자이다.

熱 전서　熱 설문해자

【rè(쯔ˋ어)】 [총10획] 부수 : [灬 (연화발)]
[熱(열)의 속자(俗字)/간체자(簡體字)]
扌 : 一 十 扌　　丸 : 丿 九 丸　　灬 : 丶 丶 丶 丶

간체자 더울 열(热) 자는 한 사람의 한 손으로 장작을 지피고 다른 한 손으로는 열기를 막으려고 손을 펼쳐들고 있는 모습을 상형한 글자이다.

229

◆장면이 살아나는 그림한자◆

【zāi(짜ㅡ이)】 [총7획] 부수 : [火 (불화)] 　　단어 災難(재난) 災殃(재앙) 災害(재해)
【재앙 재】 재앙, 화재
巛 : ㄑ 巜 巛　　火 : ㇀ ㇀ ㇏ 火

재앙 재(災, 灾) 자는 움막집에 불이 붙어서 활활 타고 있는 모습을 상형한 글자이다.

炎 전서　災 灾 설문해자

【zāi(짜ㅡ이)】 [총7획] 부수 : [火 (불화)] 　　　　　　　　　　(특급)
[災(재)의 간체자(簡體字)]
宀 : ㇀ ㇀ 宀　　火 : ㇀ ㇀ ㇏ 火

赤
【chì(츠ㆍ)】 [총7획] 부수 : [赤 (붉을적)] 　단어 赤道(적도) 赤貧(적빈) 赤潮(적조)
【붉을 적】 붉다, 비다, 벌거벗다
赤 : 一 十 土 チ 뉴 赤 赤

 　赤　赤　赤

붉을 적(赤) 자는 불 앞에 앉아있는 사람이 타오르는 불에 의해 얼굴이 붉게 달아오른 모습을 상형한 글자이다.

쇼 갑골문　쇼 금문　炎 전서　炎 설문해자

◆한자획이 살아나는 그림한자-5급◆

【tán(타ノ안)】 [총16획] 부수 : [土 (흙토)]   단어 壇上(단상) 壇所(단소) 壇法(단법)
【단 단】 단, 제단, 마루, 터, 기초(基礎), 강단(講壇), 평탄하다, 뜰
土 : 一 十 土   亠 : ᠂ 亠   回 : 丨 冂 冂 冋 回 回   旦 : 丨 冂 日 日 旦

단 단(壇, 坛) 자는 제단의 옆에 심어놓은 나무와 제단의 모습을 상형한 글자이다.

𡈽 전서 壇 설문해자

【tán(타ノ안)】 [총7획] 부수 : [土 (흙토)]
[壇(단)의 속자(俗字)/간체자(簡體字)]
土 : 一 十 土   云 : 一 二 云 云

【qǔ(취∨위)/qū(취ー위)】 [총6획] 부수 : [曰 (가로왈)]
【굽을/누룩 곡】 굽다, 굽히다, 굽이   단어 歪曲(왜곡) 婉曲(완곡) 戱曲(희곡)
曲 : 丨 冂 冃 由 曲 曲

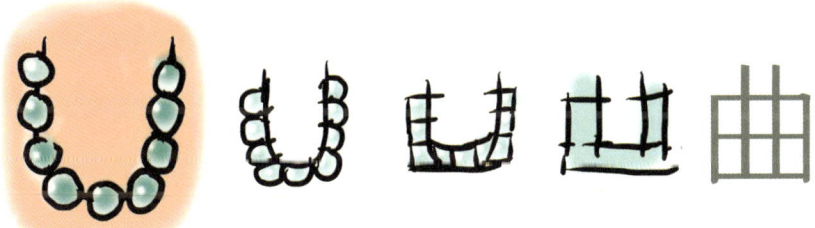

굽을 곡(曲) 자는 굽은 목걸이의 모양이거나 누룩의 모양을 상형한 글자이다.

𠃑 갑골문 𠬝 금문 曲 𠚖 전서 𠚑 설문해자

◆장면이 살아나는 그림한자◆

【lù(루ㄟ우)】 [총11획] 부수 : [阝 (좌부변)] 　단어　 大陸(대륙) 着陸(착륙) 離陸(이륙)
뭍 륙(육) 뭍, 육지, 땅, 언덕, 여섯, 두텁다
阝: ㄱ ㄩ 阝　　土 : 一 十 土　　儿 : ノ 儿　　土 : 一 十 土

뭍 육(陸, 陆) 자는 육지에서 생활하는 사람들의 모습을 상형한 글자이다.

갑골문　　금문　　陸 전서　　설문해자

【lù(루ㄟ우)】 [총10획] 부수 : [阝 (좌부변)]
[陸(륙)의 간체자(簡體字)]
阝: ㄱ ㄩ 阝　　キ: 一 二 キ　　凵 : ㄴ 凵

【yuàn(위ㄟ안/엔)】 [총10획] 부수 : [阝 (좌부변)] 　단어　 法院(법원) 病院(병원)
집 원 집, 담, 담장(牆), 절, 사원(寺院), 마을, 뜰, 정원(庭園), 관아(官衙), 관서(官署)
阝: ㄱ ㄩ 阝　　宀: ` 丶 宀　　二: 一 二　　儿 : ノ 儿

집 원(院) 자는 담장 안에서 놀고 있는 아이의 모습을 상형한 글자이다.

설문해자

【dōu(또/떠ㅡ우)/dū(뚜ㅡ우)】 [총12획] 부수 : [阝 (우부방)] 　단어　 都市(도시) 首都(수도)
도읍 도 도읍(都邑), 서울, 도시(都市), 마을, 동네, 나라, 성(城), 못(池)
耂: 一 十 土 耂　　日: 丨 冂 月 日　　丶: 丶　　阝: ㄱ ㄩ 阝

◆한자획이 살아나는 그림한자-5급◆

도읍 도(都) 자는 마을이나 도읍을 관리하는 제후의 모습을 상형한 글자이다.
이 글자는 제단 앞에서 제사를 지내고 있는 모습을 상형한 글자로도 볼 수 있다.

 금문　 전서　 설문해자

炭　【tàn(따ˋ안)】 [총9획] 부수 : [山 (뫼산)]　　단어　炭素(탄소) 石炭(석탄) 煉炭(연탄)
　【숯 탄】 숯, 목탄(木炭), 숯불, 석탄(石炭), 재, 먹물
　山 : ㅣ 凵 山　　ナ : 一 ナ　　火 : ' ' 少 火

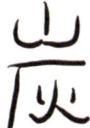

숯 탄(炭) 자는 타고 있는 숯의 모습을 상형한 글자이다.

 설문해자

黑　【hēi(헤ㅡ이)】 [총12획] 부수 : [黑 (검을흑)]　　단어　黑白(흑백) 黑板(흑판) 黑色(흑색)
　【검을 흑】 검다, 어둡다
　里 : ㅣ 冂 冂 日 田 甲 里　　灬 : ' ハ ハハ ハハハ

검을 흑(黑) 자는 숯 탄(炭)의 모양을 상형한 글자이다. 아래의 네 점은
숯 탄의 부스러기이다.

 금문　 전서　 설문해자

的　【de(떠ㅡ어)/dì(띠ˋ이)/dí(디ˊ이)】 [총8획] 부수 : [白 (흰백)]
　【과녁 적】 과녁, 참, 진실(眞實), 목표(目標), 표준(標準), ~의
　白 : ' ㅣ 白 白 白　　勹 : ノ 勹　　丶 : 丶　　단어　肯定的(긍정적) 目的(목적) 一般的(일반적)

과녁 적(的) 자는 나무에 매단 과녁과 땅에 세워진 과녁의 모양을 상형한 글자이다.

 전서

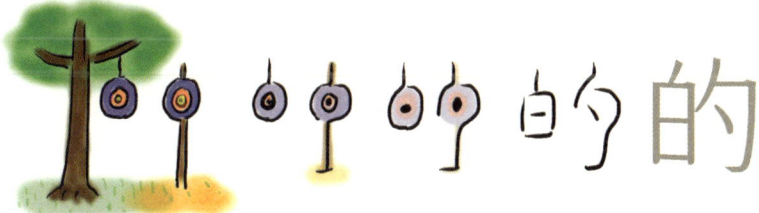

233

◆장면이 살아나는 그림한자◆

到 【dào(따ˋ오/우)】 [총8획] 부수 : [刂 (선칼도방)]   단어 到着(도착) 到達(도달) 到處(도처)
【이를 도】 닿다, 거꾸로 서다, 세밀하다, 말하다
至 : 一 ㄒ ㄍ 조 조 至   刂 : 丨 刂

이를 도(到) 자는 쏜 화살을 확인하러 가서 보는 모습을 상형한 글자이다.

금문 전서 설문해자

鐵 【tiě(티ˇ에)】 [총21획] 부수 : [金 (쇠금)]   단어 鐵道(철도) 鐵筋(철근) 鐵鋼(철강)
【쇠 철】 쇠, 검은 쇠, 검은빛, 무기(武器), 갑(甲)옷, 검다, 단단하다, 견고(堅固)하다
金 : 丿 𠆢 ㅅ ⺈ 全 今 金 金   十 : 一 十   戈 : 一 七 戈 戈   口 : 丨 冂 口   壬 : 丿 二 三 壬

쇠 철(鐵) 자는 쇠로 제련소에서 철로 된 화살촉, 과(戈)나 낫 및 그릇 또는 도끼 등을 만들고 있는 모습을 상형한 글자이다.

전서

铁 【tiě(티ˇ에)】 [총10획] 부수 : [钅 (쇠금)]
【鐵(철)의 간체자(簡體字)】
钅 : 丿 𠂉 𠂉 ㅌ 钅   ㄷ : 丿 一 ㄷ   人 : 丿 人

간체자 쇠 철(铁) 자는 제련소에서 쇠로 된 화살촉을 만들고 있는 모습을 상형한 글자이다.

234

◆한자획이 살아나는 그림한자-5급◆

【bīng(삐-잉)】 [총7획] 부수 : [八 (여덟팔)]
【병사 병】 무기, 싸움, 재앙, 상하다, 치다, 병졸
단어 兵役(병역) 兵士(병사) 兵器(병기)
斤: ˉ 厂 斤 斤   一: 一   八: 丿 八

병사 병(兵) 자는 두 손으로 도끼를 들고 서 있는 병사를 상형한 글자이다.

갑골문 금문 전서 설문해자

【pīng(피-잉)】 [총6획] 부수 : [丿 (삐침별)]
【물건을 부딪치는 소리 병(팡)】 핑, 탁구, 땅, 뺑
斤: ˉ 厂 斤 斤   一: 一   丿: 丿

물건 부딪치는 핑(乒) 자는 도끼가 맞부딪쳐서 소리 나는 모습을 상형한 글자이다. 두 사람이 병기나 도끼를 들고 싸울 때 도끼가 맞부딪치면 '핑, 땅, 뺑' 소리가 난다. 병(乒, 乓) 자가 탁구를 뜻하게 된 것은 이 두 글자가 탁구채를 들고 있는 모습이거나 탁구를 칠 때 내는 소리와도 비슷하기 때문에 '탁구'를 뜻하게 되었다.

【pāng(파-앙)】 [총6획] 부수 : [丶 (점주)]
【물건을 부딪치는 소리 병(팡)】 핑, 탁구
斤: ˉ 厂 斤 斤   一: 一   丶: 丶

물건 부딪치는 병/팡(乓) 자는 도끼가 맞부딪쳐서 소리 나는 모습을 상형한 글자이다.

【chū(추ー우)】 [총7획] 부수 : [刀 (칼도)]   **단어** 始初(시초) 初期(초기) 初步(초보)

【처음 초】 시초, 시작, 시종, 근본, 처음으로

衤 : 丶ナオネネ　　刀 : 乛刀

처음 초(初) 자는 갓 태어난 아이를 싸기 위해 배냇저고리를 만드는 모습을 상형한 글자이다.

갑골문　금문　전서　설문해자

切

【qiē(치ー에)/qiè(치ヽ에)】 [총4획] 부수 : [刀 (칼도)]

【끊을 절】 적절하다, 절박하다, 반절, 온통   **단어** 切迫(절박) 切斷(절단) 切感(절감)

七 : 一七　　刀 : 乛刀

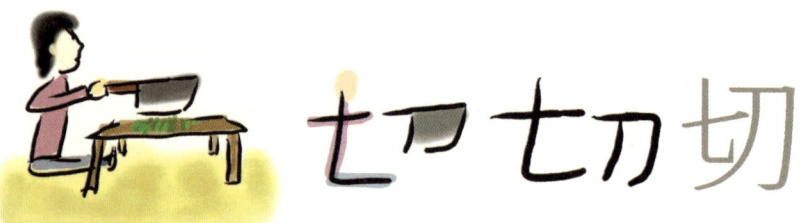

끊을 절(切) 자는 사람이 앉아서 칼로 고기를 써는 모습을 상형한 글자이다.

전서　설문해자

【zhǎn(자ˇ안)】 [총10획] 부수 : [尸 (주검시엄)]   **단어** 發展(발전) 展開(전개) 展望(전망)

【펼 전】 펴다, 늘이다, 벌이다, 구르다, 뒹굴다, 나아가다, 가지런히 하다, 정돈(整頓)하다

尸 : 乛ㄱ尸　　卄 : 一十卄　　氏 : 一厂F氏

펼 전(展) 자는 옷을 팔려고 펴고 있는 모습을 상형한 글자이다. 옛날 글자는 옷을 차곡차곡 정리한 모습으로 볼 수 있다.

전서　설문해자

◆한자획이 살아나는 그림한자-5급◆

固 【gù(꾸ˋ우)】 [총8획] 부수 : [囗 (큰입구몸)]　　단어 確固(확고) 堅固(견고) 固執(고집)
【굳을 고】 굳다, 단단하다, 굳어지다, 굳히다, 완고(頑固)하다, 고루(固陋)하다.
囗 : 丨 冂 囗　　古 : 一 十 古 古 古

굳을 고(固) 자는 한 사람이 망치로 단단한 돌을 깨고 있는 모습을 상형한 글자이다.

 금문　 전서　 설문해자

流 【liú(리ˊ우)】 [총10획] 부수 : [氵(삼수변)]　　단어 交流(교류) 漂流(표류)
【흐를 류(유)】 흐르다, 떠돌다, 갈래, 계층.
氵: 丶 丶 氵　　㐬 : 一 亠 方 㐬　　儿 : 丿 丨 儿

흐를 류(流) 자는 계곡에서 물이 흘러내리는 모습을 상형한 글자이다.

 금문　 전서　설문해자

法 【fǎ(파ˇ아)】 [총8획] 부수 : [氵(삼수변)]　　단어 法律(법률) 方法(방법)
【법 법】 법(法), 방법(方法), 불교의 진리(眞理), 모형.
氵: 丶 丶 氵　　土 : 一 十 土　　厶 : 丿 厶

법 법(法) 자는 물이 흘러내려 모인 수면의 평평한 모양을 상형한 글자이다. 법(法)은 언제나 누구에게도 평평한 수면처럼 공평해야 한다는 뜻으로 수면의 평평한 모양으로 법(法)을 뜻하게 되었다.

설문해자

◆장면이 살아나는 그림한자◆

【zhōu(쪼/쩌-우)】 [총6획] 부수 : [川 (내천)]　　단어　州軍(주군) 州縣(주현) 州俗(주속)
【고을 주】고을
州 : ノ 丿 小 州 州 州

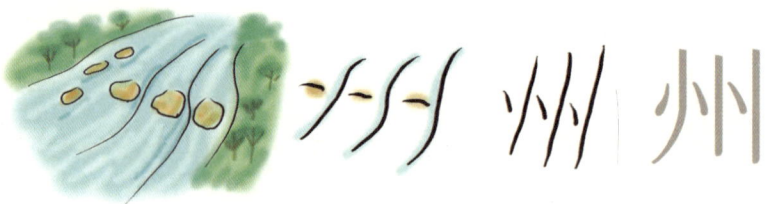

고을 주(州) 자는 큰물이 나도 잠기지 않는 곳의 땅을 상형한 글자이다.

〰〰 갑골문　(⊙) 금문　))) 전서　))) 설문해자

【hé(흐/어)】 [총8획] 부수 : [氵(삼수변)]　　단어　河川(하천) 氷河(빙하) 黃河(황하)
【물 하】물, 내, 황하
氵: ヽ ン 氵　可 : 一 ㄱ 口 可

물 하(河) 자는 산을 굽이쳐서 흐르는 물을 상형한 글자이다.

 갑골문　　금문　　전서　　설문해자

【hú(후/우)】 [총12획] 부수 : [氵(삼수변)]　　단어　湖南(호남) 湖水(호수) 湖面(호면)
【호수 호】호수
氵: ヽ ン 氵　古 : 一 十 十 古 古　　月 : 丿 刀 月 月

호수 호(湖) 자는 큰 호수의 모습을 상형한 글자이다.

 금문  전서   설문해자

 【chuán(추ㄥ안)】 [총11획] 부수 : [舟 (배주)]   단어 船泊(선박) 船長(선장) 漁船(어선)
【배 선】 배
舟 : ノ 丿 冂 冂 舟 舟   㕣 : ノ 八 个 公 㕣

배 선(船) 자는 천막이 있는 배의 모양을 상형한 글자이다.

금문 전서 설문해자

 【yú(위ㄥ이)】 [총11획] 부수 : [魚 (물고기어)]   단어 魚類(어류) 鮐魚(태어) 魚卵(어란)
【물고기 어】 고기, 물고기
魚 : ノ ⺈ 个 ⺈ 鱼 角 角 魚 魚   灬 : ノ 八 爫 灬

물고기 어(魚, 鱼) 자는 물고기의 모양을 상형한 글자이다.

갑골문 금문 전서 설문해자

◆장면이 살아나는 그림한자◆

【yú(위ㅡ이)】 [총8획] 부수 : [鱼 (물고기어)]
[魚(어)의 속자(俗字)/간체자(簡體字)]
鱼 : ノ ㇉ ㇇ ㇈ 鱼 角 鱼 鱼

【yú(위ㅡ이)】 [총14획] 부수 : [氵(삼수변)]   단어 漁夫(어부) 漁船(어선) 漁村(어촌)
【고기 잡을 어】 고기 잡다
氵 : ` ン 氵   魚 : ノ ㇉ ㇇ ㇈ 魚 角 魚 魚   灬 : ノ 丶 丶 丶

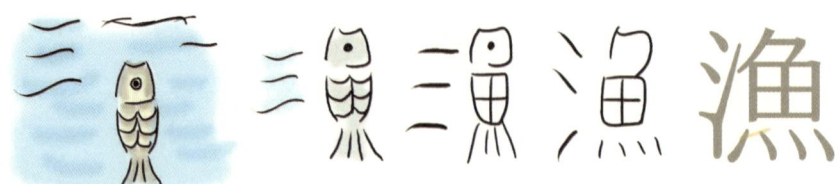

고기 잡을 어(漁, 渔) 자는 물속에 놀고 있는 물고기를 잡는 모습을 상형한 글자이다.

🐟 갑골문   🐟 금문   🐟 전서   🐟🐟 설문해자

【yú(위ㅡ이)】 [총11획] 부수 : [氵(삼수변)]
[漁(어)의 간체자(簡體字)]
氵 : ` ン 氵   鱼 : ノ ㇉ ㇇ ㇈ 鱼 角 鱼 鱼

鮮
【xiān(씨ㅡ엔)】 [총17획] 부수 : [魚 (물고기어)]   단어 新鮮(신선) 鮮明(선명) 生鮮(생선)
【고울/생선 선】 곱다, 빛나다, 선명(鮮明)하다, 새롭다, 싱싱하다, 좋다, 생선(生鮮)
魚 : ノ ㇉ ㇇ ㇈ 魚 角 魚 魚   灬 : ノ 丶 丶 丶   羊 : ` ン 䒑 䒑 兰 羊

고울 선(鮮, 鲜) 자는 아침에 잡은 물고기거나 또는 바다에서 노는 물고기의 모습을 상형한 글자이다.

🐟 금문   🐟 전서   🐟 설문해자

【xiān(씨ㅡ엔)】 [총14획] 부수 : [鱼 (물고기어)]
[鮮(선)의 간체자(簡體字)]
鱼 : ノ ㇉ ㇇ ㇈ 鱼 角 鱼 鱼   羊 : ` ン 䒑 䒑 兰 羊

◆한자획이 살아나는 그림한자-5급◆

【qì(치ˋ이)】 [총7획] 부수 : [氵(삼수변)]　　단어 汽車(기차) 汽笛(기적) 汽罐(기관)
【물 끓는 김 기】 증기, 수증기
氵: 丶丶氵　 气: 丿一气乙　乙: 乙

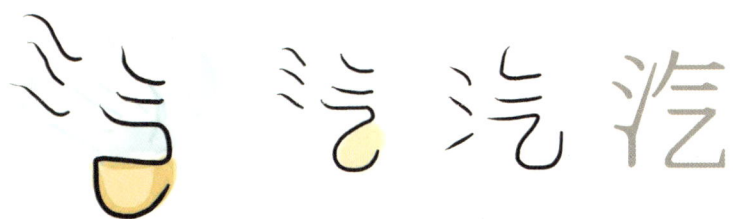

물 끓는 김 기(汽, 汽) 자는 더운 물에서 나온 김의 모양을 상형한 글자이다.

【qì(치ˋ이)】 [총7획] 부수 : [氵(삼수변)]
[汽(기)의 간체자(簡體字)]
氵: 丶丶氵　 气: 丿一二气

洗　【xǐ(시ˇ이)】 [총9획] 부수 : [氵(삼수변)]　　단어 洗濯(세탁) 洗手(세수) 洗滌(세척)
【씻을 세】 (물로)씻다, 목욕(沐浴)하다
氵: 丶丶氵　 先: 丿一牛先先先

씻을 세(洗) 자는 한 사람이 손으로 세수를 하는 모습을 상형한 글자이다.

 설문해자

浴　【yù(위ˋ이)】 [총10획] 부수 : [氵(삼수변)]　　단어 浴室(욕실) 浴湯(욕탕) 浴盆(욕분)
【목욕할 욕】 목욕하다, 몸을 씻다, 목욕을 시키다, 수양하다, 목욕, 새가 나는 모양
氵: 丶丶氵　 谷: 丿丶夂夂谷谷

목욕할 욕(浴) 자는 한 사람이 세수하고 머리를 감고 있는 모습을 상형한 글자이다.

설문해자

◆장면이 살아나는 그림한자◆

【jué(쥐ㄥ에)】 [총7획] 부수 : [氵(삼수변)] 　단어　 決定(결정) 解決(해결) 判決(판결)
【결단할 결】 결단(決斷)하다, (승부를)가리다, 결정(決定)하다, 분별(分別)하다
氵 : ` : 氵　夬 : 一 二 尹 夬

결단할 결(決, 决) 자는 한 사람이 손으로 내용을 적힌 대나무쪽을 보고 분별하고 있는 모습을 상형한 글자이다.

전서　　설문해자

【jué(쥐ㄥ에)】 [총6획] 부수 : [冫(이수변)]
[決(결)]의 간체자(簡體字)/속자(俗字)]
冫 : ` : 冫　夬 : 一 二 尹 夬

【bīng(삐ㅡ잉)】 [총5획] 부수 : [水 (물수)] 　단어　 氷河(빙하) 氷晶(빙정) 解氷(해빙)
【얼음 빙】 얼음, 고체(固體)
水 : 丨 ㅈ 才 水　 丶 : 丶

얼음 빙(氷) 자는 얼어붙은 하천이거나 호수의 얼음구덩이의 모양을 상형한 글자이다.

【bīng(삐ー잉)】 [총6획] 부수 : [冫(이수변)]
[氷(빙)의 본자(本字)/간체자(簡體字)]
冫：丶冫　水：丨㇆水水

얼음 빙(冰) 자는 한 사람이 추운 겨울에 얼어붙은 강에서 얼음 구멍을 내는 모습을 상형한 글자이다. 이때 밑으로는 물이 흐르고 수면 위에는 얼음조각이 둥둥 떠 있게 된다. 이 글자는 또한 얼음이 녹아 강물에 둥둥 떠다니며 흘러가는 모습을 상형한 글자이기도 하다.

㸝 금문　㸝 설문해자

【lěng(러∨엉)】 [총7획] 부수 : [冫(이수변)]　단어 冷徹(냉철) 冷戰(냉전) 冷酷(냉혹)
【찰 랭(냉)】 차다, 차게 하다, 쌀쌀하다, 얼다
冫：丶冫　人：丿人　一：一　卩：㇆卩

찰 냉(冷, 㓊) 자는 얼음구멍을 내다가 얼음구멍에 빠진 후 헤치고 나온 사람이 너무 추워서 웅크리고 있는 모습을 상형한 글자이다. 이 글자는 또한 추운 겨울날에 빙판길에서 넘어졌다가 일어나는 모습으로도 볼 수 있다.

㓊 전서　㓊 설문해자

【lěng(러∨엉)】 [총7획] 부수 : [冫(이수변)]
[랭(冷)의 간체자(簡體字)]
冫：丶冫　人：丿人　丶：丶　マ：㇇マ

◆장면이 살아나는 그림한자◆

 【yǔ(위ˇ이)】 [총8획] 부수 : [雨 (비우)]   단어 雨水(우수) 雨量(우량) 雨傘(우산)
【비 우】 비, 비가 오다
雨 : 一 厂 冂 market 雨 雨 雨 雨

비 우(雨) 자는 비가 내리는 모습을 상형한 글자이다.

𠕲 갑골문 𠕲 금문 雨 𩃬 설문해자

 【yún(위ˊ인)】 [총12획] 부수 : [雨 (비우)]   단어 雲集(운집) 白雲(백운)
【구름 운】 구름
雨 : 一 厂 冂 market 雨 雨 雨 雨   云 : 一 二 云 云

구름 운(雲) 자는 비가 내려 물이 고인 모습을 상형한 글자이다.

己 갑골문 云 전서 雲 설문해자

 【yún(위ˊ인)】 [총4획] 부수 : [二 (두이)]   (3급)
[雲(운)의 간체자(簡體字)]
云 : 一 二 云 云

간체자 구름 운(云) 자는 산꼭대기에 걸려있는 구름의 모습을 상형한 글자이다.

244

◆한자획이 살아나는 그림한자-5급◆

【yuán(위ノ/안/엔)】 [총10획] 부수 : [厂 (민엄호)]　단어 草原(초원) 原因(원인) 原人(원인)
【언덕/근원 원】 언덕, 근원, 근본
厂 : 一厂　　白 : ノイ 冂 白 白　　小 : 亅 小 小

   原

언덕 원(原) 자는 언덕에서 샘을 이룬 물이 넘쳐서 아래로 계속 흘러내리는 모습을 상형한 글자이다.

금문　原 전서　설문해자

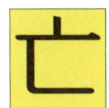
【wáng(위/와ノ/앙)】 [총3획] 부수 : [亠 (돼지해머리)]　단어 死亡(사망) 逃亡(도망) 滅亡(멸망)
【망할 망】 망하다
亡 : 丶 一 亡

   亡

망할 망(亡) 자는 흘러내려 모인 물을 가둔 방죽이 터져서 물이 다 빠져나가고 비어있는 모습을 상형한 글자이다.

 갑골문　금문　전서　설문해자

【cān(챠ㅡ안)/shēn(쎠ㅡ언)/sān(싸ㅡ안)/cēn(쳐ㅡ언)】 [총11획] 부수 : [厶 (마늘모)]
【참여할 참/석 삼】 참여하다, 간여(干與)하다, 관계(關係)하다, 석, 셋, 별 이름, 인삼
厶 : 厶 厶　　人 : ノ 人　　彡 : ノ ノ ノ　　단어 參與(참여) 參加(참가) 參拜(참배)

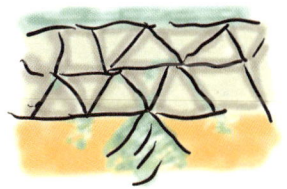    參

참여할 참(參, 参) 자는 흐르는 물을 막으려고 돌로 하나 둘씩 싼 모습을 상형한 글자이다.

금문　전서　설문해자

◆장면이 살아나는 그림한자◆

【cān(챠ㅡ안)/shēn(쩌ㅡ언)/sān(싸ㅡ안)/cēn(쳐ㅡ언)】 [총8획] 부수 : [厶 (마늘모)]
[参(참)의 속자(俗字)/간체자(簡體字)]
厶 : ㄥ 厶   大 : 一 ナ 大   彡 : ㇀ ㇀ 彡

充
【chōng(쭈ㅡ웅)】 [총6획] 부수 : [儿 (어진사람인발)]
【채울 충】 채우다, 가득하다, 차다, 완전하다, 갖추다, 기르다, 끝나다, 끝내다, 번거롭다
去 : ㇀ 一 去 去 去   儿 : ノ 儿   단어 充分(충분) 擴充(확충) 充實(충실)

채울 충(充) 자는 한 사람이 바람을 가득 들이마시고 크게 보이려고 힘을 주거나 배가 터지게 배불리 먹은 모습을 상형한 글자이다. 이 글자는 또한 방죽에 물을 가득 채워놓은 모습으로도 볼 수 있다.

훙 전서   츙 설문해자

5. 4급 한자

가. 인체와 연관되는 한자

나. 의식주(衣食住)

다. 동식물

라. 자연과 연관되는 한자 및 기타

가. 인체와 연관되는 한자

個(个)	候	低	儀(仪)	儉(俭)	俗
낱 개	기후 후	낮을 저	거동 의	검소할 검	풍속 속
保	係(系)	佛	備(备)	優(优)	伐
지킬 보	맬 계	부처 불	갖출 비	뛰어날 우	칠 벌
侵	修	儒	仁	假	傷(伤)
침노할 침	닦을 수	선비 유	어질 인	거짓 가	다칠 상
依	傑(杰)	傾(倾)	婦(妇)	姉(姊)	妹
의지할 의	뛰어날 걸	기울 경	며느리 부	손위 누이 자	누이 매
妙	妨	委	姿	如	好
묘할 묘	방해할 방	맡길 위	모양 자	같을 여	좋을 호
婚	威	乳(乳)	亂(乱)	孤	孔
혼인할 혼	위엄 위	젖 유	어지러울 란(난)	외로울 고	구멍 공
季	存	丁	毒	疑	屈
계절 계	있을 존	고무래/장정 정	독 독	의심할 의	굽힐 굴
居	屬(属)	骨(骨)	舞	興(兴)	與(与)
살 거	무리 속	뼈 골	춤 출 무	일 흥	더불/줄 여
就	異(异)	眼	看	眞(真)	督
나아갈 취	다를 이(리)	눈 안	볼 간	참 진	감독할 독
視(视)	覺(觉)	覽(览)	聽(听)	聖(圣)	聲(声)
볼 시	깨달을 각	볼 람(남)	들을 청	성인 성	소리 성
職(职)	取	受	叔	員(员)	句
직분 직	가질 취	받을 수	아저씨/콩 숙	인원 원	글귀 구/귀
否	吸	器	呼	喜	周
아닐 부	마실 흡	그릇 기	부를 호	기쁠 희	두루 주
君	味	單(单)	嚴(严)	齒(齿)	甘
임금 군	맛 미	홑 단	엄할 엄	이 치	달 감

次	訪(访)	討(讨)	詩(诗)	講(讲)	謠(谣)
버금 차	찾을 방	칠 토	시 시	외울 강	노래 요
論(论)	試(试)	誌	志	讚	評(评)
논할 론(논)	시험 시	기록할 지	뜻 지	기릴 찬	평할 평
證(证)	誤(误)	設(设)	誠(诚)	認(认)	請(请)
증거 증	그르칠 오	베풀 설	정성 성	알 인	청할 청
護(护)	謝(谢)	議(议)	警	辭(辞)	辯(辩)
도울 호	사례할 사	의논할 의	깨우칠/경계할 경	말씀 사	말씀 변
罰(罚)	置(置)	舌	舍	額(额)	頌(颂)
벌할 벌	둘 치	혀 설	집/버릴 사	이마 액	칭송할/기릴 송
顯(显)	非	髮(发)	腸(肠)	脈(脉)	背
나타날 현	아닐/비방할 비	터럭 발	창자 장	줄기 맥	등 배
胞	脫(脱)	厚	惠	想	應(应)
세포/여드름 포	벗을 탈	두터울 후	은혜 혜	생각 상	응할 응
忠	恩	慮(虑)	慰	態(态)	悲
충성 충	은혜 은	생각할 려(여)	위로할 위	모습 태	슬플 비
怨	怒	息	慶(庆)	憲(宪)	快
원망할 원	성낼 노(로)	쉴 식	경사 경	법 헌	쾌할 쾌
恨	憤(愤)	郵(邮)	鄕(乡)	危	印
한 한	분할 분	우편 우	시골 향	위태할 위	도장 인
卷(卷)	步	歸(归)	武	連(连)	適(适)
책 권	걸음 보	돌아갈 귀	호반 무	잇닿을 련(연)	맞을 적
進(进)	退(退)	逆(逆)	迎(迎)	逃(逃)	送(送)
나아갈 진	물러날 퇴	거스릴 역	맞을 영	도망할 도	보낼 송
遇(遇)	遺(遗)	遊(游)	避(避)	達(达)	造(造)
만날 우	남길 유	놀 유	피할 피	통달할 달	지을 조
邊(边)	走	趣	起	街	衛(卫)
가 변	달릴 주	뜻 취	일어날 기	거리 가	지킬 위

從(从)	得	往	律	復	徒
좇을 종	얻을 득	갈 왕	법칙 률(율)	회복할 복	무리 도
回	延	承	擊(击)	揮(挥)	提
돌아올 회	늘일 연	이을 승	칠 격	휘두를/표기 휘	끌 제
採	探	拜(拝)	持	接	折
캘 채	찾을 탐	절/뺄 배	가질 지	이을 접	꺾을 절
招	抗	授	指	批	拒
부를 초	겨룰 항	줄 수	가리킬 지	비평할 비	막을 거
拍	投	掃(扫)	擔(担)	推	擇(择)
칠/어깨 박	던질 투	쓸 소	멜 담	밀 추/퇴	가릴 택
據(据)	損(损)	援	努	勉	助
근거 거	덜 손	도울 원	힘쓸 노	힘쓸 면	도울 조
務(务)	勤	勸(劝)	勢(势)	兩(両)	寺
힘쓸 무	부지런할 근	권할 권	형세 세	두 량(양)	절 사/관청 시
專(专)	導(导)	尊(尊)	射	將(将)	更
오로지 전	인도할 도	높을 존	쏠 사	장수/장차 장	고칠 경/다시 갱
氏	敢(敢)	故	收	整	攻
각시/성씨 씨	감히 감	연고 고	거둘 수	가지런할 정	칠 공
敵(敌)	政	散	牧	段	殺(杀)
대적할 적	정사 정	흩을 산	칠 목	층계 단	죽일 살

【gè(꺼ˋ어)】 [총10획] 부수 : [亻(사람인변)]   단어 個別(개별) 個人(개인) 個性(개성)
【낱 개】 낱낱, 하나, 개, 명, 사람, 크기, 곁방
亻: ノ亻   口: l 冂 口   古: 一 十 卄 古 古

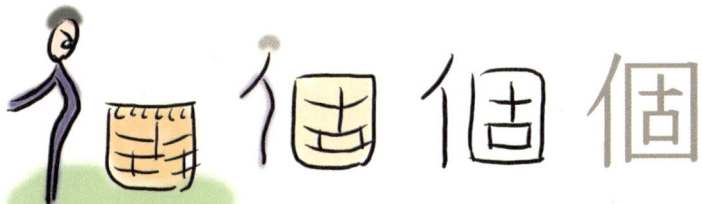

낱 개(個) 자는 한 사람이 광주리 하나를 보고 있는 모습을 상형한 글자이다.

설문해자

【gè(꺼ˋ어)】 [총3획] 부수 : [丨(뚫을곤)]
[個(개)의 간체자(簡體字)]
人: ノ 人   丨: 丨

간체자 낱 개(个) 자는 화살 하나의 모습을 상형한 글자이다.

【hòu(호ˋ우/허ˋ우)】 [총10획] 부수 : [亻(사람인변)]   단어 候補(후보) 徵候(징후) 症候(증후)
【기후 후】 기후(氣候), 계절(季節), 철, 살피다, 망(望)보다, 기다리다
亻: ノ 亻   ㄱ: ㄱ ㄱ   ヒ: ノ ト ヒ   人: ノ 人

기후 후(候) 자는 한 사람이 망을 보고 있는 모습을 상형한 글자이다.
이 글자는 또한 다른 사람을 기다리는 모습을 상형한 글자이기도 하다.

설문해자

◆장면이 살아나는 그림한자◆

【dī(띠ー이)】 [총7획] 부수 : [亻(사람인변)] 단어 低下(저하) 低廉(저렴) 低價(저가)
【낮을 저】 (높이, 온도 등이)낮다, (값이)싸다, (머리를)숙이다, 약하다, 구부리다
亻 : ノ亻 氏 : 一𠃍𠄌氏 一 : 一

> 낮을 저(低) 자는 사람이 몸을 구부리고 땅에 물건을 버리거나 줍고 있는 모습을 상형한 글자이다.

𠁁 설문해자

【yí(이ㇷ이)】 [총15획] 부수 : [亻(사람인변)] 단어 賀儀(하의) 儀式(의식) 賻儀(부의)
【거동 의】 거동(擧動), 법도, 법식, 본보기, 예절(禮節)
亻 : ノ亻 羊 : 丶丶⺍두羊 ノ : ノ 扌 : 一十扌 戈 : 一弋戈戈

> 거동 의(儀, 仪) 자는 일정한 절차에 따라 제사를 지내고 있는 모습을 상형한 글자이다.

羛 금문 𢓊 전서 儀 설문해자

【yí(이ㇷ이)】 [총5획] 부수 : [亻(사람인변)]
[儀(의)의 속자(俗字)/간체자(簡體字)]
亻 : ノ亻 丶 : 丶 乂 : ノ乂

 【jiǎn(지ˇ엔)】 [총15획] 부수 : [亻(사람인변)]　　단어　儉素(검소) 儉約(검약) 勤儉(근검)
【검소할 검】 검소하다, 낭비(浪費)하지 않다, 넉넉하지 못하다, 가난하다, 적다
亻: ノ亻　　僉 : ノ 人 亼 亽 슈 슾 佥 侖 侖 僉 僉 僉

검소할 검(儉, 俭) 자는 한 사람이 땅에 떨어진 물건이나 음식을 버리지 않고 주워서 재사용하는 모습을 상형한 글자이다.

전서　　　 설문해자

 【jiǎn(지ˇ엔)】 [총9획] 부수 : [亻(사람인변)]
[儉(검)의 속자(俗字)/간체자(簡體字)]
亻: ノ亻　　人 : ノ 人　　一 : 一　　丷 : 丶 丶 丷

 【sú(수ˊ우)】 [총9획] 부수 : [亻(사람인변)]　　단어　風俗(풍속) 俗人(속인) 俗說(속설)
【풍속 속】 관습, 속인, 평범하다, 비속하다
亻: ノ亻　　谷 : ノ 八 父 谷 谷 谷 谷

풍속 속(俗) 자는 본래 골짜기에서 사는 사람들의 모습을 상형한 글자이다. 이 글자가 나중에 골짜기에서 살아가는 사람들의 생활 모습을 뜻하는 글자로 되었다.

금문　　　전서　　　설문해자

◆장면이 살아나는 그림한자◆

【bǎo(바ㅇ오/우)】 [총9획] 부수 : [亻(사람인변)] 단어 保護(보호) 保障(보장) 保險(보험)
【지킬 보】 보호하다, 보험, 보증하다, 보존하다
亻 : ノ亻   口 : 丨冂口   木 : 一十才木

지킬 보(保) 자는 아이를 안고 있는 어머니의 모습을 상형한 글자이다. 아이는 위험한 상황에 부닥치면 재빨리 뛰어와 엄마의 품에 안긴다.

갑골문   금문   전서   설문해자

【xì(씨ㅇ이)】 [총9획] 부수 : [亻(사람인변)] 단어 係長(계장) 係關(계관) 關係(관계)
【맬 계】 이어 매다, 잇다, 묶다, 끈, 줄, 실마리
亻 : ノ亻   ノ : ノ   糸 : 丶丷幺乡糸糸

맬 계(係) 자는 한 사람이 끈으로 화살 시위를 매고 있는 모습을 상형한 글자이다.

전서   설문해자

【xì(씨ㅇ이)/jì(찌ㅇ이)】 [총7획] 부수 : [糸(실사)] 단어 系統(계통) 系列(계열) 系譜(계보)
[係(계), 繫(계)의 간체자(簡體字)]
ノ : ノ   糸 : 丶丷幺乡糸糸

간체자 맬 계(系) 자는 한 사람이 손으로 많은 실을 묶어 놓은 모습을 상형한 글자이다.

갑골문   금문   전서   설문해자

 【fó(포ノ오)】 [총7획] 부수 : [亻(사람인변)]　　단어　佛敎(불교) 佛家(불가) 佛堂(불당)
【부처 **불**】 부처, 불교, 불경
亻: ノ 亻　　弓: 一 ㄱ 弓　　丿 : ノ 丿

부처 불(佛) 자는 풀어져 휘어진 나뭇가지를 다시 묶어주는 사람의 모습을 상형한 글자이다. 뒤틀어진 화살대를 바르게 잡아주듯이 뒤틀어진 사람을 바로잡아 인도하는 사람을 '부처'라고 한다.

𦨶 전서　佛 설문해자

 【bèi(뻬ヽ이)】 [총12획] 부수 : [亻(사람인변)]　　단어　備考(비고) 備品(비품) 準備(준비)
【갖출 **비**】 준비하다, 채우다, 예방하다
亻: ノ 亻　　艹 : 一 十 艹　　厂 : 一 厂　　用 : ノ 冂 月 月 用

갖출 비(備, 备) 자는 화살을 화살 통에 넣어 채우고 있는 사람의 모습을 상형한 글자이다.

𠤿 갑골문　𤰈 금문　備 전서

 【bèi(뻬ヽ이)】 [총8획] 부수 : [夂(뒤져올치)]
[備(비)의 간체자(簡體字)]
夂 : ノ 夂 夂　　田 : 丨 冂 日 田 田

　　　　　　备

◆장면이 살아나는 그림한자◆

【yōu(요/여ㅡ우)】 [총17획] 부수 : [亻(사람인변)]   단어 優秀(우수) 優勢(우세) 優待(우대)
【뛰어날 우】 넉넉하다, 품위 있다, 뛰어나다
亻:ノ亻   百:一ㄱㄏㄒㄒ百百   一:一ㄱㄏ   心:ノ心心心   夂:ノク夂

 優 優 優

뛰어날 우(優, 优) 자는 집안에서 성적이 우수하여 박사가 나오자 잔칫상을 차려 축하하고 있는 모습을 상형한 글자이다.

憂 전서   優 설문해자

【yōu(요/여ㅡ우)】 [총6획] 부수 : [亻(사람인변)]
[優(우)의 간체자(簡體字)]
亻:ノ亻   尤:一ナ尢尤

 优 优

伐
【fá(파ˊ아)】 [총6획] 부수 : [亻(사람인변)]   단어 伐木(벌목) 伐草(벌초) 討伐(토벌)
【칠 벌】 정벌하다, 베다, 치다, 찌르다
亻:ノ亻   戈:一弋戈戈

 伐 伐

칠 벌(伐) 자는 한 사람이 무기(과=戈)를 들고 다른 사람을 치고 있는 모습을 상형한 글자이다.

𠂉 갑골문   伐 금문   伐 전서   伐 설문해자

◆한자획이 살아나는 그림한자-4급◆

【qīn(치-인)】 [총9획] 부수 : [亻(사람인변)] 단어 侵害(침해) 侵略(침략) 侵入(침입)
【침노할 침】 범하다, 버리다, 초라하다, 조금씩
亻：ノ亻 ヨ：フヨ 冖：ノ冖 又：フ又

침노할 침(侵) 자는 한 사람이 침입해 들어오는 사람을 쫓고 있는 모습을 상형한 글자이다.

𠂎 갑골문 𠂎 금문 㑴 전서 㑴 설문해자

【xiū(씨-우)】 [총10획] 부수 : [亻(사람인변)] 단어 修整(수정) 修辭(수사) 修能(수능)
【닦을 수】 닦다, 고치다, 손질하다, 다스리다, 정리(整理)하다
亻：ノ亻 丨：丨 攵：ノ亠ク攵 彡：ノノノ

닦을 수(修) 자는 한 사람이 다른 사람의 머리카락을 닦고 꾸미주고 있는 모습을 상형한 글자이다.

修 𠈔 전서 修 설문해자

【rú(루-우)】 [총16획] 부수 : [亻(사람인변)] 단어 儒家(유가) 儒學(유학) 儒敎(유교)
【선비 유】 선비, 학자(學者), 유교(儒敎), 유가(儒家)
亻：ノ亻 雨：一丁冂帀帀雨雨 而：一丆丆而而而

선비 유(儒) 자는 메마른 땅에 비가 오게 하는 사람의 모습을 상형한 글자이다. 선비나 유교는 이렇게 필요한 사람이라는 것을 뜻하는 것이다.

㑩 㑉 전서 儒 설문해자

◆장면이 살아나는 그림한자◆

【rén(러ノ언)】 [총4획] 부수 : [亻(사람인변)]   단어 仁川(인천) 仁者(인자) 仁兄(인형)
【어질 인】 어질다, 자애롭다, 인자(仁慈)하다
亻: ノ 亻   二 : 一 二

어질 인(仁) 자는 선비가 성현(聖賢)의 말씀을 적은 책을 많이 쌓아놓은 모습을 상형한 글자이다. 이 글자는 또한 태양을 신으로 보고 맞이하는 사람의 모습을 상형한 글자이기도 하다.

尸 금문 윋 疋 전서 仁 설문해자

【jiǎ(지ˇ아)/jià(찌丶아)】 [총11획] 부수 : [亻(사람인변)]   단어 假量(가량) 假定(가정)
【거짓 가】 거짓, 가짜, 임시, 일시, 가령, 이를테면, 멀다, 이르다
亻: ノ亻 昬: 丨厂尸戶昬 コ : 一 コ   又 : フ 又

거짓 가(假) 자는 한 사람이 나무의 껍질을 벗기고 있는 모습을 상형한 글자이다. 이 글자는 또한 한 사람이 탈(가면)을 벗고 있는 모습으로도 볼 수 있다.

튕 㑑 전서 假 설문해자

◆한자획이 살아나는 그림한자-4급◆

【shāng(ㄕㄤ—앙)】 [총13획] 부수 : [亻(사람인변)] 단어 傷處(상처) 殺傷(살상) 負傷(부상)
【다칠 상】 다치다, 해치다, 애태우다, 근심하다, 불쌍히 여기다, 상처
亻: ノ亻　　 ㇇: ノㄧ　　 日: 丨冂日日　　 易: 一丆百丂易

다칠 상(傷, 伤) 자는 어린아이가 손을 다쳐 피가 흐르자 어른이 아이의 머리를 쓰다듬으며 안위를 하고 있는 모습을 상형한 글자이다.

𩪘𩪘 전서　𥘃 설문해자

伤
【shāng(ㄕㄤ—앙)】 [총6획] 부수 : [亻(사람인변)]
[傷(상)의 속자(俗字)/간체자(簡體字)]
亻: ノ亻　　 ㇇: ノㄧ　　 力: 丆力

依
【yī(ㄧ—이)/yǐ(이ˇ이)】 [총8획] 부수 : [亻(사람인변)]
【의지할 의】 의지(依支)하다, 기대다, 좇다, 따르다, 돕다
亻: ノ亻　　 衣: 丶亠才衣衣　　 단어 依存(의존) 依支(의지) 依賴(의뢰)

의지할 의(依) 자는 한 사람이 다른 한 사람에 기대는 모습을 상형한 글자이다. 이 글자는 또한 한 사람이 옷을 입는 모습을 상형한 글자로도 볼 수 있다.

𠙻 갑골문　𠙻 금문　𠙻 전서　𠙻 설문해자

◆장면이 살아나는 그림한자◆

 【jié(지에)】 [총12획] 부수 : [亻(사람인변)]　단어 傑作(걸작) 豪傑(호걸) 女傑(여걸)
【뛰어날 걸】 출중하다, 우뚝하다, 사납다
亻: ノ亻　夕: ノクタ　牛: ノ二牛　木: 一十才木

뛰어날 걸(桀, 杰) 자는 한 사람이 재주가 뛰어나 나무위에 올라가 있는 모습을 상형한 글자이다.

전서　설문해자

 【jié(지에)】 [총12획] 부수 : [木 (나무목)]　　　　　　　　(2급)
[傑(걸)]의 속자(俗字)/간체자(簡體字)
木: 一十才木　灬: ノ丶丶丶

 【qīng(치ㅡ잉)】 [총13획] 부수 : [亻(사람인변)]　단어 傾斜(경사) 傾聽(경청) 傾向(경향)
【기울 경】 기울다, 기울어지다, 비스듬하다
亻: ノ亻　匕: ㄥ匕　頁: 一ア万丙百頁頁

기울 경(頃, 傾) 자는 한 사람이 물통을 메고 가다가 다른 사람과 부딪쳐 물통이 기울어지면서 물이 쏟아지는 모습을 상형한 글자이다.

설문해자

 【qīng(치ㅡ잉)】 [총10획] 부수 : [亻(사람인변)]
[傾(경)]의 간체자(簡體字)
亻: ノ亻　匕: ㄥ匕　页: 一ア万页页

◆한자획이 살아나는 그림한자-4급◆

【fù(ㄈㄨˋ우)】 [총11획] 부수 : [女 (계집녀)] 단어 婦人(부인) 主婦(주부) 夫婦(부부)
【며느리 부】 며느리, 지어미, 아내, 여자(女子), 암컷
女 : 人 ㄥ 女   ヨ : 一 ㄱ ヨ   ﹁ : ㅣ ﹁   巾 : ㅣ 冂 巾

며느리 부(婦, 妇) 자는 청소를 하고 있는 여자의 모습을 상형한 글자이다.

갑골문 금문 전서 설문해자

【fù(ㄈㄨˋ우)】 [총6획] 부수 : [女 (계집녀)]
[婦(부)의 속자(俗字)/간체자(簡體字)]
女 : 人 ㄥ 女   ヨ : 一 ㄱ ヨ

姉
【zǐ(ㄗˇ으)】 [총8획] 부수 : [女 (계집녀)] 단어 姉夫(자부) 伯姉(백자) 姉兄(자형)
【손위 누이 자】 손위 누이, 맏누이
女 : 人 ㄥ 女   ㅗ : ㅣ ㅗ   巾 : ㅣ 冂 巾

손위 누이 자(姉) 자는 시집 간 누이가 손에 절 수건을 두르고 있는 모습을 상형한 글자이다.

姊
【zǐ(ㄗˇ으)】 [총8획] 부수 : [女 (계집녀)]
[姉(자)의 본자(本字)/간체자(簡體字)]
女 : 人 ㄥ 女   ㄓ : 一 ㄏ ㄢ ㄓ ㄓ

손위 누이 자(姊) 자는 시집 간 누이의 모습을 상형한 글자이다.

설문해자 전서 금문

◆장면이 살아나는 그림한자◆

【mèi(떠ヽ이)】 [총8획] 부수 : [女 (계집녀)]   단어 姉妹(자매) 男妹(남매) 妹弟(매제)
【누이 매】 (손아래)누이, 소녀, 여자(女子)
女 : 人 女 女   一 : 一   木 : 一 十 才 木

누이 매(妹) 자는 아직 시집가지 않는 누이를 위해 오동나무를 심고 있는 모습을 상형한 글자이다. 옛날에는 딸을 낳으면 시집갈 때 옷장을 짤 수 있게 오동나무를 심었다.

𣏟 금문   𣏟 전서   𣏟 설문해자

【miào(먀ヽ오/우)】 [총7획] 부수 : [女 (계집녀)]   단어 妙齡(묘령) 奇妙(기묘) 巧妙(교묘)
【묘할 묘】 묘하다, 오묘하다, 미묘하다, 세소하다
女 : 人 女 女   小 : 亅 小 小   丿 : 丿

묘할 묘(妙) 자는 어른이 갓 태어난 어린아이를 귀엽게 안고 있는 모습을 상형한 글자이다. 이 글자를 또한 갓 태어난 아이를 목욕시켜주고 있는 모습으로도 볼 수 있다.

𣏟 𣏟 𣏟 전서

【fáng(파ノ앙)】 [총7획] 부수 : [女 (계집녀)]   단어 妨礙(방애) 妨害(방해) 無妨(무방)
【방해할 방】 방해(妨害)하다, 거리끼다, 헤살을 놓다.
女 : 人 女 女   方 : 丶 亠 方 方

방해할 방(妨) 자는 노예주가 노예에게 형틀을 채워놓은 모습을 상형한 글자이다.

𣏟 𣏟 전서   𣏟 설문해자

◆한자획이 살아나는 그림한자-4급◆

【wěi(워ˇ이)】 [총8획] 부수 : [女 (계집녀)]　　단어 委員(위원) 委託(위탁) 委囑(위촉)
【맡길 위】 맡기다, 맡게 하다, 버리다, 내버려두다, 쌓다, 의젓하다, 시들다
禾 : ー ニ 千 禾 禾　　女 : 人 女 女

맡길 위(委) 자는 수수나 벼 수확을 맡기고 있는 모습을 상형한 글자이다.

전서　설문해자

【zī(쯔ー으)】 [총9획] 부수 : [女 (계집녀)]　　단어 姿態(자태) 姿勢(자세) 姿體(자체)
【모양 자】 모양, 모습, 맵시, 풍취(風趣), 멋, 바탕, 자태(姿態)를 꾸미다
冫: 冫　　欠 : ノ ㇉ ㇉ 欠　　女 : 人 女 女

모양 자(姿) 자는 한 사람이 맵시를 부리고 있는 여자를 보고 입이 헤 벌레하고 벌리고 있는 모습을 상형한 글자이다.

전서　설문해자

【rú(루ˊ우)】 [총6획] 부수 : [女 (계집녀)]　　단어 如此(여차) 如干(여간) 如前(여전)
【같을 여】 같다, 같게 하다, 어떠하다, 미치다, 닿다, 좇다
女 : 人 女 女　　口 : l 冂 口

같을 여(如) 자는 한 사람이 거울을 보고 있는 모습을 상형한 글자이다. 거울 속의 모습과 실제 모습은 같다.

갑골문　금문　전서　설문해자

◆장면이 살아나는 그림한자◆

【hǎo(하ˇ오/우)/hào(하ˋ오/우)】 [총6획] 부수 : [女 (계집녀)]
【좋을 호】 좋다, 사이좋다, 아름답다, 좋아하다, 사랑하다
女 : 人 女 女   子 : 了 了 子
단어 好轉(호전) 好調(호조) 選好(선호)

좋을 호(好) 자는 어머니와 아이의 모습을 상형한 글자이다. 어머니는 자식을 좋아하고 사랑한다.

갑골문 금문 전서 설문해자

【hūn(후ー운)】 [총11획] 부수 : [女 (계집녀)]   단어 結婚(결혼) 離婚(이혼) 婚姻(혼인)
【혼인할 혼】 혼인(婚姻)하다, 결혼(結婚)하다
女 : 人 女 女   氏 : 一 ㄷ ㅌ 氏   日 : l 冂 日 日

혼인할 혼(婚) 자는 혼인을 한 부부가 저녁이 되어 잠자리에 들어가는 모습을 상형한 글자이다. 위 그림을 보면 한 사람은 침대에 올라가고 있는 모습이고 다른 한 사람은 곧 올라갈 모습인 것이다.

금문 전서 설문해자

【wēi(웨ー이)】 [총9획] 부수 : [女 (계집녀)]   단어 威脅(위협) 威勢(위세) 威力(위력)
【위엄 위】 세력, 힘, 협박하다, 권위
戌 : 一 厂 厂 戊 戌 戌   女 : 人 女 女

위엄 위(威) 자는 한 사람이 도끼를 들고 위협하는 사람 앞에서 무릎을 꿇는 모습을 상형한 글자이다.

금문 전서 설문해자

◆한자획이 살아나는 그림한자-4급◆

【rǔ(루∨우)】 [총8획] 부수 : [乙 (새을)]　　단어　牛乳(우유) 初乳(초유) 乳兒(유아)
【젖 유】 젖, 젖 같은 액, 젖꼭지, 유방, 젖먹이의, 젖을 먹이다, 수유(授乳)하다
爫 : ´ ´ ´ ´   子 : 了 子   乚 : 乚

젖 유(乳, 乳) 자는 어머니가 아이에게 젖을 먹이고 있는 모습을 상형한 글자이다.

 갑골문　　전서　　설문해자

【rǔ(루∨우)】 [총8획] 부수 : [乙 (새을)]
[乳(유)의 간체자(簡體字)]
爫 : ´ ´ ´ ´   子 : 了 子   乚 : 乚

【luàn(루\안)】 [총13획] 부수 : [乙 (새을)]　　단어　混亂(혼란) 攪亂(교란) 紛亂(분란)
【어지러울 란(난)】 난리, 함부로, 마구잡이로, 음란하다
爫 : ´ ´ ´ ´   マ : マ   內 : 丨冂內內   又 : 又   乚 : 乚

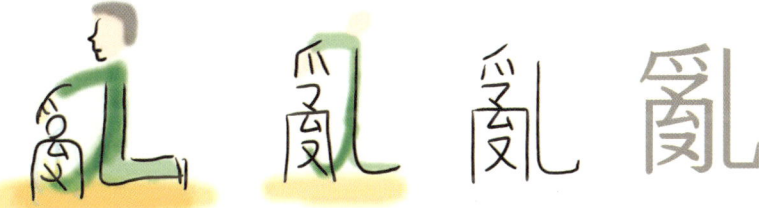

어지러울 란(亂, 乱) 자는 한 사람이 실타래를 순서 없이 마구 풀고 있는 모습을 상형한 글자이다.

금문　　설문해자

【luàn(루\안)】 [총7획] 부수 : [乙 (새을)]
[亂(란)의 간체자(簡體字)]
舌 : 千 千 舌 舌   乚 : 乚

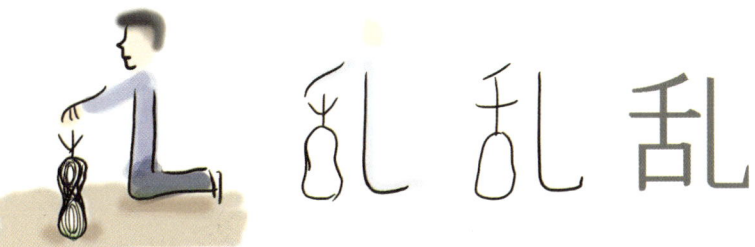

◆장면이 살아나는 그림한자◆

【gū(꾸ー우)】 [총8획] 부수 : [子 (아들자)]　　단어 孤兒(고아) 孤立(고립) 孤獨(고독)
【외로울 고】 외롭다, 의지할 데가 없다, 고아, 나, 왕후의 겸칭, 단독, 홀로
子 : ㄱ 了 子　　瓜 : ㄱ ㄏ 爪 瓜 瓜

외로울 고(孤) 자는 어린아이가 같이 놀 아이가 없어서 혼자서 호박이나 수박 밭에서 서성거리고 있는 모습을 상형한 글자이다.

 전서　　 설문해자

孔 【kǒng(쿠ˇ웅)】 [총4획] 부수 : [子 (아들자)]　　단어 孔明(공명) 孔子(공자) 毛孔(모공)
【구멍 공】 구멍, 굴, 성(姓)의 하나, 공자(孔子)의 약칭(略稱)
子 : ㄱ 了 子　　乚 : 乚

구멍 공(孔) 자는 아이가 구멍을 뚫거나 작은 굴 앞에서 놀고 있는 모습을 상형한 글자이다.

금문　전서　설문해자

【jì(찌\이)】 [총8획] 부수 : [子 (아들자)]　　단어 季刊(계간) 昆季(곤계) 季節(계절)
【계절 계】 계절(季節), 끝, 마지막, 막내, 철(석 달), 말년(末年), 말세(末世)
禾 : ㄧ ㄧ 千 禾 禾　　子 : ㄱ 了 子

계절 계(季) 자는 한 사람이 일 년에 한번 지은 농사의 마지막 철에 다 자란 곡식을 보고 있는 모습을 상형한 글자이다.

갑골문　금문　전서　설문해자

◆한자획이 살아나는 그림한자-4급◆

【cún(추↗운)】 [총6획] 부수 : [子 (아들자)] 단어 存在(존재) 存立(존립) 存續(존속)
【있을 존】 있다, 존재(存在)하다, 살아 있다, 보살피다, 살펴보다, 보존(保存)하다
一 : 一   イ : ノイ   子 : 了了子

있을 존(存) 자는 아이를 어린이집에 맡기는 모습을 상형한 글자이다. 이 글자는 또한 갓 낳은 아이의 모습을 상형한 글자이기도 하다.

存 전서   抙 설문해자

【dīng(띠ㅡ잉)】 [총2획] 부수 : [一 (한일)] 단어 率丁(솔정) 丁寧(정녕) 兵丁(병정)
【고무래/장정 정】 고무래, 넷째 천간(天干), 장정(壯丁), 인구(人口), 일꾼
丁 : 一丁

고무래/장정 정(丁) 자는 고무래나 장정의 모습을 상형한 글자이다.

口 갑골문   ◯ 금문   ♁ 전서   个 설문해자

【dú(두↗우)】 [총9획] 부수 : [毋 (말무)] 단어 毒素(독소) 毒感(독감) 毒性(독성)
【독 독】 독(毒), 해치다, 죽이다
主 : 一二丰主   毋 : 乚口甴毋毋

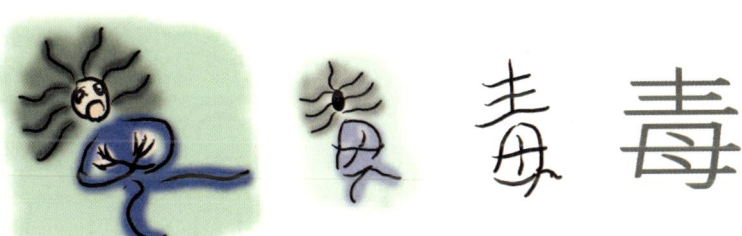

독 독(毒) 자는 한 사람이 독약을 먹고 머리카락이 풀어헤쳐지며 고통스러워 하는 모습을 상형한 글자이다. 이 글자가 또한 아이를 낳을 때 어머니가 고통스러워하는 모습처럼 보이기 때문에 모(母) 자를 넣어 상형했다고 볼 수 있다.

毒 전서   毒 설문해자

◆장면이 살아나는 그림한자◆

 【yí(이ノ이)】 [총14획] 부수 : [疋 (짝필)]　　단어　疑惑(의혹) 疑問(의문) 嫌疑(혐의)
【의심할 의】 의심하다, 헛갈리다, 미혹되다, 두려워하다, 의문(疑問)
ヒ: ㄴㅌ　矢: ノーーヒ矢　マ: フマ　疋: フ丁下疋疋

의심할 의(疑) 자는 한 사람이 다른 한 사람을 의심하고 있는 모습을 상형한 글자이다.

갑골문　금문　전서　설문해자

 【qū(취ー위)】 [총8획] 부수 : [尸 (주검시엄)]　　단어　屈服(굴복) 屈折(굴절) 屈强(굴강)
【굽힐 굴】 구부러지다, 한쪽으로 휘다, 솟다, 꺾다
尸: フコ尸　凵: ㄴ凵　山: ㅣ凵山

굽힐 굴(屈) 자는 한 사람이 구덩이에 빠진 아이를 구덩이 밖으로 드러내는 모습을 상형한 글자이다. 옛날 글자는 또한 대변을 보고 있는 사람의 모습으로도 볼 수 있다. 대변을 볼 때에는 몸을 꼭 구부려야 한다.

금문　전서　설문해자

 【jū(쥐ー위)】 [총8획] 부수 : [尸 (주검시엄)]　　단어　住居(주거) 客居(객거) 居處(거처)
【살 거】 살다, 거주(居住)하다, 있다, 차지하다, 곳, 자리
尸: フコ尸　古: 一十十古古

살 거(居) 자는 한 사람이 살고 있는 집에서 자고 있는 모습을 상형한 글자이다. 이 글자는 또한 아이가 태어나는 모습으로도 볼 수 있다.

금문　전서　설문해자

【shǔ(쭈ˇ우)】 [총21획] 부수 : [尸 (주검시엄)]　단어 金屬(금속) 直屬(직속) 所屬(소속)
【무리 속】 무리, 동아리, 잇다, 모이다, 불러 모으다
尸 : ㄱ ㄱ 尸　蜀 : 丨 ㄱ 罒 罒 蜀 蜀　罒 : 丨 ㄇ 罒 罒 罒　勹 : ノ 勹　虫 : 丨 ㅁ ㅁ 中 虫 虫

무리 속(屬, 属) 자는 짐승의 꼬리와 아이를 안고 있는 어머니의 모습을 상형한 글자이다. 꼬리는 짐승의 엉덩이에 붙어있고 아이는 어머니의 품속에서 안고 있다.

전서　설문해자

【shǔ(쭈ˇ우)】 [총12획] 부수 : [尸 (주검시엄)]
[屬(속)의 속자(俗字)/간체자(簡體字)]
尸 : ㄱ ㄱ 尸　ノ : ノ　ㅁ : 丨 ㄇ ㅁ　内 : 丨 ㄇ 内 内 内

【gǔ(구ˇ우)】 [총10획] 부수 : [骨 (뼈골)]　단어 骨格(골격) 骨角(골각) 換骨(환골)
【뼈 골】 골격, 의기, 기골, 골품
骨 : 丨 ㄇ ㅁ 罒 罒 罒 骨 骨 骨

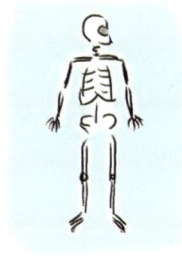   

뼈 골(骨, 骨) 자는 인체 골격의 모습을 상형한 글자이다.

갑골문　전서　설문해자

【gǔ(구ˇ우)】 [총9획] 부수 : [骨 (뼈골)]
[骨(골)의 간체자(簡體字)]
冎 : 丨 ㄇ 冎 冎 冎　月 : 丨 ㄇ 月 月

◆장면이 살아나는 그림한자◆

【wǔ(우ˇ우)】 [총14획] 부수 : [舛 (어그러질천)] 단어 舞臺(무대) 舞踊(무용) 舞童(무동)
【춤 출 무】 춤추다, 북돋다, 무용

ㅡ : ノ ㅡ　　　卅 : ㅡ 十 卅 卅　　　一 : 一　　　夕 : ノ ク 夕　　　牛 : 一 ㄷ 牛

춤 출 무(舞) 자는 나뭇가지나 기구를 들고 춤을 추고 있는 사람의 모습을 상형한 글자이다.

 갑골문　금문　전서　설문해자

【xìng(씨ˋ잉)/xīng(씨ㅡ잉)】 [총16획] 부수 : [臼 (절구구변)]
【일 흥】 일으키다, 흥미, 어조사, 느끼다 단어 興奮(흥분) 興味(흥미) 興行(흥행)

臼 : ㄧ ㄷ ㄷ ㅌ　　　同 : ㅣ 冂 冂 同 同 同　　　ヨ : ㄱ ㄱ ㅋ　　　一 : 一　　　八 : ノ 八

일 흥(興) 자는 즐거운 축제 때 얼굴에 탈을 쓰고 즐겁게 노는 모습을 상형한 글자이다. 이 글자의 옛날 문자를 보면 장대를 피하는 민속놀이의 모습으로도 볼 수 있다.

갑골문　금문　전서

【xìng(씨ˋ잉)/xīng(씨ㅡ잉)】 [총6획] 부수 : [八 (여덟팔)]
[興(흥)의 속자(俗字)/간체자(簡體字)]

兴 : ノ ノ ソ 丷 ㅛ 兴 兴

간체자 일 흥(兴) 자는 한 사람이 부채춤을 추고 있는 모습을 상형한 글자이다.

◆한자획이 살아나는 그림한자-4급◆

 【yǔ(위∨이)】 [총14획] 부수 : [臼 (절구구변)]　단어 參與(참여) 與否(여부) 寄與(기여)
【더 불/줄 여】 더 불다, 같이하다, 참여하다, 주다, 베풀어주다, 협조하다

F : ´ ⌐ F F　　 ㄣ : ⌐ ㄣ　　 ｜ : ｜　　 ヨ : ㄱ ㅋ ヨ　　 一 : 一　　 八 : ノ 八

더 불 여(與, 与) 자는 부모가 아이를 더불어 들어 올리는 모습을 상형한 글자이다.

𦥑 금문　𦥑 𦥒 전서

 【yǔ(위∨이)】 [총4획] 부수 : [一 (한일)]
[與(여)의 간체자(簡體字)/약자(略字)]

与 : 一 ㄣ　　 一 : 一

 【jiù(찌\우)】 [총12획] 부수 : [尢 (절름발이왕)]　단어 成就(성취) 就業(취업) 就任(취임)
【나아갈 취】 나아가다, 이루다, 좇다, 따르다, 마치다, 끝내다

亯 : ｀ 一 ㅗ 亠 吂 亯　　 小 : 亅 小 小　　 尢 : 一 ナ 尢 尢

나아갈 취(就) 자는 한 사람이 마침내 서울에 도착하여 좋아하는 모습을 상형한 글자이다.

就 전서　就 就 설문해자

◆장면이 살아나는 그림한자◆

【yì(이ヽ이)】 [총11획] 부수 : [田 (밭전)]   단어 異見(이견) 異常(이상) 異域(이역)
【다를 이(리)】 기이하다, 괴이하다, 딴 것, 거역하다
田 : 丨 冂 冂 用 田   ㅛ : 一 十 ㅛ ㅛ   八 : 丿 八

> 다를 이(異, 异) 자는 탈을 쓰거나 벗는 모습을 상형한 글자이다. 탈을 쓰고 나면 본래의 얼굴과 다르게 된다. 그래서 다를 이(異) 자가 되고 또한 탈을 쓰게 되면 기이한 모습이기 때문에 기이하다도 뜻하게 되었다.

 갑골문  금문 전서 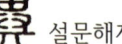 설문해자

【yì(이ヽ이)】 [총6획] 부수 : [廾 (스물입발)]
[異(이)의 간체자(簡體字)]
巳 : 𠃌 𠃍 巳   廾 : 一 ナ 廾

【yǎn(이ㄣ엔)】 [총11획] 부수 : [目 (눈목)]   단어 眼界(안계) 眼鏡(안경)
【눈 안】 눈, 눈동자
目 : 丨 冂 冂 目 目   艮 : 𠃌 𠃍 ヨ 艮 艮 艮

> 눈 안(眼) 자는 두 눈과 코의 모양을 상형한 글자이다. 그런데 이 글자를 쓰다 보니 사선으로 된 코의 한 획이 한쪽 눈의 획과 이어지게 되면서 지금과 같은 글자의 모양으로 변형되었다.

 설문해자

274

◆한자획이 살아나는 그림한자-4급◆

【kàn(까ㄴ안)/kān(까ー안)】 [총9획] 부수 : [目 (눈목)]　단어 看板(간판) 看病(간병) 看客(간객)
【볼 간】 보다, 바라보다, 감시하다, 관찰하다
手 : 一 二 三 手　　目 : ㅣ 冂 冂 目 目

볼 간(看) 자는 손으로 눈부신 빛을 가리면서 바라보고 있는 모습을 상형한 글자이다.

금문 전서 看 설문해자

【zhēn(즈ー은)】 [총10획] 부수 : [目 (눈목)]　단어 眞摯(진지) 眞實(진실) 眞情(진정)
【참 진】 참, 정말이다, 사실이다
匕 : ㄴ 匕　　目 : ㅣ 冂 冂 目 目　　乚 : 乚　　八 : ノ 八

참 진(眞, 真) 자는 한 사람이 추를 매달고 늘어뜨린 끈으로 바르게 선 것을 확인하고 있는 모습을 상형한 문자이다. 진(眞) 자 위에 보이는 비(匕) 자는 끈을 들고 있는 손의 모양이다. 추가 매달린 끈으로 확인하였기 때문에 '참, 맞다'를 뜻하게 되었다.

금문 전서 설문해자

【zhēn(즈ー은)】 [총10획] 부수 : [目 (눈목)]
[眞(진)의 약자(略字)/간체자(簡體字)]
十 : 一 十　　且 : ㅣ 冂 冂 月 月 且　　八 : ノ 八

◆장면이 살아나는 그림한자◆

 【dū(뚜ー우)】 [총13획] 부수 : [目 (눈목)] 　단어　監督(감독) 督勵(독려) 督促(독촉)
【감독할 독】 감독하다, 살피다, 거느리다, 통솔하다, 꾸짖다, 재촉하다, 우두머리
上 : ㅣ ㅏ 上　　小 : ㅣ 小 小　　又 : フ 又　　目 : ㅣ ㄇ 月 月 目

감독할 독(督) 자는 어른이 어린아이가 수영장에서 수영하는 것을 감독하고 있는 모습을 상형한 글자이다.

督 㸅 전서　督 설문해자

視 【shì(쯔ㆍ으)】 [총12획] 부수 : [見 (볼견)] 　단어　視角(시각) 視覺(시각) 無視(무시)
【볼 시】 보다, 엿보다, 보이다, 간주(看做)하다, 맡아보다
示 : 一 二 于 亓 示　　見 : ㅣ ㄇ 月 月 目 貝 見

 示見 視 視

볼 시(視, 視) 자는 한 사람이 해돋이를 보고 있는 모습을 상형한 글자이다. 이 글자는 제사 지내는 모습으로도 볼 수 있다.

呇 갑골문　視 금문　視 전서　視 설문해자

视 【shì(쯔ㆍ으)】 [총12획] 부수 : [礻 (보일시변)]
[視(시)의 간체자(簡體字)]
礻 : ㆍ ㅜ 才 礻　　见 : ㅣ ㄇ 贝 见

◆한자획이 살아나는 그림한자-4급◆

【jué(쥐╱에)/jiào(쨔╲오/우)】 [총20획] 부수 : [見 (볼견)]
【깨달을 각】 밝히다, 터득하다, 깨달음　　단어 覺悟(각오) 覺醒(각성) 覺書(각서)
臼:ˊ ´ ʹ ʹ   爻:ノ×ㄨ爻   ㅋ:ㄱㅋㅋㅋ   冖:ˊㄇ   見:丨冂冃月目貝見

깨달을 각(覺, 觉) 자는 선생님이 보여준 산가지를 보고 헤아려 수를 알거나 던진 윷을 보고 결과를 아는 모습을 상형한 글자이다.

　금문　　설문해자

【jué(쥐╱에)/jiào(쨔╲오/우)】 [총9획] 부수 : [见 (볼견)]
[覺(각)의 간체자(簡體字)]
⺍ : ノ丨丷⺍⺍   见:丨冂贝见

【lǎn(라ˇ안)】 [총21획] 부수 : [見 (볼견)]　　단어 遊覽(유람) 閱覽(열람) 觀覽(관람)
【볼 람(남)】 보다, 두루 보다, 바라보다, 받다, 전망하다
臣:ˊ丆ㄈ匞臣臣   亽:ノ人亽   皿:丨冂冂皿皿   見:丨冂冃月目貝見

볼 람(覽, 览) 자는 거울이 없는 시기에 물을 담은 대야에 얼굴을 비춰보고 있는 모습을 상형한 글자이다.

　전서　　설문해자

【lǎn(라ˇ안)】 [총9획] 부수 : [见 (볼견)]
[覽(람)의 간체자(簡體字)]
刂:丨刂   亽:ノ人亽   见:丨冂贝见

277

◆장면이 살아나는 그림한자◆

【tīng(티-잉)】 [총22획] 부수 : [耳 (귀이)]   단어 盜聽(도청) 視聽(시청) 聽覺(청각)
【들을 청】 들다, 들어 주다
耳 : 一 T F E 耳   壬 : 一 二 三 壬   十 : 一 十   罒 : 丨 冂 冂 罒 罒   一 : 一   心 : ノ 心 心 心

들을 청(聽) 자는 의자에 앉아있는 관리자가 연장자의 말씀을 듣고 있는 모습을 상형한 글자이다.

갑골문   금문   전서

【tīng(티-잉)】 [총7획] 부수 : [口 (입구)]
[聽(청)]의 간체자(簡體字)
口 : 丨 冂 口   斤 : 一 厂 厂 斤

간체자 들을 청(听) 자는 한 사람이 귀로 다른 사람의 말소리를 듣고 있는 모양을 상형한 글자이다.

설문해자

【shèng(써ㄥ)】 [총13획] 부수 : [耳 (귀이)]   단어 聖人(성인) 聖誕節(성탄절)
【성인 성】 임금, 신선, 거룩하다, 뛰어나다
耳 : 一 T F E 耳   口 : 丨 冂 口   壬 : 一 二 三 壬

성인 성(聖) 자는 임금이 의자에 앉아있는 측면의 모습을 상형한 글자이다.

금문   전서   설문해자

【shèng(ㄕㄥˋ 셩)】 [총5획] 부수 : [土 (흙토)]
[聖(성)의 간체자(簡體字)/동자(同字)]
又 : フ又   土 : 一 十 土

간체자 성인 성(圣) 자는 임금이 의자에 앉아있는 정면의 모습을 상형한 글자이다.

갑골문   설문해자

【shēng(ㄕㄥ 셩)】 [총17획] 부수 : [耳 (귀이)]   단어   聲明(성명) 名聲(명성) 喊聲(함성)
【소리 성】 소리, 소리를 내다
土 : 一 十 士   尸 : 一 コ ヲ 尸   殳 : ╯ ╭ 几 殳   耳 : 一 丅 丆 丆 耳

소리 성(聲, 声) 자는 한 사람이 편경 치는 소리를 듣고 있는 모습을 상형한 글자이다.

갑골문   전서   설문해자

【shēng(ㄕㄥ 셩)】 [총7획] 부수 : [士 (선비사)]
[聲의 간체자(簡體字)/속자(俗字)]
士 : 一 十 士   尸 : 一 コ ヲ 尸

◆장면이 살아나는 그림한자◆

【zhí(즈╱으)】 [총18획] 부수 : [耳 (귀이)]   단어 職業(직업) 職務(직무) 職員(직원)
【직분 직】 직분(職分), 직책, 벼슬, 공물, 일, 사업(事業), 맡다, 오로지, 주로
耳 : 一丁丌丌耳耳   立 : 丶一亠立立   日 : 丨冂月日   戈 : 一七戈戈

직분 직(職, 职) 자는 한 사람이 천을 짜는 일을 관리하는 직책을 맡은 모습을 상형한 글자이다.

금문   전서   설문해자

【zhí(즈╱으)】 [총11획] 부수 : [耳 (귀이)]
[職(직)의 속자(俗字)/간체자(簡體字)]
耳 : 一丁丌丌耳耳   口 : 丨冂口   八 : 丿八

【qǔ(취∨위)】 [총8획] 부수 : [耳 (귀이)]   단어 攝取(섭취) 取扱(취급) 取消(취소)
【가질 취】 가지다, 손에 들다, 취(取)하다
耳 : 一丁丌丌耳耳   又 : 乛又

가질 취(取) 자는 돈이나 그릇의 손잡이를 잡고 있는 모습을 상형한 글자이다.

갑골문   금문   전서   설문해자

 【shòu(쎠ㅗ/우)】 [총8획] 부수 : [又 (또우)] 단어 受容(수용) 受諾(수락) 受信(수신)
【받을 수】 얻다, 이어받다, 내려주다, 받아들이다
⺢ : ˊ ⺢⺢   冖 : 丶 冖   又 : フ 又

   受

받을 수(受) 자는 권력의 상징인 소뿔이거나 제사용 각배(뿔잔)를 통치자가 내려주고 후계자가 받는 모습을 상형한 글자이다.

갑골문   금문   전서   설문해자

 【shū(꾸ㅡ우)】 [총8획] 부수 : [又 (또우)] 단어 堂叔(당숙) 叔姪(숙질) 叔伯(숙백)
【아저씨 숙】 아저씨, 아재비, 시동생, 젊다, 나이가 어리다
上 : 丨 卜 上   小 : 亅 小 小   又 : フ 又

아저씨 숙(叔) 자는 주먹도끼를 쥐고 있는 아빠의 앞에서 절대 복종하는 아저씨의 모습을 상형한 글자이다.

갑골문   금문   전서   설문해자

 【yuán(위ㄥ안/엔)】 [총10획] 부수 : [口 (입구)] 단어 職員(직원) 議員(의원) 動員(동원)
【인원 원】 인원(人員), 수효(數爻), 관원(官員), 동그라미, 둥글다, 더하다
口 : 丨 冂 口   貝 : 丨 冂 冂 月 目 貝 貝

인원 원(員, 员) 자는 한 사람의 모습을 상형한 글자이다.

갑골문   금문   전서   설문해자

◈장면이 살아나는 그림한자◈

【yuán(위╱안╱엔)】 [총7획] 부수 : [口 (입구)]
[員(원)의 간체자(簡體字)]
口 : 丨冂口   贝 : 丨冂贝贝

【jù(쥐╲위)/gōu(꼬/꺼ㅡ우)】 [총5획] 부수 : [口 (입구)]
【글귀 구/귀】 글귀, 문장(文章)의 단락(段落), 구절(句節), 마디
勹 : 丿勹   口 : 丨冂口   단어 佳句(가구) 句讀(구두) 句節(구절)

글귀 구(句) 자는 글을 적은 죽간을 묶어놓은 모습을 상형한 글자이다.

【fǒu(포/퍼╲우)/pǐ(피╲이)】 [총7획] 부수 : [口 (입구)]
【아닐 부】 아니다, 부정(否定)하다, 불가(不可)하다, 없다
不 : 一丆不不   口 : 丨冂口   단어 否認(부인) 否定(부정) 拒否(거부)

아닐 부(否) 자는 한 사람이 입을 벌리고 아니라고 부정을 하고 있는 모습을 상형한 글자이다. 이 글자는 또한 한 사람이 다른 한 사람 앞에서 머리를 흔들고 아니라고 하는 모습을 상형한 글자이기도 하다.

◆한자획이 살아나는 그림한자-4급◆

【xī(시ㅡ이)】 [총7획] 부수 : [口 (입구)]   단어 吸收(흡수) 吸煙(흡연)
【마실 흡】빨다, 숨 들이쉬다, 잡아당기다
口 : ㅣㄇ口   乃 : ㅣ乃   ゝ : ゝ

마실 흡(吸) 자는 위로 도망 간 사람을 막 잡는 순간, 숨이 벅차 들숨을 크게 들이쉬는 모습을 상형한 글자이다.

𠯢 전서   𠯢 설문해자

器
【qì(치ㅡ이)】 [총16획] 부수 : [口 (입구)]   단어 器官(기관) 器具(기구) 器械(기계)
【그릇 기】그릇, 접시, 도구
口 : ㅣㄇ口   口 : ㅣㄇ口   犬 : 一ナ大犬   口 : ㅣㄇ口   口 : ㅣㄇ口

그릇 기(器) 자는 사람이 만들어 놓은 그릇 등을 하나씩 진열해서 말리거나 정리한 모양을 상형한 글자이다. 여기서 견(犬) 자는 사람의 모습을 상형한 글자이다.

𠾅 금문   𠾅 전서   𠾅 설문해자

呼
【hū(후ㅡ우)】 [총8획] 부수 : [口 (입구)]   단어 呼訴(호소) 呼吸(호흡) 呼應(호응)
【부를 호】부르짖다, 슬프다, 호통 치다
口 : ㅣㄇ口   乎 : 一ㄍㄇ乎

부를 호(呼) 자는 한 사람이 손짓하며 부르는 모습을 상형한 글자이다.

𠮛 갑골문   𠮛 금문   乎 전서   呼 설문해자

◆장면이 살아나는 그림한자◆

【xǐ(시∨이)】 [총12획] 부수 : [口 (입구)]　　단어　喜壽(희수) 喜悅(희열) 喜悲(희비)
【기쁠 희】 즐겁다, 즐거워하다, 기쁨
士 : 一十士　　豆 : 丨口口曰甲豆　　口 : 丨口口

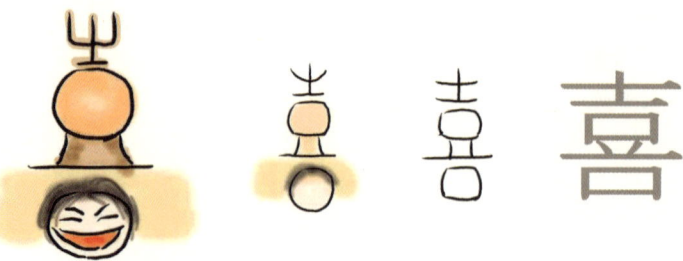

기쁠 희(喜) 자는 북을 치면서 즐겁게 노는 사람들의 모습을 상형한 글자이다.

갑골문　금문　전서　설문해자

【zhōu(쪼/쩌ㅡ우)】 [총8획] 부수 : [口 (입구)]　　단어　周邊(주변) 周圍(주위) 周年(주년)
【두루 주】 골고루, 둘레, 주나라, 돌다
冂 : 丨冂　　土 : 一十土　　口 : 丨口口

두루 주(周) 자는 밭 주위에 둘러 모인 집의 모양을 상형한 글자이다.

갑골문　금문　전서　설문해자

【jūn(쮜ㅡ원)】 [총7획] 부수 : [口 (입구)]　　단어　君臨(군림) 君德(군덕) 君主(군주)
【임금 군】 영주, 남편, 아내, 군자, 그대, 자네
尹 : フコヨ尹　　口 : 丨口口

임금 군(君) 자는 임금이 소뿔을 쥐거나 각배(뿔잔)를 들고 호령하자 다른 사람들이 호응하는 모습을 상형한 글자이다.

갑골문　금문　전서　설문해자

◆한자획이 살아나는 그림한자-4급◆

【wèi(웨ˋ이)】 [총8획] 부수 : [口 (입구)] **단어** 興味(흥미) 趣味(취미) 意味(의미)
【맛 **미**】 맛, 뜻, 의의(意義), 맛보다, 맛들이다
口 : ㅣ 冂 口   一 : 一   木 : 一 十 才 木

  味 味

> 맛 미(味) 자는 한 사람이 음식이나 기타 무엇을 들고 맛보고 있는 모습을 상형한 글자이다. 옛날 글자는 나무에 열린 과일이거나 풀잎 등을 뜯어 맛보는 모습을 상형한 글자로 볼 수 있다.

𣎵 𣎵 전서 味 설문해자

【dān(따ー안)/chán(차ˊ안)/shàn(싼ˋ안)】 [총12획] 부수 : [口 (입구)]
【홑 **단**】 홑, 하나, 오직, 다만, 혼자, 참/오랑캐 이름 (선)   **단어** 單純(단순) 簡單(간단)
口 : ㅣ 冂 口   口 : ㅣ 冂 口   日 : ㅣ 冂 月 日   十 : 一 十

> 홑 단(單, 单) 자는 호랑이 한 마리의 모습을 상형한 글자이다.

𢆉 갑골문 𢆉 금문 單 전서 單 설문해자

【dān(따ー안)/chán(차ˊ안)/shàn(싼ˋ안)】 [총8획] 부수 : [十 (열십)]
[單(단)의 속자(俗字)/간체자(簡體字)]
ソ : ヽ ソ   日 : ㅣ 冂 月 日   十 : 一 十

◆장면이 살아나는 그림한자◆

 【yán(이ノ엔)】 [총20획] 부수 : [口 (입구)]　　　　단어 嚴正(엄정) 嚴肅(엄숙) 嚴格(엄격)
【엄할 엄】 엄(嚴)하다(매우 철저하고 바르다), 혹독하다, 급하다, 절박하다, 계엄
口 : 丨冂口　　厂 : 一厂　　耳 : 一丆丆丆丆丆耳　　攵 : 丿𠂉午攵

  嚴

　엄할 엄(嚴, 严) 자는 한 사람이 바위에서 막대기로 호랑이를 잡으려고 때리고 있는 모습을 상형한 글자이다. 옛날에는 바위 위에다 짐승을 때려 잡으려고 항상 돌을 높게 쌓아서 놓았다.

 전서　 설문해자

 【yán(이ノ엔)】 [총7획] 부수 : [一 (한일)]
[嚴(엄)의 간체자(簡體字)]
一 : 一　　业 : 丨丨丨业业　　丿 : 丿

   严

 【chǐ(츠ˇ으)】 [총15획] 부수 : [齒 (이치)]　　　　단어 齒石(치석) 齒牙(치아) 齒科(치과)
【이 치】 어금니, 연령, 벌이다
止 : 丨卜卜止　　齒 : 丿丷丷丷丷丷齒齒齒齒齒齒齒齒

   齒

　이 치(齒, 齿) 자는 활짝 웃을 때 보이는 이의 모습을 상형한 글자이다. 이 글자에서 보이는 지(止) 자는 본래 발을 상형한 글자인데(아래에서 참고로 설명함) 그러나 치(齒) 자에서 보이는 지(止) 자는 코 그림에서 변화된 모양이다. 그리고 'ㅅ'은 앞니의 그림에서 변화된 모양이다.

 갑골문　 금문　 전서

 【chǐ(ㅊ∨으)】 [총8획] 부수 : [齒 (이치)]
[齒(치)의 간체자(簡體字)]
齿 : ㅣ ㅏ ㅑ ㅑ ㅒ 齿 齿 齿

甘 【gān(까ㅡ안)】 [총5획] 부수 : [甘 (달감)]　　단어 甘受(감수) 甘茶(감차) 甘草(감초)
【달 감】 맛좋다, 익다, 감귤
甘 : 一 十 廾 甘 甘

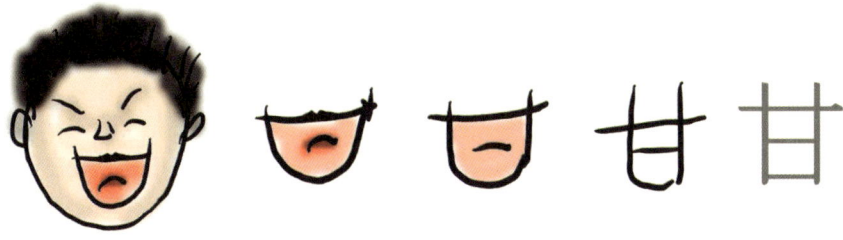

달 감(甘) 자는 혀로 단 맛을 느끼고 활짝 웃는 모습을 상형한 글자이다.

ㅂ 금문　甘 전서　ㅂ 설문해자

 【cì(ㅉㅡ이)】 [총6획] 부수 : [欠 (하품흠)]　　단어 次例(차례) 次元(차원) 次官(차관)
【버금 차】 다음에, 이어서, 둘째, 횟수
冫 : 冫 冫　欠 : ノ ㄣ ヶ 欠

버금 차(次) 자는 한 사람이 한 번 숨을 들이마시고 나서 다음 숨을
내뿜는 모습을 상현한 글자이다.

갑골문　금문　전서　설문해자

◆장면이 살아나는 그림한자◆

| 訪 | 【fǎng(파∨앙)】 [총11획] 부수 : [言 (말씀언)]　　단어　巡訪(순방) 訪問(방문) 禮訪(예방)
【찾을 방】 찾다, 탐구하다, 뵙다, 심방하다, 살펴보다, 정찰(偵察)하다, 조사하다
言 : 一 二 亠 亠 言 言 言　　方 : 丶 亠 方 方 |

찾을 방(訪, 访) 자는 한 사람이 다른 한 사람한테 탐방 길을 물어보고 있거나 방문한 모습을 상형한 글자이다.

訪 설문해자

【fǎng(파∨앙)】 [총6획] 부수 : [讠(말씀언)]
[訪(방)의 간체자(簡體字)]
讠 : 丶 讠　　方 : 丶 亠 方 方

| 討 | 【tǎo(타∨오/우)】 [총10획] 부수 : [言 (말씀언)]　　단어　檢討(검토) 討論(토론) 聲討(성토)
【칠 토】 치다, 때리다, 공격하다, 정벌하다, 다스리다, 찾다, 탐구하다, 연구하다
言 : 一 二 亠 亠 言 言 言　　寸 : 一 十 寸 |

칠 토(討, 讨) 자는 한 사람이 다른 한 사람한테 두 팔을 펼쳐들고 싸우거나 토론하려는 모습을 상형한 글자이다.

討 討 전서　討 설문해자

【tǎo(타∨오/우)】 [총5획] 부수 : [讠(말씀언)]
[討(토)의 간체자(簡體字)]
讠 : 丶 讠　　寸 : 一 十 寸

詩

【shī(쯔ㅡ으)】 [총13획] 부수 : [言 (말씀언)]　　단어　詩文(시문) 詩人(시인) 詩經(시경)

【시 시】 시, 시경(詩經), (시를)읊다, 짓다, 기록(記錄)하다

言 : 一 ㄴ 亠 言 言 言 言　　土 : 一 十 土　　寸 : 一 寸 寸

시 시(詩, 诗) 자는 한 사람이 종을 칠 때 나는 운율에 맞춰 시를 읊고 있는 모습을 상형한 글자이다.

詩 전서　詩 㞢 설문해자

诗

【shī(쯔ㅡ으)】 [총8획] 부수 : [讠 (말씀언)]

[詩(시)의 간체자(簡體字)]

讠 : 丶 讠　　土 : 一 十 土　　寸 : 一 寸 寸

講

【jiǎng(지ˇ앙)】 [총17획] 부수 : [言 (말씀언)]　　단어　講義(강의) 講演(강연) 講師(강사)

【외울 강】 외우다, 외다, 암송하다, 배우다, 익히다, 이야기하다, 강의, 강론

言 : 一 ㄴ 亠 言 言 言 言　　井 : 一 二 井 井　　再 : 一 丁 冂 円 再 再

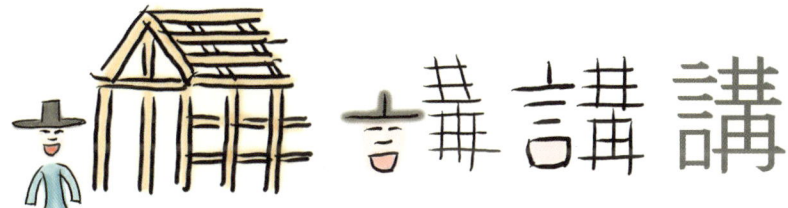

외울 강(講) 자는 한 사람이 집의 구조가 어떻게 되었는지를 알려주거나 배워서 외우고 있는 모습을 상형한 글자이다.

講 전서　講 설문해자

讲

【jiǎng(지ˇ앙)】 [총6획] 부수 : [讠 (말씀언)]

[講(강)의 간체자(簡體字)]

讠 : 丶 讠　　井 : 一 二 井 井

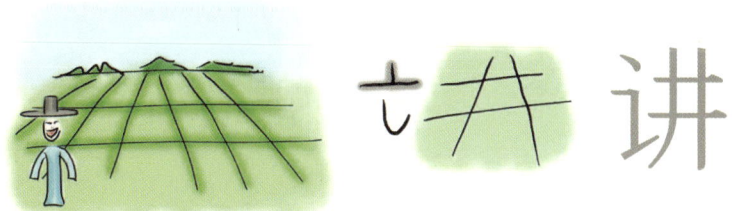

간체자 외울 강(讲) 자는 논밭에서 농사를 어떻게 지어야 하는지를 알려주거나 배워서 외우고 있는 모습을 상형한 글자이다.

◆장면이 살아나는 그림한자◆

【yáo(야ノ오/우)】 [총17획] 부수 : [言 (말씀언)]　　단어　民謠(민요) 歌謠(가요) 詩謠(시요)
【노래 요】 노래, 가요(歌謠), 소문, 풍문, 노래하다, 헐뜯다
言 : 一 二 亠 主 言 言 言 言　　夕 : ノ ク 夕 夕　　缶 : ノ 匕 亠 午 缶 缶

노래 요(謠, 谣) 자는 한 사람이 항아리 또는 항아리처럼 생긴 악기를 두드리며 노래를 하는 모습을 상형한 글자이다.

謠 谣 전서

【yáo(야ノ오/우)】 [총12획] 부수 : [讠 (말씀언)]
[謠(요)의 간체자(簡體字)]
讠 : 丶 讠　　夕 : 一 ᅮ 夕 夕　　缶 : ノ 匕 亠 午 缶 缶

【lùn(루ヽ운)】 [총15획] 부수 : [言 (말씀언)]　　단어　勿論(물론) 論議(논의) 論難(논란)
【논할 론(논)/조리 륜(윤)】 논하다, 논의하다, 서술하다, 언급하다, 토론하다
言 : 一 二 亠 主 言 言 言 言　　人 : ノ 人　　一 : 一　　冊 : 丨 冂 冂 用 冊

논할 논(論, 论) 자는 한 사람이 다른 한 사람과 죽간에 적어놓은 글을 근거로 논(論)하고 있는 모습을 상형한 글자이다.

侖 금문　龠 전서　論 설문해자

【lùn(루ヽ운)】 [총6획] 부수 : [讠 (말씀언)]
[論(론)의 간체자(簡體字)]
讠 : 丶 讠　　人 : ノ 人　　匕 : 乚 匕

 【shì(ㄕˋ)】 [총13획] 부수 : [言 (말씀언)]　단어 試圖(시도) 試案(시안) 試驗(시험)
【시험 시】 시험(試驗), 떠보다, 검증(檢證)하다, 검사하다
言 : 一 亠 亠 圭 言 言 言　工 : 一 丁 工　弋 : 一 弋 弋

시험 시(試, 试) 자는 한 사람이 일정한 격식(格式)이나 의식(儀式)을 검정하려고 말로 확인하고 있는 모습을 상형한 글자이다.

전서　설문해자

 【shì(ㄕˋ)】 [총8획] 부수 : [讠 (말씀언)]
[試(시)의 간체자(簡體字)]
讠 : 丶 讠　工 : 一 丁 工　弋 : 一 弋 弋

 【zhì(ㄓˋ)】 [총14획] 부수 : [言 (말씀언)]　단어 雜誌(잡지) 書誌(서지) 壙誌(광지)
【기록할 지】 기록하다, 적다, 외우다, 기억하다, 알아차리다
言 : 一 亠 亠 圭 言 言 言　士 : 一 十 士　心 : 丿 心 心 心

기록할 지(誌) 자는 한 사람이 다른 한 사람을 시켜 판(板)에 기록하게 하는 모습을 상형한 글자이다.

전서　설문해자

【zhì(쯔ㄟ)】 [총7획] 부수 : [心 (마음심)]　　단어 意志(의지) 志願(지원) 志操(지조)
【뜻 지】 뜻, 마음, 본심(本心), 사사로운 생각, 감정, 기록, 기억하다
士 : 一 十 士　　心 : 丶 ㇁ 心 心

뜻 지(志) 자는 한 사람이 다른 한 사람한테 큰 뜻이 있는 생각을 털어놓는 모습을 상형한 글자이다.

讚 【zàn(짜ㄟ 안)】 [총26획] 부수 : [言 (말씀언)]　　단어 稱讚(칭찬) 讚歎(찬탄) 讚揚(찬양)
【기릴 찬】 기리다, 찬양(讚揚)하다, 찬조(贊助)하다, 인도(引導)하다
言 : 一 二 三 言 言 言 言　　先 : 丿 ㇑ 生 生 先　　貝 : 丨 冂 冂 冃 目 貝 貝

기릴 찬(讚) 자는 한 사람이 돈을 찬조(贊助)하자 다른 두 사람(많은 사람)이 이를 보고 좋아하면서 손을 들어 찬양하는 모습을 상형한 글자이다.

評 【píng(피ㄟ 잉)】 [총12획] 부수 : [言 (말씀언)]　　단어 批評(비평) 酷評(혹평) 評價(평가)
【평할 평】 평하다, 품평(品評)하다, 평론하다, 품평(品評)
言 : 一 二 三 言 言 言 言　　平 : 一 丷 亚 乎 平

평할 평(評, 评) 자는 한 사람이 죽간을 펼치고 평하는 모습을 상형한 글자이다.

【píng(피ㄟ 잉)】 [총7획] 부수 : [讠 (말씀언)]
[評(평)의 간체자(簡體字)]
讠 : 丶 讠　　平 : 一 丷 亚 乎 平

◆한자획이 살아나는 그림한자-4급◆

 【zhèng(쩌ㄥ)】 [총19획] 부수 : [言 (말씀언)]　　단어　傍證(방증) 證據(증거) 證言(증언)
【증거 증】 증거(證據), 증명서(證明書), 병상(病狀), 병세(病勢), 증상(症狀), 증명하다
言 : ` 一 二 = 言 言 言　　癶 : フ ⁊ ⅎ 癶　　豆 : 一 ㄒ 戸 戸 戸 豆

증거 증(證, 证) 자는 한 사람이 어두운 곳을 법관이나 의사 앞에서 불을 켜고 증거를 대어 증명하거나 병상을 말하고 있는 모습을 상형한 글자이다.

證 설문해자

 【zhèng(쩌ㄥ)】 [총7획] 부수 : [讠 (말씀언)]
[證(증)의 간체자(簡體字)]
讠 : ` 讠　　正 : 一 丅 下 F 正

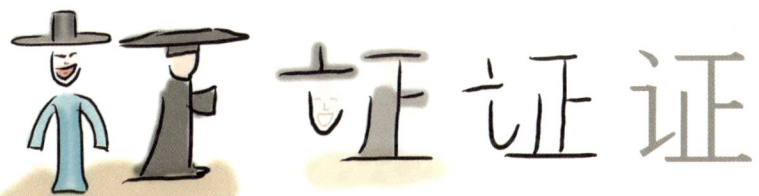

 【wù(우ㄨ)】 [총14획] 부수 : [言 (말씀언)]　　단어　誤解(오해) 過誤(과오) 錯誤(착오)
【그르칠 오】 그르치다, 잘못하다, 의혹(疑惑)하다
言 : ` 一 二 = 言 言 言　　口 : l 冂 口　　ᄂ : ㄴ ㄴ　　大 : 一 ナ 大

그르칠 오(誤, 误) 자는 한 사람이 머리에 동이를 이고 가다가 잘못하여 돌부리에 걸려 기우뚱 하는 사람을 보고 '오~' 하며 소리 지르는 모습을 상형한 글자이다.

誤 誤 전서　　誤 誤 설문해자

 【wù(우ㄨ)】 [총9획] 부수 : [讠 (말씀언)]
[誤(오)의 간체자(簡體字)]
讠 : ` 讠　　口 : l 冂 口　　天 : 一 二 チ 天

293

◆장면이 살아나는 그림한자◆

設 【shè(쓰ˋ어)】 [총11획] 부수 : [言 (말씀언)]　단어 設置(설치) 建設(건설) 施設(시설)
【베풀 설】 베풀다, 세우다, 설립(設立)하다, 설치(設置)하다
言 : ᅳ二三言言言言　殳 : ノ几兒殳

베풀 설(設, 设) 자는 한 사람이 다른 한 사람을 시켜 야외에 차일(遮日)을 세우게 하는 모습을 상형한 글자이다. 차일(遮日)은 햇볕을 가리기 위해 치는 (넓은)포장을 말한다.

𠱃𠱃 전서　𣪊 설문해자

设 【shè(쓰ˋ어)】 [총6획] 부수 : [讠 (말씀언)]
[設(설)의 간체자(簡體字)]
讠 : ᐟ讠　殳 : ノ几兒殳

誠 【chéng(처ˊ엉)】 [총14획] 부수 : [言 (말씀언)]　단어 精誠(정성) 忠誠(충성) 誠意(성의)
【정성 성】 정성(精誠), 진실(眞實), 참, 참으로
言 : ᅳ二三言言言言　成 : ᅳ厂厂厅成成成

정성 성(誠, 诚) 자는 한 사람도 성으로 잠입(潛入)할 수 없게 정성으로 경비를 서라고 경비병들에게 훈계를 하고 있는 모습을 상형한 글자이다. 경비는 정성을 다해서 서야한다.

誠誠 전서　誠 설문해자

【chéng(처ˊ엉)】 [총9획] 부수 : [讠 (말씀언)]
[誠(성)의 간체자(簡體字)]
讠 : ᐟ讠　成 : ᅳ厂厂厅成成成

294

 【rèn(러ˋ언)】 [총14획] 부수 : [言 (말씀언)]　단어 認定(인정) 確認(확인) 承認(승인)
【알 인】 알다, 인식(認識)하다, 인정하다, 적다
言 : 一 亠 亠 言 言 言 言　刃 : ㇆ 刀 刃　心 : 丶 ㇀ 心 心

알 인(認, 认) 자는 한 사람이 다른 한 사람을 알아보고 인사하는 모습을 상형한 글자이다.

 【rèn(러ˋ언)】 [총4획] 부수 : [讠 (말씀언)]
[認(인)의 간체자(簡體字)]
讠 : 丶 讠　人 : 丿 人

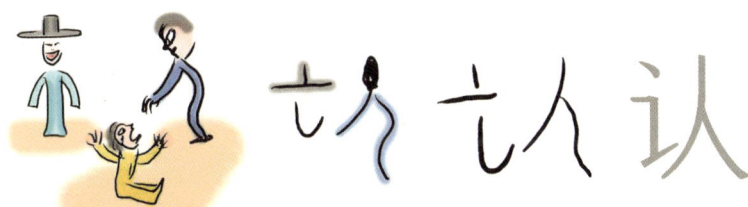

請 【qǐng(치ˇ잉)】 [총15획] 부수 : [言 (말씀언)]　단어 請求(청구) 要請(요청) 申請(신청)
【청할 청】 청(請)하다, 바라다, 부르다, 청탁(請託)하다, 묻다, 뵈다, 청컨대
言 : 一 亠 亠 言 言 言 言　靑 : 一 二 ㇀ 靑 靑 靑 靑 靑

청할 청(請, 请) 자는 한 사람이 느티나무나 기타 나무 앞에서 복을 주라고 청하는 모습을 상형한 글자이다. 이 글자가 또한 화분을 받쳐 청탁하는 모습으로도 볼 수 있다.

◆장면이 살아나는 그림한자◆

【qǐng(치∨잉)】 [총10획] 부수 : [讠(말씀언)]
【請(청)의 간체자(簡體字)】
讠：丶讠　　青：一二丰丰青青青青

【hù(후ㄟ우)】 [총21획] 부수 : [言(말씀언)]　　단어 保護(보호) 守護(수호) 擁護(옹호)
【도울 호】 돕다, 지키다, 보호(保護)하다, 통솔(統率)하다
言：一二一亠亍言言言　　卄：一十卄卄　　隹：ノイイ仁仨佯隹佳　　又：フ又

도울 호(護) 자는 한 사람이 가금을 야생동물로부터 보호할 수 있도록
소리를 내면서 우리로 몰고 가서 가두는 모습을 상형한 글자이다.

𦳝 전서　護 설문해자

【hù(후ㄟ우)】 [총7획] 부수 : [扌(재방변)]
[護(호)의 속자(俗字)/간체자(簡體字)]
扌：一十扌　　户：丶二尹户

간체자 도울 호(护) 자는 손으로 (가금을)우리로 몰고 가는 모습을
뜻하는 글자이다. 여기서 호(户) 자는 우리의 문을 상형한 글자이다.

【xiè(씨ㄟ에)】 [총17획] 부수 : [言(말씀언)]　　단어 感謝(감사) 謝罪(사죄) 謝過(사과)
【사례할 사】 사례(謝禮)하다, 갚다, 보답(報答)하다, 양보하다, 사양(辭讓)하다
言：一二一亠亍言言言　　身：ノイ冂冃月身身　　寸：一十寸

사례할 사(謝, 谢) 자는 한 사람이 다른 사람을 위해 사냥해서 하례를 하려는 모습을
상형한 글자이다. 이 글자를 활과 화살을 하례하는 모습으로도 볼 수 있다.

갑골문　금문　전서　설문해자

◆한자획이 살아나는 그림한자-4급◆

【xiè(씨ㄟ에)】 [총12획] 부수 : [讠(말씀언)]
[謝(사)의 간체자(簡體字)]
讠 : 丶讠   身 : 丿丆冂甸身身   寸 : 一十寸

【yì(이ㄟ이)】 [총20획] 부수 : [言 (말씀언)]   단어 協議(협의) 審議(심의) 議員(의원)
【의논할 의】 의논(議論)하다, 토의(討議)하다, 가리다, 분간하다, 의견, 주장(主張)
言 : 一二亠ㅗ言言言   羊 : 丶丷ㅛ兰羊   丿 : 丿   扌 : 一十扌   戈 : 一七戈戈

의논할 의(議) 자는 사람들이 모여서 제사 의식을 논의 하고 있는 모습을 상형한 글자이다.

議議 전서   䜤 설문해자

【yì(이ㄟ이)】 [총5획] 부수 : [讠 (말씀언)]
[議(의)의 간체자(簡體字)]
讠 : 丶讠   丶 : 丶   乂 : 丿乂

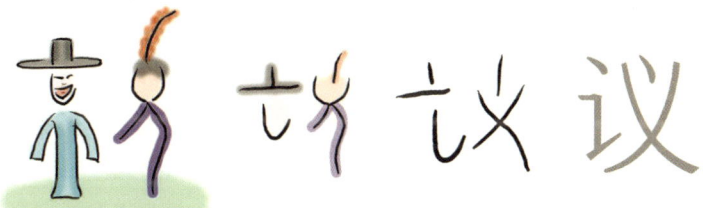

간체자 의논할 의(议) 자는 두 사람이 의논을 하고 있는 모습을 상형한 글자이다.

【jǐng(지ˇ잉)】 [총20획] 부수 : [言 (말씀언)]   단어 警察(경찰) 警告(경고) 警戒(경계)
【깨우칠/경계할 경】 깨우치다, 깨닫다, 경계(警戒)하다, 조심하다, 주의(注意)하다
艹 : 一十卝艹   勹 : 丿勹   口 : 丨冂口   攵 : 丿ㄅク攵   言 : 一二亠ㅗ言言言

깨우칠/경계할 경(警) 자는 한 사람(선생, 경찰)이 다른 한 사람(학생, 어린이)을 때리고 말로 깨우치게 하는 모습을 상형한 글자이다.

䜘 설문해자

◆장면이 살아나는 그림한자◆

 【cí(ㅊㅡ́으)】 [총19획] 부수 : [言 (말씀언)]   단어 讚辭(찬사) 辭表(사표) 辭退(사퇴)
【말씀 사】 말씀, 문체 이름, 핑계, 사퇴하다, 알리다, 청하다, 타이르다, 사양하다
冏 : ⺊ ⺊⺊ 冏   ㄢ : ㄇ ㄢㄢ   內 : ㅣ ㄇ 內 內   又 : ㄱ 又   辛 : ⺊ ⺈ ⺈ ⺄ 立 立 辛

말씀 사(辭) 자는 한 사람이 말씀을 죽간에 적어 둘둘 말거나 펴고 있는 모습을 상형한 글자이다. 여기서 신(辛) 자는 글자를 새기는 도구로 보아도 되고 또한 언(言) 자의 변형으로 보아도 된다.

금문   전서

 【cí(ㅊㅡ́으)】 [총13획] 부수 : [辛 (매울신)]
[辭(사)의 속자(俗字)/간체자(簡體字)]
舌 : ⺊ 二 千 千 舌 舌   辛 : ⺊ ⺈ ⺈ ⺄ 立 立 辛

간체자 말씀 사(辞) 자는 한 사람이 말씀을 적은 죽간을 펴고 있는 모습을 상형한 글자이다. 이 글자를 또한 두 사람이 말씀을 하고 있는 모습으로도 볼 수 있다.

 【biàn(삐ㅡ̀엔)】 [총21획] 부수 : [辛 (매울신)]   단어 雄辯(웅변) 答辯(답변) 强辯(강변)
【말씀 변】 말씀, 말을 잘하다, 말다툼하다, 논쟁하다, 변론하다
辛 : ⺊ ⺈ ⺈ ⺄ 立 立 辛   言 : ⺊ 二 ⺊ 言 言 言 言   辛 : ⺊ ⺈ ⺈ ⺄ 立 立 辛

말씀 변(辯, 辩) 자는 두 사람이 싸우고 있는 것을 보고 한 사람이 변론해 주고 있는 모습을 상형한 글자이다.

전서   설문해자

◆한자획이 살아나는 그림한자-4급◆

【biàn(삐ㆍ엔)】 [총16획] 부수 : [辛 (매울신)]
[辯(변)의 간체자(簡體字)]
辛 : ` 亠 立 辛　　讠 : ` 讠　　辛 : ` 亠 立 辛

【fá(파´아)】 [총14획] 부수 : [罒 (그물망머리)]　**단어** 罰金(벌금) 處罰(처벌) 刑罰(형벌)
벌할 벌 벌(罰)하다, 벌(罰)주다, 벌(罰), 죄
罒 : ｜ 冂 冂 罒 罒　　言 : ` 二 ⺬ 言 言　　刂 : ｜ 刂

벌할 벌(罰, 罚) 자는 한 사람이 다른 한 사람에게 벌을 주어 형틀을 채워주려고 하는 모습을 상형한 글자이다. 여기서 망(罒) 자는 죄(罪)의 약자로 볼 수도 있고 또한 감옥의 창살(철창이기도 함)이거나 감옥(監獄) 안의 칸막이용으로 세워놓은 나무 기둥을 뜻하거나 또한 죄인을 가두는 감옥둘레의 철조망의 모습을 상형한 글자이기도 하다.

【fá(파´아)】 [총9획] 부수 : [罒 (그물망머리)]
[罰(벌)의 간체자(簡體字)]
罒 : ｜ 冂 冂 罒 罒　　讠 : ` 讠　　刂 : ｜ 刂

【zhì(쯔ㆍ으)】 [총13획] 부수 : [罒 (그물망머리)]　**단어** 設置(설치) 裝置(장치) 放置(방치)
둘 치 두다, 배치(配置)하다, 내버려 두다, 버리다, 폐기(廢棄)하다
罒 : ｜ 冂 冂 罒 罒　　直 : 一 ┼ 十 古 古 查 直 直

둘 치(置, 置) 자는 가구를 배치하고 있는 모습을 상형한 글자이다. 위 그림을 보면 가구가 기울어졌는지 추가 달린 끈으로 재고 있는 모습이다. 이 글자에서 넉 사(四) 자를 사람의 눈으로도 볼 수 있다. 이는 사람이 눈으로 치수를 재는 것을 뜻하거나 다른 사람이 함께 보고 있는 모습 등으로 볼 수 있다.

◆장면이 살아나는 그림한자◆

置 【zhì(쯔ˋㅇ)】 [총13획] 부수 : [罒 (그물망머리)]
[置(치)의 간체자(簡體字)]
罒 :丨冂冂㓁罒   十 : 一十   且 : 丨冂月月且

舌 【shé(ㄸˊ어)】 [총6획] 부수 : [舌 (혀설)]   단어 毒舌(독설) 舌戰(설전) 口舌(구설)
【혀 설】 혀, 말, 언어
舌 : 一二千千舌舌

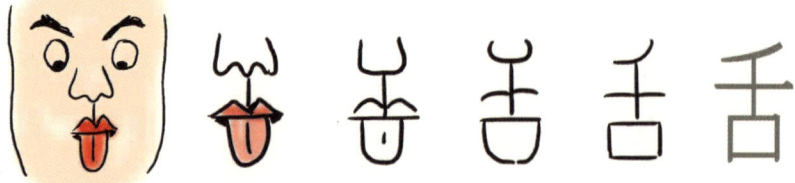

혀 설(舌) 자는 사람이 입을 벌리고 혀를 내밀고 있는 모양을 상형한 글자이다.

𠯑 𠯒 갑골문   舌 전서   𠯑 설문해자

舍 【shè(ㄕㄜˋ)/shě(ㄕㄜˇ)】 [총8획] 부수 : [舌 (혀설)] 단어 舍廊(사랑) 廳舍(청사) 庫舍(고사)
【집/버릴 사】 집, 가옥(家屋), 여관, 버리다
人 : ノ人   舌 : 一二千千舌舌

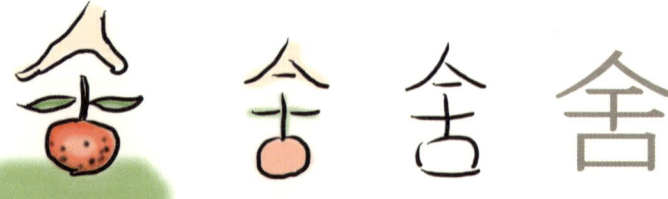

집 사(舍) 자는 집의 모양을 상형한 글자이다. 이 글자는 또한 버릴 사(捨) 자의 간체자(簡體字)이기도 하다. 위 그림을 보면 썩은 과일이거나 벌레 먹은 과일을 버리고 있는 모습이다.

舍 금문   舍 전서   舍 설문해자

◆한자획이 살아나는 그림한자-4급◆

【é(어ˊ어)】 [총18획] 부수 : [頁 (머리혈)]　　단어　巨額(거액) 總額(총액) 金額(금액)
【이마 액】 이마, 머릿수, 일정(一定)한 액수, 한도(限度)
宀 : ｀ ｀ ｀ 宀　　夂 : ノ ク 夂　　口 : 丨 冂 口　　頁 : 一 ｒ ｒ 丆 丏 百 百 頁 頁

이마 액(額, 额) 자는 사람의 이마의 모양을 상형한 글자이다.

設 설문해자

【é(어ˊ어)】 [총15획] 부수 : [页 (머리혈)]
[額(액)의 간체자(簡體字)]
宀 : ｀ ｀ ｀ 宀　　夂 : ノ ク 夂　　口 : 丨 冂 口　　页 : 一 ｒ ｒ 丆 页 页

【sòng(쑤ˋ웅)】 [총13획] 부수 : [頁 (머리혈)]　　단어　讚頌(찬송) 歌頌(가송) 稱頌(칭송)
【칭송할/기릴 송】 칭송(稱頌)하다, 기리다, 낭송(朗誦)하다
八 : ノ 八　　厶 : 乚 厶　　頁 : 一 ｒ ｒ 丆 丏 百 百 頁 頁

칭송할 송(頌, 颂) 자는 한 사람이 다른 한 사람을 칭송하자 칭송받은 사람이 입을 헤벌쭉 벌리고 있는 모습을 상형한 글자이다.

금문　전서　설문해자

【sòng(쑤ˋ웅)】 [총10획] 부수 : [页 (머리혈)]
[頌(송)의 간체자(簡體字)]
八 : ノ 八　　厶 : 乚 厶　　页 : 一 ｒ ｒ 丆 页 页

◆장면이 살아나는 그림한자◆

 【xiǎn(시ˇ엔)】 [총23획] 부수 : [頁 (머리혈)]　　단어 顯宗(현종) 顯著(현저) 顯在(현재)
【나타날 현】 나타나다, 드러나다, 뚜렷하다, 명확하다
日 : 丨冂日日　　幺 : 〈幺幺　　灬 : 丶丶丶灬　　頁 : 一丆丆丆百百百頁頁

나타날 현(顯, 显) 자는 한 사람이 실을 염색 하고나서 말리는 모습을 상형한 글자이다.

 【xiǎn(시ˇ엔)】 [총9획] 부수 : [日 (날일)]
[顯(현)의 속자(俗字)/간체자(簡體字)]
日 : 丨冂日日　　业 : 丨冂冂业业

 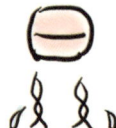   

非 【fēi(뻐ㅡ이)】 [총8획] 부수 : [非 (아닐비)]　　단어 非難(비난) 非常(비상) 非命(비명)
【아닐/비방할 비】 그르다, 나쁘다, 나무라다, 비방하다
非 : 丿丿丿丰丰非非非

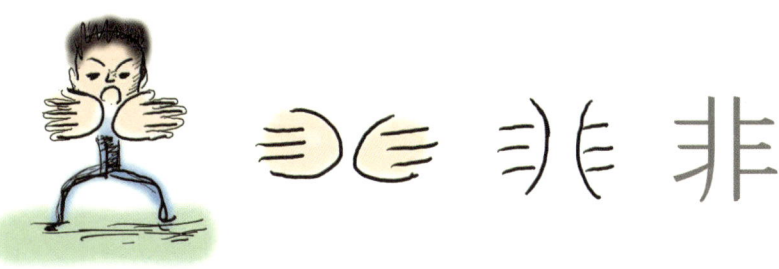

아닐 비(非) 자는 한 사람이 '아니다'라고 머리를 흔들고 있는 모습을 상형한 글자이다. 이 글자를 한 사람이 '아니다'라고 두 손을 흔들고 있는 손바닥의 모양을 상형한 글자로 볼 수 있다.

北 금문　衆 전서　非 설문해자

【fà(빠ˋ아)】 [총15획] 부수 : [彡 (터럭발)]　　단어 假髮(가발) 理髮(이발) 白髮(백발)
【터럭 발】 터럭(몸에 난 길고 굵은 털), 머리털.
長 : 丨 厂 亻 乍 乍 乍 長 長　　彡 : ノ ノ 彡　　ナ : 一 ナ　　乂 : ノ 乂　　丶 : 丶

터럭 발(髮, 发) 자는 두 사람의 머리카락의 모양을 상형한 글자이다.

【fà(빠ˋ아)】 [총5획] 부수 : [又 (또우)]
[發(발), 髮(발)의 간체자(簡體字)]
发 : 一 ナ 犮 发 发

  发 发

◆장면이 살아나는 그림한자◆

【cháng(차ˊ앙)】 [총13획] 부수 : [月 (육달월)]　**단어** 胃腸(위장) 肝腸(간장) 大腸(대장)
【창자 장】 창자, 마음, 충심(衷心)(마음속에서 우러나는 참된 마음), 자세하다
月 : ノ 刀 月 月　　日 : １ 冂 日 日　　易 : 一 𠂆 𠃌 𠃌 易

창자 장(腸, 肠) 자는 창자의 모양을 상형한 글자이다.

🖋 전서　🖋 설문해자

【cháng(차ˊ앙)】 [총7획] 부수 : [月 (육달월)]
[腸(장)의 간체자(簡體字)]
月 : ノ 刀 月 月　　𠃓 : ㄱ 𠃓 𠃓 𠃓

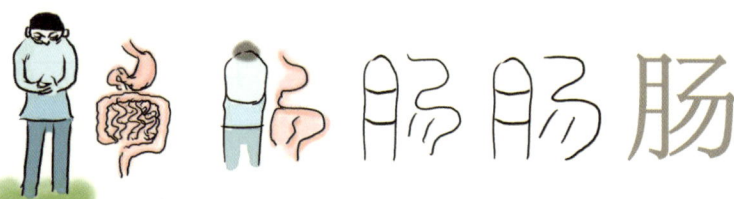

【mài(마ˋ이)】 [총10획] 부수 : [月 (육달월)]　**단어** 山脈(산맥) 文脈(문맥) 血脈(혈맥)
【줄기 맥】 달아나다, 줄기, 달리다, 맥, 맥박, 혈관, 혈맥, 수로, 진맥하다, 연달아 하다
月 : ノ 刀 月 月　　厂 : 一 厂　　氏 : 一 厂 𠂆 氏

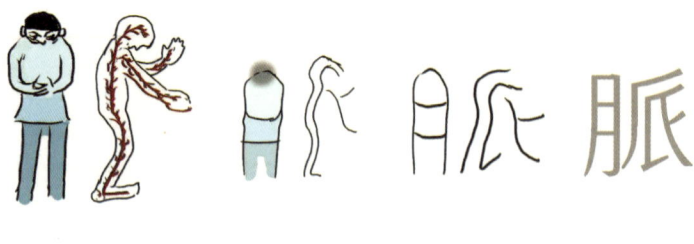

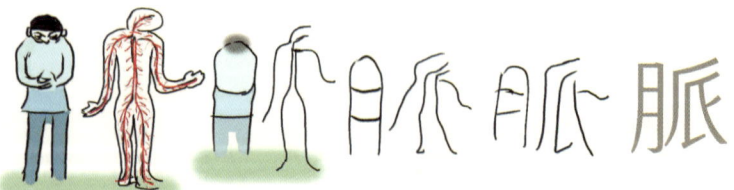

줄기 맥(脈, 脉) 자는 사람의 혈관 맥의 모양을 상형한 글자이다.

🖋 전서　🖋 🖋 🖋 설문해자

304

◆한자획이 살아나는 그림한자-4급◆

【mài(빠︠ㅣ)】 [총9획] 부수 : [月 (육달월)]
[脈(맥)의 속자(俗字)/간체자(簡體字)]
月 : ﾉ 刀 月 月　　永 : 丶 亍 亍 永 永

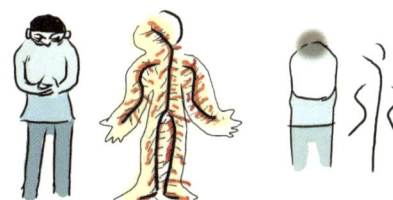

【bèi(뻬︠ㅣ)/bēi(뻬ㅡㅣ)】 [총9획] 부수 : [月 (육달월)]]
【등 배】 등, 뒤, 집의 북쪽　　단어 違背(위배) 背反(배반) 背景(배경)
    ㅑ : 丶 冫 ㅑ　　ヒ : ㄴ ヒ　　月 : ㅣ 冂 月 月

| 등 배(背) 자는 아이 둘이서 아빠의 등에 올라타 있는 모습을 상형한 글자이다. |

 설문해자

【bāo(빠ㅡ오/우)】 [총9획] 부수 : [月 (육달월)]　단어 同胞(동포) 細胞(세포) 僑胞(교포)
【세포/여드름 포】 세포, 포자, 배, 태보(胎褓), 삼(태아를 싸고 있는 막과 태반)
月 : ﾉ 刀 月 月　　勹 : ﾉ 勹　　巳 : ㄱ ㄱ 巳

| 세포 포(胞) 자는 어머니가 아이를 잉태한 모습을 상형한 글자이다. |

설문해자

◆장면이 살아나는 그림한자◆

 【tuō(뚜ー오/어)】 [총11획] 부수 : [月 (육달월)] 　단어　 離脫(이탈) 脫出(탈출) 逸脫(일탈)
【벗을 탈】 벗다, 벗어나다, 벗기다, 사면하다, 풀다, 나오다, 빠지다
月 : ノ 刀 月 月　　八 : ノ 八　　口 :丨 冂 口　　儿 : ノ 儿

벗을 탈(脫, 脫) 자는 한 사람이 몸에 옷이나 망토를 벗고 있는 모습을 상형한 글자이다.

脫 脫 전서　　脫 설문해자

 【tuō(뚜ー오/어)】 [총11획] 부수 : [月 (육달월)]
[脫(탈)의 속자(俗字)/간체자(簡體字)]
月 : ノ 刀 月 月　　丷 : 丶 丷　　口 : 丨 冂 口　　儿 : ノ 儿

 【hòu(호ㄡ/허ㄧ우)】 [총9획] 부수 : [厂 (민엄호)] 　단어　 厚生(후생) 厚待(후대) 濃厚(농후)
【두터울 후】 두텁다, 후(厚)하다, 두터이 하다, 두껍다
厂 : 一 厂　　日 : 丨 冂 日 日　　子 : ㇇ 了 子

두터울 후(厚) 자는 한 어린아이가 어른의 볼록한 배를 가리키는 모습을 상형한 글자이다. 볼록한 배가 '두텁다'를 뜻하게 되었다.

厚 갑골문　　厚 금문　　厚 전서　　厚 厚 설문해자

◆한자획이 살아나는 그림한자-4급◆

惠 　【huì(훼ㄟ이)】　[총12획]　부수 : [心 (마음심)]　　단어　恩惠(은혜) 特惠(특혜) 惠存(혜존)
【은혜 혜】 은혜(恩惠), 사랑, 자애(慈愛)
叀 : 一 ㄒ ㄒ 曰 〒 亩 東 東　　心 : 亅 心 心 心

은혜 혜(惠) 자는 할머니나 어머니가 천을 짜려고 물레에 실을 감고 있는 모습을 상형한 글자이다. 할머니나 어머니가 짠 천으로 만든 옷을 입은 식구는 은혜를 받은 것이다.

갑골문　금문　전서　설문해자

想　【xiǎng(시∨앙)】　[총13획]　부수 : [心 (마음심)]　　단어　發想(발상) 想像(상상) 豫想(예상)
【생각 상】 생각, 그리워하다, 상상(想像)하다
木 : 一 十 才 木　　目 : 丨 冂 冃 月 目　　心 : 亅 心 心 心

생각 상(想) 자는 한 사람이 느티나무나 기타 생명나무 앞에서 생각을 하고 빌고 있는 모습을 상형한 글자이다.

전서　설문해자

應　【yīng(∞ㅡ잉)】　[총17획]　부수 : [心 (마음심)]　　단어　反應(반응) 適應(적응) 應答(응답)
【응할 응】 응(應)하다, 맞장구치다, 화답하다, 당(當)하다
广 : 丶 亠 广　　イ : 丿 イ　　隹 : 丿 イ 亻 ㅑ 灬 伡 隹 隹　　心 : 亅 心 心 心

응할 응(應, 応) 자는 인솔하는 기러기를 따라 기타 기러기들이 따라 날아가는 모습을 상형한 글자이다.

금문　전서　설문해자

 【yīng(ㅇㅣㅡ잉)】 [총7획] 부수 : [广 (엄호)]
[應(응)의 속자(俗字)/간체자(簡體字)]
广 : ﾞ 亠 广   䒑 : ﾞ ﾞ ﾞ 䒑

 【zhōng(ㅉㅗ/ㅉㅜㅡ웅)】 [총8획] 부수 : [心 (마음심)]   단어 忠告(충고) 忠誠(충성) 忠南(충남)
【충성 충】 충성, 정성(精誠)스럽다, 충성(忠誠)하다
中 : ﾞ 口 日 中   心 : ﾞ 心 心 心

> 충성 충(忠) 자는 신하가 왕에게 패를 높이 들고 충성을 맹세하는 모습을 상형한 글자이다.

￼ 금문 ￼ 전서 ￼ 설문해자

 【ēn(ㅇㅓㅡ언)】 [총10획] 부수 : [心 (마음심)]   단어 恩惠(은혜) 恩師(은사) 背恩(배은)
【은혜 은】 은혜(恩惠), 인정, 온정, 혜택(惠澤), 사랑하다, 감사(感謝)하게 여기다
口 : ﾞ 冂 口   大 : 一 ナ 大   心 : ﾞ 心 心 心

> 은혜 은(恩) 자는 한 사람이 선물 보따리를 가득 받은 모습을 상형한 글자이다.

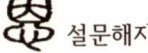 전서 ￼ 설문해자

◆한자획이 살아나는 그림한자-4급◆

 【lǜ(뤼ˋ위)】 [총15획] 부수 : [心 (마음심)]　　단어　考慮(고려) 無慮(무려) 配慮(배려)
【생각할 려(여)】 생각하다, 이리저리 헤아려 보다, 근심하다, 걱정하다
虍 : ⌐ ⊦ ≠ 户 卢 虍　　田 : １ 冂 月 用 田　　心 : ⼂ ⼃ 心 心

 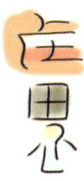 

생각할 려(慮, 虑) 자는 한 사람이 창 밖에 있는 호랑이를 보고 근심하는 모습을 상형한 글자이다.

 금문　慮 전서　慮 설문해자

 【lǜ(뤼ˋ위)】 [총10획] 부수 : [虍 (범호엄)]
[慮(려)의 간체자(簡體字)]
虍 : ⌐ ⊦ ≠ 户 卢 虍　　心 : ⼂ ⼃ 心 心

 【wèi(웨ˋ이)】 [총15획] 부수 : [心 (마음심)]　　단어　慰安(위안) 慰勞(위로) 慰問(위문)
【위로할 위】 위로(慰勞)하다, 안심(安心)시키다
尸 : ㄱ ㄲ 尸　　示 : 一 二 亓 示 示　　寸 : 一 寸 寸　　心 : ⼂ ⼃ 心 心

위로할 위(慰) 자는 한 사람이 화나거나 슬퍼서 주저앉아 있는 사람을 손으로 잡아서 일으켜 주는 모습을 상형한 글자이다.

慰 전서　慰 설문해자

◆장면이 살아나는 그림한자◆

【tài(따ㅡ이)】 [총14획] 부수 : [心 (마음심)]　　단어　事態(사태) 行態(행태) 態度(태도)
【모습 태】 모습, 모양, 형태, 상태, 태도, 몸가짐, 몸짓
ㅿ : ㄥㅿ　　月 : ㅣ冂月月　　匕 : ㄴ匕　　匕 : ㄴ匕　　心 : ㇏㇐心心

모습 태(態, 态) 자는 장수(長壽)한 늙은이의 모습을 상형한 글자이다.

설문해자

【tài(따ㅡ이)】 [총8획] 부수 : [心 (마음심)]
[態(태)의 속자(俗字)/간체자(簡體字)]
大 : 一ナ大　　丶 : 丶　　心 : ㇏㇐心心

悲 【bēi(뻐ㅡ이)】 [총12획] 부수 : [心 (마음심)]　　단어　悲嘆(비탄) 悲鳴(비명) 悲劇(비극)
【슬플 비】 슬프다, 서럽다, 마음 아파하다, 가엾이 여기는 마음
非 : ㇑㇐㇐㇐㇐非非非　　心 : ㇏㇐心心

슬플 비(悲) 자는 한 사람이 슬퍼하는 모습을 상형한 글자이다.
이 글자가 '마음(心)이 아니다(非)'를 뜻하는 글자로도 볼 수 있다.

전서　　설문해자

 【yuàn(위ˋ안/엔)】 [총9획] 부수 : [心 (마음심)] 단어 怨望(원망) 怨恨(원한) 怨聲(원성)
【원망할 원】 원망(怨望)하다, 고깝게 여기다, 책망(責望)하다, 나무라다
夕 : ノクタ   㔾 : フ㔾   心 : ノ心心心

원망할 원(怨) 자는 한 사람이 다른 사람들을 원망하는 모습을 상형한 글자이다. 이 글자는 또한 원망하여 통곡하거나 다른 사람들을 책망하고 있는 모습으로도 볼 수 있다.

전서   설문해자

 【nù(누ˋ우)】 [총9획] 부수 : [心 (마음심)] 단어 忿怒(분노) 大怒(대노) 怒氣(노기)
【성낼 노(로)】 성내다, 화(火)내다, 꾸짖다, 나무라다
女 : 人女女   又 : フ又   心 : ノ心心心

성낼 노(怒) 자는 한 사람이 여자를 잡아가자 다른 한 사람이 노하며 꾸짖는 모습을 상형한 글자이다.

전서   설문해자

 【xī(씨ㅡ이)】 [총10획] 부수 : [心 (마음심)] 단어 消息(소식) 休息(휴식) 喘息(천식)
【쉴 식】 숨 쉬다, 호흡하다, 살다
自 : ノ亻自自自   心 : ノ心心心

쉴 식(息) 자는 코와 코에서 나오는 콧김의 모양을 상형한 글자이다. 겨울이 되면 코에서 나오는 숨을 볼 수 있다. 이 숨의 모양을 심(心) 자로 표현하였다.

금문   전서   설문해자

◆장면이 살아나는 그림한자◆

 【qìng(치ㄥ)】 [총15획] 부수 : [心 (마음심)]　단어 慶北(경북) 慶南(경남) 慶事(경사)
【경사 경】 경사(慶事), 상, 복, 다행(多幸)한 일, 축하하다, 기뻐하다
广 : ' 亠 广 广 庐 庐 鹿　⼀ : ⼀　心 : ⼀ ⺗ 心 心　夊 : ノ ク 夊

   慶

경사 경(慶) 자는 한 사람이 사슴을 잡고 있는 모습을 상형한 글자이다. 이 글자가 '경사, 축하하다' 등 뜻이 있게 된 것은 사슴을 잡으면 고기를 먹을 수 있을 뿐만 아니라 뿔은 약재가 되고 또한 많은 사람들이 사슴뿔에서 나온 피를 먹으러 모이기 때문이다. 옛날 글자는 사슴을 잡아 놓은 모습이다. 여기서 아래의 글자는 꼬리이다.

　금문　　전서　　설문해자

 【qìng(치ㄥ)】 [총6획] 부수 : [广 (엄호)]
[慶(경)]의 속자(俗字)/간체자(簡體字)
广 : ' 亠 广　大 : 一 ナ 大

   庆

간체자 경사 경(庆) 자는 한 사람이 다른 사람 집에 와서 축하하러 온 모습이거나 사슴을 다 잡은 후의 모습을 상형한 글자이다.

 【xiàn(시ㄢ)】 [총16획] 부수 : [心 (마음심)]　단어 憲法(헌법) 違憲(위헌) 憲裁(헌재)
【법 헌】 법(法), 가르침, 깨우침, 관청(官廳), 관아(官衙), 관리(官吏), 상관(上官)
宀 : ' ⺈ 宀　丰 : ⼀ ⼆ 丰 丰　罒 : ⼁ ⼕ ⼕ ⼕ 罒　心 : ⼀ ⺗ 心 心

 憲 憲 憲

312

◆한자획이 살아나는 그림한자-4급◆

> 법 헌(憲, 宪) 자는 관리가 관아에 앉아서 아랫사람의 보고를 듣고 있는 모습을 상형한 글자이다.

 금문　전서　설문해자

宪 【xiàn(시ˋ엔)】 [총9획] 부수 : [宀(갓머리)]
[憲(헌)의 간체자(簡體字)]
宀 : 丶丶宀　先 : 丿𠂉生先先

  宪　宪　宪

快 【kuài(쿠아ˋ이)】 [총7획] 부수 : [忄(심방변)]　　단어　快擧(쾌거) 爽快(상쾌)
【쾌할 쾌】쾌(快)하다, 상쾌(爽快)하다, 빠르다, 날래다
忄 : 丶丶忄　夬 : 一コ尹夬

 忄 夬 快 快

> 쾌할 쾌(快) 자는 계주를 하고 있는 사람들의 모습을 상형한 글자이다.

 설문해자

【hèn(허\언)】 [총9획] 부수 : [忄(심방변)]　　단어 恨歎(한탄) 悔恨(회한) 仇恨(구한)
【한 한】 한, 유감(遺憾), 미워하다, 억울(抑鬱)하다
忄: ' '' 忄　　艮: 丁 ㄱ ㅋ 彐 目 目 艮

한 한(恨) 자는 한 사람이 자기를 버리고 가는 사람을 미워하는 모습을 상형한 글자이다.

설문해자

【fèn(뻐\언)】 [총15획] 부수 : [忄(심방변)]　　단어 公憤(공분) 憤慨(분개) 憤怒(분노)
【분할 분】 분하다, 원통(冤痛)하다, 성내다, 분노(憤怒)하다
忄: ' '' 忄　　十: 一 十　　卄: 一 十 卄　　貝: 丨 冂 冂 月 目 貝 貝

분할 분(憤, 愤) 자는 한 사람이 다른 한 사람의 앞에서 화를 내고 있는 모습을 상형한 글자이다. 옛날 글자는 어미 새가 새끼를 잡아먹으려고 온 뱀을 보고 성내는 모습을 상형한 글자로 볼 수 있다.

전서　　설문해자

【fèn(뻐\언)】 [총12획] 부수 : [忄(심방변)]
【憤(분)의 간체자(簡體字)】
忄: ' '' 忄　　十: 一 十　　卄: 一 十 卄　　贝: 丨 冂 贝 贝

【yóu(요/여/우)】 [총11획] 부수 : [阝(우부방)]　　단어 郵便(우편) 郵票(우표) 郵遞(우체)
【우편 우】 우편, 역참, 역(驛)말(각 역참에 갖추어 둔 말)
垂: 一 二 三 千 千 乕 垂 垂　　阝: ㄱ ㄋ 阝

◆한자획이 살아나는 그림한자-4급◆

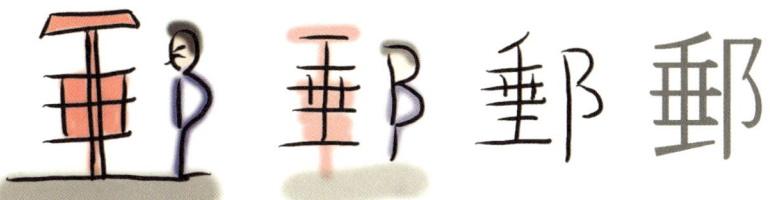

우편 우(郵, 邮) 자는 한 사람이 우편통에 편지를 넣고 있는 모습을 상형한 글자이다.

🖋 전서　🖋 설문해자

【yóu(요/여ㅡ우)】 [총8획] 부수 : [阝(우부방)]
[郵(우)의 속자(俗字)/간체자(簡體字)]
由 : 丨 冂 冃 由 由 　阝 : ㇇ 𠃌 阝

【xiāng(씨ㅡ앙)】 [총13획] 부수 : [阝(우부방)]
【시골 향】 시골, 마을, 고향, 태어난 곳, 곳, 장소
단어 鄕土(향토) 鄕歌(향가) 故鄕(고향)
彡 : ノ ㇉ 彡　白 : ノ 丨 冂 白 白　匕 : ㇄ 匕　阝 : ㇇ 𠃌 阝

시골 향(鄕, 乡) 자는 많은 식구가 모여 밥을 먹는 모습을 상형한 글자이다. 향(鄕) 자는 명절이나 제사 때가 되면 모든 가족이 귀향하여 함께 모여 밥을 먹게 되는데서 비롯된 말인 것이다. 이 말은 또한 마을 정도를 이루게 되면 동네 사람들이나 손님이 모여 식사를 할 수 있는 식당이 있는 곳을 뜻하기도 한다.

🖋 갑골문　🖋 전서　🖋 설문해자

【xiāng(씨ㅡ앙)】 [총3획] 부수 : [乙(새을)]
[鄕(향)의 간체자(簡體字)]
彡 : ノ ㇉ 彡

◆장면이 살아나는 그림한자◆

【wēi(웨ー이)】 [총6획] 부수 : [卩 (병부절)]   단어 危機(위기) 危險(위험) 危急(위급)
【위태할 위】 두려워하다, 엄하다, 위태롭다
ケ : ノ ケ　　厄 : 一 厂 厂 厄

위태할 위(危) 자는 벼랑에 서있는 사람의 모습과 벼랑 아래로 떨어지는 사람의 모습을 상형한 글자이다. 벼랑에 서면 위태로워 벼랑에서 굴러 떨어질 수 있다.

갑골문　전서　설문해자

【yìn(인ー인)】 [총6획] 부수 : [卩 (병부절)]   단어 印刷(인쇄) 烙印(낙인) 印度(인도)
【도장 인】 도장, 인상, 벼슬, 찍다, 눌러서 자리를 내다, 박다, 찍히다, 박히다
E : 「 「 F　　卩 : 丁 卩

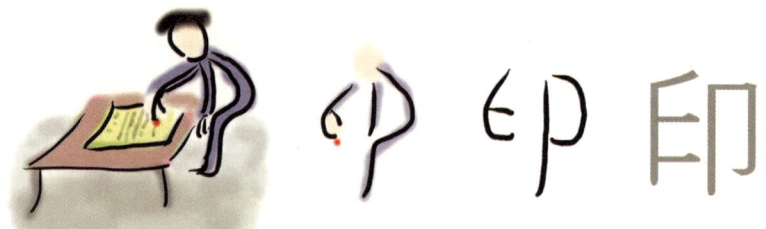

도장 인(印) 자는 한 사람이 손도장을 찍고 있는 모습을 상형한 글자이다.

금문　전서　설문해자

【juàn(쥐ー엔)】 [총8획] 부수 : [卩 (병부절)]   단어 席卷(석권) 開卷(개권) 經卷(경권)
【책 권】 책, 공문서, 시험지, 두루마리, 말다, 접다, 돌돌 감아 싸다
八 : ノ 八　　二 : 一 二　　人 : ノ 人　　巳 : フ 巳

책 권(卷, 卷) 자는 두 사람이 문서를 작성하여 감아 놓은 모습을 상형한 글자이다.

 설문해자

◆한자획이 살아나는 그림한자-4급◆

【juàn(쮜ˋ엔)】 [총8획] 부수 : [㔾 (병부절)]
[卷(권)의 간체자(簡體字)]
ソ : ﹨ ∨　　二 : 一 二　　人 : ノ 人　　㔾 : ㄱ 㔾

【bù(뿌ˋ우)】 [총7획] 부수 : [止 (그칠지)]　　단어 讓步(양보) 進步(진보) 初步(초보)
【걸음 보】 걸음걸이, 걷다, 걸어가다, 뒤따르다
步 : 丨 ㅏ 止 𣥂 𣥂 步 步

 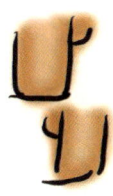  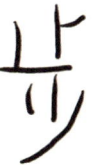 

걸음 보(步) 자는 걸어가는 사람의 발자국이 나란히 찍혀있는 모습을 상형한 글자이다.

𣥂𣥂 갑골문　𣥂 금문　步 전서　步 설문해자

【guī(꾸ㅡ이)】 [총18획] 부수 : [止 (그칠지)]　　단어 歸國(귀국) 歸還(귀환) 歸家(귀가)
【돌아갈 귀】 돌아가다, 돌아오다, 돌려보내다, 따르다, 붙좇다, (몸을) 의탁하다
𠂤 : ノ 𠂤 𠂤 𠂤 𠂤　　止 : 丨 ㅏ 止 止　　彐 : ㄱ ㅋ 彐　　冖 : 丨 冖　　巾 : 丨 冂 巾

돌아갈 귀(歸, 归) 자는 일이나 학업을 마치고 청소하고 돌아가려는 모습을 상형한 글자이다.

𨁙 갑골문　𨁙 금문　歸 전서　歸歸 설문해자

【guī(꾸ㅡ이)】 [총5획] 부수 : [彐 (튼가로왈)]
[歸(귀)의 속자(俗字)/간체자(简體字)]
刂 : ノ 刂　　彐 : ㄱ ㅋ 彐

◆장면이 살아나는 그림한자◆

【wǔ(우∨우)】 [총8획] 부수 : [止 (그칠지)]　　단어 武器(무기) 武裝(무장) 武王(무왕)
【호반 무】 무인, 무사, 병사, 군대, 병법, 무예
一 : 一　　弋 : 一弋弋　　止 : 丨丨丨止

호반 무(武) 자는 한 사람이 무기를 들고 다른 한 사람을 공격하는 모습을 상형한 글자이다.

갑골문　금문　전서　설문해자

連
【lián(리╱안/엔)】 [총11획] 부수 : [辶 (책받침)]　　단어 連絡(연락) 連累(연루) 連繫(연계)
【잇닿을 련(연)】 잇닿다, 연속하다
車 : 一厂戶百亘車　　辶 : 丶丶丨辶

잇닿을 련(連, 连) 자는 차가 지나간 바퀴자국이 길게 연이어 잇는 모습을 상형한 글자이다.

금문　전서　설문해자

【lián(리╱안/엔)】 [총8획] 부수 : [辶 (책받침)]
[連(련)의 간체자(簡體字)]
车 : 一𠂇𠂇车　　辶 : 丶丶丨辶

【shì(쓰╲。)】 [총15획] 부수 : [辶 (책받침)]　　단어 適切(적절) 適應(적응) 適用(적용)
【맞을 적】 맞다, 마땅하다, 가다, 시(媤)집 가다, 즐기다
啇 : 丶亠亠产产啇　　古 : 一十十古古　　辶 : 丶丶丨辶

> 맞을 적(適, 适) 자는 한 사람이 가마에 타고 온 신부를 맞이하는 모습을 상형한 글자이다.

奔 금문　遃 전서　讇 설문해자

适

【shì(ㄕˋ)】 [총9획] 부수 : [辶 (책받침)]
[適(적)]의 간체자(簡體字)
舌 : 一 二 千 千 舌 舌　　辶 : ㆍ 丶 ⻍ 辶

進

【jìn(ㄐㄧㄣˋ)】 [총12획] 부수 : [辶 (책받침)]　　단어 進步(진보) 前進(전진) 進行(진행)
【나아갈 진】 나아가다, 오르다, 다가오다
隹 : ノ 亻 亻 亻 广 亻 隹 隹　　辶 : ㆍ 丶 ⻍ 辶

> 나아갈 진(進, 进) 자는 앞으로 걸어 나아가는 새의 모습을 상형한 글자이다. 새는 언제나 뒷걸음을 칠 수 없고 앞으로만 나아가기 때문에 새 추(隹) 자를 넣어 앞으로 나아가는 것을 뜻하게 되었다.

舄 갑골문　遙 금문　遙 전서　䧺 설문해자

◆장면이 살아나는 그림한자◆

【jìn(찌ㄴ이)】 [총7획] 부수 : [辶 (책받침)]
[進(진)의 간체자(簡體字)]
井 : 一 二 キ 井   辶 : 丶 ㇇ 辶

【tuì(뚜ㄟ이)】 [총10획] 부수 : [辶 (책받침)]   단어 退陣(퇴진) 退職(퇴직) 退出(퇴출)
【물러날 퇴】 물러나다, 물리치다
艮 : 一 ㄱ ㅋ 尸 月 艮   辶 : 丶 ㇇ 辶

물러날 퇴(退, 退) 자는 사람들이 물러가는 모습을 상형한 글자이다.

 갑골문   금문   전서   설문해자

【tuì(뚜ㄟ이)】 [총9획] 부수 : [辶 (책받침)]
[退(퇴)의 간체자(簡體字)]
艮 : 一 ㄱ ㅋ 尸 月 艮   辶 : 丶 ㇇ 辶

【nì(띠ㄴ이)】 [총10획] 부수 : [辶 (책받침)]   단어 逆行(역행) 逆風(역풍) 逆境(역경)
【거스릴 역】 거스르다, 거역(拒逆)하다, 거절하다, 어기다, 어긋나다, 배반하다
屰 : 一 ㄴ 屮   辶 : 丶 ㇇ 辶

거스릴 역(逆, 逆) 자는 한 사람이 먼 길에서 거꾸로 다가오는 모습을 상형한 글자이다.

갑골문   금문   전서   설문해자

【nì(ㄋㄧˋ이)】 [총9획] 부수 : [辶 (책받침)]
[逆(역)의 간체자(簡體字)]

【yíng(ㄧㄥˊ잉)】 [총8획] 부수 : [辶 (책받침)]　　단어 迎入(영입) 迎合(영합) 迎接(영접)
【맞을 영】 맞다, 맞이하다, 영접(迎接)하다, 마중하다, 맞추다, 마중

맞을 영(迎, 迎) 자는 한 사람이 손님을 마중하는 모습을 상형한 글자이다.

전서　　설문해자

【yíng(ㄧㄥˊ잉)】 [총7획] 부수 : [辶 (책받침)]
[迎(영)의 간체자(簡體字)]

【táo(ㄊㄠˊ오/우)】 [총10획] 부수 : [辶 (책받침)]　　단어 逃避(도피) 逃亡(도망) 逃走(도주)
【도망할 도】 도망(逃亡)하다, 달아나다, 벗어나다

도망할 도(逃, 逃) 자는 한 사람이 다가오자 모이를 쪼든 새가 재빨리 날아가는 모습을 상형한 글자이다. 옛날 글자는 또한 사방으로 도망가는 사람들의 모습으로도 볼 수 있다.

금문　　전서　　설문해자

【táo(ㄊㄠˊ오/우)】 [총9획] 부수 : [辶 (책받침)]
[逃(도)의 간체자(簡體字)]

◆장면이 살아나는 그림한자◆

【sòng(쑤ㄥˋ)】 [총10획] 부수 : [辶 (책받침)]   **단어** 運送(운송) 放送(방송) 輸送(수송)
【보낼 송】 보내다, 전달(傳達)하다, 전송(餞送)하다
关 : ノハハ쓰쏘关   辶 : 丶亠亍辶

  送 送

보낼 송(送, 送) 자는 한 사람이 물건을 전달하고 가는 모습을 상형한 글자이다.

金文 篆書 설문해자

【sòng(쑤ㄥˋ)】 [총9획] 부수 : [辶 (책받침)]
[送(송)의 간체자(簡體字)]
关 : 丶丷丷쓰关   辶 : 丶亠亍辶

【yù(위ˋ)】 [총13획] 부수 : [辶 (책받침)]   **단어** 待遇(대우) 處遇(처우) 境遇(경우)
【만날 우】 (우연히)만나다, 조우(遭遇)하다, 상봉(相逢)하다
日 : 丨冂日日   内 : 丨冂内内   辶 : 丶亠亍辶

만날 우(遇, 遇) 자는 한 사람이 가는 길에 우연히 만나는 사람을 보고 있는 모습을 상형한 글자이다.

金文 篆書 설문해자

【yù(위ˋ)】 [총12획] 부수 : [辶 (책받침)]
[遇(우)의 간체자(簡體字)]
日 : 丨冂日日   内 : 丨冂内内   辶 : 丶亠亍辶

【yí(이ㄧ이)】 [총16획] 부수 : [辶 (책받침)]　단어　遺跡(유적) 遺憾(유감) 遺産(유산)
【남길 유】 남기다, 남다, 끼치다, 전하다, 잃다, 버리다, 유기(遺棄)하다
虫 : 丨 冂 口 中 虫　　貝 : 丨 冂 冂 冃 目 貝　　辶 : 丶 ㇀ ㇏ 辶

남길 유(遺, 遗) 자는 한 사람이 다른 한 사람에게 돈을 놓고 가는 모습을 상형한 글자이다.

巤 금문　遺 전서　𧘇 설문해자

【yí(이ㄧ이)】 [총13획] 부수 : [辶 (책받침)]
[遺(유)의 간체자(簡體字)]
虫 : 丨 冂 口 中 虫　　贝 : 丨 冂 贝 贝　　辶 : 丶 ㇀ 辶

【yóu(요/여ㄧ우)】 [총13획] 부수 : [辶 (책받침)]　단어　遊覽(유람) 遊說(유세) 遊戲(유희)
【놀 유】 놀다, 즐기다, 떠돌다, 여행하다, 유람(遊覽)하다
方 : 丶 亠 方 方　　𠂉 : 丿 𠂉　　子 : 乛 了 子　　辶 : 丶 ㇀ ㇏ 辶

놀 유(遊, 游) 자는 많은 사람들이 깃발을 들고 놀러가는 모습을 상형한 글자이다.

【yóu(요/여ㄧ우)】 [총12획] 부수 : [氵 (삼수변)]
[遊(유)의 간체자(簡體字)]
氵 : 丶 丶 氵　　方 : 丶 亠 方 方　　𠂉 : 丿 𠂉　　子 : 乛 了 子

【bì(삐ㄟ이)】 [총17획] 부수 : [辶 (책받침)]　　단어　忌避(기피) 回避(회피) 逃避(도피)
【피할 피】 피(避)하다, 벗어나다, 면(免)하다, 회피하다
尸 : ㄱ ㄱ ㄹ 尸　口 : ㅣ ㄇ 口　辛 : 亠 ㅛ 产 产 辛　辶 : ヽ ㇀ 辶

피할 피(避, 避) 자는 사람들이 난데없이 굴러 떨어진 돌을 보고 피하는 모습을 상형한 글자이다.

徉徉 갑골문　𢓡 전서　避 설문해자

【bì(삐ㄟ이)】 [총16획] 부수 : [辶 (책받침)]
[避(피)의 간체자(簡體字)]
尸 : ㄱ ㄱ ㄹ 尸　口 : ㅣ ㄇ 口　辛 : 亠 ㅛ 产 产 辛　辶 : ヽ ㇀ 辶

【dá(다ㄨ아)】 [총13획] 부수 : [辶 (책받침)]　　단어　達成(달성) 到達(도달) 傳達(전달)
【통달할 달】 통달하다, 통하다, 막힘이 없이 트이다, 이르다, 도달하다, 전달하다
土 : 一 十 土　羊 : 丶 丷 兰 芏 羊　辶 : ヽ ㇀ 辶

통달할 달(達) 자는 한 사람이 배를 타고 어딘가를 가고 있는 모습을 상형한 글자이다. 바다나 호수나 강가에서 배를 타고 가면 물길 있는 곳은 어디든지 다 갈 수 있다는 데서 '통달하다'를 뜻하게 되었다.

逹 금문　達 전서

【dá(다ㄨ아)】 [총6획] 부수 : [辶 (책받침)]
[達(달)의 간체자(簡體字)/본자(本字)]
大 : 一 ナ 大　辶 : ヽ ㇀ 辶

간체자 통달할 달(达) 자는 사람들이 육지에서 어딘가를 가는 모습을 상형한 글자이다.

◆한자획이 살아나는 그림한자-4급◆

【zào(짜ㅗ/오/우)】 [총11획] 부수 : [辶 (책받침)]   단어 造成(조성) 製造(제조) 構造(구조)
【지을 조】 짓다, 만들다, 이루다, 성취(成就)하다
牛 : ノ 一 十 牛   口 : １ 冂 口   辶 : ゙ ゙ 辶 辶

지을 조(造, 造) 자는 한 사람이 화분을 만들고 돌아가는 모습을 상형한 글자이다.

금문   전서   설문해자

【zào(짜ㅗ/오/우)】 [총10획] 부수 : [辶 (책받침)]
[造(조)의 간체자(簡體字)]
牛 : ノ 一 十 牛   口 : １ 冂 口   辶 : ゙ ゙ 辶

【biān(삐ㅡ엔)】 [총19획] 부수 : [辶 (책받침)]   단어 邊方(변방) 周邊(주변) 邊境(변경)
【가 변】 가, 가장자리, 곁, 측면(側面), 변방(邊方)
自 : ´ ´ 自 自 自   穴 : ゙ ゙ 宀 穴 穴   方 : ´ ー 方 方   辶 : ゙ ゙ 辶 辶

가 변(邊, 边) 자는 사람들이 성문밖에 지나다니는 모습을 상형한 글자이다. 이 글자는 탑이나 높은 건물이 있는 산의 변두리에서 걷고 있는 사람으로도 볼 수 있다.

금문   전서   설문해자

【biān(삐ㅡ엔)】 [총5획] 부수 : [辶 (책받침)]
[邊(변)의 약자(略字)/간체자(簡體字)]
力 : フ 力   辶 : ゙ ゙ 辶

◆장면이 살아나는 그림한자◆

走 【zǒu(조/저ˇ우)】 [총7획] 부수 : [走 (달릴주)]   단어 走行(주행) 逃走(도주) 奔走(분주)
【달릴 주】 달아나다, 걷다, 떠나가다, 종종걸음
走 : 一 十 土 ㅗ 丰 丰 走 走

달릴 주(走) 자는 달리는 사람들의 모습을 상형한 글자이다.

趣 【qù(취ˋ위)】 [총15획] 부수 : [走 (달릴주)]   단어 趣味(취미) 趣向(취향)
【뜻 취】 뜻, 취지(趣旨), 내용(內容), 풍취(風趣), 향(向)하다
走 : 一 十 土 ㅗ 丰 丰 走 走   耳 : 一 丅 丆 F E 耳   又 : フ 又

뜻 취(趣) 자는 두 사람이 물건을 주고받는데 다른 한 사람도 거들어 줄려고 달려오는 모습을 상형한 글자이다.

起 【qǐ(치ˇ이)】 [총10획] 부수 : [走 (달릴주)]   단어 起訴(기소) 隆起(융기) 提起(제기)
【일어날 기】 일어나다, 일다, 일으키다, 기용(起用)하다
走 : 一 十 土 ㅗ 丰 丰 走 走   己 : フ コ 己

일어날 기(起) 자는 한 사람이 넘어져 있는 사람을 일으켜 세우고 있는데 다른 한 사람도 놀라서 급히 달려오는 모습을 상형한 글자이다.

 【jiē(찌ㅡ에)】 [총12획] 부수 : [行 (다닐행)] 단어 街談(가담) 街路(가로) 街說(가설)
【거리 가】 시가, 네거리, 길, 통로, 통달하다
亻 : ノ亻亻   土 : 一十土   亍 : 一二亍

거리 가(街) 자는 사거리에서 걷고 있는 두 사람의 모습을 상형한 글자이다.

𠔻 설문해자

 【wèi(웨ヽ이)】 [총15획] 부수 : [行 (다닐행)] 단어 衛星(위성) 衛生(위생) 衛滿(위만)
【지킬 위】 지키다, 보위하다, 호위하다, 막다
亻 : ノ亻亻   韋 : 一ナ土产井井吉吉吉韋   亍 : 一二亍

지킬 위(衛, 卫) 자는 초병(哨兵)들이 주요 길목을 빙 둘러 지키고 있는 모습을 상형한 글자이다.

𠂇 갑골문   𠭯 금문   𤣱 전서   𧗽 설문해자

 【wèi(웨ヽ이)】 [총3획] 부수 : [卩 (병부절)]
[衛(위)의 간체자(簡體字)]
卫 : フ卫卫

◆장면이 살아나는 그림한자◆

【cóng(추/웅)】 [총11획] 부수 : [彳 (두인변)]　　단어 從心(종심) 從前(종전) 從事(종사)
【좇을 종】 모시다, 일하다, 심부름꾼, 시중들다
彳 : ／ ／ 彳　　人 : ノ 人　　人 : ノ 人　　止 : ⊢ 卜 ㇑⊢ 止

좇을 종(從, 从) 자는 거리에서 종이 주인을 뒤따라가는 모습을 상형한 글자이다. 옛날 글자는 사람들의 발자국을 상형한 글자로 볼 수 있다.

금문　　전서　　설문해자

【cóng(추/웅)】 [총4획] 부수 : [人 (사람인)]
[從(종)의 간체자(簡體字)]
人 : ノ 人　　人 : ノ 人

得
【dé(더/어)】 [총11획] 부수 : [彳 (두인변)]　　단어 得失(득실) 得意(득의)
【얻을 득】 얻다, 손에 넣다, 만족하다, 깨닫다, 알다, 분명해지다, 적합하다
彳 : ／ ／ 彳　　旦 : ㇑ 冂 月 日 旦　　寸 : 一 十 寸

얻을 득(得) 자는 사거리에서 물건 파는 가게의 주인이 물건을 팔고 돈을 받는 모습을 상형한 글자이다.

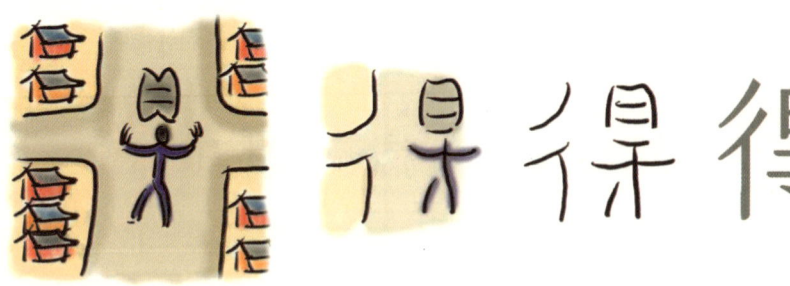

갑골문　　금문　　전서　　설문해자

328

◆한자획이 살아나는 그림한자-4급◆

往
【wǎng(위/와ˇ앙)】 [총8획] 부수 : [彳(두인변)] 단어 往來(왕래) 往復(왕복) 已往(이왕)
【갈 왕】 가다, (물품을)보내다, 보내 주다
彳 : ノノ彳   主 : ヽ一〒主

갈 왕(往) 자는 해가 뜨니 많은 사람들이 제 갈 길을 가고 있는 모습을 상형한 글자이다.

業 갑골문 往街 금문 䙷 전서 㣲 설문해자

律
【lǜ(뤼ˋ위)】 [총9획] 부수 : [彳(두인변)] 단어 調律(조율) 自律(자율) 韻律(운율)
【법칙 률(율)】 (학문상의)법칙, 법(法), 규칙, 법령, 계율(戒律), 음률(音律), 비율
彳 : ノノ彳   聿 : 一ㄱㄱㅋㅋㅋ聿

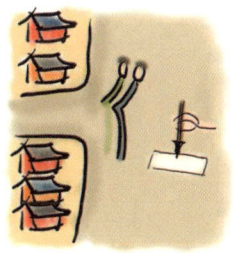

법칙 률(律) 자는 한 사람이 법률, 규칙 등 문서를 적어 사람들에게 보여 주는 모습을 상형한 글자이다.

律𢑚 전서 𢑚 설문해자

復
【fù(푸ˋ우)】 [총12획] 부수 : [彳(두인변)] 단어 復歸(복귀) 反復(반복) 復活(부활)
【회복할 복】 회복하다, 돌아가다, 돌아오다, 되돌리다, 겹치다, 중복되다
彳 : ノノ彳   亠 : 丶一   日 : 丨冂日   夂 : ノク夂

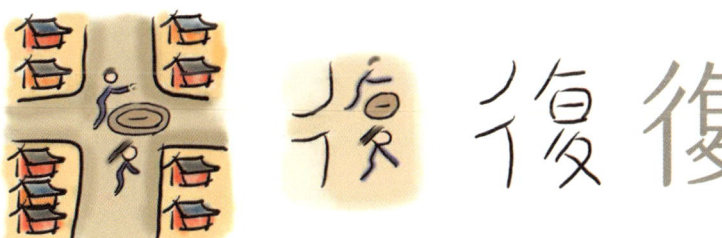

회복할 복(復) 자는 거리의 광장을 한 바퀴 돌아가는 모습을 상형한 글자이다.

𠦞 갑골문 復 금문 㣤 전서 復𢓜 설문해자

◆장면이 살아나는 그림한자◆

徒 【tú(투ノ우)】 [총10획] 부수 : [彳(두인변)]   단어 信徒(신도) 教徒(교도) 門徒(문도)
【무리 도】 무리, 동아리, 동류(同類), 제자(弟子)
彳 : ノ ノ 彳   走 : 一 + 土 キ キ 走 走

무리 도(徒) 자는 제자가 스승을 알아보고 빨리 달려오는 모습을 상형한 글자이다.

 갑골문   金 금문   徒 전서

回 【huí(훠ノ이)】 [총6획] 부수 : [囗 (큰입구몸)]   단어 撤回(철회) 回避(회피) 回復(회복)
【돌아올 회】 돌아오다, 돌다, 돌이키다, 횟수(回數)
囗 : l ㄇ 囗   囗 : l ㄇ 囗

돌아올 회(回) 자는 한 사람이 어떤 곳을 한 바퀴 도는 모습을 상형한 글자이다. 옛날 글자는 소용돌이나 돗자리 등을 말아놓은 모습으로 볼 수 있다.

ⓖ 금문   ⊙ 전서   回 설문해자

延 【yán(이ノ엔)】 [총7획] 부수 : [廴 (민책받침)]   단어 延期(연기) 遲延(지연) 延長(연장)
【늘일 연】 늘이다, 잇다, 늘어놓다, 벌여놓다, 끌어들이다, 넓어지다, 퍼지다
正 : 一 丁 千 正   廴 : ㄋ 廴

늘일 연(延) 자는 한 사람이 긴 물체를 끌고 가는 사람을 비스듬히 보고 있는 모습을 상형한 글자이다.

延 금문   延 전서   延 설문해자

◆한자획이 살아나는 그림한자-4급◆

【chéng(처ㄥ′엉)】 [총8획] 부수 : [手 (손수)]　　단어 承諾(승낙) 繼承(계승) 承認(승인)
【이을 승】 잇다, 계승하다, 받들다, 받다, 받아들이다, 후계, 후사
了 : ㄱ 了　　三 : 一 二 三　　ㅅ : ㄱ ㄱ′ㅅ

이을 승(承) 자는 갓 태어난 아이를 천으로 둘둘 감아 안고 있는 모습을 상형한 글자이다.

갑골문　금문　전서　설문해자

【jī(찌ㅡ이)】 [총17획] 부수 : [手 (손수)]　　단어 攻擊(공격) 打擊(타격) 衝擊(충격)
【칠 격】 치다, 부딪치다, 공격하다, 마주치다, 보다, 두드리다, 죽이다
車 : 一 ㄱ 厂 ㅁ 亘 亘 車　　凵 : ㄴ 凵　　殳 : ′ ㄱ 殳 殳　　手 : 一 二 三 手

칠 격(擊, 击) 자는 한 사람이 남의 집에 와서 행패를 부리며 도자기 같은 것을 치는 모습을 상형한 글자이다.

전서　설문해자

【jī(찌ㅡ이)】 [총5획] 부수 : [凵 (위튼입구몸)]
[擊(격)의 간체자(簡體字)]
乚 : 一 二 キ　　凵 : ㄴ 凵

◆장면이 살아나는 그림한자◆

【huī(훼ー이)】 [총12획] 부수 : [扌(재방변)]   단어 指揮(지휘) 發揮(발휘) 揮毫(휘호)
【휘두를/표기 휘】 휘두르다, 지휘하다, 대장기(大將旗: 지휘하는 깃발)
扌: 一 十 扌   ⼍: ⼍, ⼍   車: 一 ⼍ 币 百 亘 車

휘두를 휘(揮, 挥) 자는 대장(大將)이 손으로 군기(軍旗)를 휘두르며 군부대를 지휘하고 있는 모습을 상형한 글자이다.

揮 전서   揮 설문해자

挥
【huī(훼ー이)】 [총9획] 부수 : [扌(재방변)]
[揮(휘)의 간체자(簡體字)]
扌: 一 十 扌   ⼍: ⼍, ⼍   车: 一 ㄷ ㄷ 车

提
【tí(티ノ이)/dī(띠ー이)】 [총12획] 부수 : [扌(재방변)]   단어 提示(제시) 提起(제기) 提供(제공)
【끌 제】 끌다, 이끌다, 끌어당기다, 거느리다, 들다, 제시하다
扌: 一 十 扌   日: l 冂 月 日   疋: 一 丆 下 ⻊ 疋

끌 제(提) 자는 한 사람이 물건을 들거나 다른 한 사람을 잡아끄는 모습을 상형한 글자이다.

提 전서   提 설문해자

【cǎi(차∨이)】 [총11획] 부수 : [扌(재방변)]   단어 採用(채용) 採取(채취) 採點(채점)
【캘 채】 캐다, 뜯다, 채취(採取)하다, 채집하다, 수집(蒐集)하다
扌: 一 十 扌   采: ⼍ ⼍ ⼍ 爫 平 采 采

캘 채(採) 자는 사람이 땅위에 있는 나물을 뿌리 채 채취하는 모습을 상형한 글자이다.

【tàn(타ㄣ안)】 [총11획] 부수 : [扌(재방변)]   단어 探究(탐구) 探査(탐사) 探索(탐색)
【찾을 탐】 염탐하다, 구명하다, 잡다, 유람하다
扌: 一 十 扌   冖: 丶 冖   儿: 丿 儿   木: 一 十 才 木

찾을 탐(探) 자는 한 사람이 어두운 동굴을 더듬으며 천천히 들어가는 모습을 상형한 글자이다.

𢳂 전서   𤢌 설문해자

【bài(빠ㄧ이)】 [총9획] 부수 : [手(손수)]   단어 拜別(배별) 崇拜(숭배) 參拜(참배)
【절/뺄 배】 굽히다, 벼슬주다, 받다, 찾다, 방문하다
手: 一 二 三 手   手: 一 二 三 手

절 배(拜, 拜) 자는 꿇어앉아 있는 사람이 절을 하려고 두 손을 들고 있거나 엎드려 있는 모습을 상형한 글자이다.

𢷎 금문   𢷏 전서   𢷐 설문해자

【bài(빠ㄧ이)】 [총8획] 부수 : [扌(재방변)]
[拜(배)의 약자(略字)]
扌: 一 十 扌   手: 一 二 三 手

◆장면이 살아나는 그림한자◆

持
【chí(ㅊ/으)】 [총9획] 부수 : [扌(재방변)]　　단어　持續(지속) 持分(지분) 持出(지출)
【가질 지】 가지다, 버티다, 견디어내다, 지키다
扌: 一 ナ 扌　　土: 一 十 土　　寸: 一 寸 寸

가질 지(持) 자는 한 사람이 두 손으로 범종을 치려고 당목(撞木)을 잡고 있는 모습을 상형한 글자이다.

 금문　 전서　𤲃 설문해자

接
【jiē(찌ㅡ에)】 [총11획] 부수 : [扌(재방변)]　　단어　接近(접근) 接觸(접촉) 接續(접속)
【이을 접】 잇다, 접하다, 접촉하다, 가까이하다
扌: 一 ナ 扌　　立: ' 亠 ナ 立 立　　女: 人 女 女

이을 접(接) 자는 한 사람이 다른 한 사람에게 가까이에서 시중을 들거나 무엇을 건네고 있는 모습을 상형한 글자이다.

𢫦 전서　𢬘 설문해자

折
【zhé(저/어)】 [총7획] 부수 : [扌(재방변)]　　단어　折半(절반) 折肩(절견) 折衝(절충)
【꺾을 절】 꺾다, 꺾이다, 결단하다
扌: 一 ナ 扌　　斤: 一 厂 斤 斤

꺾을 절(折) 자는 도끼로 나무를 가로로 자르고 있는 모습을 상형한 글자이다.

𣂚 갑골문　折 금문　牃 전서　𣂞 𣂟 𣂠 설문해자

【zhāo(짜ー오)】 [총8획] 부수 : [扌(재방변)] 　단어 招來(초래) 招請(초청) 招聘(초빙)
【부를 초】 손짓하다, 밝히다, 결박하다
扌: 一 十 扌   刀: 𠃌 刀   口: 丨 冂 口

부를 초(招) 자는 한 사람이 두 손으로 손짓하며 부르는 모습을 상형한 글자이다.

금문　전서　설문해자

【kàng(까ㄟ앙)】 [총7획] 부수 : [扌(재방변)] 　단어 抗議(항의) 抗拒(항거)
【겨룰 항】 겨루다, 막다, 대항하다
扌: 一 十 扌   亠: 丶 亠   几: 丿 几

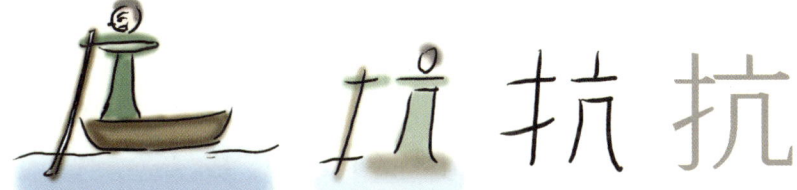

겨룰 항(抗) 자는 사람이 노를 저어 강물을 거슬러 올라가는 모습을 상형한 글자이다. 이 글자가 '겨루다'를 뜻하게 된 것은 흐르는 강물에 맞서 거슬러 올라가야하기 때문이다.

전서　설문해자

【shòu(쩌ㄟ오/우)】 [총11획] 부수 : [扌(재방변)] 　단어 授業(수업) 授與(수여) 授賞(수상)
【줄 수】 수여하다, 전수하다, 받다, 가르치다
扌: 一 十 扌   爫: 丿 一 爫   冖: 丨 冖   又: 𠃌 又

줄 수(授) 자는 권력의 상징인 소뿔이거나 각배(뿔잔)를 통치자가 내려주고 후계자가 두 손으로 받는 모습을 상형한 글자이다.

전서　설문해자

指

【zhǐ(즈ˇ으)】 [총9획] 부수 : [扌(재방변)] 단어 指摘(지적) 指定(지정) 指示(지시)
【가리킬 지】 손가락질하다, 지시하다, 손가락, 발가락
扌: 一 十 扌   匕: ㄴ 匕   日: ㅣ ㄇ 日 日

가리킬 지(指) 자는 사람이 손가락으로 가리키거나 손가락질하는 모습을 상형한 글자이다.

指 전서   指 설문해자

批

【pī(ㅍㅣ―이)】 [총7획] 부수 : [扌(재방변)] 단어 批判(비판) 批准(비준) 批評(비평)
【비평할 비】 비평하다, 비답, 밀다
扌: 一 十 扌   比: 一 上 上 比

비평할 비(批) 자는 많은 사람들이 손가락으로 손가락질하는 모습을 상형한 글자이다.

批 전서   批 설문해자

拒

【jù(쥐ˋ위)】 [총8획] 부수 : [扌(재방변)] 단어 拒否(거부) 拒絶(거절) 拒逆(거역)
【막을 거】 거부하다, 거절하다, 방어하다, 막다
扌: 一 十 扌   巨: 一 ㄗ ㄓ ㅌ 巨

막을 거(拒) 자는 상대방의 공격을 막고 방어하는 모습을 상형한 글자이다.

拒 拒 拒 전서

◆한자획이 살아나는 그림한자-4급◆

【pāi(파ー이)】 [총8획] 부수 : [扌(재방변)] 　단어 拍手(박수) 拍掌(박장) 半拍(반박)
【칠 박】 손으로 두드리다, 어루만지다, 손뼉 치다
扌: 一 十 扌 　 白: ´ ╯ 冂 白 白

칠 박(拍) 자는 박수치거나 토닥거리는 모습을 상형한 글자이다.

帕 전서　牪 설문해자

投
【tóu(토/터╱우)】 [총7획] 부수 : [扌(재방변)] 　단어 投入(투입) 投資(투자) 投機(투기)
【던질 투】 던지다, 뛰어들다, 서로 잘 맞다
扌: 一 十 扌 　 殳: ´ ╯ 兒 殳

던질 투(投) 자는 한 사람이 무엇을 던지는 모습을 상형한 글자이다. 이 글자를 한 사람이 다른 한 사람에게 무엇을 던지는 모습으로도 볼 수 있다.

𣪘𣪘 전서　𣪠 설문해자

掃
【sǎo(사╲오/우)】 [총11획] 부수 : [扌(재방변)] 　단어 淸掃(청소) 掃蕩(소탕) 掃除(소제)
【쓸 소】 (비로) 쓸다, 칠하다, 바르다, 버리다
扌: 一 十 扌 　 ヨ: 𠃌 彐 ヨ 　 冖: ´ 冖 　 巾: 丨 冂 巾

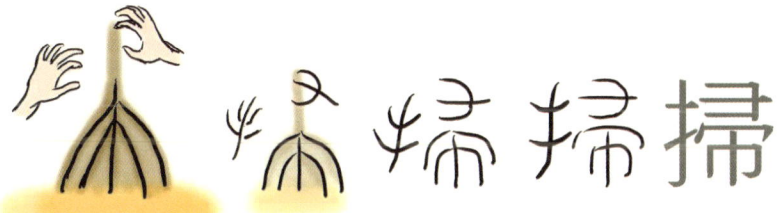

쓸 소(掃, 扫) 자는 한 사람이 두 손으로 빗자루를 잡고 땅을 쓸고 있는 모습을 상형한 글자이다.

埽 埽 箒 전서

◆장면이 살아나는 그림한자◆

【sǎo(사ˇ오/우)】 [총6획] 부수 : [扌(재방변)]
[掃(소)의 속자(俗字)/간체자(簡體字)]
扌 : 一 十 扌   彐 : フ ヨ 彐

【dān(따ㅡ안)】 [총16획] 부수 : [扌(재방변)]   단어 擔當(담당) 分擔(분담) 擔保(담보)
[멜 담] 메다, 들어 올리다, 짊어지다, 맡다, 떠맡다
扌 : 一 十 扌   ⺈ : ノ 丿 ⺈ 产 产 产   言 : 一 二 三 亖 言 言 言

멜 담(擔) 자는 한 사람이 다른 한 사람의 목마를 타고 높은 곳을 올라가는 모습을 상형한 글자이다.

 전서

【dān(따ㅡ안)/dàn(따ˋ안)】 [총11획] 부수 : [扌(재방변)]
[擔(담)의 간체자(簡體字)]
扌 : 一 十 扌   旦 : 丨 冂 月 且 旦

간체자 멜 담(担) 자는 두 손으로 물건을 들고 있는 모습을 상형한 글자이다.

【tuī(투ㅡ이)】 [총11획] 부수 : [扌(재방변)]   단어 推薦(추천) 推定(추정) 推算(추산)
[밀 추/퇴] 밀다, 옮다, 밀다, 밀어젖히다
扌 : 一 十 扌   隹 : ノ 亻 亻 亻 亻 亻 隹 隹

밀 추(推) 자는 한 사람이 모이를 먹으려고 달려든 가금(家禽)을 쫓아내고 있는 모습을 상형한 글자이다.

推 전서   隹 설문해자

擇

【zé(즈ˊ어)】 [총16획] 부수 : [扌(재방변)]

단어 採擇(채택) 擇拔(택발) 選擇(선택)

【가릴 택】 가리다, 분간(分揀)하다, 고르다, 선택(選擇)하다

扌：一十扌   罒：丨冂冂冂罒   士：一十士   ¥：丶丷丷ᅭ¥

가릴 택(擇, 择) 자는 여행객이 가는 목적에 따라 배를 가리고 타는 모습을 상형한 글자이다. 아래의 옛날 문자는 보따리를 풀고 정리하는 모습으로 볼 수 있다.

霥 금문   擇 전서   择 설문해자

择

【zé(즈ˊ어)】 [총8획] 부수 : [扌(재방변)]
[擇(택)]의 속자(俗字)/간체자(簡體字)]

扌：一十扌   又：フ又   ㄧ：一二ㄧ

據

【jù(쥐ˋ위)】 [총16획] 부수 : [扌(재방변)]

단어 證據(증거) 占據(점거) 根據(근거)

【근거 거】 근거(根據), 근원(根源), 증거(證據), 의지(依支)할 데, 기댈 곳

扌：一十扌   虍：⼁⼘⼧戶虍   豕：一丆丆豕豕豕

근거 거(據) 자는 한 사람이 손으로 호랑이 가죽을 들고 있는 모습을 상형한 글자이다. 옛날에는 근거라는 것은 증명하기가 어렵다. 그러나 호랑이 가죽을 들고 호랑이를 잡았다고 하면 근거가 되어 다 믿는다. 그래서 이 글자가 '근거'를 뜻하게 되었다.

據 전서   據 설문해자

◆장면이 살아나는 그림한자◆

【jù(쮜ˋ위)】 [총11획] 부수 : [扌 (재방변)]
[據(거)의 간체자(簡體字)]
扌 : 一 十 扌   尸 : 丨 コ 尸   古 : 一 十 十 古 古

간체자 근거 거(据) 자는 한 사람이 아이를 낳았다고 낳은 아이를 보여주고 증명하는 모습을 상형한 글자이다.

【sǔn(수ˇ운)】 [총13획] 부수 : [扌 (재방변)]   **단어** 損害(손해) 損失(손실) 毁損(훼손)
[덜 손] 덜다, 줄이다, 줄다, 감소하다, 잃다, 손해를 보다, 해치다, 상하게 하다
扌 : 一 十 扌   口 : 丨 冂 口   貝 : 丨 冂 冂 冃 目 貝 貝

덜 손(損, 损) 자는 한 사람이 그릇이나 상자에 있는 물건을 꺼내고 있는 모습을 상형한 글자이다. 물건을 꺼내면 당연히 줄어드는 것이다.

損 전서   損 설문해자

【sǔn(수ˇ운)】 [총10획] 부수 : [扌 (재방변)]
[損(손)의 간체자(簡體字)]
扌 : 一 十 扌   口 : 丨 冂 口   贝 : 丨 冂 贝 贝

◆한자획이 살아나는 그림한자-4급◆

【yuán(위ˋ안/엔)】 [총12획] 부수 : [扌 (재방변)] 단어 援助(원조) 支援(지원) 聲援(성원)
【도울 **원**】 돕다, 당기다, 잡다, 매달리다, 구원(救援)하다, 뽑다, 도움
扌: 一 十 扌   爫: 一 ㄷ ㅜ 爫   一: 一   ナ: 一 ナ   又: フ 又

도울 원(援) 자는 한 사람이 물에 빠진 사람을 구하는 모습을 상형한 글자이다.

援 援 전서   援 설문해자

努
【nǔ(누ˇ우)】 [총7획] 부수 : [力 (힘력)] 단어 努目(노목) 努力(노력) 努肉(노육)
【힘쓸 **노**】 힘쓰다, 부지런히 일하다, 뾰족 솟다
女: 人 乂 女   又: フ 又   力: フ 力

힘쓸 노(努) 자는 노예가 주인 앞에서 부지런히 힘을 쓰고 일을 하고 있는 모습을 상형한 글자이다.

勉
【miǎn(미ˇ안/엔)】 [총9획] 부수 : [力 (힘력)] 단어 勉學(면학) 勸勉(권면) 勤勉(근면)
【힘쓸 **면**】 힘쓰다, 부지런히 일하다, 권(勸)하다, 힘쓰도록 격려(激勵)하다
免: ノ ㄇ ㅏ 各 免 免   力: フ 力

힘쓸 면(勉) 자는 한 사람이 다른 한 사람의 머리를 쓰다듬고 격려하는 모습을 상형한 글자이다.

勉 전서   勉 설문해자

◆장면이 살아나는 그림한자◆

【zhù(쭈ˋ우)】 [총7획] 부수 : [力 (힘력)]   단어 補助(보조) 幇助(방조) 共助(공조)
【도울 조】 돕다, 힘을 빌리다, 거들다, 기리다, 도움, 구조(救助), 원조(援助), 구실
且 : ㅣ ㄇ 日 月 且   力 : フ 力

도울 조(助) 자는 한 사람이 물건을 높이 쌓으려고 다른 사람의 힘을 빌리고 있는 모습을 상형한 글자이다.

𠠫 𠠫 전서   助 설문해자

務
【wù(우ˋ우)】 [총11획] 부수 : [力 (힘력)]   단어 業務(업무) 義務(의무) 勤務(근무)
【힘쓸 무】 힘쓰다, 일, 업무(業務), 공무(公務), 직무(職務)
矛 : フ ㄱ 조 予 矛   攵 : ノ ト ク 攵   力 : フ 力

힘쓸 무(務, 务) 자는 경비를 서고 있는 병졸의 모습을 상형한 글자이다.

𦧄 금문   𠢕 𠢕 전서   𧵳 설문해자

务
【wù(우ˋ우)】 [총5획] 부수 : [力 (힘력)]
[務(무)의 간체자(簡體字)]
攵 : ノ ト ク 攵   力 : フ 力

 【qín(치ˊ인)】 [총13획] 부수 : [力 (힘력)] 단어 勤務(근무) 勤勞(근로) 勤勉(근면)
【부지런할 근】 부지런하다, 근무하다, 일
廿 : 一十廿廿   呈 : ' ㄇ ㅁ ㅁ 므 曰 聿 呈   力 : フ 力

부지런할 근(勤) 자는 한 사람이 섬으로 가려고 열심히 헤엄치고 있는 모습을 상형한 글자이다. 섬으로 가려고 헤엄치려면 쉬지 않고 부지런히 손발을 움직여야 한다. 그렇지 않으면 중도에 가라앉게 된다. 그래서 '부지런하다'를 뜻하게 되었다. 여기서 력/역(力) 자는 헤엄치는 사람의 모습이다.

菫 금문   勤 전서   勤 설문해자

 【quàn(쥐ˋ엔)】 [총20획] 부수 : [力 (힘력)] 단어 勸誘(권유) 勸告(권고) 勸奬(권장)
【권할 권】 권(勸)하다, 권장(勸奬)하다, 가르치다, 힘쓰다
卝 : 一 十 H 卝   口 : l 冂 口   隹 : ノ イ 亻 亻 ㅠ ㅠ 隹 隹   力 : フ 力

권할 권(勸, 劝) 자는 한 사람이 병아리가 맹금한테 잡혀 먹힐까 걱정하여 안전한 곳으로 몰고 가는 모습을 상형한 글자이다.

勸 勸 전서

 【quàn(쥐ˋ엔)】 [총4획] 부수 : [力 (힘력)]
[勸(권)의 속자(俗字)/ 간체자(簡體字)]
又 : フ 又   力 : フ 力

◆장면이 살아나는 그림한자◆

勢 【shì(ㄕˋ)】 [총13획] 부수 : [力 (힘력)] 단어 勢力(세력) 優勢(우세) 攻勢(공세)
【형세 세】 형세(形勢), 권세(權勢), 기세(氣勢: 기운차게 뻗치는 형세)
土 : 一 十 土   儿 : 丿 儿   土 : 一 十 土   丸 : 丿 九 丸   力 : 乛 力

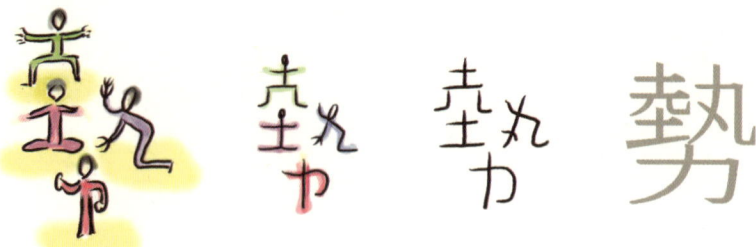

형세 세(勢, 势) 자는 많은 사람들이 모인 모습을 상형한 글자이다. 사람들이 많이 모이면 세력이 강해지고 또한 권세도 있게 된다.

 설문해자

势 【shì(ㄕˋ)】 [총8획] 부수 : [力 (힘력)]
[勢(세)의 속자(俗字)/간체자(簡體字)]
扌 : 一 十 扌   丸 : 丿 九 丸   力 : 乛 力

兩 【liǎng(ㄌㄧㄤˇ)】 [총8획] 부수 : [入 (들입)] 단어 兩國(양국) 兩側(양측) 兩面(양면)
【두 량(양)】 둘, 짝, 쌍, 두 쪽
兩 : 一 丆 冂 币 両 兩 兩 兩

두 양(兩, 两) 자는 두 손바닥을 모아서 활짝 펴고 있는 모습을 상형한 글자이다.

  금문  전서  설문해자

◆한자획이 살아나는 그림한자-4급◆

【liǎng(랴ˇ앙)】 [총7획] 부수 : [一 (한일)]
[兩(량)의 속자(俗字)/간체자(簡體字)]
两 : 一 丆 兀 两 两 两 两

寺
【sì(쓰ˋ。)】 [총6획] 부수 : [寸 (마디촌)] 　　단어　寺刹(사찰) 寺院(사원) 寺門(사문)
【절 사】 절, 마을, 사찰(寺刹)
土 : 一 十 土　　寸 : 一 寸 寸

절 사(寺) 자는 한 사람이 범종을 치는 모습을 상형한 글자이다. 옛날에 범종을 설치한 곳을 사(寺)라고 하였다.

 금문　 전서　 설문해자

專
【zhuān(쭈ㅡ안)】 [총11획] 부수 : [寸 (마디촌)] 　　단어　專門(전문) 專用(전용) 專攻(전공)
【오로지 전】 마음대로, 전일하다, 홀로, 단독으로
叀 : 一 丆 兀 币 甬 車 車 叀　　寸 : 一 寸 寸

오로지 전(專, 专) 자는 실타래에 실을 감고 있는 모습을 상형한 글자이다.

갑골문　전서　설문해자

【zhuān(쭈ㅡ안)】 [총4획] 부수 : [一 (한일)]
[專(전)의 약자(略字)/간체자(簡體字)]
专 : 一 二 专 专

◆장면이 살아나는 그림한자◆

【dǎo(다ˇ오/우)】 [총16획] 부수 : [寸 (마디촌)]   단어 誘導(유도) 主導(주도) 導入(도입)
【인도할 도】 인도하다, 이끌다, 소통하게 하다, 통하다, 행하다, 유도, 안내, 지도
丷 : ˙ ˵ 丷   自 : ´ ﾞ 冖 自 自   辶 : ˴ ˵ ⻌   寸 : 一 寸 寸

인도할 도(導, 㝳) 자는 한 사람이 다른 사람에게 등산길을 인도하고 있는 모습을 상형한 글자이다.

𧗣 𧗤 전서   𧗥 설문해자

【dǎo(다ˇ오/우)】 [총6획] 부수 : [寸 (마디촌)]
[導(도)의 속자(俗字)/간체자(簡體字)]
巳 : ㄱ ㄱ 巳   寸 : 一 寸 寸

간체자 인도할 도(导) 자는 산으로 올라가는 계단이거나 선생님이나 부모가 아이를 인도하고 있는 모습을 상형한 글자이다.

【zūn(쭈ㅡ운)】 [총12획] 부수 : [寸 (마디촌)]   단어 尊重(존중) 尊敬(존경) 尊稱(존칭)
【높을 존】 공경하다, 우러러보다, 어른, 술그릇
八 : ノ 八   酉 : 一 丆 币 两 酉 酉   寸 : 一 寸 寸

높을 존(尊, 尊) 자는 한 사람이 술 단지를 봉헌하는 모습을 상형한 글자이다.

𢦏 갑골문   𢦎 금문   𢦐 전서   𢦓 𢦔 설문해자

346

◆한자획이 살아나는 그림한자-4급◆

【zūn(쭈ㅡ운)】 [총12획] 부수 : [寸 (마디촌)]
[尊(존)의 간체자(簡體字)]
丷 : ` ´ 丷   酉 : 一 ┌ ┌ ┌ 斤 西 西 酉   寸 : 一 十 寸

【shè(싸ㄟ어)】 [총10획] 부수 : [寸 (마디촌)]   단어 射擊(사격) 發射(발사) 注射(주사)
【쏠 사】 비추다, 사수, 맞히다, 사궁, 추구하다
身 : ´ ㄏ ㄇ ㄇ 月 身 身   寸 : 一 十 寸

쏠 사(射) 자는 한 사람이 활을 쏘려고 겨누고 있는 모습을 상형한 글자이다.

갑골문   금문   설문해자

【jiāng(찌ㅡ앙)/jiàng(찌ㄟ앙)】 [총11획] 부수 : [寸 (마디촌)]
【장수/장차 장】 인솔자, 오히려, 받들다, 지키다   단어 將來(장래) 將校(장교) 將帥(장수)
爿 : ㅣ ㅕ ㅕ 爿   夕 : ´ ⺈ ク 夕   寸 : 一 十 寸

장수/장차 장(將, 将) 자는 한 사람이 다른 한 사람을 데리고 가는 모습을 상형한 글자이다. 이 글자는 또한 다 잡은 짐승의 고기를 잘라 나누는 사람의 모습으로도 볼 수 있다.

금문   전서   설문해자

【jiāng(찌ㅡ앙)】 [총10획] 부수 : [寸 (마디촌)]
[將(장)의 간체자(簡體字)]
爿 : ` ㄱ 爿   夕 : ´ ⺈ ク 夕   寸 : 一 十 寸

◆장면이 살아나는 그림한자◆

【gēng(꺼ㅡ엉)/gèng(꺼ㅡ엉)】 [총7획] 부수 : [曰 (가로왈)]
【고칠 경/다시 갱】 바뀌다, 고치다, 변경되다, 다시
更 : 一 丆 丙 百 亘 更 更   단어 更新(경신) 更正(경정) 更改(경개)

고칠 경(更) 자는 한 사람이 종을 치는 모습을 상형한 글자이다. 옛날에는 종을 쳐서 시간을 알렸다. 종을 칠 때마다 시간이 바뀌고 변경되므로 종을 치는 것으로 '바뀌다, 변경되다, 고치다'를 뜻하게 되었다.

爱 금문 更 전서 夏 설문해자

【shì(쓰ㆍㅇ)】 [총4획] 부수 : [氏 (각시씨)]   단어 姓氏(성씨) 氏族(씨족) 攝氏(섭씨)
【각시/성씨 씨】 각시, 성씨(姓氏). 씨, 사람의 호칭(呼稱), 존칭(尊稱)
氏 : 一 𠂆 チ 氏

성씨 씨(氏) 자는 한 사람이 땅에 씨를 뿌리고 있는 모습을 상형한 글자이다.

ᗡ 갑골문 ᗡ 금문 氏 전서 氏 설문해자

【gǎn(가ˇ안)】 [총12획] 부수 : [攵 (등글월문)]   단어 勇敢(용감) 敢行(감행)
【감히 감】 함부로, 감히 하다, 굳세다
耳 : 一 亅 丆 币 丏 耳   攵 : ノ 亠 ク 攵

감히 감(敢, 敢) 자는 한 사람이 누워있는 호랑이를 때리거나 찌르는 모습을 상형한 글자이다. 감히 호랑이를 때린다는 것은 정말로 간이 붙지 않고서는 상상할 수도 없는 노릇이다. 그래서 이런 행위를 하는 사람의 행동을 '감히 하다'를 뜻하게 되었다.

금문 전서 설문해자

【gǎn(가ˇ안)】 [총12획] 부수 : [攵 (등글월문)]
[敢(감)의 간체자(簡體字)]
フ : フ   耳 : 一 丅 丆 币 E 耳   攵 : ノ 亠 ク 攵

【gù(꾸ˋ우)】 [총9획] 부수 : [攵 (등글월문)]   단어 故鄕(고향) 故人(고인) 故障(고장)
【연고 고】 연고, 까닭, 옛날, 일, 사건, 죽은 사람
古 : 一 十 古 古 古   攵 : ノ 亠 ク 攵

연고 고(故) 자는 철새가 돌아와서 둥지를 보수하고 있는 모습을 상형한 글자이다. 이 글자가 '연고'를 뜻하게 된 것은 이 둥지에서 태어난 새이기 때문이다.

금문 전서 설문해자

◆장면이 살아나는 그림한자◆

 【shōu(쎠ㅡ오/우)】 [총6획] 부수 : [攵 (등글월문)] 단어 收入(수입) 收穫(수확) 收益(수익)
【거둘 수】 거두다, 잡다
丩 : ㄴ 丩   攵 : ノ ╱ ク 攵

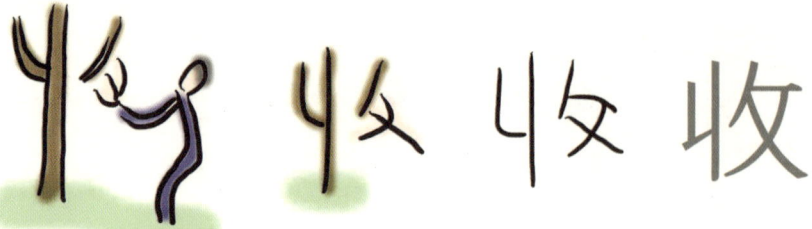

거둘 수(收) 자는 불을 때거나 꺾꽂이를 하려고 나뭇가지를 꺾어 거두는 모습을 상형한 글자이다. 이 글자는 멍석 등을 걷는 모습으로도 볼 수 있다.

收 전서   攴 설문해자

整 【zhěng(저∨엉)】 [총16획] 부수 : [攵 (등글월문)] 단어 整備(정비) 整數(정수) 整頓(정돈)
【가지런할 정】 가지런하다, 정돈(整頓)
束 : 一 ㄷ ㅁ 申 東 束   攵 : ノ ╱ ク 攵   正 : 一 T 下 正 正

가지런할 정(整) 자는 흩어진 나뭇가지를 가지런히 묶어놓은 모양을 상형한 글자이다.

整 금문   整 설문해자

◆한자획이 살아나는 그림한자-4급◆

【gōng(꾸ㅡ옹)】 [총7획] 부수 : [攵 (등글월문)] 　단어 攻擊(공격) 攻勢(공세) 攻掠(공략)
【칠 공】 치다, 때리다, 책망(責望)하다, 닦다, 굳다, 공격(攻擊)하다
工 : 一丁工　　攵 : ノ 丆 ケ 攵

칠 공(攻) 자는 한 사람이 다른 사람의 목을 치는 모습을 상형한 글자이다.

갑골문　　金 금문　　攻 전서　　攻 설문해자

【dí(디ノ이)】 [총15획] 부수 : [攵 (등글월문)] 　단어 敵對(적대) 無敵(무적) 敵軍(적군)
【대적할 적】 대적(對敵)하다, 겨루다, 대등하다, 필적(匹敵)하다, 맞서다
啇 : 丶 亠 亠 产 产 啇　　古 : 一 十 古 古 古　　攵 : ノ 丆 ケ 攵

대적할 적(敵, 敌) 자는 한 사람이 막대기를 들고 다른 한 사람과 겨루고 있는 모습을 상형한 글자이다. 금문 등 옛날 글자를 보면 이 글자가 왕을 치고 있는 역적의 모습으로 볼 수 있다.

금문　　전서　　설문해자

【dí(디ノ이)】 [총10획] 부수 : [攵 (등글월문)]
[敵(적)의 간체자(簡體字)]
舌 : 一 一 千 千 舌 舌　　攵 : ノ 丆 ケ 攵

◆장면이 살아나는 그림한자◆

政
【zhèng(쩌ㄴ엉)/zhēng(쩌ㅡ엉)】 [총9획] 부수 : [攵 (등글월문)]
【정사 정】 정사(政事), 나라를 다스리는 일   단어 政策(정책) 政權(정권) 政治(정치)
正 : 一 丁 下 正 正   攵 : ノ ⺈ ⺁ 攵

> 정사 정(政) 자는 막대기를 들고 다른 한 사람한테 바르게 서라고 훈 질하고 있는 모습을 상형한 글자이다.

政 금문   政 전서   政 설문해자

散
【sàn(싸ㄴ안)/sǎn(사ㅇ안)】 [총12획] 부수 : [攵 (등글월문)]
【흩을 산】 흩다, 흩어지다, 헤어지다, 풀어 놓다   단어 分散(분산) 解散(해산) 擴散(확산)
卝 : 一 十 卄 卝   月 : ⎿ ⎾ 月 月   攵 : ノ ⺈ ⺁ 攵

  散

> 흩을 산(散) 자는 한 사람이 머리핀을 뽑자 머리카락이 흐트러진 모습을 상형한 글자이다.

散 갑골문   散 금문   散 전서   散 설문해자

牧
【mù(무ㄴ우)】 [총8획] 부수 : [攵 (등글월문)]   단어 牧師(목사) 牧場(목장) 牧丹(목단)
【칠 목】 두꺼비, 치다, 기르다, 목장
牛 : ノ ⺅ 牛 牛   攵 : ノ ⺈ ⺁ 攵

> 칠 목(牧) 자는 막대기를 들고 소몰이 하는 모습을 상형한 글자이다.

牧 갑골문   牧 금문   牧 전서   牧 설문해자

 【duàn(뚜ㄢ)】 [총9획] 부수 : [殳 (갖은등글월문)]　단어　手段(수단) 階段(계단) 特段(특단)
【층계 단】 층계, 단, 구분, 갈림, 단락, 가지, 단편, 방법, 끊다, 절단하다, 나누다
𠂤 : ㄧㄈㄈㄈ𠂤　　殳 : ㇏ㄥ殳

층계 단(段) 자는 한 사람이 도끼로 나무를 절단하고 있는 모습을 상형한 글자이다.

금문　전서　설문해자

 【shā(ㄕㄚ)】 [총11획] 부수 : [殳 (갖은등글월문)]　단어　自殺(자살) 相殺(상쇄) 被殺(피살)
【죽일 살】 죽이다, 죽다, 없애다, 지우다
乂 : ノ乂　　朮 : 一十才木朮　　殳 : ㇏ㄥ殳

죽일 살(殺, 杀) 자는 한 사람이 다른 한 사람을 막대기로 머리를 쳐서 죽이는 모습을 상형한 글자이다. 여기서 x는 머리위로 솟구치는 피의 모양이다.

금문　전서　설문해자

 【shā(ㄕㄚ)】 [총6획] 부수 : [木 (나무목)]
[殺(살)의 속자(俗字)/간체자(簡體字)]
乂 : ノ乂　　木 : 一十才木

나. 의식주(衣食住)

裝(装)	製(制)	複(复)	絲(丝)	純(纯)	紀(纪)
꾸밀 장	지을 제	겹칠 복	실 사	순수할 순	벼리 기
績(绩)	細(细)	織(织)	經(经)	納(纳)	縮(缩)
길쌈할 적	가늘 세	짤 직/기치 치	지날/글 경	들일 납	줄일 축
總(总)	續(续)	組(组)	繼(继)	絶(绝)	緣(缘)
다/합할 총	이을 속	짤 조	이을 계	끊을 절	인연 연
統(统)	紅(红)	素	常	布	希
거느릴 통	붉을 홍	본디/흴 소	항상 상	베 포	바랄 희
帶(带)	帝	帳(帐)	師(师)	包	博
띠 대	임금 제	장막 장	스승 사	쌀/꾸러미 포	넓을 박
協(协)	華(华)	斷(断)	端	移	穀(谷)
화합할 협	빛날 화	끊을 단	끝 단	옮길 이	곡식 곡
稅(税)	積(积)	稱(称)	私	程	秀
세금 세	쌓을 적	저울 칭	사사 사	한도/길 정	빼어날 수
豆	豊, 豐(丰)	香	餘(馀)	糧(粮)
콩 두	풍년/부들 풍	향기 향	남을 여	양식 량(양)
粉	精(精)	配	盛	益(益)	監(监)
가루 분	정할/찧을 정	나눌 배	성할 성	더할 익	볼 감
盡(尽)	血	衆(众)	缺	閉(闭)	閑(闲)
다할 진	피 혈	무리 중	이지러질 결	닫을 폐	한가할 한
鬪(斗)	斗	戶(户)	房(房)	層(层)	宣
싸울/싸움 투	말 두	집 호	방 방	층 층	베풀 선
宮(宫)	官	宗	察	寢(寝)	寄
집 궁	벼슬 관	마루 종	살필 찰	잘 침	부칠 기

守	容	富	寶(宝)	密	康
지킬 수	얼굴 용	부유할 부	보배 보	빽빽할 밀	편안 강
庫(库)	座	床	廳(厅)	底	府
곳집 고	자리 좌	평상 상	관청 청	밑 저	마을 부
圍(围)	圓(圆)	困	黨(党)	處(处)	究
에워쌀 위	둥글 원	곤할 곤	무리 당	곳 처	연구할 구
窮(穷)	痛	疲	殘(残)	負(负)	資(资)
다할/궁할 궁	아플 통	피곤할 피	잔인할/남을 잔	질 부	재물 자
賊(贼)	貨(货)	賢(贤)	貧(贫)	票	輪(轮)
도둑 적	재물 화	어질 현	가난할 빈	표 표	바퀴 륜(윤)
轉(转)	險(险)	降	階(阶)	隱(隐)	防
구를 전	험할 험	내릴 강/항복할 항	섬돌 계	숨을 은	막을 방
障	際(际)	隊(队)	限	陣(阵)	除
막을 장	즈음/가 제	무리 대	한할 한	진 칠 진	덜 제
陰(阴)	張(张)	彈(弹)	引	至	或
그늘 음	베풀 장	탄알 탄	끌 인	이를 지	혹 혹/나라 역
戒					
경계할 계					

◆한자획이 살아나는 그림한자-4급◆

 【zhuāng(쭈ㅡ앙)】 [총13획] 부수 : [衣 (옷의)]   단어 裝備(장비) 包裝(포장) 裝置(장치)
【꾸밀 장】 꾸미다, 치장(治粧)하다, 넣다, 간직하다, 장식
爿: ㅣ ㅋ ㅋ 爿   士 : 一 十 士   衣 : ㆍ 亠 ナ 亠 衣 衣

꾸밀 장(裝, 装) 자는 한 사람이 옷을 꺼내들고 거울 앞에서 화장을 하고 있는 모습을 상형한 글자이다.

庄 전서   裝 설문해자

 【zhuāng(쭈ㅡ앙)】 [총12획] 부수 : [衣 (옷의)]
[裝(장)의 속자(俗字)/간체자(簡體字)]
爿: ㅣ ㅋ ㅋ   士 : 一 十 士   衣 : ㆍ 亠 ナ 亠 衣 衣

  【zhì(쯔ㅡㅇ)】 [총14획] 부수 : [衣 (옷의)]   단어 製作(제작) 製造(제조) 製品(제품)
【지을 제】 짓다, 만들다, 가죽 옷, 모습, 비옷
牛: ノ 匕 牛   巾: ㅣ ㄇ 巾   刂:ㅣㅣ   衣 : ㆍ 亠 ナ 亠 衣 衣

지을 제(製, 制) 자는 한 사람이 나무 아래서 옷을 짓고 있는 모습을 상형한 글자이다. 이 글자는 한 사람이 화단을 만들거나 나무를 조경(造景)하거나 옷을 짓고 있는 모습으로도 볼 수 있다.

製 전서   製 설문해자

制 【zhì(쯔ㅡㅇ)】 [총8획] 부수 : [刂 (선칼도방)]
[製(제)의 간체자(簡體字)]
牛: ノ 匕 牛   巾: ㅣ ㄇ 巾   刂:ㅣㅣ

◆장면이 살아나는 그림한자◆

【fù(푸ヽ우)】 [총14획] 부수 : [衤(옷의변)] 단어 重複(중복) 複數(복수) 複雜(복잡)
【겹칠 복/부】 겹치다, 거듭되다, 겹옷, 겹, 솜옷
衤 : ⺀ ⺁ 衤 衤 衤   ⺊ : ⺀ ⺊   日 : ㅣ 冂 日 日   夂 : ノ ク 夂

겹칠 복(複, 复) 자는 한 사람이 추워서 옷을 여러 벌 겹쳐 입고 있는 모습을 상형한 글자이다. 이 글자는 또한 사람의 창자가 중복하여 겹쳐있는 모습을 상형한 글자로도 볼 수 있다.

複 설문해자

【fù(푸ヽ우)】 [총9획] 부수 : [夂(천천히걸을쇠발)]
[復(복), 複(복)의 간체자(簡體字)]
⺊ : ⺀ ⺊   日 : ㅣ 冂 日 日   夂 : ノ ク 夂

【sī(쓰ㅡ으)】 [총12획] 부수 : [糸(실사)] 단어 螺絲(나사) 絹絲(견사) 原絲(원사)
【실 사/가는 실 멱】 가늘다, 조금, 가는 실, 적다
糸 : ⺄ 幺 幺 幺 糸 糸   糸 : ⺄ 幺 幺 幺 糸 糸

실 사(絲, 丝) 자는 두 가닥 가는 실의 모양을 상형한 글자이다.

𢇇 갑골문   𢆶 금문   絲 전서   絲 설문해자

【sī(쓰ㅡ으)】 [총5획] 부수 : [一(한일)]
[絲(사)의 간체자(簡體字)]
幺 : ⺀ 幺   幺 : ⺀ 幺   一 : 一

358

◆한자획이 살아나는 그림한자-4급◆

【chún(추ˊ운)】 [총10획] 부수 : [糸 (실사)] 단어 純粹(순수) 不純(불순) 單純(단순)
【순수할 순】 순수하다, 순박하다, 진실하다
糸 : 〈ㄠㄠ纟幺糸糸   屯 : 一ㄈ口屯

純 純 純

순수할 순(純, 纯) 자는 가공하지 않은 돌망치를 끈으로 묶어놓은 모습을 상형한 글자이다. 가공하지 않았다는 것은 순수한 것이다.

純 금문   純 전서   純 설문해자

【chún(추ˊ운)】 [총7획] 부수 : [纟 (실사)]
[純(순)의 간체자(簡體字)]
纟 : 〈ㄠㄠ纟   屯 : 一ㄈ口屯

【jì(찌ˋ이)/jǐ(지ˇ이)】 [총9획] 부수 : [糸 (실사)] 단어 紀綱(기강) 紀念(기념) 紀元(기원)
【벼리 기】 적다, 쓰다, 계통을 세워 적다
糸 : 〈ㄠㄠ纟幺糸糸   己 : 一ㄱ己

紀 紀 紀

벼리 기(紀, 纪) 자는 투망에 벼리를 묶은 모양을 상형한 글자이다. 사람들이 계보 등을 적은 모양이 투망처럼 아래로 펼쳐진다.

己 금문   紀 전서   紀 설문해자

【jì(찌ˋ이)/jǐ(지ˇ이)】 [총6획] 부수 : [纟 (실사)]
[紀(기)의 간체자(簡體字)]
纟 : 〈ㄠㄠ纟   己 : 一ㄱ己

◆장면이 살아나는 그림한자◆

【jì(찌ヽ이)】 [총17획] 부수 : [糸 (실사)]　　단어 實績(실적) 功績(공적) 成績(성적)
【길쌈할 적】 길쌈하다, 깁다, 뽑다, 잣다, 삼다, 잇다, 방적(紡績), 공적(功績)
糸 : ㇑ ㇗ 纟 糸 糸 糸　　主 : 一 二 キ 主　　貝 : 丨 冂 月 月 目 貝 貝

길쌈할 적(績, 绩) 자는 실로 천을 짜거나 길쌈을 하고 있는 모습을 상형한 글자이다.

賫 금문　績 전서　績 설문해자

【jì(찌ヽ이)】 [총11획] 부수 : [纟 (실사)]
[績(적)의 간체자(簡體字)]
纟 : ㇑ ㇗ 纟　　主 : 一 二 キ 主　　贝 : 丨 冂 贝 贝

細　【xì(씨ヽ이)】 [총11획] 부수 : [糸 (실사)]　　단어 細胞(세포) 細菌(세균) 細心(세심)
【가늘 세】 자세하다, 미미하다, 드물다, 가늘다
糸 : ㇑ ㇗ 纟 糸 糸 糸　　田 : 丨 冂 月 用 田

가늘 세(細, 细) 자는 촘촘하게 잘 짠 베의 모양을 상형한 글자이다.

細 전서　細 설문해자

【xì(씨ヽ이)】 [총8획] 부수 : [纟 (실사)]
[細(세)의 간체자(簡體字)]
纟 : ㇑ ㇗ 纟　　田 : 丨 冂 月 用 田

【zhī(쯔ー으)】 [총18획] 부수 : [糸 (실사)] 　　단어 組織(조직) 織物(직물) 紡織(방직)
【짤 직】 짜다, 만들다, 베틀, 직물(織物)
糸 : ⺀⺀幺幺糸糸糸　　立 : ⼀⼂⼂⼂立　　日 : ⼁⼕月日　　戈 : ⼀⼁戈戈

짤 직(織, 织) 자는 한 사람이 천을 짜고 있는 모습을 상형한 글자이다.

◌ 금문　◌◌ 전서　◌ 설문해자

【zhī(쯔ー으)】 [총8획] 부수 : [纟 (실사)]
[織(직)의 간체자(簡體字)]
纟 : ⺀⺀纟　　口 : ⼁⼕口　　八 : ⼃八

【jīng(찌ー잉)】 [총13획] 부수 : [糸 (실사)] 　　단어 經驗(경험) 經營(경영) 神經(신경)
【지날/글 경】 지나다, 목매다, 다스리다, 글, 경서(經書)
糸 : ⺀⺀幺幺糸糸糸　　一 : 一　　巛 : ⼃巛巛　　工 : ⼀丅工

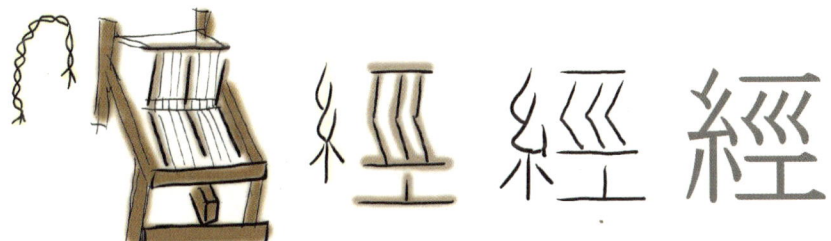

지날 경(經, 经) 자는 천을 짤 때 세운 실의 모양을 상형한 글자이다.

◌ 금문　◌ 전서　◌ 설문해자

【jīng(찌ー잉)】 [총8획] 부수 : [纟 (실사)]
[經(경)의 간체자(簡體字)]
纟 : ⺀⺀纟　　⺀ : ⼂⼀⼂　　工 : ⼀丅工

◆장면이 살아나는 그림한자◆

【nà(나ˋ아)】 [총10획] 부수 : [糸 (실사)]　　단어 容納(용납) 納付(납부) 納品(납품)
【들일 납】 (거두어)들이다, 수확(收穫)하다, 받다, 받아들이다, 수장(收藏)하다
糸 : ⺋ ⺌ ⺍ ⺎ 糸 糸　　冂 :丨 冂　　入 : ノ 入

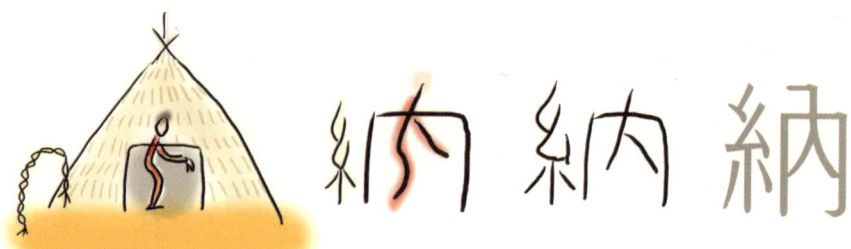

들입 납(納, 纳) 자는 한 사람이 짠 실을 집안으로 수장(收藏)하는 모습을 상형한 글자이다.

內 금문　納 전서　納 설문해자

【nà(나ˋ아)】 [총7획] 부수 : [纟 (실사)]
[納(납)의 간체자(簡體字)]
纟 : ⺄ ⺌ 纟　　冂 : 丨 冂　　人 : ノ 人

【suō(쑤ー오/어)】 [총17획] 부수 : [糸 (실사)]　　단어 縮小(축소) 短縮(단축) 萎縮(위축)
【줄일 축】 줄이다, 감축(減縮)하다, 오그라들다
糸 : ⺋ ⺌ ⺍ ⺎ 糸 糸　　宀 : ⼂ ⼃ 宀　　亻 : ノ 亻　　百 : 一 ⼂ 丆 百 百 百

줄일 축(縮, 缩) 자는 한 사람이 염색한 실을 밖에 널고 있는 모습을 상형한 글자이다. 실을 널면 오그라든다.

蒣 綯 전서　縮 설문해자

【suō(쑤ー오/어)】 [총14획] 부수 : [纟 (실사)]
[縮(축)의 간체자(簡體字)]
纟 : ⺄ ⺌ 纟　　宀 : ⼂ ⼃ 宀　　亻 : ノ 亻　　百 : 一 ⼂ 丆 百 百 百

◆한자획이 살아나는 그림한자-4급◆

【zǒng(주ˇ웅)】 [총17획] 부수 : [糸 (실사)]   단어 總選(총선) 總帥(총수) 總理(총리)
【다/합할 총】 다, 모두, 총괄적인, 종합하다, 거느리다
糸:〈幺幺糸糸糸   丿:丿   夂:丿ク夂   口:丨冂口   心:丶乚心心

   總 總

다 총(總, 总) 자는 투망의 모양을 상형한 글자이다. 투망의 줄을 당기면 투망을 모두 이끌 수 있다.

전서   설문해자

【zǒng(주ˇ웅)】 [총9획] 부수 : [心 (마음심)]
[總(총)의 간체자(簡體字)]
ソ:丶丶ソ   口:丨冂口   心:丶乚心心

【xù(쒸ˋ위)】 [총21획] 부수 : [糸 (실사)]   단어 持續(지속) 連續(연속) 繼續(계속)
【이을 속】 잇다, 잇닿다, 계속하다, 이어지다, 보태다, 더하다, 계승(繼承)하다
糸:〈幺幺糸糸糸   士:一十士   四:丨冂卯四四   貝:丨冂冂月目貝貝

이을 속(續, 续) 자는 투망을 잇는 모습을 상형한 글자이다.

갑골문   전서   설문해자

◆장면이 살아나는 그림한자◆

【xù(쒸ˋ워)】 [총11획] 부수 : [纟 (실사)]
[續(속)의 간체자(簡體字)]
纟: 〈 纟 纟   十: 一 十   一: 一   冫: 冫 冫   大: 一 ナ 大

【zǔ(주ˇ우)】 [총11획] 부수 : [糸 (실사)]   단어 組織(조직) 組合(조합) 組成(조성)
【짤 조】(베를)짜다, 꿰매다, 조직(組織)하다
糸: 〈 幺 幺 幺 幺 糸 糸   且: 丨 冂 冃 月 且

짤 조(組, 组) 자는 베를 짜려고 꺼내놓은 실타래거나 방직기의 모습을 상형한 글자이다. 이 글자는 짜놓은 천이거나 돗자리의 모양을 상형한 글자이기도 하다.

금문   전서   설문해자

【zǔ(주ˇ우)】 [총8획] 부수 : [纟 (실사)]
[組(조)의 간체자(簡體字)]
纟: 〈 纟 纟   且: 丨 冂 冃 月 且

【jì(찌ˋ이)】 [총20획] 부수 : [糸 (실사)]   단어 繼承(계승) 繼續(계속) 中繼(중계)
【이을 계】 잇다, 이어나가다, 계속(繼續)하다, 이어받다
糸: 〈 幺 幺 幺 幺 糸 糸   ㄴ: ㄴ   幺: 〈 幺 幺   一: 一   幺: 〈 幺 幺

이을 계(繼, 继) 자는 칼로 끊어 놓은 실을 하나로 잇는 모습을 상형한 글자이다.

금문   전서   설문해자

◆한자획이 살아나는 그림한자-4급◆

　【jì(찌ヽ이)】　[총10획]　부수 : [糹(실사)]
[繼(계)의 간체자(簡體字)]
糹: ㇑ㄥ纟　米: ㇑丶丷十米米　凵:凵

　【jué(쥐ㅓ에)】　[총12획]　부수 : [糸 (실사)]　　단어 根絶(근절) 絶望(절망) 拒絶(거절)
【끊을 절】 끊다, 단절하다, 끝나다, 막히다, 막다르다, 뛰어나다, 으뜸
糸: ㇑ㄥ幺幺糸糸　色: ノㇰ勹勺色色

끊을 절(絶, 绝) 자는 한 사람이 헝클어진 실마리를 끊는 모습을 상형한 글자이다.

　【jué(쥐ㅓ에)】　[총9획]　부수 : [纟(실사)]
[絶(절)의 간체자(簡體字)]
纟: ㇑ㄥ纟　色: ノㇰ勹勺色色

　【yuán(위ㅓ안/엔)】　[총15획]　부수 : [糸 (실사)]　　단어 事緣(사연) 緣故(연고) 因緣(인연)
【인연 연】 인연(因緣), 연줄, 연분, 가장자리, 까닭, 이유, 연유
糸: ㇑ㄥ幺幺糸糸　彐: ㄱ彐彐　豕: 一ブオ豕豕豕

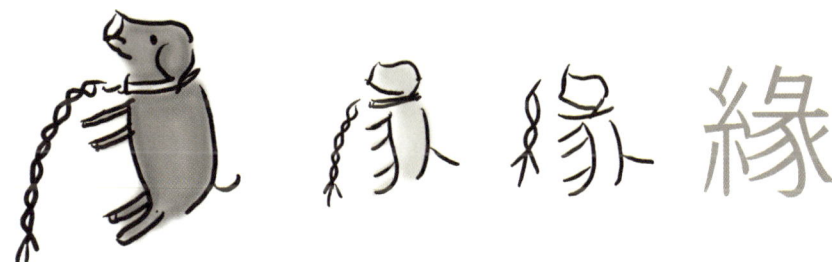

인연 연(緣, 缘) 자는 끈으로 짐승(새끼 돼지 등)을 묶어놓은 모습을 상형한 글자이다. 이 그림을 보면 끈으로 돼지를 묶어놓은 모습이다. 돼지새끼를 묶어놓았으니 이젠 자기의 재산이 되었던 것이다.

緣 전서　緣 설문해자

◆장면이 살아나는 그림한자◆

【yuán(위⁄안/엔)】 [총12획] 부수 : [纟(실사)]
[緣(연)의 간체자(簡體字)]
纟: ㄑ ㄠ 纟   彐: ㄱ ㄴ 彐   豕: 一 ㄱ ㄏ 豸 豸 豕

統
【tǒng(투∨웅)】 [총12획] 부수 : [糸(실사)]   단어 統合(통합) 統制(통제) 統一(통일)
【거느릴 통】 거느리다, 합(合)치다, 계통(系統), 줄기, 실마리, 법(法), 모두
糸: ㄑ ㄠ ㄠ 幺 糸 糸   亠: ` 一 士 击   儿: ノ 儿

거느릴 통(統, 统) 자는 투망의 모습을 상형한 글자이다. 투망은
끈을 당기면 그 아래의 많은 망(罔)을 모두 거느릴 수 있다.

 전서   설문해자

【tǒng(토/투∨웅)】 [총9획] 부수 : [纟(실사)]
[統(통)의 간체자(簡體字)]
纟: ㄑ ㄠ 纟   亠: ` 一 士 击   儿: ノ 儿

紅
【hóng(후/웅)】 [총9획] 부수 : [糸(실사)]   단어 紅茶(홍차) 紅海(홍해) 紅疫(홍역)
【붉을 홍】 붉다, 빨개지다, 붉히다, 잘 익다, 여물다, 붉은빛, 주홍, 다홍
糸: ㄑ ㄠ ㄠ 幺 糸 糸   工: 一 丅 工

붉을 홍(紅, 红) 자는 해가 떠오르거나 질 때의 모습을 상형한 글자이다.

紅 전서   紅 설문해자

【hóng(후/웅)】 [총6획] 부수 : [纟(실사)]
[紅(홍)의 간체자(簡體字)]
纟: ㄑ ㄠ 纟   工: 一 丅 工

◆한자획이 살아나는 그림한자-4급◆

【sù(쑤ヽ우)】 [총10획] 부수 : [糸 (실사)]　　단어　素地(소지) 素材(소재) 要素(요소)
【본디/흴 소】 본디, 바탕, 성질(性質), 정성(精誠), 평소(平素), 처음
主 : 一 十 キ 主　　糸 : 〈 ㄠ 幺 幺 糸 糸

본디 소(素) 자는 맑은 물가에서 자라는 풀과 나무의 모습을 상형한 글자이다. 이 글자는 또한 솜으로 실을 꼬고 있는 모습으로도 볼 수 있다.

金文　전서　설문해자

【cháng(차ㄥ앙)】 [총11획] 부수 : [巾 (수건건)]　　단어　恒常(항상) 尋常(심상) 常識(상식)
【떳떳할/항상 상】 떳떳하다, 항구(恒久)하다, 범상(凡常)하다, 평범(平凡)하다
口 : １ Π 口　　巾 : １ Π 巾

떳떳할 상(常) 자는 집이거나 당집에 수시로 드나드는 사람(또는 신도-新徒)의 모습을 상형한 글자이다.

金文　전서　설문해자

◆장면이 살아나는 그림한자◆

布	【bù(뿌ヽㅜ)】 [총5획] 부수 : [巾 (수건건)]	단어 布石(포석) 布告(포고) 公布(공포)

【베/펼 포/보시 보】 펴다, 조세, 드러내다, 분포하다

ナ : 一 ナ　　巾 : 丨 冂 巾

베/펼 포(布) 자는 한 사람이 손으로 베옷을 널고 있는 모습을 상형한 글자이다.

𢁅 금문　 㞷 전서　 𢁁 설문해자

希	【xī(씨ㅡ이)】 [총7획] 부수 : [巾 (수건건)]	단어 希望(희망) 希願(희원) 希求(희구)

【바랄 희/칡베 치】 성기다, 적다, 바라다, 희망하다, 드물다, 칡베(치)

乂 : 丿乂　　ナ : 一 ナ　　巾 : 丨 冂 巾

바랄 희(希) 자는 엉성하게 짠 베나 가마니의 모양을 상형한 글자이다. 이 글자는 또한 낡은 가마니나 베의 모양으로도 볼 수 있다.

希 㪅 전서

帶	【dài(따ヽ이)】 [총11획] 부수 : [巾 (수건건)]	단어 帶分數(대분수) 携帶(휴대)

【띠 대】 띠를 두르다, 장식하다, 차다

卌 : 一 ナ 卅 卌 卌　　 冖 : 冖　　巾 : 丨 冂 巾

띠 대(帶, 帯) 자는 한 사람이 머리나 허리에 두른 띠의 모습을 상형한 글자이다.

帶 전서　 帶 설문해자

【dài(따ヽ이)】 [총9획] 부수 : [巾 (수건건)]
[帶(대)의 속자(俗字)/간체자(簡體字)]
卅 : 一 十 廾 卅   冖 : ˊ 冖   巾 : ㅣ 冂 巾

【dì(띠ヽ이)】 [총9획] 부수 : [巾 (수건건)]   단어 帝國(제국) 帝位(제위) 帝王(제왕)
【임금 제】 임금, 천자(天子), 하느님, 오제(五帝)의 약칭(略稱), 크다
产 : ˋ 亠 立 产 产   巾 : ㅣ 冂 巾

임금 제(帝) 자는 임금 앞에서 두 손을 모으고 그 사이로 머리를 조아리고 있는 모습을 상형한 글자이다.

갑골문 금문 전서 설문해자

【zhàng(짜ヽ앙)】 [총11획] 부수 : [巾 (수건건)]   단어 通帳(통장) 帳幕(장막) 帳簿(장부)
【장막 장】 장막(帳幕), 휘장(揮帳), 장부책(帳簿冊)
巾 : ㅣ 冂 巾   長 : ㅣ 厂 下 F 手 투 투 長

장막 장(帳, 帐) 자는 한 사람이 장막을 치고 있는 모습을 상형한 글자이다.
이 글자가 장부책을 뜻할 때는 죽간으로 된 장부책의 모양을 상형한 글자이다.

전서 설문해자

【zhàng(짜ヽ앙)】 [총7획] 부수 : [巾 (수건건)]
[帳(장)이 간체자(簡體字)]
巾 : ㅣ 冂 巾   长 : ˊ 一 长 长

◆장면이 살아나는 그림한자◆

【shī(쓰—으)】 [총10획] 부수 : [巾 (수건건)] 　단어 醫師(의사) 教師(교사) 牧師(목사)
【스승 사】 스승, 군사, 군대, 벼슬아치, 벼슬, 뭇 사람, 신령, 신의 칭호(稱號)
自 : ′ ⺈ ⺊ 阝 自 自　　一 : 一　　巾 : 丨 冂 巾

스승 사(師, 师) 자는 한 사람이 기(旗)를 들고 지휘하는 모습을 상형한 글자이다.

갑골문　　금문　　전서　　설문해자

【shī(쓰—으)】 [총6획] 부수 : [巾 (수건건)]
[師(사)의 속자(俗字)/간체자(簡體字)]
丿 : 丿 丨　　一 : 一　　巾 : 丨 冂 巾

【bāo(빠—오/우)】 [총5획] 부수 : [勹 (쌀포몸)] 　단어 包含(포함) 包裝(포장) 包圍(포위)
【쌀/꾸러미 포】 싸다, 감싸다, 주머니, 봉지
勹 : ′ 勹　　巳 : 𠃌 𠃌 巳

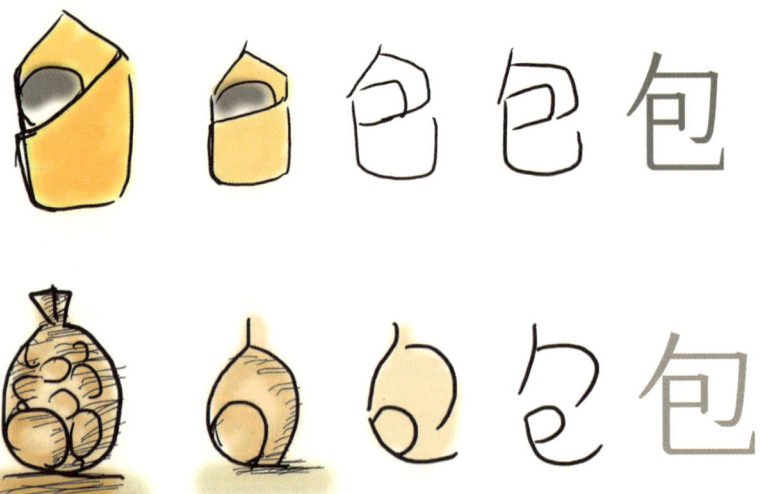

쌀 포(包) 자는 무엇을 싸고 있는 꾸러미의 모양을 상형한 글자이다.

갑골문　　전서　　설문해자

◆한자획이 살아나는 그림한자-4급◆

【bó(보ㅗ오/버ㅗ어)】 [총12획] 부수 : [十 (열십)]　　단어 博士(박사) 博物館(박물관)
【넓을 박】 바꾸다, 노름하다, 넓이, 폭
十 : 一 十　　甫 : 一 丆 丏 𤰱 甫 甫 甫　　寸 : 一 寸 寸

   博

> 넓을 박(博) 자는 실을 풀고 있는 모습을 상형한 글자이다. 실타래에 있는 실을 풀면 끝없이 길기 때문에 폭이 '넓다'를 뜻하게 되었다.

協
【xié(시ㅡ에)】 [총8획] 부수 : [十 (열십)]　　단어 妥協(타협) 協力(협력) 協商(협상)
【화합할 협】 화합(和合)하다, 돕다, 복종하다, 적합하다, 합(合)하다, 협력하다
十 : 一 十　　力 : フ 力　　力 : フ 力　　力 : フ 力

> 화합할 협(協, 协) 자는 많은 사람들이 화합하고 협력하는 것을 보고 옆에서 보고 좋아서 박수를 치고 있는 모습을 상형한 글자이다.

协
【xié(시ㅡ에)】 [총6획] 부수 : [十 (열십)]
[協(협)의 간체자(簡體字)]
十 : 一 十　　力 : フ 力　　八 : ノ 八

◆장면이 살아나는 그림한자◆

【huá(후/아)】 [총12획] 부수 : [艹 (초두머리)]　　단어 華麗(화려) 昇華(승화) 華婚(화혼)
【빛날 화】 빛나다, 찬란하다, 화려(華麗)하다, 사치(奢侈)하다, 호화(豪華)롭다
艹 : 一 十 卄 艹　　一 : 一　　華 : 一 十 卄 艹 芒 芦 華

빛날 화(華, 华) 자는 꽃의 모양을 상형한 글자이다. 옛날 글자는 모란꽃의 모양을 상형한 글자로 볼 수 있다.

🌿금문　🌸전서　🌼🌼설문해자

【huá(후/아)】 [총6획] 부수 : [十 (열십)]
[華(화)의 속자(俗字)/간체자(簡體字)]
亻 : 丿 亻　　匕 : ㄥ 匕　　十 : 一 十

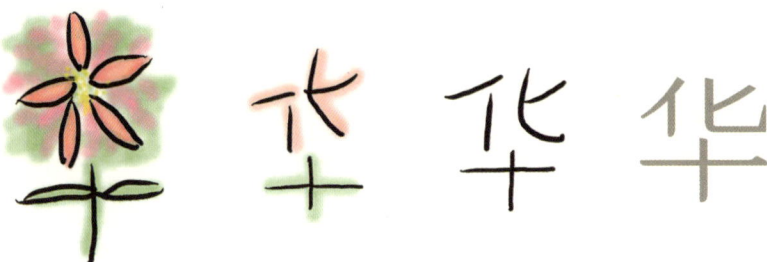

【duàn(뚜\안)】 [총18획] 부수 : [斤 날근]　　단어 斷定(단정) 斷食(단식) 判斷(판단)
【끊을 단】 결단하다, 나누다, 조각, 한결같음
ㄴ : ㄴ　　幺 : 丿 幺 幺　　一 : 一　　斤 : 一 厂 斤 斤

끊을 단(斷, 断) 자는 많은 실을 칼이나 도끼로 끊는 모양을 상형한 글자이다. 이 글자는 천이나 가마니를 자르는 모습으로도 볼 수 있다.

갑골문　금문　전서　설문해자

◆한자획이 살아나는 그림한자-4급◆

【duàn(뚜\안)】 [총12획] 부수 : [斤 날근)]
[斷(단)의 간체자(簡體字)]
乚 : 乚   米 : ⺍⺍半米米   斤 : 一厂斤斤

端
【duān(뚜—안)】 [총14획] 부수 : [立 (설립)]   단어 弊端(폐단) 端午(단오) 尖端(첨단)
【끝 단】 끝, 가, 한계, 처음, 까닭, 원인, 단정하다, 바르게 하다, 바르다, 살피다
立 : ⺊ㅗ立立   山 : 丨山山   而 : 一丆丙而而

끝 단(端) 자는 한 사람이 투망의 끝을 잡고 있는 모습을 상형한 글자이다.

𦓐 전서   喬 𦓎 설문해자

【yí(이╱이)】 [총11획] 부수 : [禾 (벼화)]   단어 移動(이동) 移徙(이사) 移植(이식)
【옮길 이】 옮기다, 옮겨 심다, 버리다
禾 : 一二千禾禾   夕 : 丿クタ

옮길 이(移) 자는 한 사람이 두 손으로 걷은 곡식을 옮기는 모습을 상형한 글자이다.

𢓠 전서   𥡴 설문해자

373

◆장면이 살아나는 그림한자◆

【gǔ(구ˇ우)】 [총15획] 부수 : [禾 (벼화)] 단어 穀物(곡물) 穀食(곡식) 穀類(곡류)
【곡식 곡】 녹미, 기르다, 양육하다
士 : 一 十 士   冖 : ′ 冖   一 : 一   禾 : ′ 二 千 禾 禾   殳 : ′ 几 殳 殳

곡식 곡(穀, 谷) 자는 탈곡하여 나락이 곡식에서 분리되어 나온 모습을 상형한 글자이다.

 전서 설문해자

【gǔ(구ˇ우)】 [총7획] 부수 : [谷 (골곡)]
[穀(곡)의 간체자(簡體字)]
ハ : ノ ハ   人 : ノ 人   口 : 丨 冂 口

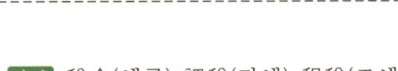
【shuì(쑤ㄟ이)】 [총12획] 부수 : [禾 (벼화)] 단어 稅金(세금) 課稅(과세) 租稅(조세)
【세금 세】 세금(稅金), 놓다, 거두다
禾 : ′ 二 千 禾 禾   ハ : ノ ハ   口 : 丨 冂 口   儿 : ノ 儿

세금 세(稅, 税) 자는 한 해 농사가 잘 되는 것을 보고 영주(領主)가 세금을 많이 받을 수 있다고 생각하여 무척 좋아하는 모습을 상형한 글자이다.

 전서 설문해자

【shuì(쑤ㄟ이)】 [총12획] 부수 : [禾 (벼화)]
[稅(세)의 簡體字(간체자)]
禾 : ′ 二 千 禾 禾   ソ : ′ ソ   口 : 丨 冂 口   儿 : ノ 儿

◆한자획이 살아나는 그림한자-4급◆

【jī(찌ㅡ이)】 [총16획] 부수 : [禾 (벼화)]   단어 累積(누적) 蓄積(축적) 積極(적극)
【쌓을 적/축 자】 쌓다, 많다, 머무르다, 부피, 넓이, 자취/모으다, 저축하다
禾 : 一 二 千 禾 禾   主 : 一 二 キ 主   貝 : 丨 冂 冂 円 月 貝 貝

쌓을 적(積, 积) 자는 거둔 곡식을 쌓는 모습을 상형한 글자이다.

積 전서 積 설문해자

【jī(찌ㅡ이)】 [총10획] 부수 : [禾 (벼화)]
[積(적)의 간체자(簡體字)]
禾 : 一 二 千 禾 禾   口 : 丨 冂 口   八 : 丿 八

【chēng(쳐ㅡ엉)】 [총14획] 부수 : [禾 (벼화)]   단어 名稱(명칭) 稱讚(칭찬) 總稱(총칭)
【일컬을/저울 칭】 일컫다, 부르다, 칭찬(稱讚)하다, 저울질하다, 명칭(名稱), 칭호
禾 : 一 二 千 禾 禾   爫 : 一 爫 爫 爫   冂 : 丨 冂   土 : 一 十 土

일컬을 칭(稱, 称) 자는 한 사람이 거둔 곡식의 무게를 달아보는 모습을 상형한 글자이다.

稱 전서 稱 설문해자

【chēng(쳐ㅡ엉)】 [총10획] 부수 : [禾 (벼화)]
[稱(칭)의 속자(俗字)/간체자(簡體字)]
禾 : 一 二 千 禾 禾   ⺈ : 丿 ⺈   小 : 亅 小 小

375

◆장면이 살아나는 그림한자◆

【sī(쓰ー으)】 [총7획] 부수 : [禾 (벼화)]　　단어 私人(사인) 私淑(사숙) 私學(사학)
【사사 사】 사사, 가족(家族), 집안, 사사롭다, 홀로
禾 : 一 二 千 禾 禾　　厶 : ㄥ 厶

사사 사(私) 자는 두 사람이 서로 자기의 코를 가리키며 무엇을 요구하거나 받고자 하는 모습을 상형한 글자이다.

𥝈 전서　私 설문해자

程

【chéng(처ㄥ엉)】 [총12획] 부수 : [禾 (벼화)]　　단어 過程(과정) 課程(과정) 程度(정도)
【한도/길 정】 한도(限度), 길, 단위(單位), 법칙(法則), 규정(規定), 법(法)
禾 : 一 二 千 禾 禾　　口 : ㅣ 冂 口　　壬 : 一 二 千 壬

한도 정(程) 자는 한 사람이 밭에서 수확한 곡식을 머리에 이고 휘청거려 더 이상 짊어질 수 없는 모습을 상형한 글자이다.

程 전서　程 설문해자

秀

【xiù(시ㄡ우)】 [총7획] 부수 : [禾 (벼화)]　　단어 秀才(수재) 俊秀(준수) 優秀(우수)
【빼어날 수】 빼어나다, (높이)솟아나다, 뛰어나다, 훌륭하다, 성장하다, 자라다
禾 : 一 二 千 禾 禾　　乃 : 丿 乃

빼어날 수(秀) 자는 다 자란 수수의 모양을 상형한 글자이다.

秀秀 전서　秀 설문해자

◆한자획이 살아나는 그림한자-4급◆

 【dòu(또/떠ㄟ우)】 [총7획] 부수 : [豆 (콩두)]　단어 豆腐(두부) 豆油(두유) 豆芽(두아)
【콩 두】 콩, 제기, 제수, 술그릇, 식기
豆 : 一 一 一 一 一 一 豆

콩 두(豆) 자는 콩깍지를 까서 제기에 담아놓은 모습을 상형한 글자이다.

갑골문　금문　전서　설문해자

 【fēng(뻐ㅡ엉)/lǐ(리ˇ이)】 [총13획] 부수 : [豆 (콩두)]　단어 豊饒(풍요) 豊盛(풍성) 豊足(풍족)
【풍년 풍/예도/굽 높은 그릇 례(예)】 풍년(豊年), 우거지다, 무성하다, 넉넉하다, 가득하다
曲 : 丨 冂 日 由 曲 曲　豆 : 一 一 一 一 一 一 豆

풍년 풍(豊, 豐, 丰) 자는 풍년이 되어 제사를 지내려고 제기에 곡식을 많이 올리는 모습을 상형한 글자이다.

갑골문　금문　전서　설문해자

 【fēng(뻐ㅡ엉)】 [총18획] 부수 : [豆 (콩두)]
[豊(풍)의 본자(本字)]
丰 : 一 二 三 丰　山 : 丨 山 山　丰 : 一 二 三 丰　豆 : 一 一 一 一 一 一 豆

377

◆장면이 살아나는 그림한자◆

【fēng(㎜ㅡ엉)】 [총4획] 부수 : [丨 (뚫을곤)]
[豊(풍), 豐(풍)의 간체자(簡體字)]
丰 : 一 二 三 丰

【xiāng(씨ㅡ앙)】 [총9획] 부수 : [香 (향기향)]   단어 香氣(향기) 香水(향수) 香油(향유)
【향기 향】 향기(香氣), 향, 향기롭다, 감미(甘味)롭다
禾 : 一 二 千 禾 禾   日 : 丨 冂 日 日

> 향기 향(香) 자는 밥을 지은 쌀에서 올라오는 향기의 모양을 상형한 글자이다. 쌀은 향기가 별로 없는데 그러나 밥을 지으면 향긋한 냄새가 나게 된다. 사람이 배고플 때 지은 밥에서 나는 향기를 맡으면 기분이 좋아진다. 그래서 이렇게 기분 좋게 나는 냄새를 향(香)이라고 한다.

 갑골문   전서    설문해자

【yú(위ㅡ이)】 [총15획] 부수 : [食 (밥식변)]   단어 餘波(여파) 餘暇(여가) 餘裕(여유)
【남을 여】 남다, 남기다, 나머지, 나머지 시간, 여가, 여분, 정식 이외의, 다른
食 : 丿 人 人 今 今 今 食 食 食   余 : 丿 人 人 今 今 余 余

> 남을 여(餘, 馀) 자는 한 사람이 밥을 다 먹지 않고 남겨놓은 모습을 상형한 글자이다.

餘 전서   餘 설문해자

◆한자획이 살아나는 그림한자-4급◆

【yú(위⸝이)】 [총10획] 부수 : [饣 (밥식변)]
[餘(여)의 간체자(簡體字)]
饣 : ノ 勹 饣   余 : ノ 人 𠆢 仐 𠂇 余 余

【liáng(랴⸝앙)】 [총18획] 부수 : [米 (쌀미)]   단어 糧穀(양곡) 糧食(양식) 食糧(식량)
【양식 량(양)】 양식(糧食), 먹이, 급여(給與), 구실(온갖 세납을 통틀어 이르던 말)
米 : 丶 丷 ⺍ 半 米 米   旦 : 丨 冂 冃 日 旦   里 : 丨 冂 冃 日 旦 甲 里

양식 량(糧, 粮) 자는 양식(보리)의 모양을 상형한 글자이다.

𥞷 𥞩 전서   糧 설문해자

【liáng(랴⸝앙)】 [총13획] 부수 : [米 (쌀미)]
[糧(량)의 간체자(簡體字)/동자(同字)]
米 : 丶 丷 ⺍ 半 米 米   良 : 丶 ㇇ ⺕ ⺕ 𠃊 良

【fěn(펀⸜언)】 [총10획] 부수 : [米 (쌀미)]   단어 粉塵(분진) 粉末(분말) 粉碎(분쇄)
【가루 분】 가루, 분, 안료, (분을)바르다, 화장하다, 색칠하다, 빻다, 부수다
米 : 丶 丷 ⺍ 半 米 米   八 : ノ 八   刀 : 𠃌 刀

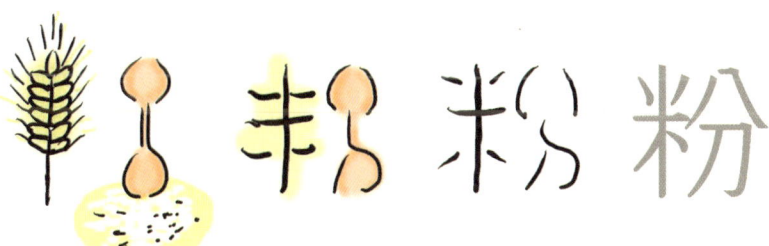

가루 분(粉) 자는 절구로 양식(보리)을 빻고 있는 모습을 상형한 글자이다.

粉 설문해자

◆장면이 살아나는 그림한자◆

【jīng(찌ー잉)】 [총14획] 부수 : [米 (쌀미)]　　단어　精誠(정성) 精密(정밀) 精神(정신)
【정할 정】 정하다, 깨끗하다, 정성(精誠)스럽다, 찧다(쌀을 곱게 쓿다)
米 : ` ` ` ` ` 半 米 米　　　青 : 一 二 丰 主 青 青 青 青

> 정할 정(精, 精) 자는 한 사람이 쌀을 깨끗이 씻고 솥에 넣는 모습을 상형한 글자이다.

精 𣲷 전서　精 설문해자

精
【jīng(찌ー잉)】 [총14획] 부수 : [米 (쌀미)]
[精(정)의 간체자(簡體字)]
米 : ` ` ` ` ` 半 米 米　　　青 : 一 二 丰 主 青 青 青 青

配
【pèi(퍼ヽ이)】 [총10획] 부수 : [酉 (닭유)]　　단어　配置(배치) 配分(배분) 配匹(배필)
【나눌 배】 짝짓다, 귀양 보내다, 아내
酉 : 一 丁 冂 两 西 西 酉　　　己 : フ コ 己

> 나눌/짝 배(配) 자는 술 단지와 표주박의 모습을 상형한 글자이다.

酉己 금문　酉己 전서　配 설문해자

【shèng(써ヽ엉)/chéng(처ィ엉)】 [총12획] 부수 : [皿 (그릇명)]
【성할 성】 성대하다, 두텁다, 무성하다, 담다, 높다　　단어　盛典(성전) 盛行(성행) 盛衰(성쇠)
成 : 一 厂 厂 厃 成 成　　　皿 : 丨 冂 冂 皿 皿

> 성할 성(盛) 자는 잡은 짐승의 고기를 도끼로 각을 떠서 그릇에 담는 모습을 상형한 글자이다.

䀇 금문　盛 전서　盛 설문해자

380

◆한자획이 살아나는 그림한자-4급◆

【yì(이ˋ)】 [총10획] 부수 : [皿 (그릇명)]　　단어 利益(이익) 收益(수익) 有益(유익)
【더할 익/넘칠 일】 더하다, 이롭다, 이익, 더욱
八 : ノ八　一 : 一　八 : ノ八　皿 : 丨冂冊皿皿

더할 익(益, 益) 자는 물이 넘치는 모습을 상형한 글자이다.

갑골문　금문　전서　설문해자

【yì(이ˋ)】 [총10획] 부수 : [皿 (그릇명)]
[益(익)의 간체자(簡體字)]
　　　　　　　　八 : ノ八　皿 : 丨冂冊皿皿

【jiān(찌一엔)】 [총14획] 부수 : [皿 (그릇명)]　　단어 監督(감독) 監視(감시) 監獄(감옥)
【볼 감】 살피다, 경계하다, 독찰하다, 감찰
臣 : 一丅丆EE臣　　 : 　ノ　　皿 : 丨冂冊皿皿

볼 감(監, 監) 자는 한 사람이 대야에 물을 넣고 얼굴을 비춰 보고 있는 모습을 상형한 글자이다. 옛날에는 거울이 없었으므로 솥에 물을 넣고 얼굴이 깨끗한지를 보았다. 그래서 감(監)자는 볼 감(監)자가 된 것이다. 이 글자는 설거지나 그릇의 상태를 검사하고 있는 모습으로도 볼 수 있는 글자인 것이다.

갑골문　금문　전서　설문해자

381

◆장면이 살아나는 그림한자◆

 【jiān(찌ー엔)】 [총10획] 부수 : [皿 (그릇명)]
[監(감)의 속자(俗字)/간체자(簡體字)]
刂 : 丨丨   ⺊ : ⺊⺊⺊⺊   皿 : 丨冂冂皿皿

 【jìn(찌ヽ인)/jǐn(지∨인)】 [총14획] 부수 : [皿 (그릇명)]
【다할 진】 완수하다, 다하다, 최고에 달하다   단어 盡力(진력) 盡心(진심) 未盡(미진)
聿 : 一フコ⺺聿聿   灬 : 丶丶丶丶   皿 : 丨冂冂皿皿

다할 진(盡, 尽) 자는 한 사람이 식사가 끝난 후 밥솥을 청소하고 있는 모습을 상형한 글자이다. 밥을 다 먹었다는 의미에서 '다하다'를 뜻하게 되었다.

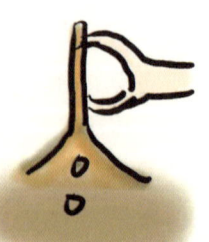 갑골문    금문    전서    설문해자

 【jìn(찌ヽ인)/jǐn(지∨인)】 [총6획] 부수 : [尸 (주검시엄)]
[盡(진)의 속자(俗字)/간체자(簡體字)]
尽 : 一フ尸尺尽尽

382

【xiě(시ˇ에)/xuè(쒸\에)】 [총6획] 부수 : [血 (피혈)]
【피 혈】 빨간색, 피를 칠하다, 물들이다   단어 血液(혈액) 血族(혈족) 血氣(혈기)
血 : ' 亠 宀 宀 血 血

피 혈(血) 자는 돼지나 기타 짐승의 목을 따서 그릇에 피를 받는 모습을 상형한 글자이다.

갑골문   전서   설문해자

【zhòng(쪼/쭈\웅)】 [총12획] 부수 : [血 (피혈)]   단어 衆論(중론) 衆生(중생) 大衆(대중)
【무리 중】 군신, 백성, 많은 일, 차조, 땅, 토지
血 : ' 亠 宀 宀 血 血   乑 : 一 丆 丌 乐 乑 乑

무리 중(衆, 众) 자는 돼지나 기타 짐승을 잡을 때 모여든 많은 사람들의 모습을 상형한 글자이다.

【zhòng(쪼/쭈\웅)】 [총6획] 부수 : [人 (사람인)]
[衆(중)의 간체자(簡體字)]
人 : 丿 人   人 : 丿 人   人 : 丿 人

◆장면이 살아나는 그림한자◆

【quē(취ㅡ에)】 [총10획] 부수 : [缶 (장군부)]　　**단어** 缺乏(결핍) 欠缺(흠결) 缺陷(결함)
【이지러질 결】 이지러지다, 없다, 없어지다, 모자라다, 부족(不足)하다
缶 : ノ ㄅ 乍 午 午 缶　　夬 : フ ユ ヲ 夬

이지러질 결(缺) 자는 한 사람이 물지게를 지려고 하다가 부주의로 물동이를 넘어뜨려 물이 쏟아 나온 모습을 상형한 글자이다.

𣂑 𣂐 전서　𦈫 설문해자

【bì(삐ヽ이)】 [총11획] 부수 : [門 (문문)]　　**단어** 閉鎖(폐쇄) 閉幕(폐막) 閉止(폐지)
【닫을 폐】 막다, 가리다, 감추다, 마치다, 자물쇠
門 : ㅣ ㄇ ㄇ ㄇ 門 門 門 門　　才 : 一 十 才

　　　　閉

닫을 폐(閉, 闭) 자는 한 사람이 대문을 닫으려고 한 손으로 빗장을 고리에 올려놓는 모습을 상형한 글자이다.

閇 閈 금문　閇 전서　閉 설문해자

【bì(삐ヽ이)】 [총6획] 부수 : [门 (문문)]
[閉(폐)의 간체자(簡體字)]
门 : ㆍ 冂 门　　才 : 一 十 才

384

◆한자획이 살아나는 그림한자-4급◆

【xián(시ノ엔)】 [총12획] 부수 : [門 (문문)]　　단어 閒暇(한가) 閒散(한산) 閒良(한량)
【한가할 한】 등한하다, 닫다, 조용하다, 틈새
門 : ｜ ｆ ｆ ｆ ｆ ｆ 門 門 門　　木 : 一 十 才 木

한가할 한(閒, 闲) 자는 주인이 집 안에서 두 손으로 문을 닫고 쉬려는 모습을 상형한 글자이다. 옛날에 보통 낮에는 대문을 닫지 않고 열어 놓았다가 밤이 되어 잘 때가 되면 문을 닫게 된다. 문을 닫으면 찾아올 손님도 없어 한가한 시간을 보낼 수가 있게 된다.

閒 금문　㶒 전서　閒 설문해자

【xián(시ノ엔)】 [총7획] 부수 : 门 (문문)
[閒(한)의 간체자(簡體字)]
门 : 丶 ｆ 门　　木 : 一 十 才 木

【dòu(도/더ヽ우)】 [총20획] 부수 : [鬥 (싸울투)]　　단어 鬪爭(투쟁) 鬪士(투사) 戰鬪(전투)
【싸울/싸움 투】 싸우다, 투쟁하다, 경쟁하다, 맞서다
鬥 : ｜ ｆ ｆ ｆ ｆ ｆ ｆ ｆ 鬥 鬥　　豆 : 一 ｆ ｆ 日 日 日 豆　　寸 : 一 寸 寸

싸울/싸움 투(鬪, 斗) 자는 사람들이 싸움을 하는 모습을 상형한 글자이다. 투(鬪) 자의 안에 있는 글자는 아이들이 서로 손으로 머리카락을 당기고 싸우는 모습이다.

【dòu(도/더ヽ우)】 [총4획] 부수 : [斗 (말두)]
[鬪(투)의 속자(俗字)/간체자(簡體字)]
斗 : 丶 丶 三 斗

385

◆장면이 살아나는 그림한자◆

【dǒu(도/더ˇ우)】 [총4획] 부수 : [斗 (말두)]　　　단어　斗星(두성) 斗牛(두우) 斗絶(두절)
【말 두】 별 이름, 싸우다, 다투다, 조두
斗 : ⸌ ⸍ 스 斗

말/싸울 두(斗) 자는 표주박으로 물 따위나 곡식을 퍼서 붓는 모습을 상형한 글자이다.

갑골문　　금문　　전서　　설문해자

【hù(후ˋ우)】 [총4획] 부수 : [戶 (지게호)]　　　단어　戶籍(호적) 戶主(호주) 萬戶(만호)
【집/지게 호】 집, 방, 사람, 지키다
戶 : ⸌ ⸍ ⸍ 戶

집 호(戶, 户) 자는 집 한 채의 외짝 문을 상형한 글자이다.

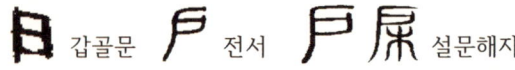

갑골문　　전서　　설문해자

【hù(후ˋ우)】 [총4획] 부수 : [户 (지게호)]
[戶(호)의 간체자(簡體字)/門(문)의 반쪽을 본뜬 글자]
户 : ⸌ ⸍ 户

【fáng(파ˊ앙)】 [총8획] 부수 : [戶 (지게호)]　　　단어　煖房(난방) 冷房(냉방) 暖房(난방)
【방 방】 방, 곁방, 규방(閨房), 침실(寢室), 거실(居室), 관아, 사당, 집, 가옥(家屋)
戶 : ⸌ ⸍ ⸍ 戶　　方 : ⸍ 亠 方 方

방 방(房, 房) 자는 한 사람이 살고 있는 방에서 나오거나 들어가고 있는 모습을 상형한 글자이다.

전서　　설문해자

【fáng(파ˊ앙)】 [총8획] 부수 : [户 (지게호)]
[房(방)의 간체자(簡體字)]
户 : ` ㄱ ㅋ 户    方 : ` 亠 方 方

【céng(처ˊ엉)】 [총15획] 부수 : [尸 (주검시엄)]   단어 高層(고층) 階層(계층) 深層(심층)
【층 층】 층(層), 겹, 층집, 계단(階段), 높다
尸 : ㄱ ㅋ 尸   八 : ノ 八   囧 : 丨 冂 冂 冈 网 囧   日 : 丨 冂 月 日

층 층(層, 层) 자는 층이 많은 집의 모양을 상형한 글자이다. 여기서 아래에 보이는 왈(曰) 자는 층계의 모습으로 볼 수 있다.

層 설문해자

【céng(처ˊ엉)】 [총7획] 부수 : [尸 (주검시엄)]
[層(층)의 속자(俗字)/간체자(簡體字)]
尸 : ㄱ ㅋ 尸   云 : 一 二 云 云

【xuān(쒸ㄧ엔)】 [총9획] 부수 : [宀 (갓머리)]   단어 宣傳(선전) 宣告(선고) 宣言(선언)
【베풀 선】 베풀다, (은혜 따위를)끼치어 주다, 널리 펴다, 떨치다
宀 : ` 丶 宀   一 : 一   旦 : 丨 冂 日 日 旦

베풀 선(宣) 자는 집 마당에 잔칫상을 베푸는 모습을 상형한 글자이다.

갑골문 금문 전서 설문해자

◆장면이 살아나는 그림한자◆

【gōng(꼬ㅡ옹/꾸ㅡ옹)】 [총10획] 부수 : [宀 (갓머리)] 단어 宮家(궁가) 宮闕(궁궐) 宮殿(궁전)
【집 궁】 대궐, 궁전, 종묘, 임금의 아내나 처

집 궁(宮, 宫) 자는 대궐을 상형한 글자이다. 이 글자는 또한 큰 제단의 모양을 상형한 글자이기도 하다.

갑골문   금문   전서

【gōng(꼬ㅡ옹/꾸ㅡ옹)】 [총9획] 부수 : [宀 (갓머리)]
[宮(궁)의 간체자(簡體字)]

【guān(꽈/꽈ㅡ안)】 [총8획] 부수 : [宀 (갓머리)] 단어 官吏(관리) 官僚(관료) 長官(장관)
【벼슬 관】 대 밧줄, 벼슬, 벼슬자리, 벼슬아치, 마을, 관청(官廳), 기관(機關)

벼슬 관(官) 자는 관청에서 관리자가 두 손으로 문서를 들고 알리는 모습을 상형한 글자이다.

갑골문   금문   전서   설문해자

 【zōng(쪼-옹/쭈-옹)】 [총8획] 부수 : [宀 (갓머리)] 단어 宗廟(종묘) 高宗(고종) 宗敎(종교)
【마루 종】 마루, 일의 근원, 근본, 으뜸, 제사, 존숭하는 사람, 일족(一族)
宀 : ' ' 宀   示 : 一 二 于 示 示

마루 종(宗) 자는 집이나 제당(祭堂)에서 조상에게 제사를 지내는 상의 모양을 상형한 글자이다.

令 갑골문 宗 금문 宗 전서 宗 설문해자

 【chá(차ㅡ아)】 [총14획] 부수 : [宀 (갓머리)] 단어 觀察(관찰) 警察(경찰) 檢察(검찰)
【살필 찰】 살피다, 알다, 살펴서 알다, 상고하다, 자세하다, 조사하다
宀 : ' ' 宀   夕 : ノ ク 夕 夕   又 : フ 又   示 : 一 二 于 示 示

살필 찰(察) 자는 그릇 안에 놓은 고기의 상태를 손으로 들고 살피는 모습을 상형한 글자이다. 옛날에는 냉장고가 없어 그릇 안에 있는 고기는 잘 상할 수가 있다.

 전서 察 설문해자

 【qǐn(치ᐯ인)】 [총14획] 부수 : [宀 (갓머리)] 단어 寢臺(침대) 寢睡(침수) 寢食(침식)
【잘 침】 자다, 쉬다, 휴식(休息)하다, 눕다
宀 : ' ' 宀   爿 : 丨 ㅛ 丬 爿   ヨ : フ ㄱ ヨ   一 : 丨 冂   又 : フ 又

잘 침(寢, 寝) 자는 한 사람이 머리끈을 풀고 침대에서 자고 있는 모습을 상형한 글자이다. 옛날 글자는 온 집 식구가 집에서 자는 모습으로 볼 수 있다.

寢 寢 寢 설문해자

◆장면이 살아나는 그림한자◆

【qǐn(치ㄴ인)】 [총13획] 부수 : [宀 (갓머리)]
[寢(침)의 속자(俗字)/간체자(簡體字)]
宀 : 丶丶宀   爿 : ㅣ丬爿   ヨ : フㄱㅋㅋ   一 : 一ㅣ冖   又 : フ又

【jì(찌ㅣ이)】 [총11획] 부수 : [宀 (갓머리)]   단어 寄贈(기증) 寄附(기부) 奇生(기생)
【부칠 기】 보내다, 맡기다, 기대다, 빌리다, 임무
宀 : 丶丶宀   大 : 一ナ大   可 : 一丁可可

  宋可 寄

부칠 기(寄) 자는 말을 타고 개인 집으로 우편물을 전달하는 모습을 상형한 글자이다.

 전서    설문해자

【shǒu(ㄸㅇ오/ㄸㅇ우)】 [총6획] 부수 : [宀 (갓머리)]   단어 保守(보수) 固守(고수) 遵守(준수)
【지킬 수】 지키다, 다스리다, 머무르다, 기다리다, 거두다, 손에 넣다
宀 : 丶丶宀   寸 : 一十寸

지킬 수(守) 자는 한 사람이 집 앞에서 지키고 있는 모습을 상형한 글자이다.

宋 금문   自 전서   身 설문해자

【róng(루ㅇ옹)】 [총10획] 부수 : [宀 (갓머리)]   단어 容貌(용모) 容易(용이) 容器(용기)
【얼굴 용】 모양, 용모, 어찌, 혹은, 쉽다, 손쉽다
宀 : 丶丶宀   谷 : 丶丷夕父谷谷

얼굴 용(容) 자는 사람의 용모나 탈을 쓴 사람의 모습을 상형한 글자이다.

 금문   宮 전서   宮 설문해자

◆한자획이 살아나는 그림한자-4급◆

【fù(푸ㄟ우)】 [총12획] 부수 : [宀 (갓머리)]　　　단어 富者(부자) 富裕(부유) 富貴(부귀)
【부유할 부】 가멸다, 성하다, 부자, 어리다, 부유하다
宀：丶 ㇏ 宀　　　　畐：一 丆 亩　　　田：丨 冂 円 甲 田

부유할 부(富) 자는 집에 보관한 술 단지의 모양을 상형한 글자이다. 옛날에 밭에서 나는 양식만 배불리 먹어도 복으로 간주했는데 그에 더해서 먹고 남은 양식이 있어 술까지 빚을 수 있게 되었다는 것은 정말 부자가 아니라 할 수 없기 때문에 부유할 부(富)자로 되었다.

 금문　　富 전서　　富 설문해자

【bǎo(바ˇ오/우)】 [총20획] 부수 : [宀 (갓머리)]　　　단어 寶物(보물) 寶刀(보도) 國寶(국보)
【보배 보】 보물, 옥새, 돈, 진귀한
宀：丶 ㇏ 宀　　玉：一 二 干 王　　缶：丿 丄 匕 午 缶 缶　　貝：丨 冂 冂 目 目 貝 貝

보배 보(寶, 宝) 자는 집에서 보관한 옥과 도자기 및 돈을 상형한 글자이다.

갑골문　　　 금문　　寶 전서　　寶 설문해자

【bǎo(바ˇ오/우)】 [총8획] 부수 : [宀 (갓머리)]
[寶(보)의 속자(俗字)/간체자(簡體字)]
宀：丶 ㇏ 宀　　玉：一 二 三 王 玉

391

◆장면이 살아나는 그림한자◆

【mì(ㄇㄧˋ)】 [총11획] 부수 : [宀 (갓머리)]　　단어 綿密(면밀) 祕密(비밀) 精密(정밀)
【빽빽할 밀】 빽빽하다, 촘촘하다, 빈틈없다, 친하게 하다, 비밀로 하다, 숨기다
宀 : 丶 丷 宀　　心 : ノ 乚 心 心　　ノ : ノ　　山 : 丨 山 山

빽빽할 밀(密) 자는 촘촘한 벌집의 모양을 상형한 글자이다.

 금문　 전서　 설문해자

【kāng(ㄎㄤ)】 [총11획] 부수 : [广 (엄호)]　　단어 康寧(강녕) 孫康(손강) 健康(건강)
【편안 강】 (몸과 마음이)편안, 오거리, 편안하다, 온화해지다, 마음이 누그러지다
广 : 丶 一 广　　隶 : 𠃍 ㄱ ㅋ 聿 肀 肀 肀 隶

편안 강(康) 자는 한 사람이 닭이나 오리 등 가금을 잡고 있는 모습을 상형한 글자이다. 옛날에는 집에서 닭이나 오리 등 가금을 수시로 잡아먹을 수 있는 가정은 부자이며 또한 이러한 집에서 생활을 한다는 것은 편안하다는 말을 뜻한 것이다.

금문　 전서　 설문해자

【kù(ㄎㄨˋ)】 [총10획] 부수 : [广 (엄호)]　　단어 庫房(고방) 庫入(고입) 庫舍(고사)
【곳집 고】 곳간, 창고, 문 이름
广 : 丶 一 广　　車 : 一 𠃍 戸 市 亘 車

곳집 고(庫, 库) 자는 차를 넣어 보관하는 열린 집을 상형한 글자이다. 이 글자에서 보이는 차(車) 자는 창고의 문으로도 볼 수 있다.

금문　 전서　 설문해자

392

◆한자획이 살아나는 그림한자-4급◆

【kù(쿠ˋ우)】 [총7획] 부수 : [广 (엄호)]
[庫(고)의 간체자(簡體字)]
广 : ˋ 亠 广   车 : 一 ㄗ 丰 车

【zuò(쭈ˋ오/어)】 [총10획] 부수 : [广 (엄호)]   단어 座席(좌석) 計座(계좌) 座下(좌하)
【자리 좌】 자리, 지위(地位), 깔개, 방석(方席)
广 : ˋ 亠 广   人 : ノ 人   人 : ノ 人   土 : 一 十 土

자리 좌(座) 자는 두 사람이 정원에서 앉아 있는 모습을 상형한 글자이다.

【chuáng(추ˊ앙)】 [총7획] 부수 : [广 (엄호)]   단어 臨床(임상) 溫床(온상) 冊床(책상)
【평상 상】 평상(平牀·平床), 상, 소반, 마루, 우물
广 : ˋ 亠 广   木 : 一 十 才 木

평상 상(床) 자는 상이거나 침대의 모습을 상형한 글자이다.

爿爿 전서　牀 설문해자

393

 【tīng(티ㅡ잉)】 [총25획] 부수 : [广 (엄호)]   단어 官廳(관청) 廳舍(청사) 市廳(시청)
【관청 청】 관청(官廳), 관아(官衙), 마루, 대청(大廳), 마을, 건물(建物)
广：｀亠广 耳：一ㄒㄦ下下耳 壬：｀ㄨ千壬 十：一十 罒：丨冂冂罒罒 一：一 心：ㄑ心心心

> 관청 청(廳, 厅) 자는 벼슬아치가 관청에 앉아서 다른 한 사람과 얘기를 하고 있는 모습을 상형한 글자이다.

 【tīng(티ㅡ잉)】 [총4획] 부수 : [厂 (민엄호)]
[廳(청)의 속자(俗字)/간체자(簡體字)]
厂：一厂 丁：一丁

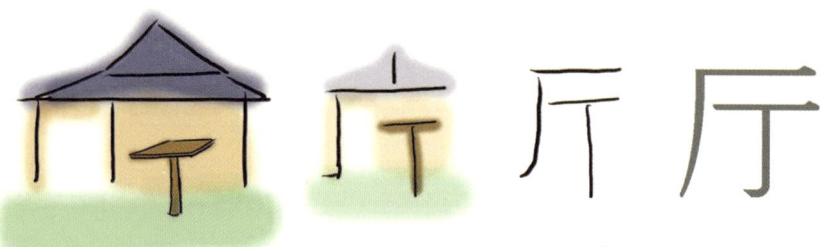

 【dǐ(디ˇ이)】 [총8획] 부수 : [广 (엄호)]   단어 到底(도저) 根底(근저) 海底(해저)
【밑 저】 밑, 바닥, 속, 내부(內部), 구석, 밑절미, 기초(基礎)
广：｀亠广 氏：一厂ㄈ氏 一：一

> 밑 저(底) 자는 한 사람이 집에서 땅에 있는 어떤 물건(떨어졌거나 쓰레기 등)을 줍고 있는 모습을 상형한 글자이다.

匠庭 전서 庭 설문해자

◆한자획이 살아나는 그림한자-4급◆

【fǔ(푸ˇ우)】 [총8획] 부수 : [广 (엄호)]　　단어 政府(정부) 府庫(부고) 都府(도부)
【마을 부】 마을, 고을, 도읍(都邑), 도시(都市), 관청(官廳), 관아(官衙), 곳집
广 : 丶 亠 广　　亻 : ノ 亻　　寸 : 一 十 寸

마을 부(府) 자는 한 사람이 다른 한 사람을 붙잡고 관청에 찾아온 모습을 상형한 글자이다.

 금문　전서　설문해자

【wéi(워ˊ이)】 [총12획] 부수 : [囗 (큰입구몸)]　　단어 範圍(범위) 周圍(주위) 包圍(포위)
【에워쌀 위】 에워싸다, 둘러싸다, 포위하다, 나라, 국가, 서울, 도읍
囗 : 丨 冂 囗　　韋 : ㄱ 古 古 右 古 甴 臣 査 査 韋

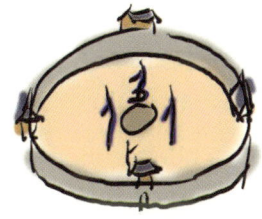 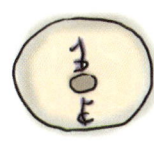  

에워쌀 위(圍) 자는 경계병이 성안에 있는 왕궁을 에워싸서 지키고 있는 모습을 상형한 글자이다.

금문　전서　설문해자

【wéi(워ˊ이)】 [총7획] 부수 : [囗 (큰입구몸)]
[圍(위)의 간체자(簡體字)]
囗 : 丨 冂 囗　　韦 : 一 二 彐 韦

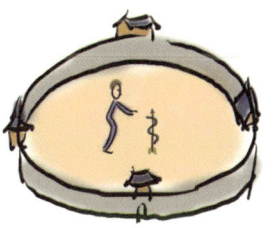   

간체자 에워쌀 위(围) 자는 경계병이 활을 들고 왕궁을 에워싸서 지키고 있는 모습을 상형한 글자이다.

◆장면이 살아나는 그림한자◆

 【yuán(위ㄦ안/엔)】 [총13획] 부수 : [口 (큰입구몸)] 단어 圓滿(원만) 圓滑(원활) 圓形(원형)
【둥글 원/화폐 단위 엔】 둥글다, 온전하다, 원만하다, 둘레, 동그라미, 화폐단위
囗 : 丨 冂 囗   口 : 丨 冂 口   貝 : 丨 冂 冂 円 冃 目 貝 貝

둥글 원(圓, 圆) 자는 둥근 엽전 모양을 상형한 글자이다.

전서 설문해자

 【yuán(위ㄦ안/엔)】 [총10획] 부수 : [囗 (큰입구몸)]
[圓(원)]의 간체자(簡體字)
囗 : 丨 冂 囗   口 : 丨 冂 口   贝 : 丨 冂 贝 贝

 【kùn(쿠ㄣ운)】 [총7획] 부수 : [囗 (큰입구몸)]   단어 困難(곤란) 困境(곤경) 困窮(곤궁)
【곤할 곤】 곤하다, 지치다, 위험하다, 괘 이름
囗 : 丨 冂 囗   木 : 一 十 オ 木

 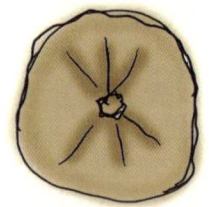

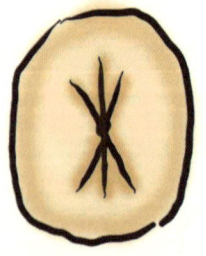   

곤할 곤(困) 자는 보따리를 묶어놓은 모습을 상형한 글자이다. 보따리에 묶어놓았기 때문에 움직이지 못하여 '곤란하다'를 뜻하게 되었다.

 갑골문 전서   설문해자

◆한자획이 살아나는 그림한자-4급◆

【dǎng(다ˇ앙)】 [총20획] 부수 : [黑 (검을흑)]   단어 政黨(정당) 脫黨(탈당)
【무리 당】 무리, 한동아리, 마을, 향리, 일가(一家), 친척, 바(所), 곳, 장소(場所)
⺌ : ㅣ ㅣ ⺌ ⺌ ⺌   口 : ㅣ 冂 口   里 : ㅣ 冂 曰 甲 里   灬 : ノ ㆍ ㆍ ㆍ

무리 당(黨, 党) 자는 같은 목적을 가지고 많은 사람들이 당집에 모인 모습을 상형한 글자이다.

𪓿 𪓿 전서   𪓿 설문해자

【dǎng(다ˇ앙)】 [총10획] 부수 : [儿 (어진사람인발)]
黨(당)의 약자(略字)/간체자(簡體字)
⺌ : ㅣ ㅣ ⺌ ⺌ ⺌   口 : ㅣ 冂 口   儿 : ノ 儿

【chù(추ˋ우)/chǔ(추ˇ우)】 [총11획] 부수 : [虍 (범호엄)]
【곳 처】 곳, 처소(處所), 때, 시간(時間), 지위(地位)   단어 措處(조처) 處罰(처벌) 處理(처리)
虍 : ㅣ ㅏ 虍 虍 虍   夂 : ノ 勹 夂   几 : ノ 几

곳 처(處, 処) 자는 사람들이 살고 있는 처소(處所)를 상형한 글자이다.

𢔽 전서   𢔽 설문해자

◆장면이 살아나는 그림한자◆

【chù(추ㄧㅡㅜ)】 [총5획] 부수 : [夂 (뒤져올치)]
[處(처)의 속자(俗字)/간체자(簡體字)]
夂 : ノクタ   卜 : ㅣ卜

究
【jiū(찌ㅡㅜ)】 [총7획] 부수 : [穴 (구멍혈)] 단어 講究(강구) 探究(탐구) 硏究(연구)
【연구할 구】 연구(硏究)하다, 궁구(窮究)하다
穴 : ㅛㅛㅛ宀宀穴   九 : ノ九

연구할 구(究) 자는 한 사람이 집 안에서 엎드려 연구하고 있는
모습을 상형한 글자이다. 이 글자는 또한 한 사람이 구멍을 파서
무엇이 있는지 연구하는 모습으로도 볼 수 있다.

 전서 설문해자

窮
【qióng(치ㄧ옹/옹)】 [총15획] 부수 : [穴 (구멍혈)] 단어 窮理(궁리) 困窮(곤궁) 無窮花(무궁화)
【다할/궁할 궁】 다하다, (극에)달(達)하다, 마치다, 중단(中斷)하다, 궁(窮)하다, 가난하다
穴 : ㅛㅛㅛ宀宀穴   身 : ㅤㅤㅤ身身   弓 : ㄱㄱ弓

다할/궁할 궁(窮, 穷) 자는 어머니가 임신기가 끝나 아이를 낳으려는
모습을 상형한 글자이다. 이 글자가 '가난하다'도 뜻하게 된 것은 동굴에
서 사는 모습으로 보기 때문이다.

전서

 【qióng(치ノ옹/웅)】 [총15획] 부수 : [穴 (구멍혈)]
[窮(궁)의 속자(俗字)/간체자(簡體字)]
穴 : ' '' 宀 穴 穴   力 : フ 力

痛 【tòng(또/뚜ヽ옹)】 [총12획] 부수 : [疒 (병질엄)]   단어 陣痛(진통) 痛哭(통곡) 痛歎(통탄)
【아플 통】 (몸이)아프다, 아파하다, 고통(苦痛)
疒 : ' 一 广 疒 疒   マ : フ マ   用 : ノ 冂 月 月 用

> 아플 통(痛) 자는 침대에 누워있는 사람의 옆에 물통을 갖다놓은 모습을 상형한 글자이다. 물통을 갖다 놓게 된 것은 물수건을 적셔 병들어 누운 사람의 열을 식히기 위함이거나 병든 사람을 목욕 시켜주거나 또는 대소변을 받는 용도 등으로 볼 수 있다.

痛 전서   痛 설문해자

疲 【pí(피ノ이)】 [총10획] 부수 : [疒 (병질엄)]   단어 疲困(피곤) 疲弊(피폐) 疲勞(피로)
【피곤할 피】 피곤(疲困)하다, 지치다, 고달프다, 느른하다, 싫증나다, 고달픔
疒 : ' 一 广 疒 疒   皮 : ノ 厂 广 皮 皮

> 피곤할 피(疲) 자는 병든 환자를 돌본 사람이 병들어 침대에 누워있는 사람 옆에서 피곤한 모습을 상형한 글자이다. 병든 환자를 돌본다는 것은 어지간히 피곤한 일이 아니기 때문이다.

疲疲 전서   疲 설문해자

◆장면이 살아나는 그림한자◆

【cán(차ˊ안)】 [총12획] 부수 : [歹 (죽을사변)]   단어 殘忍(잔인) 殘留(잔류) 殘額(잔액)
【잔인할/남을 잔】 잔인하다, 흉악하다, 해치다, 멸하다, 없애다, 살해하다
歹 : 一 ァ ゟ 歹   戈 : 一 七 戈 戈   戈 : 一 七 戈 戈

잔인할 잔(殘, 残) 자는 두 사람이 한 사람을 무기(과)로 잔인하게 해치는 모습을 상형한 글자이다. 이 글자는 또한 잔뼈의 모양을 상형한 글자이기도 하다.

殘 설문해자

【cán(차ˊ안)】 [총10획] 부수 : [歹 (죽을사변)]
[殘(잔)의 간체자(簡體字)]
歹 : 一 ァ ゟ 歹   戋 : 一 二 七 戋 戋

【fù(ㄈㄨˋ우)】 [총9획] 부수 : [貝 (조개패)]   단어 負擔(부담) 負債(부채) 勝負(승부)
【질 부】 떠맡다, 빚지다, 업다, 짐
ㄉ : ノ ㄉ   貝 : 丨 冂 冂 月 目 貝 貝

질 부(負, 负) 자는 한 사람이 빚을 지어 돈을 꺼내들고 남한테 주는 모습을 상형한 글자이다. 이 글자는 또한 한 사람이 아이를 업고 있는 모습으로도 볼 수 있다.

負 전서   負 설문해자

◆한자획이 살아나는 그림한자-4급◆

【fù(ㄈㄨˋ우)】 [총6획] 부수 : [贝 (조개패)]
[負(부)의 간체자(簡體字)]
ㄉ : ノ ㄉ   贝 : 丨 冂 贝 贝

【zī(쯔ㅡ으)】 [총13획] 부수 : [貝 (조개패)]   단어 資料(자료) 資金(자금) 資本(자본)
【재물 자】 자본, 바탕, 비용, 돕다, 주다, 쓰다, 의뢰
冫 : ヽ 冫   欠 : ノ ㄅ ㄅ 欠   貝 : 丨 冂 冂 月 目 貝 貝

재물 자(資, 资) 자는 들어왔다 나가면서 반복적으로 유통할 수 있는 돈의 모습을 상형한 글자이다.

資 전서   赍 설문해자

【zī(쯔ㅡ으)】 [총10획] 부수 : [贝 (조개패)]
[資(자)의 간체자(簡體字)]
冫 : ヽ 冫   欠 : ノ ㄅ ㄅ 欠   贝 : 丨 冂 贝 贝

【zéi(저ˊ이)】 [총13획] 부수 : [貝 (조개패)]   단어 賊盜(적도) 賊心(적심) 賊軍(적군)
【도둑 적】 도둑질, 역적, 해치다, 나쁜
貝 : 丨 冂 冂 月 目 貝 貝   𠂇 : 一 𠂇   戈 : 一 弋 戈 戈

도둑 적(賊, 贼) 자는 도둑놈이 무기(戈)를 들고 돈을 빼앗는 모습을 상형한 글자이다.

賊 금문   賊 전서   賊 설문해자

【zéi(저ˊ이)】 [총10획] 부수 : [贝 (조개패)]
[賊(적)의 간체자(簡體字)]
贝 : 丨 冂 贝 贝   𠂇 : 一 𠂇   戈 : 一 弋 戈 戈

◆장면이 살아나는 그림한자◆

【huò(후ㅅ오/어)】 [총11획] 부수 : [貝 (조개패)] 　단어　 貨物(화물) 財貨(재화) 貨幣(화폐)
【재물 화】 재물(財物), 재화, 화물, 상품, 물건(物件), 돈, 화폐(貨幣), 뇌물(賂物)
亻: ノ亻　　ヒ: ㄴヒ　　貝: ㅣㄇㄇ月目貝貝

　　　재물 화(貨, 货) 자는 한 사람(장사꾼)이 다른 한 사람한테 돈을 받
　　고 물건을 팔고 있는 모습을 상형한 글자이다. 돈을 받고 팔 수 있는
　　것은 재물이고 상품인 것이다.

貨 貨 전서　貨 설문해자

【huò(후ㅅ오/어)】 [총8획] 부수 : [贝 (조개패)]
[貨(화)의 간체자(簡體字)]
亻: ノ亻　　ヒ: ㄴヒ　　贝: ㅣㄇ贝贝

【xián(시/엔)】 [총15획] 부수 : [貝 (조개패)]　　단어　 聖賢(성현) 賢明(현명) 先賢(선현)
【어질 현】 어질다, 현명하다, 좋다, 낫다, 더 많다, 넉넉하다, 선량하다, 애쓰다
臣: 一丆丏丐丐臣　　又: フ又　　貝: ㅣㄇㄇ月目貝貝

　　　어질 현(賢, 贤) 자는 한 사람이 현자(賢者)에게 돈을 주고 유혹을 하고
　　있지만 현자(賢者)는 돈의 유혹에 넘어가지 않는 모습을 상형한 글자이다.

賢 금문　賢 賢 전서　賢 설문해자

【xián(시/엔)】 [총8획] 부수 : [贝 (조개패)]
[賢(현)의 간체자(簡體字)]
刂: ㅣ刂　　又: フ又　　贝: ㅣㄇ贝贝

402

◆한자획이 살아나는 그림한자-4급◆

【pín(피ㄴ인)】 [총11획] 부수 : [貝 (조개패)]　　단어　貧血(빈혈) 貧賤(빈천) 貧困(빈곤)
【가난할 빈】 가난하다, 모자라다, 부족하다, 빈궁하다, 결핍되다, 가난, 빈곤
八 : ノ 八　　刀 : フ 刀　　貝 : 丨 冂 冂 目 目 貝 貝

가난할 빈(貧, 贫) 자는 한 사람이 얼마 되지 않는 돈을 여기저기 나누어 쓰고 있는 모습을 상형한 글자이다.

𧷵 전서　貧 설문해자

【pín(피ㄴ인)】 [총8획] 부수 : [貝 (조개패)]
[貧(빈)의 간체자(簡體字)]
八 : ノ 八　　刀 : フ 刀　　贝 : 丨 冂 贝 贝

【piào(퍄ㅗ/우)/piāo(퍄ㅡ오/우)】 [총11획] 부수 : [示 (보일시)]
【표 표】 표, 증표(證票), 쪽지, 지폐　　단어　郵票(우표) 票決(표결) 投票(투표)
覀 : 一 丅 ㄒ 帀 帀 覀　　示 : 一 二 亍 示 示

표 표(票) 자는 돈과 지폐를 책상 위에 올려놓은 모양을 상형한 글자이다. 옛날 글자는 두 손으로 돈이나 증표를 쥐고 있는 모습이다.

𤐫 𤐫 전서　𤐫 설문해자

◆장면이 살아나는 그림한자◆

【lún(루ノ운)】 [총15획] 부수 : [車 (수레거)]　　단어 輪廻(윤회) 輪廓(윤곽) 日輪(일륜)
【바퀴 륜(윤)】 바퀴, 수레, 땅 갈이, 둘레, 세로, 돌다
車 : 一 厂 冂 百 亘 亘 車　　人 : 丿 人　　一 : 一　　冊 : 丨 冂 冃 冊 冊

바퀴 륜(輪, 轮) 자는 위에서 보는 차와 옆에서 보이는 차의 모양을 상형한 글자이다. 차가 굴러가려면 바퀴가 있어야 하므로 이 글자가 바퀴를 강조한 글자로 되었다.

𨎥 전서　　輪 설문해자

【lún(루ノ운)】 [총8획] 부수 : [车 (수레거)]
[輪(륜)]의 간체자(簡體字)
车 : 一 七 乍 车　　人 : 丿 人　　匕 : 乚 匕

【zhuǎn(주∨안)】 [총18획] 부수 : [車 (수레거)]　　단어 移轉(이전) 轉落(전락) 轉換(전환)
【구를 전】 구르다, 회전하다, 옮기다, 부리다, 조종하다
車 : 一 厂 冂 百 亘 亘 車　　重 : 一 厂 冂 百 亘 車 重 重　　寸 : 一 寸 寸

구를 전(轉, 转) 자는 굴러가는 차의 모습과 한 사람이 실을 감고 있는 모습을 상형한 글자이다. 굴러가는 차의 바퀴와 실을 감는 물레는 모두 회전한다. 여기서 차(車) 자도 실을 감는 물레의 변형으로도 볼 수 있다.

轉 금문　　轉 전서　　轉 설문해자

转
【zhuǎn(주∨안)/zhuàn(주\안)】 [총8획] 부수 : [车 (수레거)]
[轉(전)]의 간체자(簡體字)
车 : 一 七 乍 车　　专 : 一 二 专 专

◆한자획이 살아나는 그림한자-4급◆

【xiǎn(시ˇ엔)】 [총16획] 부수 : [阝(좌부변)] **단어** 保險(보험) 危險(위험) 冒險(모험)
【험할 험】 험(險)하다, 험준(險峻)하다, 아슬아슬하게, 낭떠러지
阝 : ㄱ ㄋ 阝   僉 : ノ 人 ㅅ ㅅ 슈 슈 侖 侖 侖 僉 僉 僉

험할 험(險, 险) 자는 많은 사람들이 험한 산을 바라보고 있는 모습을 상형한 글자이다.

崄 전서   險 설문해자

【xiǎn(시ˇ엔)】 [총10획] 부수 : [阝(좌부변)]
[險(험)의 속자(俗字)/간체자(簡體字)]
阝 : ㄱ ㄋ 阝   人 : ノ 人   一 : 一   ㅛ : ㆍ ㆍ ㅛ ㅛ

 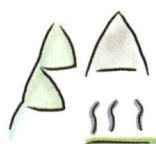  

降
【jiàng(찌ˋ앙)/xiáng(시ˊ앙)】 [총9획] 부수 : [阝(좌부변)]
【내릴 강/항복할 항】 내리다, 깎아내리다, 떨어지다, 내려 주다, 하사(下賜)하다
阝 : ㄱ ㄋ 阝   夂 : ノ ク 夂   ㅑ : 一 ㄷ ㅑ   **단어** 下降(하강) 降服(항복) 霜降(상강)

 降 降 降

내릴 강(降) 자는 사람들이 산에서 내려오는 모습을 상형한 글자이다.

𨼩 갑골문   𨼩 금문   降 전서   降 설문해자

◆장면이 살아나는 그림한자◆

【jiē(찌ㅡ에)】 [총12획] 부수 : [阝 (좌부변)]　　단어 階層(계층) 階級(계급) 段階(단계)
【섬돌 계】 섬돌, 층계(層階), 한 계단, 품계, 관등
阝: ７３阝　比: 一 ト 比 比　　白: ノ ィ 自 白

  階

섬돌 계(階, 阶) 자는 사람들이 집에서 섬돌을 오르고 내리는 모습을 상형한 글자이다. 옛날 글자는 두 사람이 계단을 오르고 있는 모습으로 볼 수 있다.

階 전서　階 설문해자

【jiē(찌ㅡ에)】 [총7획] 부수 : [阝 (좌부변)]
[階(계)의 속자(俗字)/간체자(簡體字)]
阝: ７３阝　人: ノ 人　 丿: ノ 丿

【yǐn(이ˇ인)】 [총17획] 부수 : [阝 (좌부변)]　　단어 隱密(은밀) 隱退(은퇴) 隱蔽(은폐)
【숨을 은】 숨다, 점치다, 가엾어 하다, 근심하다(속을 태우거나 우울해하다)
阝: ７３阝　爫: ´ ´´ ´´´ ´´´´　工: 一 丁 工　彐: 𠃌 𠃌 彐　心: ノ 心 心 心

   隱

숨을 은(隱, 隐) 자는 한 사람이 언덕아래서 몸을 숨기고 입과 머리를 가리고 있는 모습을 상형한 글자이다.

隱 전서　隱 설문해자

【yǐn(이ˇ인)】 [총12획] 부수 : [阝(좌부변)]
[隱(은)의 간체자(簡體字)]
阝: ㄱ ㄋ 阝   ㄅ: ㄱ ㄋ ㅅ   ㅋ: ㄱ ㅋ ㅋ   心: ㄱ 心 心 心

阝 【fáng(파´앙)】 [총7획] 부수 : [阝(좌부변)]   단어 豫防(예방) 攻防(공방) 防止(방지)
【막을 방】 막다, 방어(防禦)하다, 맞서다, 필적(匹敵)하다
阝: ㄱ ㄋ 阝   方: ㆍ 亠 方 方

막을 방(防) 자는 방어를 하려고 성벽을 쌓고 있는 모습을 상형한 글자이다. 이 글자를 죄수가 도망가지 못하게 가두어 놓은 모습으로도 볼 수 있다.

朗 전서   䢰 설문해자

【zhàng(짜ˋ앙)】 [총14획] 부수 : [阝(좌부변)]   단어 障碍(장애) 保障(보장) 障壁(장벽)
【막을 장】 막다, 가로막히다, 장애(障礙)
阝: ㄱ ㄋ 阝   立: ㆍ 亠 六 立 立   早: ㅣ ㅁ ㅁ 早 早 早

막을 장(障) 자는 사람이 함부로 들어가지 못하게 울타리를 설치하는 모습을 상형한 글자이다.

廖 𣪷 전서   障 설문해자

◆장면이 살아나는 그림한자◆

【jì(찌ˋ이)】 [총14획] 부수 : [阝 (좌부변)] 　단어 此際(차제) 實際(실제) 國際(국제)
【즈음/가 제】 즈음, 가, 끝, 변두리, 사이, 때, 닿다, 만나다, 사귀다
阝: ㄱ ㄋ 阝　　夕: ノ ク タ 夕　　☰: ㄱ ㄟ　　示: 一 二 亍 示 示

즈음 제(際, 际) 자는 구름 있는 날에 떠오르거나 지는 태양의 모습을 상형한 글자이다. 옛날에는 태양이 솟거나 지는 곳이 더 이상 갈 수 없는 끝이자 변두리였던 것이다.

𦘒 전서　際 설문해자

【jì(찌ˋ이)】 [총8획] 부수 : [阝 (좌부변)]
[際(제)의 속자(俗字)/간체자(簡體字)]
阝: ㄱ ㄋ 阝　　示: 一 二 亍 示 示

【duì(뚜ˋ이)】 [총12획] 부수 : [阝 (좌부변)] 　단어 軍隊(군대) 隊伍(대오) 대열(隊列)
【무리 대】 무리, 떼, 떨어지다
阝: ㄱ ㄋ 阝　　八: ノ 八　　豕: 一 丆 丁 亐 豕 豕 豕

무리 대(隊, 队) 자는 군인들이 천막을 치고 밖에서 무리를 지어 모여 있는 모습을 상형한 글자이다. 이 글자는 사람이 언덕 옆에 파놓은 함정으로 멧돼지가 떨어지는 모습을 상형한 글자이기도 하다.

𠂤 갑골문　𨺅 금문　𨽍 전서　隊 설문해자

【duì(뚜ˋ이)】 [총5획] 부수 : [阝 (좌부변)]
[隊(대)의 속자(俗字)/간체자(簡體字)]
阝: ㄱ ㄋ 阝　　人: ノ 人

【xiàn(시ᆞ엔)】 [총9획] 부수 : [阝 (좌부변)]　　단어　限界(한계) 制限(제한) 權限(권한)
【한할 한/심할 은】 한(恨)하다, 한정하다, 심(甚)하다(정도가 지나치다), 멈추다
阝 : ㄱ ㄹ 阝　　　艮 : ㄱ ㄲ ㅋ 艮 艮 艮

한할 한(限) 자는 한 사람이 절벽에서 더 이상 갈 수 없어 돌아 서는 모습을 상형한 글자이다.

𨸏 금문　𨸏 전서　𨸏 설문해자

【zhèn(쩌ᆞ언)】 [총10획] 부수 : [阝 (좌부변)]　　단어　陣痛(진통) 後陣(후진) 退陣(퇴진)
【진 칠 진】 진을 치다, 진, 대열(隊列), 싸움, 전쟁(戰爭)
阝 : ㄱ ㄹ 阝　　　車 : 一 ㄱ 亓 亓 盲 車 車

진 칠 진(陣, 阵) 자는 산기슭에서 진을 치고 있는 군대의 모습을 상형한 글자이다.

𨸏 𨸏 𨸏 전서

【zhèn(쩌ᆞ언)】 [총7획] 부수 : [阝 (좌부변)]
[陣(진)의 간체자(簡體字)]
阝 : ㄱ ㄹ 阝　　　车 : 一 ㄎ 车 车

【chú(추ᆞ우)】 [총10획] 부수 : [阝 (좌부변)]　　단어　除外(제외) 除去(제거) 排除(배제)
【덜 제/음력 사월 여】 덜다, 면제하다, 버리다, 제외하다, 나누다, 음력 사월
阝 : ㄱ ㄹ 阝　　　余 : 丿 人 스 스 슈 余 余

덜 제(除) 자는 한 사람이 삼태기를 들고 쓰레기를 버리는 모습을 상형한 글자이다.

𨸏 전서　𨸏 설문해자

◆장면이 살아나는 그림한자◆

 【yīn(∞ㅣ-인)】 [총11획] 부수 : [阝(좌부변)]　　단어 陰謀(음모) 陰曆(음력) 陰陽(음양)
【그늘 음/침묵할 암】 그늘, 응달, 음(陰), 음기(陰氣), 그림자, 음부, 암컷, 뒷면
阝 : ㄱ ㅋ 阝　　今 : ノ 人 스 今　　云 : ー = 云 云

그늘 음(陰, 阴) 자는 산 중간에 걸친 많은 구름의 모양을 상형한 글자이다. 구름이 많이 끼면 햇빛이 안보이기 때문에 음(陰)이라고 한다. 이 글자를 또한 깊은 산골의 계곡의 모양을 상형한 글자이기도 하다.

陰 금문　陰 전서　陰 설문해자

 【yīn(∞ㅣ-인)】 [총7획] 부수 : [阝(좌부변)]
[陰(음)의 간체자(簡體字)]
阝 : ㄱ ㅋ 阝　　月 : ノ 刀 月 月

 【zhāng(ㅉㅏ-앙)】 [총11획] 부수 : [弓(활궁)]　　단어 主張(주장) 緊張(긴장) 誇張(과장)
【베풀 장】 베풀다, 어떤 일을 벌이다, 기세가 오르다, 세게 하다, 넓히다
弓 : ㄱ 弓 弓　　長 : ㅣ ㄷ ㄷ ㅌ ㅌ ㅌ 튽 長

베풀 장(張, 张) 자는 한 사람이 엽전꾸러미를 베풀거나 활을 세게 당기는 모습을 상형한 글자이다.

張 금문　張 張 전서　張 설문해자

 【zhāng(ㅉㅏ-앙)】 [총7획] 부수 : [弓(활궁)]
[張(장)의 간체자(簡體字)]
弓 : ㄱ 弓 弓　　长 : ノ ー ㅌ 长

410

　【dàn(따ˋ안)/tán(타ˊ안)】 [총15획]　부수 : [弓 (활궁)]　단어 爆彈(폭탄) 糾彈(규탄)
【탄알 탄】 탄알, 튀기다, 두드리다, 바루다, 타다, 연주하다, 치다
弓 : 一コ弓　口 : 丨冂口　口 : 丨冂口　日 : 丨冂月日　十 : 一十

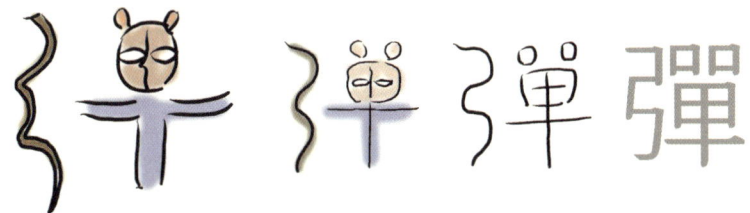

탄알 탄(彈, 弹) 자는 군인이 화살을 쏘거나 호랑이 탈을 쓰고 악기를 타고 있는 모습을 상형한 글자이다. 화살촉이 지금의 탄알의 모양과 같다.

갑골문　전서　설문해자

　【dàn(따ˋ안)/tán(타ˊ안)】 [총11획]　부수 : [弓 (활궁)]
[彈(탄)의 속자(俗字)/간체자(簡體字)]
弓 : 一コ弓　丷 : 丶丷　日 : 丨冂月日　十 : 一十

　【yǐn(이ˇ인)】 [총4획]　부수 : [弓 (활궁)]　단어 引上(인상) 引受(인수) 引導(인도)
【끌 인】 당기다, 이끌다, 연장하다, 추천하다
弓 : 一コ弓　丨 : 丨

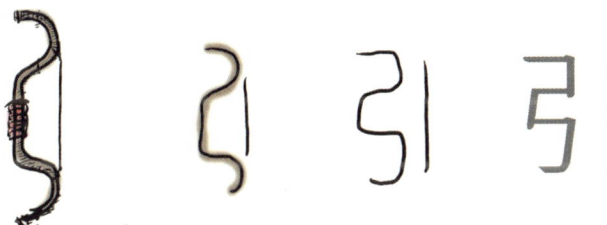

끌 인(引) 자는 활의 시위를 당기고 있는 모습을 상형한 글자이다.

금문　전서　설문해자

　【zhì(쯔ˋ으)】 [총6획]　부수 : [至 (이를지)]　단어 至急(지급) 至極(지극) 至毒(지독)
【이를 지】 미치다, 지극히, 동지, 과분하다
至 : 一エ云至至

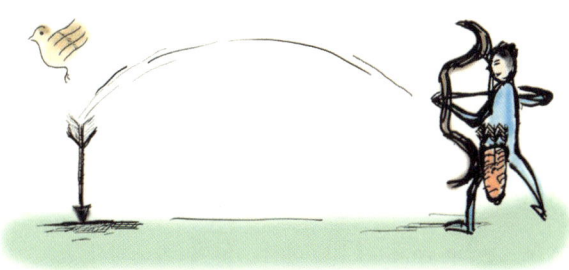

◆장면이 살아나는 그림한자◆

이를 지(至) 자는 쏜 화살이 날아가 땅에 닿는 순간의 모습을 상형한 글자이다.

갑골문 금문 설문해자

【huò(후ㆍ오/어)】 [총8획] 부수 : [戈 (창과)]   단어 或是(혹시) 或者(혹자) 間或(간혹)
【혹 혹/나라 역】 혹, 혹은, 혹시, 또, 의심(疑心)하다, 미혹하다, 나라(역)
戈 : 一 七 戈 戈   口 : 丨 冂 口   一 : 一

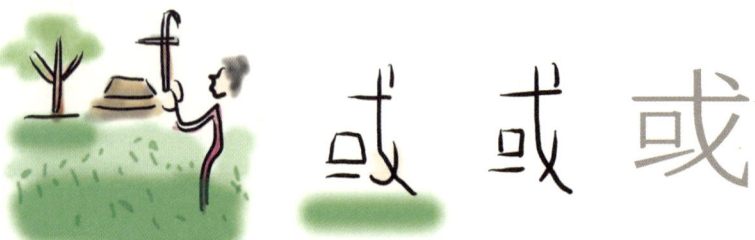

혹 혹(或) 자는 해가 뜰 때 제단 앞에 모여서 빌고 있는 사람들을 보호하기 위해서 서있는 경비의 모습을 상형한 글자이다. 이 글자가 '혹, 혹은'을 뜻하게 된 까닭은 혹시 모를 위험한 상황을 막기 위해서 무기를 들고 지키는 모습이기 때문에 '혹시 모를 일을 대비 한다'는 뜻이다.

갑골문 금문 전서 설문해자

【jiè(찌\에)】 [총7획] 부수 : [戈 (창과)]   단어 戒名(계명) 警戒(경계) 戒場(계장)
【경계할 계】 경계, 경비하다, 삼가다, 이르다
廾 : 一 ナ 廾   戈 : 一 七 戈 戈

경계할 계(戒) 자는 군부대가 울타리를 치고 무기(戈)를 들고 경계하는 모습을 상형한 글자이다.

금문 전서 설문해자

다. 동식물

龍(龙)	驗(验)	驚(惊)	麗(丽)	豫(豫)
용 룡(용)	시험 험	놀랄 경	고울 려(여)	미리 예
象(象)	革	祭	肉	肅(肃)
코끼리 상	가죽 혁	제사 제	고기 육	엄숙할 숙
犬(犭)	犯	虛(虚)	狀(状)	奬(奖)
개 견	범할 범	빌 허	형상 상	권면할 장
伏	奇	毛	羊	群
엎드릴 복/안을 부	기특할 기	터럭 모	양 양	무리 군
巨	義(义)	甲	申	盜(盗)
클/어찌 거	옳을 의	갑옷 갑	거듭 신	도둑 도
鳥(鸟)	鷄(鸡)	鳴(鸣)	爲(为)	雜(杂)
새 조	닭 계	울 명	하/할 위	섞일 잡
離(离)	難(难)	羅(罗)	飛(飞)	歎(叹)
떠날 리(이)	어려울 난	벌일 라(나)	날 비	탄식할 탄
歡(欢)	蟲(虫)	祕(祕)	卵	極(极)
기쁠 환	벌레 충/훼	숨길 비	알 란(난)	극진할/다할 극
模(模)	柳	核	松	朱
본뜰/모호할 모	버들 류(유)	씨 핵	소나무 송	붉을 주
檀	構(构)	檢(检)	條(条)	機(机)
박달나무 단	얽을/닥나무 구	검사할 검	가지 조	틀 기
樣(样)	標(标)	未	權(权)	禁
모양 양	표할 표	아닐 미	권세 권	금할 금
壯(壮)	支	竹	笑	管
장할 장	지탱할 지	대 죽	웃음 소	대롱/주관할 관

篇(篇)	範(范)	籍	簡(简)	築(筑)
책 편	법 범	문서 적	대쪽/간략할 간	쌓을 축
筋	干	冊(册)	藝(艺)	蓄(蓄)
힘줄 근	줄기 간/마를 건	책 책	재주 예	모을 축
差				
다를 차/차별 치				

◆한자획이 살아나는 그림한자-4급◆

【lóng(루ㄥ웅)】 [총16획] 부수 : [龍 (용룡)]　　단어　伏龍(복룡) 龍門(용문) 龍車(용거)
【용 룡(용)】 용(龍: 상상의 동물), 임금, 천자(天子), 임금에 관한 사물의 관형사
立 : 丶一亠立立　　月 : 丿刀月月　　龺 : 一十古亨亨亨亨龺

용 룡(龍, 龙) 자는 용의 모습을 상형한 글자이다.

갑골문　금문　전서　설문해자

龙　【lóng(루ㄥ웅)】 [총5획] 부수 : [龙 (용룡)]
[龍(룡)]의 간체자(簡體字)
龙 : 一ナ尢龙龙

【yàn(ㄧㄢ\엔)】 [총23획] 부수 : [馬 (말마)]　　단어　經驗(경험) 體驗(체험) 試驗(시험)
【시험 험】 시험, 효과, 시험(試驗)하다, 검증(檢證)하다, 검사(檢査)하다, 조사하다
馬 : 丨厂厂F厈馬馬馬馬　　僉 : 丿人人人合合合合命命僉僉

시험 험(驗, 验) 자는 한 사람이 말을 타고 달리면서 땅에 있는 물건을 줍는 시험을 하고 있는 모습을 상형한 글자이다.

전서　설문해자

【yàn(ㄧㄢ\엔)】 [총10획] 부수 : [马 (말마)]
[驗(험)]의 간체자(簡體字)
马 : ㇆马马　　人 : 丿人　　一 : 一　　⺍ : 丶丶丶⺍

◆장면이 살아나는 그림한자◆

 【jīng(찌ㅡ잉)】 [총23획] 부수 : [馬 (말마)]　　단어　驚蟄(경칩) 驚愕(경악) 驚歎(경탄)
【놀랄 경】 놀라다, 두려워하다, 놀라게 하다
艹 : 一 十 卝 艹　ク : ノ ク　口 : 丨 冂 口　攵 : ノ 一 ク 攵　馬 : 一 厂 F F 甲 馬 馬 馬 馬

> 놀랄 경(驚) 자는 웅크리고 있는 말을 때리는 모습을 상형한 글자이다. 가만히 있는 말을 때리게 되면 말은 깜짝 놀라 날뛰게 된다. 그래서 '놀라다'를 뜻하게 되었다.

전서　　설문해자

 【jīng(찌ㅡ잉)】 [총11획] 부수 : [忄 (심방변)]
[驚(경)의 간체자(簡體字)]
忄 : ノ ハ 忄　京 : 一 二 亠 亣 京　小 : 亅 小 小

> 간체자 놀랄 경(惊) 자는 한 사람이 어른을 보고 놀라는 모습을 상형한 글자이다.

 【lì(뤠ˋ이)】 [총19획] 부수 : [鹿 (사슴록)]　　단어　華麗(화려) 高麗(고려) 美麗(미려)
【고울 려(여)】 곱다, 아름답다, 맑다, 짝짓다, 빛나다
一 : 一　冂 : 丨 冂　广 : 一 亠 广 广 庐 庐　比 : 一 上 比 比

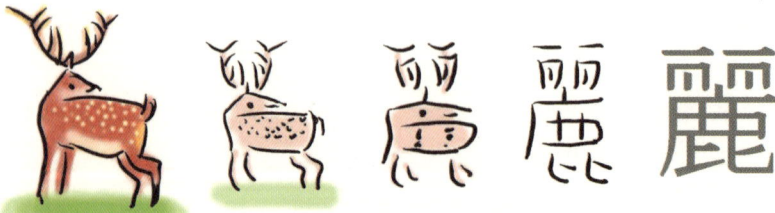

> 고울 려(麗, 丽) 자는 화려한 사슴의 모습을 상형한 글자이다.

갑골문　　금문　　전서

 【lì(리ˋ이)】 [총8획] 부수 : [一 (한일)]
[麗(려)의 간체자(簡體字)]
一 : 一   月 : ㅣ ㄇ 冂 月   一 : 一   月 : ㅣ ㄇ 冂 月

 【yù(위ˋ이)】 [총16획] 부수 : [豕 (돼지시)]   단어 豫想(예상) 豫告(예고) 豫定(예정)
【미리 예】 미리, 먼저, 기뻐하다, 즐기다, 놀다, 머뭇거리다, 싫어하다, 참여하다
予 : ㄱ ㄱ ㄢ 予   ⺈ : ㄱ ㄢ   口 : ㅣ ㄇ ㅁ 口   豕 : ㄱ ㅋ ㅋ ㄱ ㄱ 豕

미리 예(豫, 豫) 자는 어린 코끼리가 어미 코끼리 앞에서 즐겁게 놀거나 머뭇거리고 있는 모습을 상형한 글자이다. 큰 코끼리는 맹수를 봐도 겁 안 나지만 어린 코끼리는 그렇지 못하다.

豫 豫 전서 豫 설문해자

 【yù(위ˋ이)】 [총16획] 부수 : [豕 (돼지시)]
[豫(예)의 간체자(簡體字)]
予 : ㄱ ㄱ ㄢ 予   ⺈ : ㄱ ㄢ   口 : ㅣ ㄇ ㅁ 口   豕 : ㄱ ㅋ ㅋ ㄱ ㄱ 豕

 【xiàng(씨ˋ앙)】 [총12획] 부수 : [豕 (돼지시)]   단어 大象(대상) 抽象的(추상적)
【코끼리 상】 코끼리
⺈ : ㄱ ㄢ   口 : ㅣ ㄇ ㅁ 口   豕 : ㄱ ㅋ ㅋ ㄱ ㄱ 豕

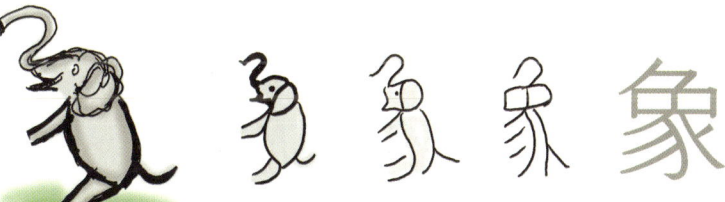

코끼리 상(象, 象) 자는 코끼리의 모습을 상형한 글자이다.

象 갑골문 象 금문 象 전서 象 설문해자

◆장면이 살아나는 그림한자◆

【xiàng(씨\앙)】 [총12획] 부수 : [豕 (돼지시)]
[象(상)의 간체자(簡體字)]
亇 : ノ 亇   罒 : l 冂 罒 罒   豕 : 一 丂 丂 豸 豸 豕

【gé(거╱어)】 [총9획] 부수 : [革 (가죽혁)]   단어 革命(혁명) 革甲(혁갑) 改革(개혁)
【가죽 혁】 가죽 장식, 괘 이름, 갑옷, 투구
革 : 一 十 卄 廿 芁 芇 苦 莒 革

가죽 혁(革) 자는 짐승의 가죽을 벗겨서 말리고 있는 모습을 상형한 글자이다.

【jì(찌\이)】 [총11획] 부수 : [示 (보일시)]   단어 祭祀(제사) 祭器(제기) 祭品(제품)
【제사 제】 제사지내다, 사귀다, 갚다, 땅이름
夕 : ノ ク 夕 夕   又 : ㄱ 又   示 : 一 二 〒 亍 示

  祭 祭

제사 제(祭) 자는 고기를 제기에 수북이 올려놓고 제사 하는 모습을 상형한 글자이다.

갑골문 금문 전서 설문해자

【ròu (쩌\오/우)】 [총6획] 부수 : [肉 (고기육)]   단어 肉體(육체) 肉身(육신) 肉眼(육안)
【고기 육】 살, 몸, 둘레
冂 : l 冂   人 : ノ 人   人 : ノ 人

고기 육(肉) 자는 뼈의 둘레에 붙어있는 고기를 상형한 모습이다. 이 글자는 또한 짐승을 잡을 때 드러내는 내장의 모습을 상형한 글자이기도 하다.

 전서    설문해자

 【sù(쑤ˋ우)】 [총8획] 부수 : [聿 (붓율)]　　단어 靜肅(정숙) 肅然(숙연) 嚴肅(엄숙)
【엄숙할 숙】 엄숙하다, 공경(恭敬)하다, 정중(鄭重)하다, 엄(嚴)하다
肅 : ㄱ ㅋ ㅋ ㅋ ㅋ ㅋ ㅋ 肅 肅 肅 肅 肅 肅

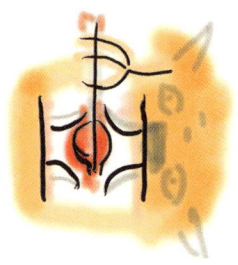   

엄숙할 숙(肅, 肃) 자는 한 사람이 사육하는 맹수에게 고기를 먹이는 모습을 상형한 글자이다. 이때의 기분은 맹수한테 물릴까봐 엄숙해질 수밖에 없다.

금문　전서　설문해자

 【sù(쑤ˋ우)】 [총8획] 부수 : [聿 (붓율)]
[肅(숙)의 간체자(簡體字)/속자(俗字)]
肃 : ㄱ ㅋ ㅋ 聿 聿 肃 肃 肃

 【quǎn(취ˇ엔)】 [총4획] 부수 : [犬 (개견)]　　단어 忠犬(충견) 犬馬(견마) 犬日(견일)
【개 견】 겸칭, 남을 멸시하는 말, 개
犬 : 一 ナ 大 犬

개 견(犬) 자는 개의 모습을 상형한 글자이다.

갑골문　금문　전서　설문해자

 【quǎn(취ˇ엔)】 [총3획] 부수 : [犭 (개견)]
【큰 개 견】 개　犬(견)과 동자(同字)
犭 : ノ 犭 犭

개 견(犭) 자는 개의 모습을 상형한 글자이다. 견(犭) 자는 부수로 많이 사용한다.

◆장면이 살아나는 그림한자◆

【fàn(빠\안)】 [총5획] 부수 : [犭 (개견)] 단어 侵犯(침범) 犯罪(범죄) 犯人(범인)
【범할 범】 범(犯)하다, 침범(侵犯)하다, 공격(攻擊)하다, 범인(犯人), 죄인(罪人)
犭 : ノ 犭 犭   㔾 : フ 㔾

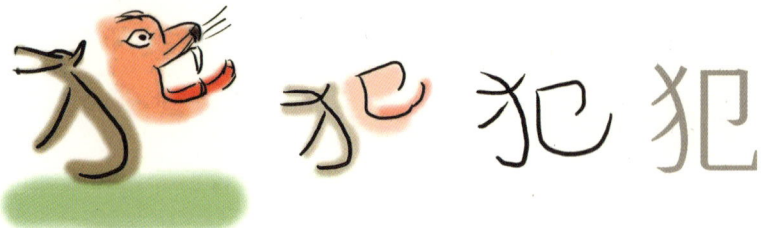

범할 범(犯) 자는 호랑이가 사람이나 가축을 침범하는 모습을 상형한 글자이다.

祀 犻 전서   犯 설문해자

【xū(쒸ー위)】 [총12획] 부수 : [虍 (범호엄)] 단어 虛僞(허위) 虛點(허점) 虛構(허구)
【빌 허】 비다, 없다, 헛되다, 공허(空虛)하다, 약(弱)하다, 무념무상(無念無想), 폐허(廢墟)
虍 : 丨 ㅏ 广 卢 卢 虍   丱 : 丨 屮 屮 丱 丱 丱

빌 허(虛, 虚) 자는 사람들이 호랑이가 있다는 말을 듣고 약한 모습을 상형한 글자이다.

虛 虛 전서

【xū(쒸ー위)】 [총11획] 부수 : [虍 (범호엄)]
[虛(허)의 간체자(簡體字)/약자(略字)]
虍 : 丨 ㅏ 广 卢 卢 虍   业 : 丨 丨丨 业 业 业

【zhuàng(쭈\앙)】 [총8획] 부수 : [犬 (개견)] 단어 狀態(상태) 現狀(현상) 狀況(상황)
【형상 상/문서 장】 형상(形狀), 모양, 용모(容貌), 문서(文書), 편지
爿 : 丨 丬 爿 爿   犬 : 一 ナ 大 犬

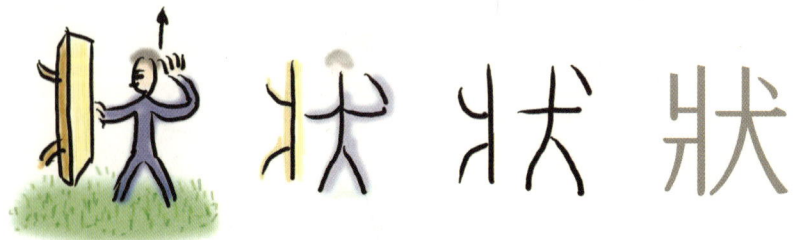

◆한자획이 살아나는 그림한자-4급◆

> 형상 상(狀, 状) 자는 한 사람이 널빤지에다가 글을 쓰거나 그림을 그리고 있는 모습을 상형한 글자이다. 이 글자는 또한 한 사람이 거울 앞에서 자기의 용모를 비춰보고 있는 모습을 상형한 글자이다.

牀狀 전서　狀 설문해자

【zhuàng(쭈ㄥ앙)】　[총7획]　부수 : [犬 (개견)]
[狀(상)의 속자(俗字)/간체자(簡體字)]
丬 : 丶 冫 丬　　犬 : 一 ナ 大 犬

【jiǎng(지ˇ앙)】　[총15획]　부수 : [犬 (개견)]　　단어 獎譽(장예) 獎諭(장유) 褒獎(포장)
【권면할 장】 권면하다, 돕다, 칭찬하다
爿 : 丨 ㄴ 丬 爿　　夕 : 丿 ク 夕 夕　　寸 : 一 十 寸　　犬 : 一 ナ 大 犬

> 권면할 장(獎, 奖) 자는 한 사람이 고기를 나누어 주니 아랫사람이 두 손으로 공손히 받아가는 모습을 상형한 글자이다.

牀脒獎 전서

【jiǎng(지ˇ앙)】　[총9획]　부수 : [大 (큰대)]
[獎(장)의 간체자(簡體字)]
丬 : 丶 冫 丬　　夕 : 丿 ク 夕　　大 : 一 ナ 大

◆장면이 살아나는 그림한자◆

伏 【fú(푸ノ우)】 [총6획] 부수 : [亻(사람인변)]　단어 屈伏(굴복) 三伏(삼복) 降伏(항복)
【엎드릴 복/안을 부】 엎드리다, 머리를 숙이다, 굴복(屈服)하다, 항복(降伏·降服)하다
亻: ノ 亻　　犬: 一 ナ 大 犬

엎드릴 복(伏) 자는 개가 주인을 보고 엎드려 순종하는 모습을 상형한 글자이다.

금문　　전서　　설문해자

奇 【qí(치ノ이)】 [총8획] 부수 : [大 (큰대)]　단어 奇拔(기발) 奇妙(기묘) 奇怪(기괴)
【기특할 기/의지할 의】 기이하다, 새롭다, 기수, 홀수, 속임수
大: 一 ナ 大　　可: 一 ㄱ 口 可

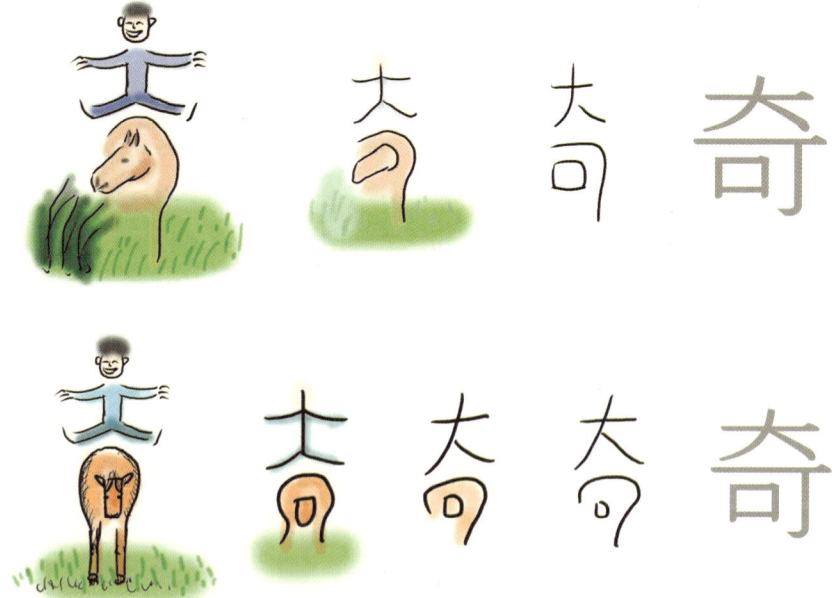

기특할 기(奇) 자는 사람이 말을 타고 있는 앞모습을 상형한 글자이다. 옛날에는 말을 타고 있는 것을 참으로 신기한 일로 보았기 때문에 '기이하다'를 뜻하게 되었다.

전서　　설문해자

◆한자획이 살아나는 그림한자-4급◆

【máo(마ˊ오/우)】 [총4획] 부수 : [毛 (터럭모)]　　단어 毛皮(모피) 毛髮(모발) 毛孔(모공)
【터럭 모】 털, 모피, 가볍다, 가늘다
毛 : 一 二 三 毛

터럭 모(毛) 자는 말이나 기타 동물의 꼬리를 상형한 글자이다.

𠂹 금문　𣎵 전서　毛 설문해자

【yáng(야ˊ앙)】 [총6획] 부수 : [羊 (양양)]　　단어 羊毛(양모) 羊水(양수) 羊皮(양피)
【양 양】 상서롭다, 배회하다
羊 : ` ˇ 쓰 쓰 쓰 羊

양 양(羊) 자는 정면에서 본 양의 머리를 상형한 글자이다.

𦍌 갑골문　羊 금문　羊 전서　羊 설문해자

【qún(취ˊ윈)】 [총13획] 부수 : [羊 (양양)]　　단어 群像(군상) 群衆(군중) 群山(군산)
【무리 군】 떼, 동아리, 여럿의 많다, 벗
尹 : ㄱ ㅋ ㅋ 尹　　口 : ㅣ ㄇ 口　　羊 : ` ˇ 쓰 쓰 쓰 羊

무리 군(群) 자는 양몰이꾼이 뿔피리를 불며 양떼를 부르는 모습을 상형한 글자이다. 양(羊)은 언제나 무리지어 움직인다. 그래서 이 글자가 '무리'를 뜻하게 되었다.

羣 금문　羣 전서　羣 설문해자

◆장면이 살아나는 그림한자◆

【jù(쥐ˋ위)】 [총5획] 부수 : [工 (장인공)]    巨大(거대) 巨額(거액) 巨創(거창)
【클/어찌 거】 크다, 많다, 어찌
巨 : 一 厂 斤 斤 巨

클 거(巨) 자는 한 사람이 큰 소뿔모양의 호각이나 각배(뿔잔)를 쥐고 있는 모습을 상형한 글자이다. 아주 오랜 옛날에 소뿔의 호각이나 각배가 최고 통치자(추장)의 지휘나 제사용이기 때문에 크게 만들었다.

 갑골문  금문 巨 설문해자

【yì(이ˋ이)】 [총13획] 부수 : [羊 (양양)]   단어 義務(의무) 講義(강의) 主義(주의)
【옳을 의】 옳다, 의롭다, 바르다, 착하다, 순응하다, 맺다, 섞다, 정의(正義)
羊 : ` ˇ ˊ ᅭ 至 羊   ノ : ノ   扌 : 一 十 扌   戈 : 一 弋 戈 戈

옳을 의(義, 义) 자는 사람들이 제사지내는 장면을 상형한 글자이다. 옛날에는 신을 섬기고 따르는 행동을 옳은 것으로 보았다.

羗 갑골문 羗 금문 義 전서 義 설문해자

【yì(이ˋ이)】 [총3획] 부수 : [丶 (점주)]
[義(의)의 속자(俗字)/간체자(簡體字)]
丶 : 丶   义 : ノ 义

◆한자획이 살아나는 그림한자-4급◆

 【jiǎ(지ˇ아)】 [총5획] 부수 : [田 (밭전)]　　단어 甲子(갑자) 回甲(회갑) 甲家(갑가)
【갑옷 갑】 딱지, 껍질, 바뀌다, 쉽다, 첫째
甲 : 丨 冂 日 日 甲

갑옷 갑(甲) 자는 거북이의 등딱지의 모양을 상형한 글자이다. 거북이의 등딱지를 갑(甲)이라고 한다.

 갑골문　 금문　甲 전서　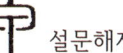 설문해자

 【shēn(써ㅡ언)】 [총5획] 부수 : [田 (밭전)]　　단어 申請(신청) 申告(신고) 內申(내신)
【거듭/아홉째 지지 신】 거듭, 되풀이하여, 늘이다
申 : 丨 冂 日 日 申

거듭 신(申) 자는 위험에 부닥치면 움츠리는 거북이가 위험한 상황이 해소되면 먼저 머리와 꼬리를 내밀어 상황을 파악하는 모습을 상형한 글자이다. 이 글자는 또한 실패에 실을 거듭 감거나 풀고 있는 모습을 상형한 글자이기도 하다.

갑골문　금문　申 전서　설문해자

 【dào(따ˋ오/우)】 [총12획] 부수 : [皿 (그릇명)]　　단어 强盜(강도) 盜用(도용) 盜聽(도청)
【도둑 도】 도둑, 비적(匪賊: 떼지어 다니는 도적), 도둑질, 훔치다
氵: 丶 丶 氵　欠 : 丿 ㄅ ケ 欠　皿 : 丨 冂 ㅠ 皿 皿

도둑 도(盜, 盜) 자는 쥐가 도둑질 하는 모습을 상형한 글자이다.

 갑골문　전서　 설문해자

◆장면이 살아나는 그림한자◆

【dào(따ㄠ/우)】 [총12획] 부수 : [皿 (그릇명)]
[盜(도)의 속자(俗字)/간체자(簡體字)]
氵: 丶 氵 欠 : ノ 𠂊 ケ 欠   皿 : 丨 冂 冂 皿 皿

【niǎo(냐ㄠ/우)】 [총11획] 부수 : [鳥 (새조)]   단어 鳥類(조류) 白鳥(백조) 冬鳥(동조)
【새 조】 봉황, 새의 총칭
鳥 : 丶 丆 冂 宀 户 户 皀 鳥   灬 : 丶 ノ 八 灬

새 조(鳥, 鸟) 자는 꼬리 긴 새의 모습을 상형한 글자이다.

갑골문   금문   전서   설문해자

【niǎo(냐ㄠ/우)】 [총5획] 부수 : [鸟 (새조)]
[鳥(조)의 간체자(簡體字)]
鸟 : 丶 勹 勺 鸟 鸟

【jī(찌ㄧ이)】 [총21획] 부수 : [鳥 (새조)]   단어 養鷄(양계) 家鷄(가계) 鷄肋(계륵)
【닭 계】 식화 계, 현 이름, 폐백의 하나
爫 : ノ 丆 ㇇ 爫   幺 : 𠃋 𠃉 幺   大 : 一 ナ 大   鳥 : 丶 丆 冂 宀 户 户 皀 鳥   灬 : 丶 ノ 八 灬

◆한자획이 살아나는 그림한자-4급◆

> 닭 계(鷄) 자는 수탉과 수탉의 머리 모양을 상형한 글자이다. 이 글자는 또한 닭과 계란 꾸러미의 모양을 상형한 글자이다.

설문해자

【jī(찌ㅡ이)】 [총7획] 부수 : [鸟 (새조)]
[鷄(계)의 간체자(簡體字)]
又 : 乛 又   鸟 : ´ ⺈ ⺈ 鸟 鸟

> 간체자 닭 계(鸡) 자는 벼슬이 없는 암탉이거나 병아리의 모습을 상형한 글자이다.

【míng(미ㅡ잉)】 [총14획] 부수 : [鳥 (새조)]   단어 鳴鏑(명적) 鳴動(명동) 悲鳴(비명)
【울 명】 울리다, 부르다, 말하다, 놀라다
口 : 丨 冂 口   鳥 : ´ ⺈ ⺈ 户 户 鳥 鳥   灬 : ノ 丶 ハ 灬

> 울 명(鳴, 鸣) 자는 새가 입을 벌리고 우는 모습을 상형한 글자이다.

갑골문   금문   전서   설문해자

【míng(미ㅡ잉)】 [총8획] 부수 : [鸟 (새조)]
[鳴(명)의 간체자(簡體字)]
口 : 丨 冂 口   鸟 : ´ ⺈ ⺈ 鸟 鸟

◈장면이 살아나는 그림한자◈

【wèi(웨ㄟ이)】 [총12획] 부수 : [爪 (손톱조)]   단어 人爲(인위) 行爲(행위) 爲主(위주)
【하/할 위】 하다, 위하다, 다스리다, 되다, 이루어지다, 가장하다, 행위(行爲)
爫: ´ ´ ´ 爫   月: ノ 冂 冃 月   灬: ` ` ` `

하 위(爲, 为) 자는 닭이 매일 아침이면 사람들을 위해 날이 밝았다고 울어주는 모습을 상형한 글자이다. 옛날 글자는 손이 없는 코끼리가 코로 대신해서 풀을 뜯고 있는 모습을 상형한 글자로 볼 수 있다.

象 갑골문 驟麋 금문 蒙 전서

【wèi(웨ㄟ이)】 [총4획] 부수 : [丶 (점주)]
[爲(위)의 속자(俗字)/간체자(簡體字)]
力: フ 力   冫: ` `

雜
【zá(자ˊ아)】 [총18획] 부수 : [隹 (새추)]   단어 雜志(잡지) 雜音(잡음)
【섞일 잡】 섞다, 모으다, 많다, 가장, 아주 같이
亠: ` 亠   人: ノ 人   人: ノ 人   木: 一 十 才 木   隹: ´ ´ ´ 广 作 作 隹 隹

섞일 잡(雜, 杂) 자는 나무 위에 모인 새떼의 모습을 상형한 글자이다.

雧 갑골문 雜 설문해자

杂
【zá(자ˊ아)】 [총6획] 부수 : [木 (나무목)]
[雜(잡)의 속자(俗字)/간체자(簡體字)/朶의 속자(俗字)]
九: ノ 九   木: 一 十 才 木

【lí(리ˊ이)】 [총19획] 부수 : [隹 (새추)]　　단어　距離(거리) 乖離(괴리) 分離(분리)
【떠날 리(이)】 떼어놓다, 갈라지다, 분산하다, 흩어지다
亠: ' 亠　　凶: ノ ㄨ 凵 凶　　内: ㅣ 冂 内 内 内　　隹: ノ 亻 亻 亻 广 疒 佇 隹

떠날 이(離, 离) 자는 둥지 밖에 있던 새 한 마리가 나무 밑동에서 둥지 위로 기어 올라가는 뱀을 발견하고는 둥지 안에 있는 새에게 급박하게 알려주자 둥지 안의 새가 날아오르는 모습을 상형한 글자이다.

離 전서　離 설문해자

【lí(리ˊ이)】 [총11획] 부수 : [内 (짐승발자국유)]　　　　　　　　　　(특급)
[離(리)와 동자(同字)/간체자(簡體字)]
亠: ' 亠　　凶: ノ ㄨ 凵 凶　　内: ㅣ 冂 内 内 内

【nán(나ˊ안)】 [총19획] 부수 : [隹 (새추)]　　단어　難題(난제) 難民(난민) 非難(비난)
【어려울 난/우거질 나】 어렵다, 나무라다, 난리
廿: 一 十 廿 廿　　𦰩: ' 冖 冖 冖 艹 艹 堇 𦰩　　隹: ノ 亻 亻 亻 广 疒 佇 隹

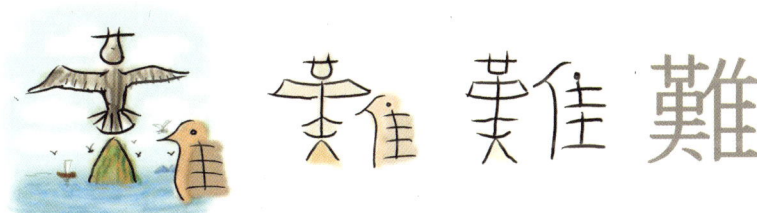

어려울 난(難, 难) 자는 섬 위에서 날아오르는 큰 새의 모습과 섬으로 날아가고 있는 새의 모습을 상형한 글자이다. 옛날 배가 없던 시대에는 섬으로 가는 일을 매우 어려운 일로 생각했다.

難 금문　難 전서　難 설문해자

【nán(나ˊ안)】 [총10획] 부수 : [隹 (새추)]
[難(난)의 속자(俗字)/간체자(簡體字)]
又: 丆 又　　隹: ノ 亻 亻 亻 广 疒 佇 隹

◆장면이 살아나는 그림한자◆

【luó(루ㄚ어)】 [총19획] 부수 : [罒 (그물망머리)]   단어 網羅(망라) 尸羅(시라) 新羅(신라)
【벌일/그물 라(나)】 벌이다, 늘어서다, 두르다, 막다, 차단, 그물치다, 망라(網羅)하다
罒 : 丨冂冋罒罒   糸 : ㄠㄠㄠ幺幺糸糸   隹 : ノイイ广广作作佳隹

벌일/그물 라(羅, 罗) 자는 그물이거나 새장으로 닭이나 새를 가두는 모습을 상형한 글자이다.

전서   설문해자

【luó(루ㄚ어)】 [총19획] 부수 : [罒 (그물망머리)]
[羅(라)의 간체자(簡體字)]
罒 : 丨冂冋罒罒   夕 : ノク夕

【fēi(ㄈㄟ이)】 [총9획] 부수 : [飛 (날비)]   단어 飛花(비화) 飛行(비행) 飛星(비성)
【날 비】 오르다, 빠르다, 튀기다, 뛰어 넘다
飞 : 乁乁飞   千 : ㄧㅡ千   丨 : 丨   飞 : 乁乁飞

날 비(飛, 飞) 자는 땅 위에서 모이를 쪼고 있던 새들이 놀라 나무위로 날아올라가는 모습을 상형한 글자이다.

갑골문   전서   설문해자

【fēi(ㄈㄟ이)】 [총3획] 부수 : [飞 (날비)]
[飛(비)의 속자(俗字)/간체자(簡體字)]
飞 : 乁乁飞

◆한자획이 살아나는 그림한자-4급◆

【tàn(㕧ˋ안)】 [총15획] 부수 : [欠 (하품흠)] 　단어 歎息(탄식) 歎聲(탄성) 恨歎(한탄)
【탄식할 탄】 탄식하다, 한숨, 탄식
廿 : 一十廾廿　　堇 : 丶亠口中出字堇　　欠 : ノ𠂉𠂋欠

탄식할 탄(歎, 叹) 자는 한 사람이 배가 없던 시대에 섬으로 가야한다고 생각하니 한숨만 나는 모습을 상형한 글자이다.

𩇾 전서　𩁜 𩁿 설문해자

【tàn(㕧ˋ안)】 [총5획] 부수 : [口 (입구)]
[嘆(탄)의 간체자(簡體字)]
口 : 丨冂口　　又 : フ又

【huān(ㄏㄨㄢ)】 [총22획] 부수 : [欠 (하품흠)] 　단어 歡呼(환호) 歡喜(환희) 歡迎(환영)
【기쁠 환】 기쁘다, 사랑하다, 좋아하다, 기쁨, 즐거움
廾 : 一十卅廾　　口 : 丨冂口　　隹 : ノ亻亻广䧹隹隹　　欠 : ノ𠂉𠂋欠

기쁠 환(歡, 欢) 자는 한 사람이 야외나 동물원 또는 새장 등에 가둔 맹금을 보고 좋아하는 모습을 상형한 글자이다.

𩙿 𩙺 전서　𩙻 설문해자

◆장면이 살아나는 그림한자◆

【huān(후안)】 [총6획] 부수 : [欠 (하품흠)]
[歡(환)의 속자(俗字)/간체자(簡體字)]
又 : フ又   欠 : ノケケ欠

【chóng(추/웅)】 [총18획] 부수 : [虫 (벌레훼)]   단어 蟲疥(충개) 蟲氣(충기) 蟲廉(충렴)
【벌레 충/훼】 구더기, 충해, 좀먹다
虫 : 丨口口中虫虫   虫 : 丨口口中虫虫   虫 : 丨口口中虫虫

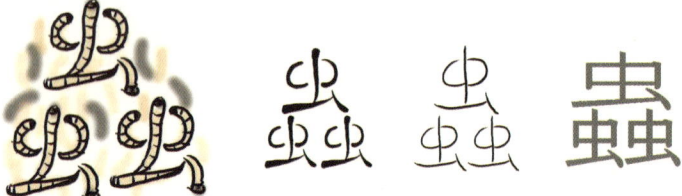

> 벌레 충(蟲, 虫) 자는 뱀의 사체(死體) 주위에서 꿈틀거리는 수많은 구더기의 모습을 상형한 글자이다. 뱀을 포함한 동물들은 죽으면 구더기가 번성하기 마련이다.

蟲 전서   蟲 설문해자

【chóng(추/웅)】 [총6획] 부수 : [虫 (벌레훼)]
[蟲(충)의 속자(俗字)/간체자(簡體字)]
虫 : 丨口口中虫虫

【mì(미이)】 [총10획] 부수 : [示 (보일시)]   단어 祕書(비서) 祕密(비밀) 祕訣(비결)
【숨길 비/심오할 필】 숨기다, 신묘하여 알기가 어렵다, 신비(神祕)하다
示 : 一二亍亓示   心 : ノ心心心   ノ : ノ

> 숨길 비(祕, 秘) 자는 한 사람이 벌집을 멀리서 보고 있는 모습을 상형한 글자이다. 벌집을 접근하려면 꿀벌들의 공격을 받기 때문에 벌집 안에 뭐가 있는지 알 수가 없다. 이렇게 근접해서 볼 수 없는 것은 비밀인 것이다.

祕 전서   祕 설문해자

432

◆한자획이 살아나는 그림한자-4급◆

【mì(미\이)】 [총9획] 부수 : [礻 (보일시)]
[祕(비)의 간체자(簡體字)]
礻 : ' ㄱ ㅜ ネ ネ   心 : ノ 心 心 心   ノ : ノ

【luǎn(루∨안)】 [총7획] 부수 : [卩 (병부절)]   단어 鷄卵(계란) 魚卵(어란) 排卵(배란)
【알 란(난)】 알
卯 : ' ㄷ 卯   ` : `   卩 : ㅣ 卩   ` : `

알 란(卵) 자는 개구리 알 등의 모양을 상형한 글자이다.

𩇕 전서   𩇗 설문해자

【jí(지/이)】 [총13획] 부수 : [木 (나무목)]   단어 極甚(극심) 積極(적극) 極度(극도)
【극진할/다할 극】 극진하다, 지극하다, 다하다, 남북의 두 끝, 북극성(北極星)
木 : 一 十 才 木   丂 : 一 丂   口 : ㅣ 冂 口   又 : フ 又   一 : 一

극진할 극(極, 极) 자는 한 사람이 다른 사람의 머리를 가리키고 다른 한 사람은 발끝을 가리키는 모습을 상형한 글자이다. 이 글자는 두 사람이 다른 사람에게 모자를 씌워주고 신발을 신어주는 극진한 모습으로도 볼 수 있고 또한 한 사람에 있어서 머리와 발은 상하의 끝인 것이다.

𣘦 𣘩 전서   𣘪 설문해자

【jí(지/이)】 [총8획] 부수 : [木 (나무목)]
[極(극)의 간체자(簡體字)]
木 : 一 十 才 木   乃 : ノ 乃   ` : `

◆장면이 살아나는 그림한자◆

【mó(모ˊ오/머ˊ어)/mú(무ˊ우)】 [총15획] 부수 : [木 (나무목)] 단어 模樣(모양) 模糊(모호)
【본뜰/모호할 모】 본뜨다, 본받다, 모호하다, 쓰다듬다, 문지르다, 법(法), 법식
木 : 一十才木   艹 : 一十卄艹   日 :丨冂日日   大 : 一ナ大

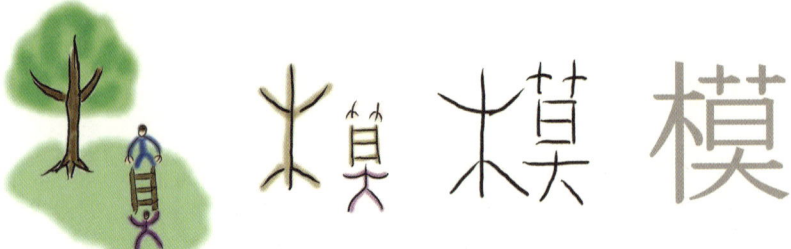

뜰 모(模, 模) 자는 두 사람이 벽돌을 만들거나 주조할 때 철을 붓는 틀을 들고 있는 모습을 상형한 글자이다.

전서   설문해자

【mó(모ˊ오/머ˊ어)/mú(무ˊ우)】 [총14획] 부수 : [木 (나무목)]
[模(모)의 간체자(簡體字)]
木 : 一十才木   艹 : 一十艹   日 : 丨冂日日   大 : 一ナ大

柳
【liǔ(리ˇ우)】 [총9획] 부수 : [木 (나무목)] 단어 楊柳(양류) 花柳(화류) 柳枝(유지)
【버들 류(유)】 버들
木 : 一十才木   夕 : 一𠂊夕   卩 : 丨卩

버들 류(柳) 자는 버드나무의 축 늘어진 가지를 상형한 글자이다. 이 글자를 보면 왼 쪽의 목(木) 자는 길게 늘어지지 않는 일반 버드나무(속칭 호드기나무)의 모양으로 볼 수 있다. 호드기라는 말은 버들피리를 만들 수 있는 나무라는 말인 것이다. 오른 쪽에 있는 나무는 묘(卯) 자처럼 축 늘어진 수양버들나무의 가지거나 수양버들나무와 축 늘어진 가지의 모양을 상형한 글자이다.

갑골문   금문   전서   설문해자

核

【hé(허ㅡ어)】 [총10획] 부수 : [木 (나무목)]　　　단어 核武器(핵무기) 核心(핵심)
【씨 핵】 씨, 핵심
木 : 一 十 才 木　　亥 : 亠 亠 亥 亥 亥 亥

  核 核

씨 핵(核) 자는 복숭아나무와 복숭아씨의 우둘투둘한 모양을 상형한 글자이다.

楠 㮅 전서　　楠 설문해자

松

【sōng(쑤ㅡ웅)】 [총8획] 부수 : [木 (나무목)]　　　단어 松京(송경) 松山(송산) 松島(송도)
【소나무 송】 소나무
木 : 一 十 才 木　　八 : ノ 八　　ム : ㄥ ム

소나무 송(松) 자는 소나무와 솔방울이 여물어 떨어져 있는 모양을 상형한 글자이다.

枀 금문　　㮤 枀 전서　　松 枀 설문해자

朱

【zhū(쭈ㅡ우)】 [총6획] 부수 : [木 (나무목)]　　　단어 朱木(주목) 朱雀(주작) 朱黃(주황)
【붉을 주】 붉다, 붉게 하다, 붉은빛, 주목(朱木)
 : ノ 　　木 : 一 十 才 木

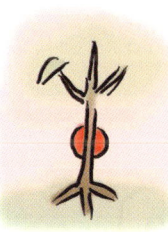  朱 朱

붉을 주(朱) 자는 아침에 잎이 있는 나무 사이로 해가 뜨는 모습을 상형한 글자이다. 아침에 해가 뜨면 주위는 온통 붉은 노을빛이 낀다. 물론 해도 붉게 보일 때가 있다. 그래서 아침에 뜨는 태양으로 '붉다'를 뜻하게 되었다.

朱 갑골문　朱 금문　朱 전서　朱 설문해자

◈장면이 살아나는 그림한자◈

【tán(타ˊ안)】 [총17획] 부수 : [木 (나무목)] 단어 檀君(단군) 檀紀(단기) 檀國(단국)
【박달나무 단】 박달나무(자작나뭇과의 낙엽 활엽 교목)
木 : 一十才木   亠 : 亠 丶 亠   回 : 丨 冂 冂 冋 回 回   旦 : 丨 冂 月 日 旦

박달나무 단(檀) 자는 해가 떠오를 때 보이는 높이 쌓은 제단과 그 옆에 있는 박달나무의 모양을 상형한 글자이다.

檀 전서 檀 설문해자

構
【gòu(꼬ˊ/꺼ˋ우)】 [총14획] 부수 : [木 (나무목)] 단어 構造(구조) 構成(구성) 構築(구축)
【얽을/닥나무 구】 얽다, 집을 짓다, 이루다, 맺다
木 : 一十才木   井 : 一 二 丰 井   再 : 一 丆 冂 冎 再 再

얽을/닥나무 구(構) 자는 집을 지으려고 세운 기둥에 닥나무나 수수깡을 얽어서 틀을 갖춘 모양을 상형한 글자이다.

構 전서 構 설문해자

【gòu(꼬ˊ/꺼ˋ우)】 [총8획] 부수 : [木 (나무목)]
[构(구)의 속자(俗字)/構의 간체자(簡體字)]
木 : 一十才木   勹 : 丿 勹   厶 : 厶 厶

간체자 얽을/닥나무 구(构) 수수깡을 얽는 모양의 단면을 상형한 글자이다.

436

◆한자획이 살아나는 그림한자-4급◆

【jiǎn(지ˇ옌)】 [총17획] 부수 : [木 (나무목)] 　단어 檢査(검사) 檢證(검증) 檢討(검토)
【검사할 검】 검사(檢査)하다, 조사(調査)하다, 단속(團束)하다, 검속(檢束)하다
木 : 一 十 才 木　　人 : ノ 人　　一 : 一　　口 : 丨 冂 口　　人 : ノ 人

검사할 검(檢, 检) 자는 땅에 있는 물건을 주어서 검사를 하고 있는 모습을 상형한 글자이다.

檢 설문해자

【jiǎn(지ˇ옌)】 [총11획] 부수 : [木 (나무목)]
[檢(검)의 속자(俗字)/간체자(簡體字)]
木 : 一 十 才 木　　人 : ノ 人　　一 : 一　　丷 : 丶 丶 ソ 丷

【tiáo(탸ˊ오/우)】 [총11획] 부수 : [木 (나무목)] 　단어 條項(조항) 條約(조약) 條件(조건)
【가지 조】 가지, 조리(條理), 맥락, 조목, 끈, 줄, 법규, 유자나무, 통하다, 길다
亻 : ノ 亻　　丨 : 丨　　夂 : ノ 勹 夂　　木 : 一 十 才 木

가지 조(條, 条) 자는 한 사람이 물가의 옆에 있는 버드나무 가지를 끊어 들고 있는 모습을 상형한 글자이다.

條 전서　　條 설문해자

【tiáo(탸ˊ오/우)】 [총7획] 부수 : [木 (나무목)]
[條(조)의 속자(俗字)/간체자(簡體字)]
夂 : ノ 勹 夂　　木 : 一 十 才 木

437

◆장면이 살아나는 그림한자◆

 【jī(찌ー이)】 [총16획] 부수 : [木 (나무목)]　단어 機關(기관) 機會(기회) 契機(계기)
【틀 기】 틀, 기계, 베틀, 기틀, 고동(기계 장치)
木 : 一十才木　幺 : ㄥㄠ幺　幺 : ㄥㄠ幺　人 : ノ人　戈 : 一弋戈戈

틀 기(機, 机) 자는 목화나무의 솜으로 방직을 하고 있는 모습을 상형한 글자이다.

𣕣 𣘻 전서　𣘻 설문해자

机 【jī(찌ー이)】 [총6획] 부수 : [木 (나무목)]
[機(기)의 간체자(簡體字)]
木 : 一十才木　几 : ノ几

樣 【yàng(야ㄱ앙)】 [총15획] 부수 : [木 (나무목)]　단어 多樣(다양) 樣式(양식) 模樣(모양)
【모양 양】 모양, 배 이름, 본, 본보기
木 : 一十才木　羊 : ㆍ丷兰半羊　永 : ㆍㄱ氺永永

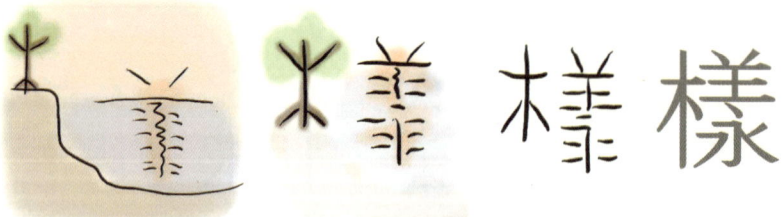

모양 양(樣, 样) 자는 해가 뜨는 아침의 모습을 상형한 글자이다.
해가 뜨면 날이 밝아 모든 사물의 모양을 볼 수 있다.

𣟿 전서　𣟿 설문해자

 【yàng(야ㄱ앙)】 [총10획] 부수 : [木 (나무목)]
[樣(양)의 간체자(簡體字)]
木 : 一十才木　羊 : ㆍ丷兰丰羊

 【biāo(삐ㅡ오/우)】 [총15획] 부수 : [木 (나무목)]　단어　標榜(표방) 標準(표준) 目標(목표)
【표할 표】 표(表)하다, 나타내다, 기록(記錄)하다, 표(標)를 하다, 적다
木 : 一 十 才 木　　覀 : 一 ㄒ 厂 兀 兀 襾 西　　示 : 一 二 亍 亍 示

표할 표(標, 标) 자는 나무에 달린 깃발의 모양을 상형한 글자이다.

標 標 전서　檦 설문해자

标 【biāo(삐ㅡ오/우)】 [총9획] 부수 : [木 (나무목)]
[標(표)의 속자(俗字)/간체자(簡體字)]
木 : 一 十 才 木　　示 : 一 二 亍 亍 示

未 【wèi(웨ヽ이)】 [총5획] 부수 : [木 (나무목)]　단어　未來(미래) 未滿(미만) 未熟(미숙)
【아닐 미】 아니다, 못하다, 아니냐? 못하느냐? 여덟째 지지(地支), 미래, 장차
一 : 一　　木 : 一 十 才 木

아닐 미(未) 자는 봄이 오지 않아 나뭇가지에 아직 잎이 돋아나지 않는 모습을 상형한 글자이다.

米 갑골문　米 금문　未 전서　未 설문해자

權 【quán(취ㅡ엔)】 [총22획] 부수 : [木 (나무목)]　단어　權利(권리) 權限(권한) 政權(정권)
【권세 권】 권세(權勢), 권력(權力), 권한(權限), 권리(權利)
木 : 一 十 才 木　　艹 : 一 十 卄 卄　　口 : 丨 冂 口　　隹 : ノ 亻 亻 亻 亻 隹 隹 隹

권세 권(權, 权) 자는 맹금이 나무위에서 나뭇가지를 단단히 잡고 있는 모습을 상형한 글자이다. 맹금이 있으면 다른 잡새들이 감히 접근을 못한다.

權 權 전서　權 설문해자

◆장면이 살아나는 그림한자◆

【quán(취ㄧ엔)】 [총6획] 부수 : [木 (나무목)]
[權(권)의 속자(俗字)/간체자(簡體字)]
木 : 一十才木　又 : フ又

【jìn(찌ㄟ인)】 [총13획] 부수 : [示 (보일시)]　　단어 禁煙(금연) 禁止(금지) 拘禁(구금)
【금할 금】 금하다, 견디다, 이겨내다, 누르다, 억제하다, 꺼리다, 금령(禁令)
木 : 一十才木　木 : 一十才木　示 : 一二丁亓示

금할 금(禁)자는 사람이 다니지 못하게 큰 도랑을 파고 나무를 심어 놓은 모습을 상형한 글자이다.

蘮 전서　禁 설문해자

【zhuàng(쭈ㄟ앙)】 [총7획] 부수 : [土 (선비사)]　　단어 壯談(장담) 壯元(장원) 壯年(장년)
【장할 장】 장하다, 씩씩하다, 웅장하다
爿 : ㅣㄴㅂ爿　土 : 一十土

장할 장(壯, 壮)자는 한 사람이 도끼로 다 자란 나무를 쪼개는 모습을 상형한 글자이다. 여기서 사(土)자는 도끼의 모양이다. 나무를 쪼갤 수 있다는 것은 그만큼 신체가 좋고 장한 것이다.

壯 금문　壯 전서　壯 설문해자

【zhuàng(쭈ㄟ앙)】 [총6획] 부수 : [土 (선비사)]
[壯(장)의 간체자(簡體字)/속자(俗字)]
丬 : 丶ㄊ丬　土 : 一十土

◆한자획이 살아나는 그림한자-4급◆

 【zhī(쯔―으)】 [총4획] 부수 : [支 (지탱할지)]   단어 支援(지원) 支持(지지) 支配(지배)
【지탱할 지】 지탱하다, 버티다, 가지, 팔다리, 갈리다
十 : 一十   又 : フ又

지탱할 지(支) 자는 한 사람이 나무를 심으려고 어린 나무기둥을 손으로 잡고 지탱하는 모습을 상형한 글자이다. 이 글자는 또한 우산을 펼쳐들거나 무거운 물건을 받쳐 들고 있는 모습을 상형한 글자이기도 하다.

 전서   설문해자

 【zhú(주ノ우)】 [총6획] 부수 : [竹 (대죽)]   단어 竹槍(죽창) 竹器(죽기) 竹島(죽도)
【대 죽】 대, 대나무
竹 : ノ ╯ ╱ 사 竹 竹

대 죽(竹) 자는 대나무의 모양을 상형한 글자이다.

↑=↑ 금문   竹 전서   艸 설문해자

◆장면이 살아나는 그림한자◆

【xiào(싸\오/우)】 [총10획] 부수 : [竹 (대죽)]　　단어　談笑(담소) 嘲笑(조소) 微笑(미소)
【웃음 소】 웃음, 웃다, 비웃다, 조소(嘲笑)하다, 꽃이 피다
竹 : ノ 亻 亻 竹 竹 竹　　夭 : 一 二 チ 夭

  笑 笑

웃음 소(笑) 자는 한 사람이 웃는 모습을 상형한 글자이다.

𥬇 𥬇 전서　笑 설문해자

管
【guǎn(규/과∨안)】 [총14획] 부수 : [竹 (대죽)]　　단어　管轄(관할) 主管(주관) 管理(관리)
【대롱/주관할 관】 대롱, 관, 피리(악기의 하나), 붓대, 붓 자루, 가늘고 긴 대
竹 : ノ 亻 亻 竹 竹 竹　　宀 : 丶 宀 宀　　目 : １ 冂 冃 月 目

대롱 관(管) 자는 한 사람이 피리나 대롱을 불고 있는 모습을 상형한 글자이다.

𥫣 𥫣 전서　管 설문해자

【piān(피-엔)】 [총15획] 부수 : [竹 (대죽)]　　단어　篇翰(편한) 玉篇(옥편) 短篇(단편)
【책 편】 책, 서책(書冊), 완결(完結)된 시문(詩文), 사장(詞章ㆍ辭章), 편액
竹 : ノ 亻 亻 竹 竹 竹　　戶 : 一 二 ョ 戶　　冊 : １ 冂 冃 冊 冊

책 편(篇, 篇) 자는 한 사람이 대나무로 책을 만든 모습을 상형한 글자이다.

篇 설문해자

【piān(ㄆㄧㄢ)】 [총15획] 부수 : [竹 (대죽)]
[篇(편)의 간체자(簡體字)]
⺮ : ノ ト ケ ゲ ⺮ ⺮   户 : ` ´ ㄅ 户   冊 : | 冂 刀 用 冊

【fàn(ㄈㄢˋ)】 [총15획] 부수 : [竹 (대죽)]   단어 模範(모범) 規範(규범) 範圍(범위)
【법 범】 법(法), 규범(規範), 본보기, 모범(模範)본받다
⺮ : ノ ト ケ ゲ ⺮ ⺮   車 : 一 ㄒ ㅠ 言 盲 亘 車   巴 : ㄱ 巴

법 범(範, 范) 자는 문서나 법을 대나무에 적어놓아 보여주는 모습을 상형한 글자이다.

鞕 범 전서 範 설문해자

【fàn(ㄈㄢˋ)】 [총8획] 부수 : [艹 (초두머리)]
[範(범)의 간체자(簡體字)]
艹 : 一 十 艹   氵 : ` ⺀ 氵   巴 : ㄱ 巴

【jí(ㄐㄧˊ)】 [총20획] 부수 : [竹 (대죽)]   단어 戶籍(호적) 國籍(국적) 書籍(서적)
【문서 적】 문서(文書), 서적(書籍), 호적(戶籍)
⺮ : ノ ト ケ ゲ ⺮ ⺮   耒 : 一 二 三 丯 耒 耒   卄 : 一 十 卄   日 : | 冂 日 日

문서 적(籍) 자는 두 손으로 문서나 호적 등을 정리하는 모습을 상형한 글자이다.

籍 籍 전서 籍 설문해자

◆장면이 살아나는 그림한자◆

【jiǎn(지ˇ엔)】 [총18획] 부수 : [竹 (대죽)]　　　단어　簡單(간단) 簡易(간이) 簡潔(간결)
【대쪽/간략할 간】 대쪽, 편지, 문서, 정성, 성의, 무기 이름, 간략(簡略)하다
⺮ : ノ 亻 ⺾ ⺿ ⺼ ⺽ ⺾　　門 :｜ 冂 冃 冃 冃 門 門 門　　日 : ｜ 冂 日 日

　대쪽 간(簡, 简) 자는 죽간이거나 한 사람이 대문 앞에 서서 편지를 전달하는 모습을 상형한 글자이다.

【jiǎn(지ˇ엔)】 [총13획] 부수 : [竹 (대죽)]
[簡(간)의 간체자(簡體字)]
⺮ : ノ 亻 ⺾ ⺿ ⺼ ⺽ ⺾　　门 : ` 冂 门　　日 : ｜ 冂 日 日

築
【zhù(쭈ˋ우)】 [총16획] 부수 : [竹 (대죽)]　　　단어　建築(건축) 新築(신축) 構築(구축)
【쌓을/악기 이름 축】 쌓다, 다지다, 짓다, 날개를 치다, 건축물, 악기 이름
⺮ : ノ 亻 ⺾ ⺿ ⺼ ⺽ ⺾　　工 : 一 丁 工　　几 : ノ 几　　丶 : 丶　　木 : 一 十 ォ 木

　쌓을 축(築, 筑) 자는 한 사람이 두 손으로 성벽이나 담장 등을 쌓고 있는 모습을 상형한 글자이다.

　　　　金문　　　전서　　　설문해자

筑
【zhù(쭈ˋ우)】 [총12획] 부수 : [竹 (대죽)]
[築(축)의 간체자(簡體字)]
⺮ : ノ 亻 ⺾ ⺿ ⺼ ⺽ ⺾　　工 : 一 丁 工　　几 : ノ 几　　丶 : 丶

◆한자획이 살아나는 그림한자-4급◆

【jīn(찌ー인)】 [총12획] 부수 : [竹 (대죽)]　　단어　筋骨(근골) 筋肉(근육) 筋縮(근축)
【힘줄 근】 힘줄, 살, (식물)섬유질(纖維質), 정맥(靜脈), 힘
筋 : ノ ト ト ケ ケ 笁 笁 笁 筋　　月 : ノ 几 月 月　　力 : フ 力

힘줄 근(筋) 자는 한 사람의 힘을 쓰고 있는 근육과 힘줄의 모양을 상형한 글자이다.

筋 笏 전서　䇟 설문해자

【gān(까ー안)/gàn(까ヽ안)】 [총3획] 부수 : [干 (방패간)]
【줄기 간/마를 건/일꾼 한】 방패, 간여하다, 천간　　단어　干涉(간섭) 干支(간지) 干城(간성)
干 : 一 二 干

방패 간(干) 자는 대나무의 모양을 형상한 글자이다. 이 글자가 방패도 뜻하게 된 것은 가운데 보이는 점을 방패로 보기 때문이다.

垂 갑골문　丫 금문　干 전서　丫 설문해자

445

◆장면이 살아나는 그림한자◆

【cè(ㅊㅓ)】 [총5획] 부수 : [冂 (멀경몸)]   단어 唐冊(당책) 冊床(책상) 冊子(책자)
【책 책】 책, 문서(文書), 꾀, 칙서, 계획, 계략, 책을 세는 말, 세우다, 봉(封)하다
冂 : 丨 冂   卄 : 一 ナ 卄

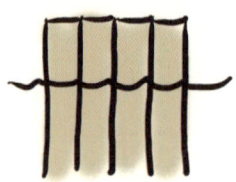  

책 책(冊, 册) 자는 목간이나 책의 모양을 상형한 글자이다.

⊞ 갑골문 ⊞ 금문 冊 册 전서

【cè(ㅊㅓ)】 [총5획] 부수 : [冂 (멀경몸)]
[冊(책)의 간체자(簡體字)]
冂 : 丨 冂   冂 : 丨 冂   一 : 一

【yì(ㅇㅣ)】 [총19획] 부수 : [卄 (초두머리)]   단어 藝術(예술) 藝能(예능) 演藝(연예)
【재주 예】 재주, 기예
卄 : 一 十 卄   土 : 一 十 土   儿 : 丿 儿   土 : 一 十 土   丸 : 丿 九 丸   云 : 一 二 云 云

  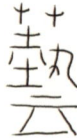 

재주 예(藝) 자는 한 사람이 술상 앞에서 재주나 기예를 부리고 있는 모습을 상형한 글자이다. 예(藝) 자를 보면 아래 보이는 운(云) 자는 술상인데 술을 다 마시고 난 후 오른 쪽에 술상을 물리는 사람이 있고 한 사람은 뒤돌아 앉아 춤을 추고 있는 사람을 구경하고 있는 모습이다.

藝 藝 전서

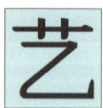
【yì(ㅇㅣ)】 [총5획] 부수 : [卄 (초두머리)]
[藝(예)의 속자(俗字)/간체자(簡體字)]
卄 : 一 十 卄   乙 : 乙

간체자 재주 예(艺) 자는 두 손을 들고 춤을 추고 있는 모습이다. 그 모습을 보면 무척 재주가 있는 동작이라는 것을 알 수 있다.

 【xù(쒸ˋ위)】 [총14획] 부수 : [艹 (초두머리)]　　단어　蓄積(축적)　貯蓄(저축)　含蓄(함축)
【모을 축】 쌓다, 간직하다, 저축
艹 : 一 十 卄 艹　　玄 : 一 亠 ㄠ 玄 玄　　田 : 丨 冂 冃 用 田

모을 축(蓄, 蓄) 자는 탈곡한 곡식을 가마니에 넣고 집에다 저장하고 있는 모습을 상형한 글자이다.

蓄 설문해자

 【xù(쒸ˋ위)】 [총13획] 부수 : [艹 (초두머리)]
[蓄(축)의 간체자(簡體字)]
艹 : 一 十 艹　　玄 : 一 亠 ㄠ 玄 玄　　田 : 丨 冂 冃 用 田

差 【chā(쨔ー아)/chà(쨔ˋ아)/chāi(쨔ー이)/chài(쨔ˋ이)】 [총10획] 부수 : [工 (장인공)]
【다를 차/차별 치/버금 채】 다르다, 어긋나다, 남다르다, (사신으로)보내다
羊 : 丶 丷 ㄚ 兰 羊 羊　　丿 : 丿　　工 : 一 丅 工　　단어　隔差(격차)　差別(차별)　差異(차이)

다를 차(差) 자는 투호를 던져서 빗나간 모습을 상형한 글자이다.

𠂔 금문　差 전서　差 差 설문해자

라. 자연과 연관되는 한자 및 기타

易	早	映	暖	暇
바꿀 역/쉬울 이	이를/새벽 조	비칠 영/희미할 앙	따뜻할 난	틈 가/겨를 가
是	暴	星	智	暗
이/옳을 시	사나울 폭	별 성	슬기/지혜 지	어두울 암
普	燃	煙(烟)	灰	燈(灯)
넓을 보	탈 연	연기 연	재 회	등 등
爆	營(营)	榮(荣)	烈	點(点)
불 터질 폭	경영할 영	영화/꽃 영	세찰 렬(열)	점 점/시들 다
占	境	城	均	域
점령할/점칠 점	지경 경	재 성	고를 균	지경 역
增(增)	堅(坚)	壁	壓(压)	墓(墓)
더할 증/겹칠 층	굳을 견	벽 벽	누를 압	무덤 묘
報(报)	田	留	略	鍾(钟)
갚을/알릴 보	밭 전	머무를 류(유)	간략할 략(약)	쇠북/술병 종
錢(钱)	錄(录)	銅(铜)	鉛(铅)	鏡(镜)
돈 전	기록할 록(녹)	구리 동	납 연	거울 경
針(针)	鑛(鉱)	礦(矿)	銃(铳)	券(券)
바늘 침	쇳돌 광	쇳돌 광	총 총	문서 권
創(创)	副	刑	刻	判(判)
비롯할 창	버금 부	형벌/탕기 형	새길 각	판단할 판
列	劇(剧)	解(解)	崇	破
벌일 렬(열)	심할 극	풀 해	높을 숭	깨뜨릴 파
砲	確(确)	碑	硏(研)	施
대포 포	굳을 확	비석 비	갈 연	베풀 시/옮길 이
玉	環(环)	珍	治	潔(洁)
구슬 옥	고리 환	보배 진	다스릴 치	깨끗할 결

源	滿(満)	況(况)	減	酒
근원 원	찰 만	상황/하물며 황	덜 감	술 주
濟(済)	波	深(深)	液	測(测)
건널 제	물결 파	깊을 심	진 액	헤아릴 측
激	演	潮	派	混
격할 격	펼 연	밀물/조수 조	갈래 파	섞을 혼
港	準(准)	泉	求	航
항구 항	준할 준	샘 천	구할 구	배 항
靜(静)				
고요할 정				

◆한자획이 살아나는 그림한자-4급◆

【yì(이ㆍ이)】 [총8획] 부수 : [日 (날일)]　　단어 易經(역경) 易簣(역책) 貿易(무역)
【바꿀 역/쉬울 이】 바꾸다, 고치다, 교환(交換)하다
日 : 丨冂月日　　勿 : ノ勹勹勿

바꿀 역(易) 자는 아침에 떠오르는 태양과 바다에서 반짝이는 반영(反影)의 모습을 상형한 글자이다. 역(易) 자가 '바뀌다'를 뜻하게 된 것은 밤에서 낮으로 바뀌는 시점의 해 모양이기 때문이다.

갑골문　금문　전서　설문해자

【zǎo(자오/우)】 [총6획] 부수 : [日 (날일)]　　단어 早期(조기) 尙早(상조) 早逝(조서)
【이를/새벽 조】 이르다, 일찍, 새벽, 이른 아침
日 : 丨冂月日　　十 : 一十

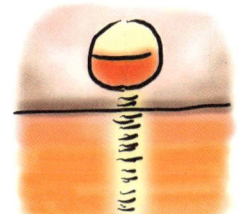  

이를 조(早) 자는 새벽에 막 떠오르는 태양과 반영(反影)의 모습을 상형한 글자이다. 새벽에 막 떠오르는 태양은 그 아랫부분이 바다의 수평선과 잇닿은 모양으로 보인다. 그래서 반영(反影)의 모양이 십(十) 자의 모양으로 보이게 되었다.

금문　전서　설문해자

【yìng(잉ㆍ잉)】 [총9획] 부수 : [日 (날일)]　　단어 反映(반영) 放映(방영) 映畫(영화)
【비칠 영】 비치다, 반사하다, 비추다, 덮다, 덮어 가리다, 햇빛, 햇살
日 : 丨冂月日　　央 : 丨冂口央央

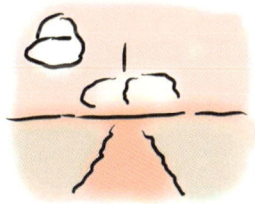 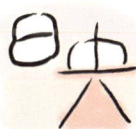 

비칠 영(映) 자는 태양이 구름사이로 비추는 모습과 반영의 모습을 상형한 글자이다.

전서　설문해자

451

◆장면이 살아나는 그림한자◆

【nuǎn(누ˇ안)】 [총13획]　부수 : [日 (날일)]　　단어　暖春(난춘) 暖房(난방) 溫暖(온난)
【따뜻할 **난**】 따뜻하다, 따뜻이 하다, 따뜻해지다, 따뜻한 기운, 부드럽다
日 : ㅣ 冂 日 日　　爫 : ⸝ ⸜ ⸜ 爫　　一 : 一　　冖 : ⸝ 冖　　又 : ㄱ 又

따뜻할 난(暖) 자는 한 사람이 물에 빠진 사람을 구하는 모습을 상형한 글자이다. 물에서 나오면 따뜻해지는 것을 느낄 수 있다.

暇
【xiá(시ˊ아)】 [총13획]　부수 : [日 (날일)]　　단어　休暇(휴가) 閑暇(한가) 公暇(공가)
【틈/겨를 **가**】 틈, 틈새, 겨를, 틈이 있는 날, 한가히 놀다, 한가하다, 크다
日 : ㅣ 冂 日 日　　叚 : ㅣ 丨 丆 叚　　又 : ㄱ 又

틈 가(暇) 자는 한 사람이 한가한 날에 남의 집에 놀러가서 누가 없냐고 부르면서 문을 살며시 열고 있는 모습을 상형한 글자이다.

 전서　 설문해자

【shì(쓰ˋ으)】 [총9획]　부수 : [日 (날일)]　　단어　是非(시비) 或是(혹시) 亦是(역시)
【이/옳을 **시**】 이, 이것, 여기, 무릇, 이에(접속사), 옳다, 바르다, 바르게 하다
日 : ㅣ 冂 日 日　　疋 : 一 丅 下 疋 疋

이 시(是) 자는 한 사람이 태양을 보고 있는 모습을 상형한 글자이다. 옛날에는 태양을 섬기고 신으로 받드는 것이 옳은 일인 것이다.

금문　전서

◆한자획이 살아나는 그림한자-4급◆

 【bào(빠ˋ오)/pù(푸ˋ우)】 [총15획] 부수 : [日 (날일)]　　단어　橫暴(횡포) 暴力(폭력)
【사나울/쬘 폭/사나울 포】 사납다, 난폭하다, 해치다, 모질다, 쬐다
日 : l ｢ 冂 日 日　　丑 : 一 ｜ 十 廾 丑　　八 : ノ 八　　氺 : 丶 冫 ㇒ 氺 水

사나울 폭(暴) 자는 높은 곳에서 내려오는 폭포의 모습을 상형한 글자이다. 이 글자는 또한 산이나 기타 높은 곳에서 물이나 돌 등으로 짐승을 잡으려고 내리치는 모습으로도 볼 수 있다.

갑골문　전서　설문해자

 【xīng(씨ー잉)】 [총9획] 부수 : [日 (날일)]　　단어　行星(행성) 恒星(항성) 衛星(위성)
【별 성】 별, 별 이름, 해, 천체의 현상(現狀)
日 : l ｢ 冂 日　　生 : ノ ㇒ ⺅ 牛 生

별 성(星) 자는 밤하늘의 은하수의 모양을 상형한 글자이다.

갑골문　금문　전서　설문해자

 【zhì(쯔ˋ으)】 [총12획] 부수 : [日 (날일)]　　단어　智慧(지혜) 智育(지육) 機智(기지)
【슬기/지혜 지】 슬기, 지혜, 재능, 꾀, 기지, 모략, 지혜로운 사람, 총명한 사람
矢 : ノ ㇒ ⺅ 午 矢　　口 : ｜ 冂 口　　日 : l ｢ 冂 日

슬기 지(智) 자는 많은 사람들이 모르는 내용을 한 사람이 알고 손을 드는 모습을 상형한 글자이다. 많은 사람들 앞에서 지식을 가르치고 있는 것은 지혜가 있는 사람인 것이다.

갑골문　금문　전서　설문해자

◆장면이 살아나는 그림한자◆

【àn(ㅄ\안)】 [총13획] 부수 : [日 (날일)] 　단어 明暗(명암) 暗示(암시) 暗澹(암담)
【어두울 암】(날이)어둡다, (눈에)보이지 않다, 숨기다, 은폐(隱蔽)하다
日 : ㅣ 冂 日 日　　立 : ㆍ 亠 ㅗ 立 立　　日 : ㅣ 冂 日 日

어두울 암(暗) 자는 한 사람이 눈을 찡그리고 어두운 굴속을 바라보고 있는 모습을 상형한 글자이다.

暗 전서　暗 설문해자

普
【pǔ(푸ˇ우)】 [총12획] 부수 : [日 (날일)]　　단어 普及(보급) 普通(보통) 普遍(보편)
【넓을 보】넓다, 광대(廣大)하다, 두루 미치다, 널리, 두루
並 : ㆍㆍㆍㆍ 並　　业 : ㅣ 丨 丨 业 业　　日 : ㅣ 冂 日 日

넓을 보(普) 자는 두 사람이 높은 단에 올라 주위를 보고 있는 모습을 상형한 글자이다. 높은 곳에 올라가면 사방이 트여 넓게 보인다.

普 전서　普 설문해자

【rán(라ˊ안)】 [총16획] 부수 : [火 (불화)]　　단어 燃燒(연소) 燃料(연료)
【탈 연】타다
火 : ㆍㆍㆍ少 火　　夕 : ノ ク 夕 夕　　犬 : 一 ナ 大 犬　　灬 : ㆍ ㆍ ㆍ 灬

탈 연(燃) 자는 한 사람이 고기를 굽고 있는 모습을 상형한 글자이다.

 【yān(몌—엔)】 [총13획] 부수 : [火 (불화)] 단어 煙氣(연기) 煙花(연화) 吸煙(흡연)
【연기 연】 연기, 안개, 담배
火 : ' ' ' 丷 火   西 : 一 丁 丆 丙 西 西   土 : 一 十 土

연기 연(煙) 자는 부뚜막에서 연기가 퍼져 나오고 있는 모습을 상형한 글자이다.

전서 설문해자

煙 【yān(몌—엔)】 [총10획] 부수 : [火 (불화)] (특급)
[煙(연)과 동자(同字)/간체자(簡體字)]
火 : ' ' ' 丷 火   囗 : 丨 冂 囗   大 : 一 ナ 大

간체자 연기 연(烟) 자는 불을 때어 굴뚝에서 연기가 나오는 모습을 상형한 글자이다.

灰 【huī(훼—이)】 [총6획] 부수 : [火 (불화)] 단어 灰色(회색) 石灰(석회) 灰燼(회신)
【재 회】 재
ナ : 一 ナ   火 : ' ' ' 丷 火

재 회(灰) 자는 불이 타고난 후 고무래 등으로 재를 끄집어 모으는 모습을 상형한 글자이다. 이 글자는 또한 빗자루 따위로 다 핀 모닥불을 끄고 있는 모습을 상형한 글자로도 볼 수 있다.

전서 설문해자

【dēng(떠ー엉)】 [총16획] 부수 : [火 (불화)]　　단어 點燈(점등) 燈油(등유) 電燈(전등)
【등 등】 등, 등잔(燈盞), 초, 촛불, 불법(佛法)
火 : ′ ′ ′ ノ 少 火　　癶 : フ ヲ ヺ ヺ 癶　　豆 : 一 ｢ ｢ ｢ 戸 戸 豆

등 등(燈) 자는 한 사람이 등잔불을 피우고 있는 모습을 상형한 글자이다.

鐙 鐙 전서

【dēng(떠ー엉)】 [총6획] 부수 : [火 (불화)]
[燈(등)의 간체자(簡體字)/속자(俗字)]
火 : ′ ′ ′ ノ 少 火　　丁 : 一 丁

간체자 등 등(灯) 자는 한 사람이 어두운 밤에 등불을 들고 가는 모습을 상형한 글자이다.

【bào(빠ㅗ오/우)】 [총19획] 부수 : [火 (불화)]　　단어 爆發(폭발) 爆破(폭파) 爆彈(폭탄)
【불 터질 폭】 불 터지다, 폭발하다, (불)사르다, 튀기다
火 : ′ ′ ′ ノ 少 火　　日 : １ 冂 日 日　　廾 : 一 十 廾 廾　　八 : ノ 八　　氺 : ヽ ゙ ヽ 氺 氺

불 터질 폭(爆) 자는 한 사람이 불이 있는 난로를 들고 가다가 잘못 건드려 터진 모습을 상형한 글자이다. 이 글자는 또한 화로가 터져 불이 붙는 모습으로도 볼 수 있다.

爆 설문해자

 【yíng(이↗잉)】 [총17획] 부수 : [火 (불화)]　　단어 經營(경영) 營養(영양) 運營(운영)
【경영할 영】 경영(經營)하다, 짓다, 꾀하다, 계획하다
火 : ˋˊˋ 火　　火 : ˋˊˋ 火　　冖 : ˋ 冖　　呂 : ˋ 口 口 呂 呂

경영할 영(營, 营) 자는 회사를 차려 꽃다발을 받는 모습을 상형한 글자이다. 이 글자를 꽃을 가꾸는 모습으로도 볼 수 있다.

금문　　전서　　설문해자

 【yíng(이↗잉)】 [총12획] 부수 : [艹 (초두머리)]
[營(영)의 속자(俗字)/간체자(簡體字)]
艹 : 一 十 艹　　冖 : ˋ 冖　　口 : 丨 𠃍 口　　口 : 丨 𠃍 口

 【róng(루↗웅)】 [총14획] 부수 : [木 (나무목)]　　단어 繁榮(번영) 榮譽(영예) 榮轉(영전)
【영화 영】 영화(榮華), 영예(榮譽), 영광(榮光)스럽다, 명예(名譽), 무성(茂盛)하다
火 : ˋˊˋ 火　　火 : ˋˊˋ 火　　冖 : ˋ 冖　　木 : 一 十 才 木

영화 영(榮, 荣) 자는 나무에 꽃이 가득 핀 모습을 상형한 글자이다.

금문　　전서　　설문해자

◆장면이 살아나는 그림한자◆

【róng(롱ˊ웅)】 [총12획] 부수 : [艹 (초두머리)]
[榮(영)의 속자(俗字)/간체자(簡體字)]
艹 : 一 十 艹   冖 : 丶 冖   木 : 一 十 才 木

烈
【liè(리에ˋ)】 [총10획] 부수 : [灬 (연화발)]   단어 激烈(격렬) 猛烈(맹렬) 强烈(강렬)
【매울/세찰 렬(열)】 대단하다, 사납다, 세차다, 굳세다
歹 : 一 ア 歹 歹   刂 : 丨 刂   灬 : 丶 ㇒ ㇒ ㇒ 灬

매울/세찰 열(烈) 자는 한 사람이 갈비를 세찬 불에 굽고 있는 모습을 상형한 글자이다.

烈 전서   𤉨 설문해자

【diǎn(디ˇ엔)】 [총17획] 부수 : [黑 (검을흑)]   단어 時點(시점) 點檢(점검) 虛點(허점)
【점 점】 점(點: 작고 둥글게 찍은 표), 점찍다, 흠, 얼룩, 불 붙이다, 켜다
里 : 丨 冂 冂 甲 甲 里 里   灬 : 丶 ㇒ ㇒ ㇒   卜 : 丨 卜   口 : 丨 冂 口

점 점(點, 点) 자는 한 사람이 거북이의 배딱지에 점을 치고 있는 모습을 상형한 글자이다.

歲 者 전서   點 설문해자

【diǎn(디ˇ엔)】 [총9획] 부수 : [灬 (연화발)]
[點(점)의 간체자(簡體字)/속자(俗字)]
卜 : 丨 卜   口 : 丨 冂 口   灬 : 丶 ㇒ ㇒ ㇒

◆한자획이 살아나는 그림한자-4급◆

 【zhān(쨔ㅡ안)】 [총5획] 부수 : [卜 (점복)]　　단어 占領(점령) 占術(점술) 獨占(독점)
【점령할/점칠 **점**】 점령하다, 차지하다, 점치다
卜 : ｜卜　　口 : ｜冂口

점칠 점(占) 자는 한 사람이 점을 치고 있는 모습을 상형한 글자이다.

 【jìng(찌ㄧ잉)】 [총14획] 부수 : [土 (흙토)]　　단어 地境(지경) 境界(경계) 環境(환경)
【지경 **경**】 지경, 경계(境界), 국경(國境), 경우(境遇), 곳, 장소(場所), 처지(處地)
土 : 一十土　　立 : 丶亠六立立　　日 : ｜冂日日　　儿 : ノ儿

지경 경(境) 자는 누구의 땅이라는 것을 목패에 적어놓고 나무위에 높이 걸어놓은 모습을 상형한 글자이다.

𡈼 전서　境 설문해자

【chéng(처ㄥ엉)】 [총10획] 부수 : [土 (흙토)]　　단어 城郭(성곽) 都市(도시) 城門(성문)
【재 **성**】 재(높은 산의 고개), 성(城), 도읍(都邑), 나라, 도시(都市)
土 : 一十土　　成 : 一厂厂厂成成成

재 성(城) 자는 성을 지키는 사람과 공격하는 사람의 모습을 상형한 글자이다. 이 글자는 성벽 위에서 국기를 걸고 있는 모습으로도 볼 수 있다.

𫞂 금문　城 전서　城 설문해자

◆장면이 살아나는 그림한자◆

【jūn(쮜―윈)】 [총7획] 부수 : [土 (흙토)]   단어 均衡(균형) 平均(평균) 均等(균등)
【고를 균】 고르다, 평평하다, 비교하다
土 : 一 十 土   勹 : ⺥ 勹   二 : 一 二

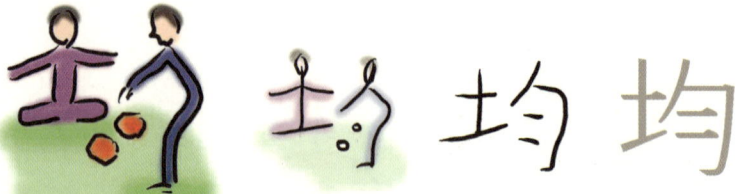

고를 균(均) 자는 한 사람은 고깃덩어리를 평균적으로 갈라놓고 다른 한 사람은 선택하고 있는 모습을 상형한 글자이다. 이 글자가 '고르다'를 뜻하게 된 것은 만약에 고기를 나누는 사람이 똑같게 나누지 않았다면 먼저 선택한 사람이 큰 덩어리를 가지게 됨으로 고기를 나누는 사람이 고기를 똑같게 나누려 할 수밖에 없기 때문이다.

匀 금문   均 전서   均 설문해자

【yù(위ㅡ이)】 [총11획] 부수 : [土 (흙토)]   단어 域內(역내) 域外(역외) 域境(역경)
【지경 역】 구역, 나라, 땅 가장자리, 살다
土 : 一 十 土   戈 : 一 七 戈 戈   口 : 丨 冂 口   一 : 一

지경 역(域) 자는 해가 뜰 때 제단 앞에 모여 빌고 있는 사람들을 보호하기 위해서 과(戈)를 들고 서 있는 경비의 모습을 상형한 글자이다.

國 國 전서   域 설문해자

【zēng(쩌ㅡ엉)】 [총15획] 부수 : [土 (흙토)]   단어 增加(증가) 增殖(증식) 增大(증대)
【더할 증】 더하다, 많아지다, 늘다, 늘리다, 붙다, 더욱, 한층 더
土 : 一 十 土   八 : 丿 八   罒 : 丨 冂 罒 罒   日 : 丨 冂 日 日

더할 증(增, 增) 자는 심어놓은 어린 나무가 계속 높게 자라는 모습을 상형한 글자이다.

曾 갑골문   曾 금문   增 䆖 전서   增 설문해자

【zēng(쩌ㅡ엉)】 [총15획] 부수 : [土 (흙토)]
[增(증)의 간체자(簡體字)]
土 : 一 十 土   丷 : 丶 丶   囗 : 丨 冂 冂 冂 冂 囗   日 : 丨 冂 冃 日

  增

【jiān(찌ㅡ엔)】 [총11획] 부수 : [土 (흙토)]   단어 堅持(견지) 堅固(견고) 堅實(견실)
【굳을 견】 굳다, 굳어지다, 굳게 하다
臣 : 一 丆 丏 丏 丐 臣   又 : 乛 又   土 : 一 十 土

굳을 견(堅, 坚) 자는 왕에게 충성한 신하가 꼿꼿이 서 있거나 꿇어앉은 모습을 상형한 글자이다.

𦣻 전서   堅 설문해자

【jiān(찌ㅡ엔)】 [총7획] 부수 : [土 (흙토)]
[堅(견)의 속자(俗字)/간체자(簡體字)]
丨 : 丨 丨   又 : 乛 又   土 : 一 十 土

【bì(삐ㄟ이)】 [총16획] 부수 : [土 (흙토)]   단어 岸壁(안벽) 壁畫(벽화) 障壁(장벽)
【벽 벽】 벽, 담, 진터, 군루(軍壘), 나성(羅城)(성의 외곽), 별 이름, 낭떠러지
尸 : 乛 コ 尸   口 : 丨 冂 口   辛 : 丶 亠 立 立 辛 辛   土 : 一 十 土

벽 벽(壁) 자는 산이나 언덕을 깎아 벽을 만들고 있는 모습을 상형한 글자이다. 이렇게 만든 벽은 글을 쓰거나 그 아래에 집을 짓는 등 다양한 용도가 있게 된다.

𨻫 𨻝 전서   壁 설문해자

◆장면이 살아나는 그림한자◆

 【yā(⑰ㅡ아)/yà(⑰ㅡ아)】 [총17획] 부수 : [土 (흙토)] 단어 壓力(압력) 彈壓(탄압) 壓縮(압축)
【누를 압/숙일/누를 녑(엽)】 누르다, 억압하다, 가로막다, 진압하다
厂 : 一厂   日 :丨冂日日   月 : 丨冂月月   犬 : 一ナ大犬   土 : 一十土

누를 압(壓, 压) 자는 한 사람이 수확한 농산물을 나르기 전에 높게 쌓아 놓은 모습을 상형한 글자이다. 이 글자는 또한 한 사람이 수확한 농산물이거나 기타 물건을 다른 한 사람의 등이 휘어지게 올려놓고 누르는 모습을 상형한 글자로도 볼 수 있다.

㈆ 전서 壓 설문해자

 【yā(⑰ㅡ아)/yà(⑰ㅡ아)】 [총6획] 부수 : [厂 (민엄호)]
[壓(압)의 속자(俗字)/간체자(簡體字)]
厂 : 一厂   土 : 一十土   丶 : 丶

 【mù(뭐ㅡ우)】 [총14획] 부수 : [艹 (초두머리)]   단어 墓地(묘지) 省墓(성묘) 墓域(묘역)
【무덤 묘】 무덤, 묘지(墓地), 수여(授與)하다, 장사지내다
艹 : 一十十艹   日 : 丨冂日日   大 : 一ナ大   土 : 一十土

무덤 묘(墓, 墓) 자는 무덤의 모양을 상형한 글자이다.

㎣㎥ 전서 墓 설문해자

 【mù(뭐ㅡ우)】 [총13획] 부수 : [艹 (초두머리)]
[墓(묘)의 간체자(簡體字)]
艹 : 一十艹   日 : 丨冂日日   大 : 一ナ大   土 : 一十土

【bào(빠ㄠ/우)】 [총12획] 부수 : [土 (흙토)]   단어 報道(보도) 報告(보고) 報酬(보수)
【갚을/알릴 보】 갚다, 알리다, 알림, 통지
土 : 一 十 土   羊 : ㆍ ㆍㆍ ㆍㆍㆍ 羊   ㄇ : ㅣ ㄇ   又 : フ 又

갚을/알릴 보(報, 报) 자는 두 사람이 물건이나 문서를 보따리를 들고 주거나 받치는 모습을 상형한 글자이다.

報 금문 徫 전서 報 설문해자

【bào(빠ㄠ/우)】 [총7획] 부수 : [扌 (재방변)]
[報(보)의 속자(俗字)/간체자(簡體字)]
扌 : 一 十 扌   ㄇ : ㅣ ㄇ   又 : フ 又

【tián(티ㄢ/엔)】 [총5획] [부수 : [田 (밭전)]]   단어 田園(전원) 田地(전지) 油田(유전)
【밭 전】 경작지, 봉토, 농사일, 단전, 농사짓다
田 : ㅣ ㄇ 曰 用 田

 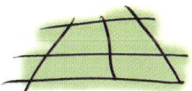  

밭 전(田) 자는 밭의 모양을 상형한 글자이다.

田 갑골문 田 금문 ⿳ 전서 田 설문해자

◆장면이 살아나는 그림한자◆

【liú(리/우)】 [총10획] 부수 : [田 (밭전)] 　　【단어】 滯留(체류) 保留(보류) 抑留(억류)
【머무를 류(유)】 머무르다, 정지하다, 늦다, 지체하다
卯 : ᅩ ㄷ 卯　　刀 : フ 刀　　田 : Ⅰ 冂 冊 田 田

머무를 유(留) 자는 논에 물을 대려고 저수지에 물을 미리 모아놓은 모양을 상형한 글자이거나 또는 저수지에서 흘러나온 물을 논에 가두어 놓은 모습을 상형한 글자이다.

금문　　전서　　설문해자

略

【lüè(뤼ヽ에)】 [총11획] 부수 : [田 (밭전)]　　【단어】 戰略(전략) 侵略(침략) 簡略(간략)
【간략할/다스릴 략(약)】 간략하다, 생략하다, 약탈하다
田 : Ⅰ 冂 冊 田 田　　夂 : ノ ク 夂　　口 : Ⅰ 冂 口

간략할 략(略) 자는 한 사람이 떠오르는 태양을 더욱 간략한 선으로 그려 벽에 걸어놓은 모습을 상형한 글자이다.

설문해자

鍾

【zhōng(쯔/쭈ー웅)】 [총17획] 부수 : [金 (쇠금)]　　【단어】 鐘路(종로) 茶鍾(다종) 鍾愛(종애)
【쇠북 종】 쇠북, 술잔
金 : ノ 人 ᄉ ᄉ 今 全 余 金　　千 : ノ 二 千　　日 : Ⅰ 冂 日 日　　二 : ᅳ 二

쇠북/술병 종(鍾) 자는 제련소에서 청동으로 된 범종을 만드는 모습을 상형한 글자이다.

금문　　전서　　설문해자

◆한자획이 살아나는 그림한자-4급◆

【zhōng(쭈/쭈ㅡ웅)】 [총9획] 부수 : [钅(쇠금)]
[鍾(종), 鐘(종)의 간체자(簡體字)]
钅: ノ 누 누 钅   中 : 丨 冂 口 中

간체자 쇠북/술병 종(钟) 자는 제련소에서 금속으로 된 종(钟=작은 종으로 볼 수 있다)을 만드는 모습을 상형한 글자이다.

【qián(치ㅡ엔)】 [총16획] 부수 : [金 (쇠금)]   단어 稅錢(세전) 金錢(금전) 換錢(환전)
【돈 전】 돈, 화폐, 동전, 엽전, 값, 자금(資金), 기금(基金), 돈, 전(무게 단위)
金 : ノ 人 へ 소 슬 슈 余 金 金   戈 : 一 七 戈 戈   戈 : 一 七 戈 戈

돈 전(錢, 钱) 자는 제련소에서 금속(금, 은, 동, 철, 알루미늄 등)으로 된 동전을 만들고 있는 모습을 상형한 글자이다.

【qián(치ㅡ엔)】 [총10획] 부수 : [钅(쇠금)]
[錢(전)의 간체자(簡體字)]
钅: ノ 누 누 钅   戈 : 一 二 弋 戈 戈

【lù(루ㅡ우)】 [총16획] 부수 : [金 (쇠금)]   단어 記錄(기록) 登錄(등록) 目錄(목록)
【기록할 록(녹)】 기록하다, 적다, 기재하다, 베끼다
金 : ノ 人 へ 소 슬 슈 余 金 金   彐 : ㄥ ㄱ 彐   氺 : ` 丶 丿 氺 氺

기록할 록(錄, 录) 자는 제련소에서 내용을 기록한 청동기나 금속판, 패 등을 만들고 있는 모습을 상형한 글자이다.

鏴 설문해자

◆장면이 살아나는 그림한자◆

【lù(루ˋ우)】 [총8획] 부수 : [彐 (튼가로왈)]
[錄(록)의 간체자(簡體字)]
彐 : 彐 彐 彐   氺 : 氺 氺 氺 氺 氺

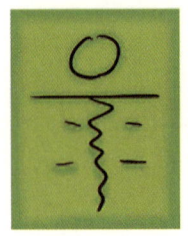

【tóng(토/투ˊ웅)】 [총14획] 부수 : [金 (쇠금)]   단어 銅錢(동전) 銅貨(동화) 銅像(동상)
【구리 동】 구리, 동기(銅器: 구리로 만든 그릇), 동화(銅貨: 구리로 만든 화폐)
金 : 金 金 金 金 金 金 金 金   同 : 同 同 同 同 同 同

구리 동(銅, 铜) 자는 제련소에서 제련한 청동으로 범종을 만들고 있는
모습을 상형한 글자이다.

【tóng(토/투ˊ웅)】 [총11획] 부수 : [钅(쇠금)]
[銅(동)의 간체자(簡體字)]
钅: 钅 钅 钅 钅 钅   同 : 同 同 同 同 同 同

【qiān(치-엔)】 [총13획] 부수 : [金 (쇠금)]   단어 鉛筆(연필) 硬鉛(경연) 黑鉛(흑연)
【납 연】 납, 분, 흑연, 연필심, 잿빛
金 : 金 金 金 金 金 金 金 金   㕣 : 㕣 㕣 㕣 㕣 㕣

납 연(鉛, 铅) 자는 제련소에서 흑연으로 연필심을 만들고 있는 모습을
상형한 글자이다. 옛날에는 흑연으로 연필심을 만들었다.

【qiān(찌ー엔)】 [총10획] 부수 : [钅(쇠금)]
[鉛(연)의 간체자(簡體字)]
钅: ノ ᅩ ᅡ ᄂ 钅   㕣: ノ 几 几 公 㕣

【jìng(찌ーㅇ)】 [총19획] 부수 : [金 (쇠금)]   단어 鏡架(경가) 眼鏡(안경) 掛鏡(괘경)
【거울 경】 거울, 모범(模範), 본보기, 안경(眼鏡)
金: ノ 人 ᅩ ᅩ ᅩ 𠂉 全 余 金   立: ᆞ ᅩ ᅮ 立 立   日: 丨 冂 日 日   儿: ノ 儿

거울 경(鏡, 镜) 자는 제련소에서 청동으로 된 거울을 만들고 있는 모습을 상형한 글자이다.

鏡 전서   鏡 설문해자

【jìng(찌ーㅇ)】 [총16획] 부수 : [钅(쇠금)]
[鏡(경)의 간체자(簡體字)]
钅: ノ ᅩ ᅡ ᄂ 钅   立: ᆞ ᅩ ᅮ 立 立   日: 丨 冂 日 日   儿: ノ 儿

【zhēn(쩌ー언)】 [총10획] 부수 : [金 (쇠금)]   단어 指針(지침) 針線(침선) 分針(분침)
【바늘 침】 바늘, 침(針: 바늘), 가시, 바느질하다, 침을 놓다, 찌르다
金: ノ 人 ᅩ ᅩ ᅩ 𠂉 全 余 金   十: 一 十

바늘 침(針, 针) 자는 제련소에서 철이나 기타 금속으로 바늘을 만드는 모습을 상형한 글자이다.

針 鍼 전서

【zhēn(쩌ー언)】 [총7획] 부수 : [钅(쇠금)]
[針(침)의 간체자(簡體字)]
钅: ノ ᅩ ᅡ ᄂ 钅   十: 一 十

◆장면이 살아나는 그림한자◆

【kuàng(콰ˋ앙)】 [총23획] 부수 : [金 (쇠금)]　　단어 鑛物(광물) 鑛石(광석) 炭鑛(탄광)
【쇳돌 광】 쇳돌(쇠붙이의 성분이 들어 있는 돌), 광석(鑛石)　礦(광)과 동자(同字)
金：ノ人人今仐仐余余金　广：亠广　甘：一十廿廿甘　一：一　由：丨冂冃由由　八：ノ八

쇳돌 광(鑛, 鉱) 자는 한 사람이 광석을 캐고 옆에서는 캔 광석으로 금속을 제련하고 있는 모습을 상형한 글자이다.

【kuàng(콰ˋ앙)】 [총13획] 부수 : [金 (쇠금)]
[鑛(광)의 약자(略字)]
金：ノ人人今仐仐余余金　广：亠广　ム：ムム

【kuàng(콰ˋ앙)/gǒng(꾸ˇ웅)】 [총20획] 부수 : [石 (돌석)]　　단어 煤礦(매광) 炭礦(탄광)
【쇳돌 광】 쇳돌(쇠붙이의 성분이 들어 있는 돌), 광상(鑛床)　鑛(광)과 동자(同字)
石：一ア石石石　广：亠广　甘：一十廿廿甘　一：一　由：丨冂冃由由　八：ノ八

쇳돌 광(礦, 矿) 자는 한 사람이 광석을 캐고 있는 모습을 상형한 글자이다.

【kuàng(콰ˋ앙)】 [총8획] 부수 : [石 (돌석)]
[鑛, 礦(광)의 간체자(簡體字)]
石：一ア石石石　广：亠广

【chòng(ㅊㅜㄥˋ)】 [총14획] 부수 : [金 (쇠금)]　　단어 短銃(단총) 銃聲(총성) 銃擊(총격)
【총 총】 총, 도끼 구멍, 총을 쏘다
金 : ノ 人 ᄉ ᄉ 수 수 숲 金　　 亠 : ᆞ 一 亠 士 츠　　 儿 : ノ 儿

총 총(銃, 铳) 자는 제련소에서 화총(火銃)을 만드는 모습을 상형한 글자이다.

【chòng(ㅊㅜㄥˋ)】 [총11획] 부수 : [钅(쇠금)]
[銃(총)의 간체자(簡體字)]
钅 : ノ 𠂉 𠂉 𠂉 钅　　 亠 : ᆞ 一 亠 士 츠　　 儿 : ノ 儿

【quàn(ㅊㅟㄢˋ)/xuàn(ㅆㅟㄢˋ)】 [총8획] 부수 : [刀 (칼도)]　　단어 福券(복권) 證券(증권)
【문서 권】 문서(文書), 증서, 증표(證票), 계약서(契約書)
八 : ノ 八　　 二 : 一 二　　 人 : ノ 人　　 刀 : ㄱ 刀

문서 권(券, 券) 자는 두 사람이 계약서를 작성하고 나누어 가지는 모습을 상형한 글자이다.

 설문해자

【quàn(ㅊㅟㄢˋ)/xuàn(ㅆㅟㄢˋ)】 [총8획] 부수 : [刀 (칼도)]
[券(권)의 간체자(簡體字)]
丷 : ヽ ノ　　 二 : 一 二　　 人 : ノ 人　　 刀 : ㄱ 刀

◆장면이 살아나는 그림한자◆

【chuàng(추ㄴ앙)】 [총12획] 부수 : [刂(선칼도방)] 　단어　 創出(창출) 創造(창조) 創意(창의)
【비롯할 창】 시작하다, 다치다, 상처
人 : ノ人　一 : 一　尸 : フヨ尹尸　口 : 丨冂口　刂 : 丨刂

비롯할/다칠 창(創, 创) 자는 한 사람이 수확한 농산물을 창고에 넣으려고 창고를 만들고 있는 모습을 상형한 글자이다.

刱 전서　 창 설문해자

【chuàng(추ㄴ앙)】 [총6획] 부수 : [刂(선칼도방)]
[創(창)의 간체자(簡體字)]
人 : ノ人　巳 : フ巳　刂 : 丨刂

【fù(ㄈㄨㄣ우)】 [총11획] 부수 : [刂(선칼도방)]　단어　 副應(부응) 副業(부업) 副司(부사)
【버금 부】 다음, 부본, 돕다, 나누다, 쪼개다
㔾 : 一丆㔾　田 : 丨冂田用田　刂 : 丨刂

버금 부(副) 자는 술 단지와 표주박의 모양을 상형한 글자이다. 술 단지에 있는 술을 퍼내려면 표주박이 있어야 한다. 그러므로 표주박은 술 단지에 있어서 다음으로 없어서는 안 될 필수품이나 마찬가지이다.

副 전서　 副 설문해자

470

◆한자획이 살아나는 그림한자-**4급**◆

【xíng(시ㄥ)】 [총6획] 부수 : [刂(선칼도방)] 단어 刑事(형사) 刑罰(형벌) 刑法(형법)
【형벌/탕기 **형**】 꼴, 형벌하다, 다스리다, 살해하다
开 : 一 二 于 开   刂 : 丨 刂

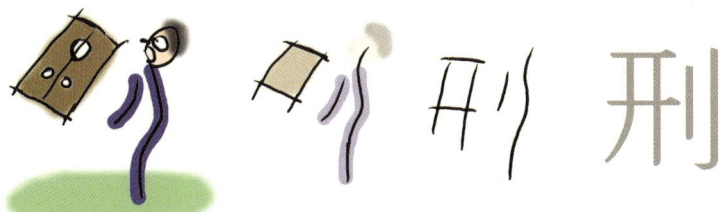

> **형벌/탕기 형(刑)** 자는 죄인에게 형틀을 채우는 모습을 상형한 글자이다.

금문 전서 설문해자

【kè(ㄎㄜˋ)】 [총8획] 부수 : [刂(선칼도방)] 단어 刻薄(각박) 刻印(각인) 深刻(심각)
【새길 **각**】 새기다, 깎아내다, 조각하다, 각박하다
亥 : 一 亠 亥 亥 亥   刂 : 丨 刂

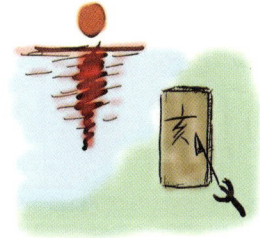 

> **새길 각(刻)** 자는 한 사람이 조각판에 그림이거나 글자를 새기는 모습을 상형한 글자이다.

전서 설문해자

【pàn(ㄆㄢˋ)】 [총7획] 부수 : [刂(선칼도방)] 단어 判斷(판단) 判決(판결) 判事(판사)
【판단할 **판**】 판결하다, 가르다, 한쪽, 구별하다
八 : 丿 八   二 : 一 二   丨 : 丨   刂 : 丨 刂

◆장면이 살아나는 그림한자◆

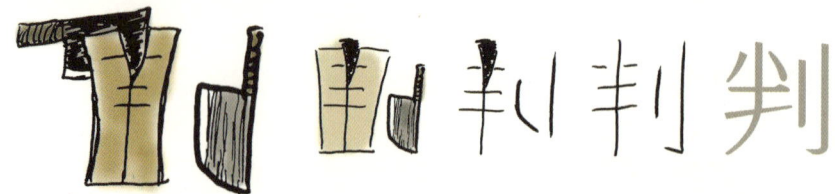

판단할 판(判, 判) 자는 나무로 된 계약서를 가르고 있는 모습을 상형한 글자이다. 이 글자가 또한 법관이 두 사람을 세워놓고 판결문을 가르고 나누어 주는 모습을 상형한 글자로 볼 수도 있다.

牉 전서   靪 설문해자

判 【pàn(파〉안)】 [총7획] 부수 : [刂 (선칼도방)]
[判(판)의 간체자(簡體字)]
丷 : 丶 丷   二 : 一 二   丨 : 丨   刂 : 丨 刂

列 【liè(리〉에)】 [총6획] 부수 : [刂 (선칼도방)]   **단어** 行列(행렬) 竝列(병렬) 同列(동렬)
【벌일 렬(열)】 늘어서다, 줄짓다, 나란히 서다, 차례
歹 : 一 ア 歹 歹   刂 : 丨 刂

벌일 열(列) 자는 한 사람이 칼로 갈비를 한 대씩 나누고 있는 모습을 상형한 글자이다.

剝 전서   𠛱 설문해자

劇 【jù(쥐〉위)】 [총15획] 부수 : [刂 (선칼도방)]   **단어** 悲劇(비극) 演劇(연극) 劇的(극적)
【심할 극】 심(甚)하다(정도가 지나치다), 혹독(酷毒)하다
虍 : 丨 ㅏ ㅑ ㅏ 虍   豕 : 一 ア 万 豸 豸 豕 豕   刂 : 丨 刂

심할 극(劇, 剧) 자는 한 사람이 호랑이의 공격을 받은 모습을 상형한 글자이다.

𠠫 전서   劇 설문해자

【jù(쮜ㄟ위)】 [총10획] 부수 : [刂(선칼도방)]
[劇(극)의 속자(俗字)/간체자(簡體字)]
尸 : フ ㄱ 尸　　古 : 一 十 古 古 古　　刂 : 丨 刂

간체자 심할 극(剧) 자는 어린아이가 부모 앞에서 어리광을 부리고 있는 모습을 상형한 글자이다. 이는 놀다가 다치는 모습이기도 하다.

解
【jiě(지ˇ에)】 [총13획] 부수 : [角(뿔각)]　단어 解決(해결) 解消(해소) 解雇(해고)
【풀 해】 풀다, 벗다, 깨닫다, 분할하다, 쪼개다
角 : ノ ク ケ 角 角 角 角　　刀 : フ 刀　　牛 : ノ ㅗ ㅕ 牛

풀 해(解, 觧) 자는 소를 잡은 한 사람이 소의 머리를 해부하려고 칼로 뿔을 뽑는 모습을 상형한 글자이다.

갑골문　금문　解 전서　觧 설문해자

【jiě(지ˇ에)】 [총13획] 부수 : [角(뿔각)]
[解(해)의 간체자(簡體字)]
角 : ノ ク ケ 角 角 角 角　　刀 : フ 刀　　牛 : ノ ㅗ ㅕ 牛

【chóng(추ㄥ웅)】 [총11획] 부수 : [山(뫼산)]　단어 崇尙(숭상) 崇拜(숭배) 崇仰(숭앙)
【높을 숭】 높다, 높이다, 높게 하다, 존중(尊重)하다
山 : 丨 山 山　　宀 : ㆍ 丷 宀　　示 : 一 二 〒 示 示

높을 숭(崇) 자는 높은 산의 앞에서 천제를 지내는 모습을 상형한 글자이다.

전서　설문해자

◆장면이 살아나는 그림한자◆

破 【pò(포ˋ오/퍼ˋ어)】 [총10획] 부수 : [石 (돌석)]   **단어** 破壞(파괴) 破産(파산) 打破(타파)
【깨뜨릴 파】 깨뜨리다, 부수다, 파괴하다, (일을)망치다
石 : 一 ア 不 石 石   皮 : 丿 厂 广 皮 皮

깨뜨릴 파(破) 자는 한 사람이 망치로 돌을 깨뜨리는 모습을 상형한 글자이다.

𤲞𥑽 전서   𥑢 설문해자

砲 【pào(파ˋ오/우)】 [총10획] 부수 : [石 (돌석)]   **단어** 砲兵(포병) 砲彈(포탄) 大砲(대포)
【대포 포】 대포(大砲), 돌쇠뇌, 돌쇠뇌에서 쏘는 돌, 포로 공격(攻擊)하다
石 : 一 ア 不 石 石   勹 : 丿 勹   巳 : 丨 コ 巳

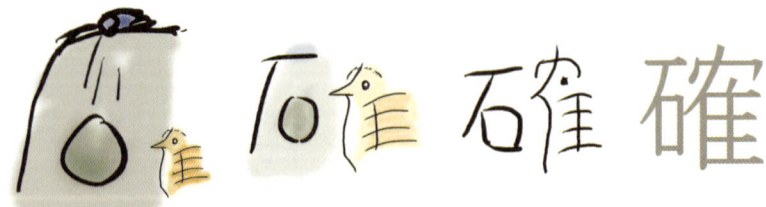

대포 포(砲) 자는 돌을 굴리고 포탄이 대포에서 나오는 장면을 상형한 글자이다.

確 【què(취ˋ에)】 [총15획] 부수 : [石 (돌석)]   **단어** 明確(명확) 確實(확실) 確保(확보)
【굳을 확】 굳다, 단단하다, 견고(堅固)하다, 확고(確固)하다
石 : 一 ア 不 石 石   冖 : 丶 冖   隹 : 丿 亻 亻 亻 亻 隹 隹

굳을 확(確) 자는 한 사람이 단단한 돌을 던져 새를 잡는 모습을 상형한 글자이다. 옛날 글자는 견고하게 쌓은 성벽의 모습을 상형한 글자이다.

𥒎 전서

◆한자획이 살아나는 그림한자-4급◆

【què(취ㄟ에)】 [총12획] 부수 : [石 (돌석)]
[確(확)의 간체자(簡體字)/嚳(학)과 동자(同字)]
石 : 一ナ丆石石   ㄣ : ノㄣ   用 : ノ 冂 冃 月 用

간체자 굳을 확(确) 자는 한 사람이 돌로 뿔 있는 짐승을 잡고 있는 모습을 상형한 글자이다.

碑
【bēi(빠ㅡ이)】 [총13획] 부수 : [石 (돌석)]   단어 碑文(비문) 墓碑(묘비) 石碑(석비)
【비석 비】 비석(碑石), 돌기둥, 비문(碑文), 비를 세우다
石 : 一ナ丆石石   白 : ノ 亻 ㄇ 白 白   千 : 一 二 千

비석 비(碑) 자는 세워진 비석의 모양을 상형한 글자이다.

㼈 㼈 전서   㼈 설문해자

研
【yán(이ㄣ엔)】 [총11획] 부수 : [石 (돌석)]   단어 研修(연수) 研究(연구) 研磨(연마)
【갈 연】 갈다, 문지르다, 연구(研究)하다, 탐구(探求)하다
石 : 一ナ丆石石   幵 : 一 二 幵   幵 : 一 二 幵

갈 연(硏, 研) 자는 대나무를 뾰족하거나 매끄럽게 갈아놓은 모습을 상형한 글자이다. 이 글자를 칼을 갈고 있는 모습으로 볼 수도 있다.

【yán(이ㄣ엔)】 [총11획] 부수 : [石 (돌석)]
[硏(연)의 簡體字(간체자)]
石 : 一ナ丆石石   开 : 一 二 于 开

◆장면이 살아나는 그림한자◆

施

【shī(ㅆㅡ으)】 [총9획] 부수 : [方 (모방)]
【베풀 시】 베풀다, 실시(實施)하다
단어 施策(시책) 施政(시정) 施工(시공)
方 : 亠 亠 方 方　一 : 一　也 : 丁 力 也

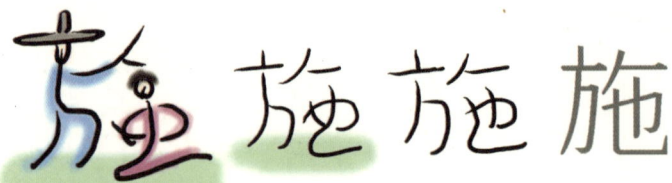

베풀 시(施) 자는 한 사람이 다른 한 사람한테 무엇을 베풀고 있는 모습을 상형한 글자이다.

 갑골문　 전서　 설문해자

玉

【yù(위ˋ이)】 [총5획] 부수 : [玉 (구슬옥)]
【구슬 옥】 구슬, 옥, 임금, 아름답다, 훌륭하다
단어 玉篇(옥편) 玉石(옥석) 玉璽(옥새)
玉 : 一 二 三 王 玉

구슬 옥(玉) 자는 옥으로 된 구슬을 꿴 모양을 상형한 글자이다.

갑골문　금문　설문해자

環

【huán(화ˊ안)】 [총17획] 부수 : [王 (구슬옥변)]
【고리 환】 고리, 둥근 옥, 고리 모양의 옥, 둘레, 두르다, 돌다, 선회(旋回)하다
단어 循環(순환) 環境(환경) 花環(화환)
王 : 一 二 干 王　罒 : 丨 冂 冂 罒 罒　口 : 丨 冂 口　仅 : ノ 亻 亻 仅

고리 환(環, 环) 자는 한 사람이 손에 구슬을 들고 목걸이를 차고 화환을 쓰고 있는 모습을 상형한 글자이다.

금문　전서　설문해자

环

【huán(화ˊ안)】 [총8획] 부수 : [王 (구슬옥변)]
[環(환)의 간체자(簡體字)]
王 : 一 二 干 王　不 : 一 ア 才 不

◆한자획이 살아나는 그림한자-4급◆

【zhēn(쩌ー언)】 [총9획] 부수 : [王 (구슬옥변)]　　단어　珍貴(진귀) 珍珠(진주) 珍味(진미)
【보배 진】 보물, 진귀하다, 귀중하다
王 : 一 二 干 王　　人 : ノ 人　　彡 : ノ ノ 彡

보배 진(珍) 자는 옥과 돈(거래명세서와 같은 재산의 상징인 기록)의 모양을 상형한 글자이다.

갑골문　전서　설문해자

【zhì(쯔ヽ으)】 [총8획] 부수 : [氵(삼수변)]　　단어　治安(치안) 自治(자치) 統治(통치)
【다스릴 치】 다스리다, 다스려지다, 바로 잡히다, (병을)고치다
氵: ` ` ` 氵　　厶 : 厶 厶　　口 : 丨 冂 口

다스릴 치(治) 자는 망치 등으로 치고 있는 모습을 상형한 글자이다. 보통 철을 제련할 시 이런 모습을 쉽게 볼 수 있다.

전서　설문해자

【jié(지ㄧ에)】 [총15획] 부수 : [氵(삼수변)]　　단어　潔淨(결정) 明潔(명결) 潔白(결백)
【깨끗할 결】 깨끗하다, 맑다, 조촐하다, 간결하다, (품행이)바르다, 청렴(淸廉)하다
氵: ` ` ` 氵　　丰 : 一 二 三 丰　　刀 : 丿 刀　　糸 : ㄑ 幺 幺 幺 糸

깨끗할 결(潔) 자는 한 사람이 목걸이거나 구슬을 씻고 있는 모습을 상형한 글자이다. 이 글자는 또한 끈을 씻고 있는 모습으로도 볼 수 있다.

전서　설문해자

◆장면이 살아나는 그림한자◆

 【jié(지╱에)】 [총9획] 부수 : [氵(삼수변)]
[潔(결)의 간체자(簡體字)]
氵: 丶 丶 氵 土 : 一 十 土   口 : 丨 冂 口

간체자 깨끗할 결(洁) 자는 한 사람이 대야의 물에서 목걸이나 구슬을 씻고 있는 모습을 상형한 글자이다.

 【yuán(위╱앤)】 [총13획] 부수 : [氵(삼수변)] 단어 根源(근원) 源泉(원천) 源流(원류)
【근원 원】 근원
氵: 丶 丶 氵 厂: 一 厂 白: 丿 亻 白 白 白   小: 丨 小 小

근원 원(源) 자는 언덕에서 비오는 날이거나 바위와 같은 곳에서 물방울이 모여 조금씩 흘러내려 샘을 이룬 물이 넘쳐서 아래로 계속 흘러내리는 모습을 상형한 글자이다.

 【mǎn(마╲안)】 [총14획] 부수 : [氵(삼수변)] 단어 滿足(만족) 滿洲(만주) 滿點(만점)
【찰 만】 차다, 풍족하다, 교만하다
氵: 丶 丶 氵 廿: 一 十 廿 廿   兩: 丨 冂 巾 帀 帀 兩 兩

찰 만(滿, 满) 자는 그릇에 물이 가득하여 넘치고 있는 모습을 상형한 글자이다.

전서   설문해자

478

 【mǎn(마ˇ안)】 [총14획] 부수 : [氵(삼수변)]
[滿(만)의 속자(俗字)/간체자(簡體字)]
氵: 丶丶㇀ 艹: 一十艹 两: 一丆丌丙丙两两

 【kuàng(쾅ˋ앙)】 [총8획] 부수 : [氵(삼수변)]   단어 況且(황차) 盛況(성황) 實況(실황)
【상황/하물며 황】 상황(狀況), 정황(情況), 형편(形便), 모양, 게다가, 더욱, 때마침
氵: 丶丶㇀ 口: 丨冂口 儿: 丿儿

상황 황(況, 况) 자는 한사람이 종을 쳐서 상황을 알리고 있는 모습을 상형한 글자이다.

況 况 전서 況 설문해자

 【kuàng(쾅ˋ앙)】 [총7획] 부수 : [冫(이수변)]
[況(황)의 간체자(簡體字)/속자(俗字)]
冫: 丶㇀ 口: 丨冂口 儿: 丿儿

 【jiǎn(지ˇ엔)】 [총12획] 부수 : [氵(삼수변)]   단어 減少(감소) 減免(감면) 減稅(감세)
【덜 감】 덜리다, 가볍게 하다, 줄다, 빼기, 감산
氵: 丶丶㇀ 戌: 一丆厂戊戌戌 口: 丨冂口

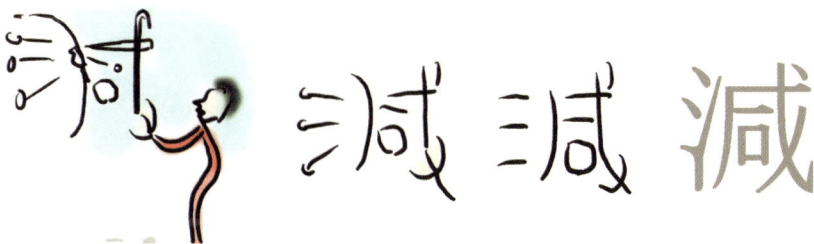

덜 감(減) 자는 육지에서 암염(巖鹽, 고체 소금)을 캘 때 소금덩어리가 본체에서 떨어져 나가는 모습을 상형한 글자이다. 이 글자는 본체에서 떨어져 나갔으므로 본체로 말하자면 양이 줄어드는 모습인 것이다. 그래서 '덜리다, 줄다'를 뜻하게 되었다. 이 글자는 또한 물에 의해 소금이 녹아 줄어드는 모습으로도 볼 수 있다.

減 금문 減 전서 減 설문해자

【jiǔ(지ˇ우)】 [총10획] 부수 : [氵(삼수변)]　　단어　酒店(주점) 酒家(주가) 酒類(주류)
【술 주】 잔치, 주연, 술자리
氵：丶丶氵　　酉：一丆丆丙西西酉

술 주(酒) 자는 술을 담은 단지의 모양을 상형한 글자이다. 여기서 수(氵) 자는 흘러내린 술의 모양이다.

갑골문　금문　전서　설문해자

【jì(찌ˋ이)】 [총17획] 부수 : [氵(삼수변)]　　단어　濟州(제주) 濟度(제도) 經濟(경제)
【건널 제】 건너다, 구제하다, 이루다, 그치다
氵：丶丶氵　亠：丶一　刀：丆刀　丫：丶丫　氏：一丅氏　月：丿月

건널 제(濟, 济) 자는 한 사람이 배를 타고 두 사람이 노를 저어 강을 건너는 모습을 상형한 글자이다.

금문　전서　설문해자

【jì(찌ˋ이)】 [총9획] 부수 : [氵(삼수변)]
[濟(제)의 속자(俗字)/간체자(簡體字)]
氵：丶丶氵　文：丶一𠂇文　刂：丨刂

【bō(뽀ㅡ오/뻐ㅡ어)】 [총8획] 부수 : [氵(삼수변)]　　단어　波長(파장) 波高(파고) 波浪(파랑)
【물결 파】 물결, 진동(振動)하는 결, 흐름, 수류(水流)
氵：丶丶氵　皮：丿厂广皮皮

물결 파(波) 자는 헤엄치는 한 사람이 두 팔로 물결을 일으키고 있는 모습을 상형한 글자이다.

전서　설문해자

◆한자획이 살아나는 그림한자-4급◆

【shēn(ㄕㄣ)】 [총11획] 부수 : [氵(삼수변)]　단어 深化(심화) 深層(심층) 深度(심도)
【깊을 심】 깊다, 깊어지다, (색이)짙다
氵: ⺀ ⺀ 氵　 ⼍ : ⼍ 冖　 儿 : ⼃ 儿　 木 : 一 十 才 木

깊을 심(深, 深) 자는 깊은 굴의 옆이거나 안에서 흘러나온 물을 상형한 글자이다.

 금문　 전서　 설문해자

【shēn(ㄕㄣ)】 [총11획] 부수 : [氵(삼수변)]
[深(심)의 간체자(簡體字)]
氵: ⺀ ⺀ 氵　 ⼍ : ⼃ 冖　 八 : ⼃ 八　 木 : 一 十 才 木

【yè(ㄧㄝ)】 [총11획] 부수 : [氵(삼수변)]　단어 液晶(액정) 液化(액화) 溶液(용액)
【진 액】 진, 진액(津液), 즙(汁), 겨드랑이, 곁, 옆
氵: ⺀ ⺀ 氵　 ⼇ : ⼀ 亠　 亻 : ⼃ 亻　 夂 : ⼃ 夕 夂　 丶 : 丶

진 액(液) 자는 겨드랑에서 나온 액을 상형한 글자이다. 이 글자는 한 사람이 손으로 집이나 냇가에서 목욕을 하고 있는 모습으로도 볼 수 있다.

 전서　 설문해자

【cè(ㄘㄜ)】 [총12획] 부수 : [氵(삼수변)]　단어 豫測(예측) 觀測(관측) 推測(추측)
【헤아릴 측】 헤아리다, 재다, 재어지다, 맑다, 알다
氵: ⺀ ⺀ 氵　 貝 : ⼁ ⼕ 冂 冃 目 貝 貝　 刂 : ⼁ 刂

헤아릴 측(測, 測) 자는 한 사람이 비가 얼마 내렸는지 측우기로 측정하고 있는 모습을 상형한 글자이다.

 금문　 전서　 설문해자

【cè(쯔ˋ어)】 [총9획] 부수 : [氵(삼수변)]
[測(측)의 간체자(簡體字)]

氵:丶丶丿　贝:丨冂贝贝　刂:丨刂

【jī(찌ー이)】 [총16획] 부수 : [氵(삼수변)]　　단어　急激(급격) 激勵(격려) 激烈(격렬)
【격할 격】 격하다, 심(甚)하다, 빠르다, 세차다, 격렬하다

氵:丶丶丿　白:丿丨冂白白　方:丶一亠方　攵:丿ㄣケ攵

격할 격(激) 자는 죄수를 심하게 치는 모습을 상형한 글자이다.

激 설문해자

【yǎn(이ˇ엔)】 [총14획] 부수 : [氵(삼수변)]　　단어　演說(연설) 演劇(연극) 再演(재연)
【펼 연】 펴다, 늘이다, 넓히다, 넓게 미치다, 스며들다, 멀리 흐르다

氵:丶丶丿　宀:丶丶宀　一:一　由:丨冂日由由　八:丿八

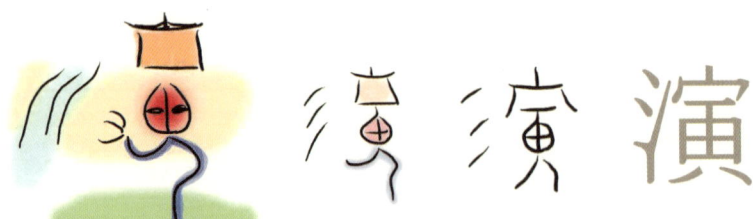

펼 연(演) 자는 한 사람이 집(마을) 앞에서 물길을 내고 있는 모습을 상형한 글자이다. 이는 비가 오는 날에 물이 잘 빠지라고 판 도랑이기도 하고 또한 집에 있는 폐수가 잘 빠지라고 판 물도랑이기도 하다. 이 글자는 당집 앞에서 춤을 추고 있는 사람의 모습으로도 볼 수 있다.

갑골문　　전서　　演 설문해자

◆한자획이 살아나는 그림한자-4급◆

【cháo(차ㄠ/우)】 [총15획] 부수 : [氵(삼수변)] 단어 風潮(풍조) 潮水(조수) 夕潮(석조)
【밀물/조수 조】 밀물, 조수, 바닷물, 밀물이 들어오다, 드러나다, 축축해지다
氵:丶冫氵   十:一十   早:丨口日旦早   月:丿刀月月

밀물 조(潮) 자는 밀물이 밀려오는 모습을 상형한 글자이다.

전서   설문해자

【pài(파ㄞ이)】 [총9획] 부수 : [氵(삼수변)] 단어 派遣(파견) 派兵(파병) 左派(좌파)
【갈래 파】 (물)갈래, 지류, 유파, 학파, 종파, 보내다, 파견하다, 갈라지다
氵:丶冫氵   厂:一厂   氏:一丅氏

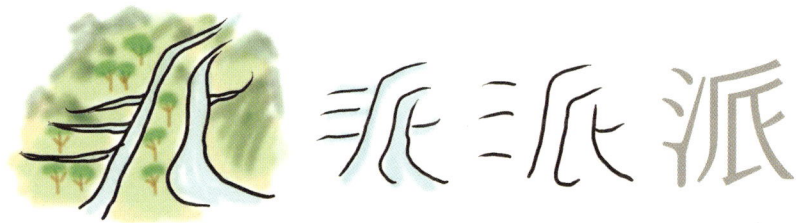

갈래 파(派) 자는 흐르는 여러 갈래의 물줄기의 모습을 상형한 글자이다.

설문해자

【hùn(후ㄣ운)】 [총11획] 부수 : [氵(삼수변)] 단어 混沌(혼돈) 混亂(혼란) 混雜(혼잡)
【섞을 혼】 섞다, 섞이다, 흐리다, 합(合)하다
氵:丶冫氵   日:丨口日日   比:一匕比比

섞을 혼(混) 자는 비온 후 많은 물이 한 곳으로 모이는 모습을 상형한 글자이다.

전서   설문해자

◆장면이 살아나는 그림한자◆

【gǎng(가˅앙)】 [총12획] 부수 : [氵(삼수변)] 단어 空港(공항) 港灣(항만) 港口(항구)
【항구 항】 항구(港口), 도랑, 강어귀, 뱃길, 홍콩(香港)의 준말
氵:丶丶氵   共:一十卄共   八:丿八   巳:フコ巳

항구 항(港) 자는 항구의 모습을 상형한 글자이다.

전서   설문해자

【zhǔn(주˅운)】 [총13획] 부수 : [氵(삼수변)] 단어 水準(수준) 基準(기준) 準備(준비)
【준할 준】 준(準)하다, 의거하다, 본보기로 삼다, 본받다, 바로잡다
氵:丶丶氵   隹:丿亻亻仁个乍隹隹   十:一十

준할 준(準, 准) 자는 새가 물고기를 잡으려고 노려보고 있는 모습을 상형한 글자이다. 이 글자는 또한 매와 같은 맹금이 나무 위에서 눈으로 먹잇감을 조준하는 모습으로도 볼 수 있다.

전서   설문해자

【zhǔn(주˅운)】 [총10획] 부수 : [冫(이수변)]   (2급)
[準(준)의 간체자(簡體字)]
冫:丶冫   隹:丿亻亻仁个乍隹隹

◆한자획이 살아나는 그림한자-4급◆

 【quán(취ㅓ엔)】 [총9획] 부수 : [水 (물수)]　　단어 泉臺(천대) 泉水(천수) 泉源(천원)
【샘 천】 샘
白 : ´ ⼁ ⼌ ⽩ 白　　水 : ⼁ 기 水 水

  泉 泉

샘 천(泉) 자는 산에서 솟아나온 물이 흘러내려 샘을 이루고 다시 넘쳐서 흘러내리는 모습을 상형한 글자이다.

 갑골문　泉 전서　㐂 설문해자

 【qiú(치ㅓ우)】 [총7획] 부수 : [氺 (아래물수)]　　단어 追求(추구) 渴求(갈구) 要求(요구)
【구할 구】 구(求)하다, 빌다, 청(請)하다, 부르다, 불러들이다
求 : 一 十 寸 才 求 求 求

   求

구할 구(求) 자는 물에 빠진 사람이 살려달라고 구원을 요청하는 모습을 상형한 글자이다.

 전서　㐂 설문해자

 【háng(하ㅓ앙)】 [총10획] 부수 : [舟 (배주)]　　단어 航空(항공) 航海(항해) 航路(항로)
【배 항】 배, 선박, 건너다, 날다
舟 : ´ ⼁ ⼌ ⼌ 舟　　亠 : ⼁ 亠　　几 : 丿 几

航 航 航

배 항(航) 자는 배가 등대를 보고 선착장에 들어오고 있는 모습을 상형한 글자이다.

 전서

◆장면이 살아나는 그림한자◆

【jing(찌ᐳ잉)】 [총16획] 부수 : [靑 (푸를청)]   단어 鎭靜(진정) 安靜(안정) 冷靜(냉정)
【고요할 정】 고요하다, 깨끗하게 하다, 깨끗하다, 쉬다, 조용하다, 조용히
靑 : 一 二 丰 青 青 青 青 青   ⺈ : ′ ⺈ ⺈ ⺈   尹 : ⼅ ⼅ ⼅ 尹

고요할 정(靜, 静) 자는 한 사람이 뿔피리를 불지 않고 맑은 물에서 씻고 있는 모습을 상형한 글자이다. 뿔피리를 불지 않고 쉬기 때문에 '고요하다'를 뜻하게 되었고 씻고 있기 때문에 '깨끗하다'를 뜻하게 되었다.

금문   전서   설문해자

【jing(찌ᐳ잉)】 [총14획] 부수 : [靑 (푸를청)]
[靜(정)의 간체자(簡體字)/약자(略字)]
靑 : 一 二 丰 青 青 青 青 青   ⼒ : ノ ⼒   尹 : ⼅ ⼅ ⼅ 尹

부록 1

중국어 발음표기에 대하여

1) 중국어병음에 대한 기초지식

한자는 소리글자가 아니므로 한자의 정확한 소리를 알기 위해서는 한자에 소리를 적는 부호를 넣어야 한다. 현재 중국에서는 한자의 소리를 적는 방법으로 한자병음(漢字拼音)을 사용하고 있다.

한자병음(漢字拼音)은 한자병음자모(漢字拼音字母)의 줄임말이다. 여기서 병(拼) 자는 '붙이다, 나란히 하다' 등을 뜻하는 말이고 음(音) 자는 소리를 뜻하는 말로서 이는 한자 하나하나의 음을 성모(声母=자음)와 운모(韵母=모음)를 나란히 붙여서 하나의 소리를 표시한다는 말이다.

현재 중국에서 사용하는 병음자모(拼音字母)는 아래와 같다.

성모표(聲母表=자음)

b p m f d t n l g k h j q x

zh ch sh r (권설음-捲舌音)

z c s

y w (반모음)

운모표(韻母表=모음)

단모음

a o e i u ü

복-모음

ai ei ui ao ou iu ie üe er an en in un ang eng ing ong

단음절(整体认读音节)

　　아래의 단음절은 소리가 분리 되지 않고 '**정한 단음**'으로 발음을 한다. 따라서 앞서 표기한 병음의 발음법과 다르다.

zhi chi shi ri

zi ci si

yi wu yu ye yue yuan yin yun ying

2) 성조(A E I O U ü)

　　성조(聲調)라는 말은 고저(高低), 장단(長短), 승강(昇降), 곡직(曲直)의 변화 형식을 말한 것이다. 한자에서는 보통 사성이 있는데 실지로는 경성(輕聲)도 있어 오성(五聲)이다. 그런데 경성(輕聲)은 특정한 발음규칙이 없고 다만 가볍고 짧게 발음을 하 기 때문에 표시를 하지 않는다. 그래서 흔히 사성(四聲)이라고도 한다. 그 소리는 아래와 같다.

음평(陰平) : ―

　　음평(陰平)은 흔히 1성(一聲)이라고도 한다. 이 소리는 처음부터 시작하는 음이 끝날 때까지도 같은 높이로 소리를 이어서 끝낸다.

양평(陽平) : ╱

　　양평(陽平)은 흔히 2성(二聲)이라고도 한다. 이 소리는 처음에는 낮게 시작하여서 높게 이어가다가 소리를 끝낸다.

상성(上聲) : ∨

　　상성(上聲)은 흔히 3성(三聲)이라고도 한다. 이 소리는 처음에는 낮게 내려오다가 다시 높게 소리를 이어내면서 끝낸다.

거성(去聲) : ╲

거성(去聲)은 흔히 4성(四聲)이라고도 한다. 이 소리는 처음에는 높게 소리를 시작하여 아래로 내려오면서 끝낸다.

중국어에서 사성(四聲)으로 발음을 할 때에 흔히 1성(一聲)과 사성(四聲)에서는 첫소리를 강하게 된소리로 발음을 하고 2성(二聲)과 3성(三聲)의 첫소리는 흔히 보통 소리로 발음을 한다.

지금 중국에서는 병음에 사성(四聲)을 표기를 할 때에는 아래와 같이 표기를 한다.

a　ā á ǎ à

e　ē é ě è

i　ī í ǐ ì

여기서 운모(韵母=모음) 'i'는 앞에 성모(聲母=자음)가 없을 때에는 아래와 같이 표기를 한다.

　　yi (衣) , ya (呀) , ye (耶) , yao (腰) , you (忧) , yan (烟) , yin (因) , yang (央) , ying (英) , yong (雍)。

o　ō ó ǒ ò

u　ū ú ǔ ù

여기서 운모(韵母=모음) 'u'는 앞에 성모(聲母=자음)가 없을 때 아래와 같이 표기를 한다.

　　wu (乌) , wa (蛙) , wo (窝) , wai (歪) , wei (威) , wan (弯) , wen (温) , wang (汪) , weng (翁)

ü　ǘ ǚ ǜ

여기서 운모(韻母=모음) 'ü'는 앞에 성모(聲母=자음) j, q, x가 있을 때에는 'ü'자 위의 두 점을 생략하여 ju, qu, xu로 표기를 한다.

그런데 앞에 성모(聲母=자음) l, n이 있을 때에는 'ü'자 위의 두 점을 생략하지 않고 lü, nü로 표기한다.

그 외 iou, uei, uen의 앞에 성모(聲母=자음)가 있을 때에는 iu, ui, un으로 표기를 한다. 예를 들자면 niu, gui, lun 등이다.

3) 장음(연이음) 및 중국어 성조를 표기하는 방법

중국어를 공부함에 있어서 장음(長音)이라는 개념은 생소할 수가 있다. 그러나 이 장음에 대한 이해부족으로 현재 한국인을 포함해서 수많은 외국인들이 중국어 발음에 대하여 상당히 어려워하고 있다. 예를 들어보기로 한다.

北京 běi jīng

중국어에서 우리가 익숙한 지명 '北京(북경)'이 있다. 이 음(音)을 우리는 흔히 '베이징', 또는 '뻬이징'으로 발음을 하고 있다. 그러나 이는 잘못된 발음이다. 이것을 좀 더 쉽게 이해하려면 중국인이거나 일본인이 우리말 '김치'를 '기무치' 또는 '기모치'라고 발음할 때의 상황을 연상하면 쉽게 이해가 갈 것이다.

우리말에서 '김치'는 어디까지나 두 음절로 된 단어이다. 절대로 일본인이나 중국인처럼 세 음절로 말하지 않는다.

마찬가지로 '北京(북경)'은 '베이징(뻬이징)'이 아니라 두 음절인 '버∨이 찌ー잉'이다. 여기서 '∨'와 'ー'는 성조(聲調)이다.

'버∨이 찌ー잉'?

이는 앞서 발음한 세 음절인 '베이징(뻬이징)'보다 오히려 한 음절이 불어난 네 음절이 아닌지 오해할 수 있다.

이에 대해 아래에 설명하기로 한다.

우선 '버∨이'를 보자.

'버∨이'를 발음할 때 이 음을 두 음절로 발음을 할 것이 아니라 우선 '버-'를 삼성(三聲) '∨'처럼 길게 발음을 이어가다가 자연스럽게 짧고도 가벼운 '이' 소리로 끝낸다. 다시 말해서 '버'와 '이'는 처음부터 끝날 때까지 음을 한 번도 쉬지 않고(숨을 끊지 않고) 끝날 때까지 길게 이어서 발음을 한다는 것이다.

다음 '찌━잉'을 보기로 하자

'찌━잉'을 '징'이나 '찡'처럼 한 음절로 발음해도 무관하다고 생각할 수 있다. 그러나 이는 중국어 발음에 대한 이해 부족으로써 중국어를 정확히 발음을 한 것은 아니다.
'징(찡)'도 우선 '찌-'를 일성(一聲) '━'처럼 된소리로 길게 발음하다가 '잉'으로 짧고도 가볍게 발음을 하며 끝낸다.

이렇게 한자는 무조건 장음으로 연이어 발음을 해야 한다. 이것은 한 개의 음처럼 보이는 소리에서도 마찬가지이다. 예를 들자면 '아(阿)'자를 '아'로 발음할 것이 아니라 '아━아'로 발음을 해야 하는 것이다. 이는 아래의 내용에서 취급하기 때문에 이러한 예는 생략하기로 한다.

여기서 우리는 중국어의 음(音)을 표기하는 데에 있어서 아래와 같은 새로운 방식을 알게 된다. 즉, 중국어를 모두 장음으로 볼 때 그 장음 사이에 중국어의 성조에 맞게 성조를 넣는 것이다. (물론 이 성조를 글자 위에 넣어 표기를 하는 등등의 방법도 많지만 그러나 이러한 방법은 특히 초보자들한테는 쉽게 이해하기가 어렵고 또한 혼동하기 쉬우므로 여기서 취급하지 않는다.)

이렇게 장음(長音) 사이에 성조를 넣으면 간단명료할 뿐만 아니라 발음을 표기순서에 따라 이어가기가 쉬워진다.

4) 한글로 중국어소리 표기하는 방법

아래의 중국어 소리를 적은 병음을 보면 우리가 이해하기가 쉽지 않다.

北京 běi jīng

따라서 우리는 우리 한글의 장점을 살려 중국어 발음을 쉽게 표기하는 방법을 개발하게 되었다. 이 방법은 아래와 같다.

㊀ 한글과 같은 음

가) 모음

A, O, E, Y, W
(ㅏ) (ㅗ) (ㅓ) (ㅣ) (ㅜ)

나) 자음

B, P, H, S, X, J, Z, Q,
(ㅂ) (ㅍ) (ㅎ) (ㅅ) (ㅅ) (ㅈ) (ㅈ) (ㅋ)

D, T, G, K, M, N, L
(ㄷ) (ㅌ) (ㄱ) (ㅋ) (ㅁ) (ㄴ) (ㄹ)

다) 단음절

SI, ZI, CI
(스) (즈) (츠)

㊂ 한글과 다른 음

가) 권설음

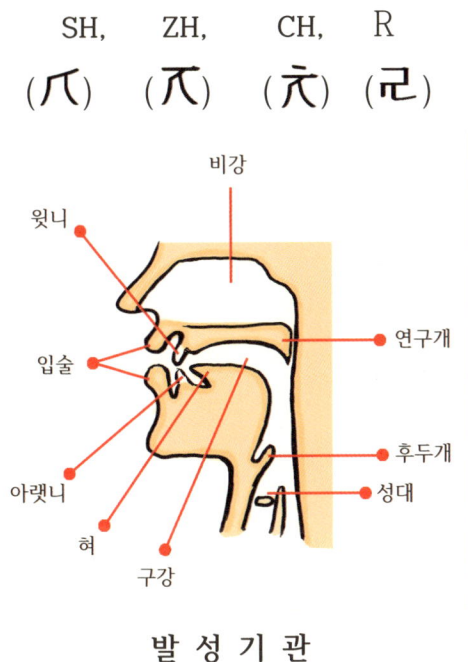

발 성 기 관

중국어에서의 권설음은 보통 혀를 오그려 당겨 혀가 입천장(경구개)의 가운데 부분에서 발음하는 음(音)이다. 이 음은 글로 설명하면 잘 이해할 수가 어렵기에 **아래에 그림을 보고** 간략히 설명하기로 한다.

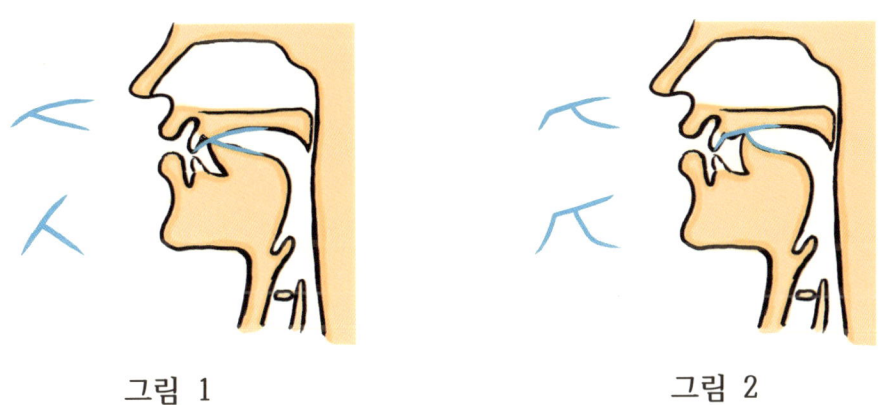

'SH ZH CH'는 권설음(捲舌音)이라고도 하는데 이는 우리 음 'ㅅ, ㅈ, ㅊ'와 비슷하지만 다른 점은 우리 음의 'ㅅ, ㅈ, ㅊ'를 발음 할 때에는 입천장의 앞부분에서 발음을 하고 'SH ZH CH'를 발음할 때에는 혀를 뒤로 당겨서 꼬부리고 발음을 한다. 따라서 이 글자를 그림 2와 같이 ㅅ자로 표기를 하였

고 또한 'ㅅ, ㅈ, ㅊ'의 가획원리에 따라 ㅈ, ㅊ를 만들게 되었다. 우리의 자모 'ㅅ'은 그림 1과 같이 발음한다는 것을 알 수 있다.

마찬가지로 권설음 'R'는 아래와 같이 발음을 하므로 그림 3처럼 'ㄹ'로 표기를 한다. 참고로 우리 자모 'ㄹ'은 그림 4와 같이 발음을 한다는 것을 알 수 있다.

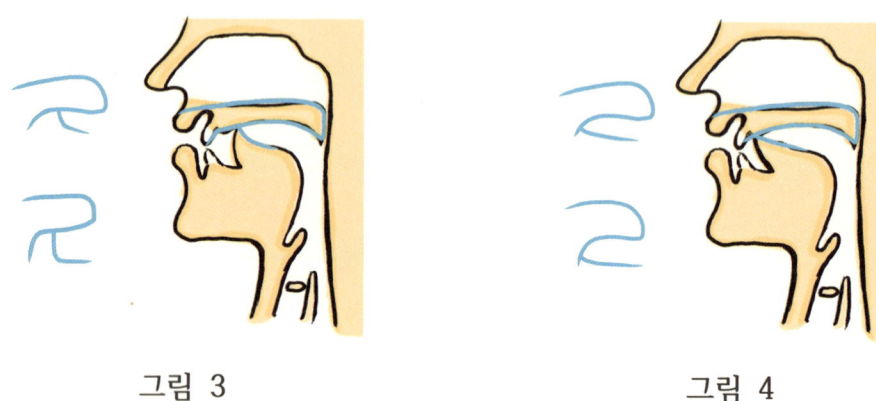

그림 3   그림 4

나) 치순음(齒脣音)

F (ㅍ, ㅍ)

치순음 'F'는 영어의 음 'F'와 같다고 보면 된다. 이 음을 발음할 때 보통 앞니를 아래 입술에 가볍게 대고 발음하는 소리다. 그러나 이 음은 실제로 윗입술과 아래 입술을 다물지만 붙이지 않고 그 좁은 공간사이로 'ㅍ'나 'ㅎ'처럼 발음을 해도 음의 차별이나 혼동은 없다. 따라서 우리는 이 음(音)을 'ㅍ' 위에 'ㅎ'의 약자 ' ˉ '을 찍어 'ㅍ'처럼 표기를 하거나 또는 영어 자모 'f'가 들어간 것처럼 'ㅍ'로 표기 하였다. 참고로 이 음과 연관되는 음 'V'도(영어에서 많이 사용함) 같은 방법으로 'ㅂ' 위에 ' ˉ '를 얹어 'ㅂ'처럼 표기를 하거나 또는 영어 자모 'V'가 들어간 것처럼 'Ɐ'로 표기한다. 여기서 'V'를 'Ɐ'로 표기를 한다는 것을 알 수 있다.

이렇게 우리의 한글을 잘 살리면 중국어의 발음을 쉽게 표기하고 또한 알아보기도 쉬워진다는 것을 알 수 있다.

자음색인

ㄱ

가 家(家)62 歌76 價(价)156 加188 可184 假260
　　街327 暇452
각 角(角)118 各119 覺(觉)277 刻471
간 間(间)41 看275 簡(简)444 干445
감 感85 甘287 敢(敢)349 監(监)381 減479
갑 甲425
강 江52 強(强)85 講(讲)289 康392 降405
개 開(开)86 改175 個(个)253
객 客198
거 擧(举)173 去183 居270 拒336 據(据)339
　　巨424
건 件153 健156 建180
걸 傑(杰)262
검 儉(俭)255 檢(检)437
격 格221 擊(击)331 激482
견 見(见)162 犬(犭)419 堅(坚)461
결 結(结)193 決(决)242 缺384 潔(洁)477
경 京86 敬(敬)176 輕(轻)180 競(竞)187 景227
　　傾(倾)262 警297 慶(庆)312 更348 經(经)361
　　驚(惊)416 境459 鏡(镜)467
계 計(计)119 界119 係256 系256 季268
　　繼(继)364 階(阶)406 戒412 鷄(鸡)426
고 苦(苦)86 古87 高120 告165 考184 固237
　　孤268 故349 庫(库)392
곡 曲177 穀(谷)374
곤 困396
골 骨(骨)271
공 工68 空59 功120 共120 公121 孔268 攻351
과 科121 果121 課(课)168 過(过)179
관 觀(观)163 關(关)202 官388 管442
광 光122 廣(广)203 鑛(鉱, 矿)468
교 校13 敎(教)14 交87 橋(桥)221
구 九18 口74 區(区)88 球122 救176 具203
　　舊(旧)214 句282 究398 構(构)436 求485
국 國(国)26 局202
군 軍(军)30 郡88 君284 群423
굴 屈270
궁 宮(宫)388 窮(穷)398
권 勸(劝)343 卷(卷)316 券469 權(权)439

귀 貴(贵)207 歸(归)317
규 規(规)163
균 均460
극 極(极)433 劇(剧)472
근 近(近)89 根89 勤343 筋445
금 金(钅)32 今122 禁440
급 級(级)90 急123 給(给)193
기 旗63 氣(气)72 記(记)80 己164 技172 期186
　　基201 汽(汽)241 器283 起326 紀(纪)359
　　寄390 奇422 機(机)438
길 吉166

ㄴ

난 難(难)429 暖452
남 南22 男25
납 納(纳)362
내 內(内)35
년 年20
념 念170
노 怒311 努341
농 農(农)51
능 能217

ㄷ

다 多74
단 短29 團(团)210 壇(坛)231 單(单)285 段353
　　斷(断)372 端373 檀436
달 達(达)324
담 談(谈)165 擔(担)338
답 答78
당 堂123 當(当)201 黨(党)397
대 大28 待90 對(对)123 代124 帶(带)368
　　隊(队)408
댁 宅197
덕 德182
도 道64 度91 圖(图)124 讀(读)125 都232
　　島(岛)213 到234 逃(逃)321 徒330 導(导)346
　　盜(盗)425
독 讀(读)125 獨(独)215 毒269 督276

동	東(东)21 動(动)42 冬45 洞61 同61 童126 銅(铜)466
두	頭(头)91 豆377 斗385
득	得328
등	登57 等126 燈(灯)456

ㄹ

라	羅(罗)430
락	落(落)219
란	亂(乱)267 卵433
람	覽(览)277
랑	朗185
래	來(来)46
랭	冷(冷)243
략	略464
량	量181 良186 兩(两)344 糧(粮)379
려	旅187 慮(虑)309 麗(丽)416
력	力68 歷(历)195
련	練(练)218 連(连)318
렬	烈458 列472
령	另96 領(领)161 令(令)189
례	禮(礼)92 例92
로	路65 老66 勞(劳)188
록	綠(绿)93 錄(录)465
론	論(论)290
료	料197
룡	龍(龙)415
류	類(类)161 流237 柳434 留464
륙	陸(陆)232
륜	輪(轮)404
률	律329
리	里60 李93 理128 利128 離(离)429
림	林50
립	立71

ㅁ

마	馬(马)216
만	萬(万)20 滿(满)478
말	末223
망	望186 亡245
매	每53 買(买)206 賣(卖)206 妹264
맥	脈(脉)304
면	面75 勉341
명	名48 命69 明128 鳴(鸣)427
모	母24 毛423 模(模)434
목	木31 目94 牧352
묘	妙264 墓(墓)462
무	無(无)189 務(务)342 舞272 武318
문	門(门)38 問(问)76 文78 聞(闻)129
물	物71
미	美94 米94 味285 未439
민	民31
밀	密392

ㅂ

박	朴95 拍337 博371
반	班129 反130 半(半)130
발	發(发)131 髮(发)303
방	方71 放132 妨264 訪(访)288 房(房)386 防407
배	倍158 背305 拜(拜)333 配380
백	百19 白37
번	番95
벌	伐258 罰(罚)299
범	犯420 範(范)443
법	法237
벽	壁461
변	便43 變(变)169 辯(辩)298 邊(边)325
별	別(别)96
병	病96 兵235 乒235 乓235
보	保256 步317 寶(宝)391 普454 報(报)463
복	服97 福(福)229 復329 複(复)358 伏422
본	本97
봉	奉177
부	父23 夫66 不70 部132 婦(妇)263 否282 富391 府395 負(负)400 副470
북	北23
분	分130 憤(愤)314 粉379
불	佛257
비	鼻164 比183 費(费)207 備(备)257 非302 悲310 批336 飛(飞)430 碑475 祕(祕)432
빈	貧(贫)403
빙	氷(冰)242

ㅅ

사	四15 事43 死97 使98 社132 仕154 思170 史174 士182 寫(写)198 查222 謝(谢)296 辭(辞)298 舍300 寺345 射347 絲(丝)358 師(师)370 私376

산	山37 算77 産(产)180 散352
살	殺(杀)353
삼	三15
상	上46 商(商)204 相220 賞(赏)205 傷(伤)261 想307 常367 象(象)417 狀(状)421 床393
색	色72
생	生37
서	西23 書(书)133 序204
석	夕45 石98 席98
선	先34 線(线)134 仙153 選(选)178 善216 船239 鮮(鲜)240 宣387
설	雪134 說(说)167 設(设)294 舌300
성	姓70 省135 成135 性171 聖(圣)278 聲(声)279 誠(诚)294 盛380 星453 城459
세	世48 歲(岁)195 洗241 勢(势)344 細(细)360 稅(税)374
소	小28 所62 少74 消(消)135 掃(扫)337 素367 笑442
속	速(速)99 束223 俗255 屬(属)271 續(续)363
손	孫(孙)99 損(损)340
송	頌(颂)301 送(送)322 松435
수	水(氵)33 手(扌)57 數(数)77 樹(树)100 首159 修259 受281 授335 收350 秀376 守390
숙	宿197 叔281 肅(肃)419
순	訓(训)149 順(顺)160 純(纯)359
술	術(术)136
숭	崇473
습	習(习)100
승	勝(胜)101 承331
시	時(时)41 市59 始136 示(礻)228 視(视)276 詩(诗)289 試(试)291 是452 施476
식	植49 食72 式102 識(识)168 息311
신	神133 身137 信137 新138 臣182 申425
실	室38 失102 實(实)199
심	心75 深481
십	十18
씨	氏348

○

아	兒(儿)181
악	樂(乐)127 惡(恶)170
안	安63 案222 眼275
암	暗454
압	壓(压)462
애	111 愛(爱)103
액	額(额)301 液481
야	野103 夜104
약	藥(药)138 弱(弱)139 約(约)194
양	陽(阳)104 洋104 養(养)217 羊423 樣(样)438
어	語(语)80 魚(鱼)239 漁(渔)240
억	億(亿)157
언	言(讠)105
엄	嚴(严)286
업	業(业)139
여	女25 如265 與(与)273 餘(馀)378
역	逆(逆)320 易451 域460
연	然73 延330 緣(缘)365 燃454 煙(烟)455 鉛(铅)466 研(研)475 演482
열	熱(热)229
엽	葉(箂, 叶)219
영	永105 英(英)106 迎(迎)321 映451 營(营)457 榮(荣)457
예	豫(豫)417 藝(艺)446
오	五16 午45 誤(误)293
옥	屋201 玉476
온	溫(温)106
완	完199
왕	王30 往329
외	外36
요	要(要)159 曜(曜)213 謠(谣)290
욕	浴241
용	用140 勇140 容390
우	右47 友173 牛215 雨244 優(优)253 郵(邮)314 遇(遇)322
운	運(运)140 雲(云)244
웅	雄215
원	遠(远)107 園(园)107 願(愿)160 元227 院232 原245 員(员)281 怨311 援341 圓(圆)396 源478
월	月21
위	位154 偉(伟)154 委265 威266 慰309 危316 衛(卫)327 圍(围)395 爲(为)428
유	有73 由108 油108 儒259 乳267 遺(遗)323 遊(游)323 留464
육	六16 育66 肉418
윤	輪(轮)404
은	銀(银)150 恩308 隱(隐)406
음	音141 飮(饮)141 陰(阴)410
읍	邑60
응	應(应)307

의 醫(医)109 衣(ネ)109 意142 儀(仪)254
　依261 疑270 議(议)297 義(义)424
이 二15 以159 耳164 異(异)274 移373
익 益(益)381
인 人(亻)27 因183 仁260 認(认)295 印316
　引411
일 一14 日21
임 任153
입 入58

ㅈ

자 子67 自70 字78 者110 姉(姉)263 姿265
　資(资)401
작 昨142 作142
잔 殘(残)400
잡 雜(杂)429
장 長(长)29 場(场)54 章111 腸(肠)304
　將(将)347 裝(装)357 帳(帐)369 障408
　張(张)410 奬(奖)422 壯(壮)441
재 在111 才143 再202 財(财)208 材220
　災(灾)230
쟁 爭(争)174
저 貯(贮)209 低254 底394
적 赤230 的233 適(适)318 敵(敌)351 績(绩)360
　積(积)375 賊(贼)401 籍444
전 前35 電(电)55 全63 戰(战)143 傳(传)155
　典177 展236 專(专)345 轉(转)404 田464
　錢(钱)466
절 節(节)223 切236 折334 絶(绝)365
점 店203 占(佔)460 點(点)459
접 接334
정 正56 定111 庭144 停158 情(情)171 整350
　政352 程376 精(精)380 靜(静)487 丁269
제 弟25 題(题)144 第145 提332 製(制)357 帝369
　際(际)408 除409 祭418 濟(济)480
조 祖65 朝112 調(调)167 操172 造(造)325
　助342 組(组)364 鳥(鸟)426 條(条)437 早451
　潮483
족 足75 族112
존 存269 尊(尊)346
졸 卒185
종 終(终)194 種(种)196 從(从)328 宗389
　鍾(钟)464
좌 左47 座393
죄 罪185

주 住62 主69 晝(昼)112 注145 週(週)179 州238
　周284 走326 朱435 酒480
죽 竹441
준 準(准)484
중 中23 重42 衆(众)383
증 證(证)293 增(增)460
지 地52 紙(纸)79 知165 識(识)168 止178 誌291
　志292 持334 指336 至411 支441 智453
직 直49 職(职)280 織(织)361
진 眞(真)275 進(进)319 盡(尽)382 陣(阵)409
　珍477
질 質(质)208
집 集113

ㅊ

차 車(车)64 次287 差447
착 着162
찬 讚292
찰 察389
참 參(参)245
창 窓(窗)114 唱165 創(创)470
채 採332
책 責(责)210 册(册)446
처 處(处)397
천 千19 川53 天54 泉485
철 鐵(铁)234
청 靑36 淸(清)114 聽(听)278 請(请)295 廳(厅)394
체 體(体)115
초 草(草)50 初236 招335
촌 寸28 村59
총 總(总)363 銃(铳)469
최 最227
추 秋44 隹113 推338
축 祝(祝)228 縮(缩)362 築(筑)444 蓄447
춘 春43
출 出58
충 充246 忠308 蟲(虫)432
취 就273 取280 趣326
측 測(测)481
층 層(层)387
치 致175 齒(齿)286 置(置)299 治477
칙 則(则)177
친 親(亲)145
칠 七17
침 侵259 寢(寝)389 針(针)467

498

칭 稱(称)375

ㅋ

쾌 快313

ㅌ

타 他157 打172
탁 卓214
탄 炭233 彈(弹)411 歎(叹)431
탈 脫(脱)306
탐 探333
태 太150 態(态)310
택 擇(择)339
토 土32 討(讨)283
통 通(通)146 統(统)366 痛399
퇴 退(退)320
투 投337 鬪(斗)385
특 特146

ㅍ

파 破474 波480 派483
판 板222 判(判)471
팔 八17
패 敗(败)209
편 便43 篇(篇)442
평 平(平)55 評(评)292
폐 閉(闭)384
포 胞305 布368 包370 砲474
폭 暴453 爆456
표 表115 票403 標(标)439
품 品205
풍 風(风)116 豊(豊, 丰)377
피 避(避)324 疲399
필 必218 筆(笔)224

ㅎ

하 夏(夏)44 下46 河238
학 學(学)13
한 韓(韩)26 漢(汉)56 寒200 恨314 限409
    閑(闲)385
합 合147
항 抗335 港484 航485

해 海53 害200 解(解)473
핵 核435
행 行147 幸116
향 向147 鄕(乡)315 香378
허 許(许)169 虛(虚)420
헌 憲(宪)312
험 險(险)405 驗(验)415
혁 革418
현 現(现)117 顯(显)302 賢(贤)402
혈 血383
협 協(协)371
형 兄24 形117 刑471
혜 惠307
호 號(号)148 湖238 好266 呼283 護(护)296
    戶(户)386
혹 或412
혼 婚266 混483
홍 紅(红)366
화 火(灬)31 花(花)50 話(话)79 和117 畫(画)148
    化158 華(华)372 貨(货)402
확 確(确)474
환 患171 歡(欢)431 環(环)476
활 活67
황 黃(黄)149 況(况)479
회 會(会)118 回330 灰455
효 孝67 效175
후 後(后)34 候253 厚306
휘 揮(挥)332
휴 休52
흉 凶184
흑 黑233
흡 吸283
흥 興(兴)272
희 喜284 希368

총획색인

1획

一14

2획

二15 七17 八17 九18 十18 人(亻)27 入58 力68
丁269

3획

三15 千19 女25 大28 小28 寸28 土32 山37 夕45
上46 下46 川53 子67 工68 口74 才143 己164
士182 亡245 干445

4획

五16 六16 月21 日21 中23 父23 王30 木31
火(灬)31 水(氵)33 內(内)35 午45 天54 手(扌)57
夫66 不70 方71 少74 心75 文78 公121 今122
反130 分130 太150 化158 友173 止178 比183
凶184 牛215 元227 切236 仁260 孔268 氏348
斗386 戶(户)386 引411 犬(犭)419 毛423 支441

5획

四15 北23 母24 兄24 民31 外36 白37 生37 冬45
左47 右47 世48 平(平)55 正56 出58 市59 全63
主69 立71 古87 目94 另96 本97 石98 失102
永105 由108 在111 功120 代124 半(半)130
用140 仙153 仕154 他157 以159 打172 史174
去183 可184 加188 令(令)189 必218 末223
示(礻)228 氷(冰)242 冷(冷)243 句282 甘287
布368 犯420 巨424 甲425 申425 未439
冊(册)446 占459 田463 玉476

6획

百19 年20 西22 先34 名48 地52 休52 江52 同61
安63 老66 自70 色72 有73 多74 字78 交87 米94
朴95 死97 式102 衣(衤)109 各119 共120 光122
合147 行147 向147 任153 件153 耳164 吉166
臣182 因183 考184 宅197 再202 曲231 乒235
兵235 州238 充246 伐258 如265 好266 存269
次287 舌300 危316 印316 回330 寺345 收350
血383 守390 至411 肉418 伏422 羊423 朱435
竹441 早451 灰455 刑471 列472

7획

弟25 男25 每53 村59 邑60 里60 住62 車(车)64
孝67 足75 李93 別(别)96 言(讠)105 形117
角(角)118 利128 成135 身137 作142 位154
見(见)162 告165 技172 改175 良186 完199
局202 序204 材220 束223 災(灾)230 赤230
兵235 初236 汽(汽)241 決(决)242 低254
係(系)256 佛257 妙264 妨264 否282 吸283
君284 志292 快313 步317 走326 延330 折334
抗335 批336 投337 努341 助342 更348 攻351
希368 私376 秀376 豆377 床393 困396 究398
防407 戒412 卵433 壯(壮)440 均460 判(判)472
求485

8획

東(东)21 長(长)29 金(钅)32 靑(青)36 門(门)38
事43 來(来)46 直(直)49 林50 花(花)50 空59 所62
育66 命69 姓70 物71 京86 近(近)89 例92 服97
使98 夜104 油108 定111 佳113 表115 幸116
和117 果121 明128 放132 社(社)132 始136
注145 知165 念170 性171 爭(争)174 奉177
典177 兒(儿)181 卒185 具203 店203 卓214
板222 的233 到234 固237 法237 河238 雨244
依261 姉(姊)263 妹264 委265 乳(乳)267 孤268
季268 屈270 居270 取280 受281 叔281 呼283
周284 味285 舍300 非302 忠308 卷(卷)316
武318 連(连)318 迎(迎)321 往329 承331 招335
拒336 拍337 兩(两)344 牧352 協(协)371
華(华)372 房(房)386 官388 宗389 底394 府395
或412 肅(肃)419 狀(状)421 奇422 松435 易451
券(券)469 刻471 治477 況(况)479 波480

500

9획

南22 軍(军)30 後(后)34 前35 室38 重42 便43
春43 秋44 洞61 活67 食72 面75 苦(苦)86 待90
度91 美94 洋104 英(英)106 者(者)110 風(风)116
計(计)119 界119 科121 急123 省135 信137
勇140 音141 昨142 首159 要(要)159 思170
則(则)177 建180 約(约)194 客198 屋201 品205
相220 查222 炭233 洗241 俗255 保256 侵259
姿265 威266 毒269 看275 背305 胞305 厚306
怨311 怒311 恨314 律329 拜(拜)333 持334
指336 勉341 故349 政352 段353 紀(纪)359
紅(红)366 帝369 香378 宣387 負(负)400 降405
限409 革418 飛(飞)430 柳434 映451 是452
星453 施476 珍477 派483 泉485

10획

校13 時(时)41 夏(夏)44 草(草)50 海53 家(家)62
祖(祖)65 氣(气)72 紙(纸)79 記(记)80 郡88 根89
級(级)90 病96 席98 孫(孙)99 高120 班129
神(神)133 書(书)133 消(消)135 弱(弱)139 庭144
特146 訓(训)149 倍158 致175 效175 旅187
料197 害200 財(财)208 島(岛)213 馬(马)216
能217 格221 案222 祝228 院232 展236
流237 浴241 原245 個(个)253 候253 係256
修259 骨(骨)271 眞(真)275 員(员)281 討(讨)288
脈(脉)304 恩308 息311 退(退)320 逆(逆)320
逃(逃)321 送(送)322 起326 徒330 射347
純(纯)359 納(纳)362 素367 師(师)370 包370
博371 粉379 配380 益(益)381 缺384 宮(宫)388
容390 庫(库)392 座393 疲399 陣(阵)409 除409
祕(祕)432 核435 笑442 差447 烈458 城459
留464 針(针)467 破474 砲474 酒480 航485

11획

敎(教)14 國(国)26 動(动)42 問(问)76 強(强)85
區(区)88 速(速)99 習(习)100 野103 章111 族112
晝(昼)112 窓(窗)114 淸(清)114 現(现)117 球122
堂123 理128 部132 雪134 術(术)136 第145
通(通)146 偉(伟)154 健156 停158 規(规)163
唱165 許(许)169 患171 情171 救176
産(产)180 朗185 望186 終(终)194 宿197 基201
商(商)204 敗(败)209 責(责)210 陸(陆)232 船239
魚(鱼)239 參(参)245 假260 婦(妇)263 婚266

異(异)274 眼274 訪(访)288 設(设)294 脫(脱)306
郵(邮)314 造(造)325 從(从)328 得328 探332
探333 接334 授335 掃(扫)337 推338 務(务)342
專(专)345 將(将)347 殺(杀)353 細(细)360
組(组)364 常367 帶(带)368 帳(帐)369 移373
閉(闭)384 寄390 富391 密392 康392 處(处)397
貨(货)402 貧(贫)403 票403 陰(阴)410 張(张)410
祭418 鳥(鸟)426 條(条)437 域460 堅(坚)461
略464 副470 崇473 研(研)475 深(深)481 液481
混483

12획

短29 間(间)41 植(植)49 場(场)54 登57 然73 答78
開(开)86 番95 勝(胜)101 陽(阳)104 朝112 集113
童126 等126 發(发)131 畫(画)148 黃(黄)149
順(顺)160 着162 惡(恶)170 週(週)179 量181
期186 勞(劳)188 無(无)189 結(结)193 給(给)193
寒200 買(买)206 貴(贵)207 費(费)207 貯(贮)209
雄215 善216 筆(笔)224 景227 最227 都232
黑233 湖238 雲(云)244 備(备)257 傑(杰)262
就273 視(视)276 惠307 喜284 單(单)285
評(评)292 悲310 進(进)319 街327 復329
揮(挥)332 提332 援341 尊346 敢(敢)349
散352 絲(丝)358 絶(绝)365 統(统)366 稅(税)374
程376 盛380 衆(众)383 閑(闲)385 圍(围)395
痛399 殘(残)400 階(阶)406 隊(队)408 象(象)417
虛(虚)420 盜(盗)425 爲(为)428 筋445 智453
普454 報(报)463 創(创)470 減479 測(测)481
港484

13획

萬(万)20 農(农)51 電(电)55 道(道)64 路65
話(话)79 感85 愛(爱)103 溫(温)106 園(园)107
會(会)118 新138 業(业)138 運(运)140 飮(饮)141
意142 號(号)148 傳(传)155 敬(敬)176 過(过)179
罪185 歲(岁)195 當(当)201 葉(叶)219 落(落)219
傷(伤)261 傾(倾)262 亂(乱)267 督276 聖(圣)278
詩(诗)289 試(试)291 置(置)299 頌(颂)301
腸(肠)304 想307 鄕(乡)315 遇(遇)322 遊(游)323
達(达)324 損(损)340 勤343 勢(势)344 裝(装)357
經(经)361 豊(豊,丰)377 圓(圆)396 資(资)401
賊(贼)401 群423 義(义)424 極(极)433 禁440
暖452 暇452 暗454 煙(烟)455 鉛(铅)466
解(解)473 碑475 源478 準(准)484

501

14획

漢(汉)56 旗63 歌76 算77 語(语)80 綠(绿)93
遠(远)107 對(对)123 圖(图)124 聞(闻)129
銀(银)150 領(领)161 鼻164 說(说)167 輕(轻)180
種(种)196 實(实)199 團(团)210 福229
漁(渔)240 疑270 舞272 與(与)273 誌291
誤(误)293 誠(诚)294 認(认)295 罰(罚)299
態(态)310 製(制)357 複(复)358 端373 稱(称)375
精380 監(监)381 盡(尽)382 察389 寢(寝)389
障407 際(际)408 鳴(鸣)427 構(构)436 管442
蓄447 榮(荣)458 境459 墓462 銅(铜)466
銃(铳)469 滿(满)478 演482

15획

數(数)77 樂(乐)127 線(线)134 價(价)156 億(亿)157
談(谈)166 調(调)167 課(课)168 德182 寫(写)198
廣(广)203 賞(赏)205 賣(卖)206 質(质)208
養(养)217 練(练)218 節(节)223 熱(热)229
儀(仪)254 儉(俭)255 齒(齿)286 論(论)290
請(请)295 髮(发)303 慮(虑)309 慰309 慶(庆)312
憤(愤)314 適(适)318 趣326 衛(卫)327 敵(敌)351
緣(缘)366 穀(谷)374 餘(馀)378 層(层)387
窮(穷)398 賢(贤)402 輪(轮)404 彈(弹)411
獎(奖)421 歎(叹)431 模(模)434 樣(样)438
標(标)439 篇(篇)442 範(范)443 暴453 增(增)460
劇(剧)472 確(确)474 潔(洁)477 潮483

16획

學(学)13 頭(头)91 樹(树)100 戰(战)143 親(亲)145
操172 選(选)178 歷(历)195 獨(独)215 橋(桥)221
壇(坛)231 儒259 興(兴)272 器283 憲(宪)312
遺(遗)323 擔(担)338 擇(择)339 據(据)339
導(导)346 整350 積(积)375 險(险)405 龍(龙)415
豫(豫)417 機(机)438 築(筑)444 燃454 燈(灯)456
壁461 錢(钱)465 錄(录)465 激482 靜(静)486

17획

韓(韩)26 鮮(鲜)240 優(优)258 聲(声)279 講(讲)289
謠(谣)290 謝(谢)297 應(应)307 避(避)324
擊(击)331 績(绩)360 縮(缩)362 總(总)363
隱(隐)406 檀436 檢(检)437 營(营)457 點(点)458
壓(压)462 鍾(钟)465 環(环)476 濟(济)480

18획

禮(礼)92 醫(医)109 題(题)144 擧(举)173 曜(曜)213
舊(旧)214 職(职)280 額(额)301 歸(归)317
織(织)361 斷(断)372 糧(粮)379 轉(转)404
雜(杂)428 蟲(虫)432 簡(简)444

19획

藥(药)138 願(愿)161 類(类)161 識(识)168
關(关)202 證(证)293 辭(辞)298 邊(边)325
麗(丽)417 離(离)429 難(难)429 羅(罗)430
藝(艺)446 爆456 鏡(镜)467

20획

競(竞)187 覺(觉)277 嚴(严)286 議(议)297 警297
勸(劝)343 繼(继)365 鬪(斗)385 寶(宝)391
黨(党)397 籍443

21획

鐵(铁)234 屬(属)271 覽(览)277 護(护)296
辯(辩)298 續(续)364 鷄(鸡)426

22획

讀(读)125 聽(听)278 歡(欢)431 權(权)440

23획

體(体)115 變(变)169 顯(显)302 驗(验)415
驚(惊)416 鑛(鉱,礦,矿)468

25획

觀(观)163 廳(厅)394

26획

讚292